国家自然科学基金项目·管理科学与工程系列丛书

服务型制造项目治理的影响机理及机制设计研究

彭本红　谷晓芬　著

国家自然科学基金项目（71263040）
江苏省哲学社会科学基金项目（13EYB013）　资助出版

科　学　出　版　社
北　京

内 容 简 介

　　本书以 21 世纪制造业和服务业发展所面临的机遇和挑战为背景，以大型客机产业为例，以服务型制造项目治理的相关理论为切入点，围绕服务型制造项目治理的影响机理、动态演化、风险分析、机制设计等方面展开系统性研究。首先，在对服务型制造项目治理的影响因素进行识别的基础上，基于生命周期视角和利益相关者视角分别从时间段和时间点探索各个因素对项目治理效果的影响，并借助结构方程模型理清服务型制造项目治理的作用路径；其次，以社会网络和演化博弈理论为基础，对服务型制造项目治理的网络结构和利益相关者行为的动态演化进行分析，并对它们引起的风险进行分析；再次，基于委托代理理论和制度经济学对服务型制造项目治理进行机制设计；最后，以大型客机产业为例，分析波音、空客和中国商飞的项目治理现状，并结合国际先进的项目治理经验提出中国大型客机项目治理对策。

　　本书适合从事制造管理、服务管理、项目管理等方面研究的高校和科研机构的广大师生，以及企业技术和管理部门的相关人员阅读、参考。

图书在版编目（CIP）数据

服务型制造项目治理的影响机理及机制设计研究 / 彭本红，谷晓芬著 . 一北京：科学出版社，2016
　　ISBN 978-7-03-047494-0

　　Ⅰ.①服… Ⅱ.①彭… ②谷… Ⅲ.①制造工业－工业企业管理－项目管理－研究 Ⅳ.①F407.4

　　中国版本图书馆 CIP 数据核字（2016）第 043919 号

责任编辑：魏如萍 / 责任校对：张海燕
责任印制：霍　兵 / 封面设计：蓝正设计

科学出版社 出版
北京东黄城根北街 16 号
邮政编码：100717
http://www.sciencep.com

三河市骏杰印刷有限公司 印刷
科学出版社发行　各地新华书店经销

*

2016 年 3 月第　一　版　　开本：720×1000　1/16
2016 年 3 月第一次印刷　　印张：20 3/4
字数：420 000

定价：108.00 元
（如有印装质量问题，我社负责调换）

前　言

　　21 世纪，全球经济社会正在发生着深刻的变革。世界主要的发达国家正在向"服务经济社会"迈进，服务业占国民经济的比重越来越大，服务业和制造业的边界越来越模糊，制造业服务化转型已经成为国际趋势。为顺应世界经济发展，中国也大力发展服务业，并推进传统制造业向服务化转型。例如，党的十八大提出"加快传统产业转型升级，推动服务业特别是现代服务业发展壮大"；国务院在《服务业发展"十二五"规划》中强调"加快发展生产性服务业"，"推动生产性服务业向中、高端发展，深化产业融合，细化专业分工，增强服务功能"；迟福林在 2014 年 12 月 24 日指出，在"十三五"（2016～2020 年）期间，我国经济转型升级的重点是从工业大国走向服务业大国，形成或初步形成服务业主导的经济结构，这是我国未来 5～10 年经济转型升级的大趋势。改革开放以后，中国的制造业虽然取得了快速发展，但是仍然面临劳动附加值低、资源消耗大、环境污染严重、创新能力低、处于产业链低端等问题。同样，服务业也存在着国内生产总值（GDP）占比偏低、现代服务有效需求不足，以及服务业竞争力低下等问题。因此，研究制造业和服务业融合发展的新模式——服务型制造，深入探索服务型制造项目治理的影响机理，并建立起相应的治理机制，具有重要的理论意义和实践意义。目前各个制造业行业都在加紧步伐向服务化转型，大型客机制造业也不例外。如今，国际大型客机市场被波音和空客两大寡头占据，它们通过国际转包、风险合作、建立联盟等形式，使其产品制造深入世界每个角落，形成了典型的服务型制造模式。我国作为最有潜力打破国际大型客机双寡头垄断格局的国家，目前已经基本构建出"以中国商飞公司为核心，联合中航工业，辐射全国，面向全球"的产业体系，但是依然存在研发能力不强、核心技术外包、过多承担价值链中低附加值环节的问题。大型客机产业关系着国家安全和国民经济命脉，因此通过研究服务型制造项目治理来提升大型客机产业的项目治理能力对我国跻身世界大型客机产业、维护国家安全具有重大意义。

　　本书在梳理服务型制造、项目治理、网络治理等相关理论的基础上，提出服务型制造项目治理这一概念，并对服务型制造项目治理的影响机理、服务型制造项目治理的动态演化、服务型制造项目治理的风险分析、服务型制造项目治理的机制设计以及大型客机产业的服务型制造项目治理等进行研究，以期把握服务型制造的相关概念，明晰服务型制造项目治理的理论体系，总结产业界的经验和教训，为我国大型客机项目治理提供借鉴，为我国制造业的转型升级以及大力发展服务型制造提供理论支撑和实践指导。

本书共分为9章，主要包含以下内容。

第1章主要介绍服务型制造的发展现状及研究该课题的意义，并对国内外的相关文献进行梳理。在此基础上提炼出研究内容及框架，选定研究方法并设计研究路线。第2章对服务型制造项目治理、网络治理等服务型制造项目治理的基本理论进行概述，为具体的研究提供理论支撑。第3章在研究服务型制造项目治理影响因素的基础上，从生命周期视角和利益相关者视角分别探索相关影响因素对项目绩效的影响，并选择结构方程模型（structural equation modeling，SEM）分析服务型制造项目治理中影响绩效的因素及其作用路径，从而系统地研究服务型制造项目治理的影响机理。第4章主要研究服务型制造项目治理的动态演化，包括网络结构的动态演化和利益相关者行为的动态演化，并进行仿真研究。第5章主要对服务型制造项目治理的风险进行分析，先分析服务型制造项目治理的结构风险，继而根据风险管理的一般过程，利用贝叶斯网络方法对服务型制造项目治理风险进行分析，并基于主成分分析和神经网络相结合的方法对服务型制造项目治理风险进行评价，并提出初步的风险应对策略。第6章主要对服务型制造项目治理机制进行分析，从多代理人、多委托人以及敲竹杠行为三个方面分析服务型制造项目治理中利益相关者博弈关系，结合制度经济学提出相应的机制设计。第7章主要以大型客机产业为例对服务型制造项目治理进行案例分析，在对大型客机产业的相关理论及概念进行概述的基础上，对波音和空客两大公司的项目治理实例进行分析，并提炼出成功的项目治理经验。第8章梳理了中国大型客机产业的发展历程，并对中国大型客机的主制造商-供应商模式、产业集群治理以及创新系统治理进行分析，同时借鉴国际大型客机产业先进的治理经验提出相应的治理对策。第9章对本书的研究结论做出总结，以期通过对本课题的研究为中国服务型制造的发展提供借鉴，并提出研究展望。

服务型制造是崭新的制造模式，关于服务型制造项目治理的研究更是凤毛麟角，有关的研究才刚刚开始，因此本书难免存在不足之处，恳请读者批评和指正！

目　　录

第 1 章

绪　论

■1.1　研究背景及意义

服务型制造是全球制造业发展的基本趋势（安筱鹏和李长江，2009）。服务型制造是在现代信息技术高速发展、经济全球化背景下，由服务和制造的高度融合而产生的新型先进制造模式。其核心理念是依托产品，将生产性服务、服务性生产，以及顾客全程参与制造及服务过程引入传统的制造价值链，扩展价值链的涵盖范围，通过企业间的专业化分工和协作，实现资源整合、价值增值和知识创新，促进制造业竞争力的提高。构建服务型制造系统，推广服务型制造模式，对企业竞争力的提高，以及国民经济增长方式的转变、制造业竞争力的提高具有重要的意义（孙林岩等，2007）。

服务型制造是由一系列原始设备制造商（original equipment manufacturers，OEMs）、承包制造商（contract manufacturers）、制造服务企业和生产性服务企业构成的生产网络，原始设备制造商发展成为全面解决方案的服务提供商（即系统集成商），而承包制造商则开始向制造服务供应商（manufacturing service providers）转变，与此同时生产性服务企业为制造企业提供生产性服务，提高制造企业的生产效率和产品竞争力。自此，系统集成商、制造服务供应商和生产性服务企业便形成了服务型制造网络组织（林文进等，2009）。系统集成商拥有整合产品的先进设计集成能力、高效率生产制造能力，以及对上游供应、下游销售、维修、服务渠道的管理能力，因此汪应洛（2008）院士指出，服务型制造项目管理的研究是一种管理创新。立足于企业之间的相互服务，通过资源的优化配置，有效整合资源；通过相互的服务增值活动，最终实现整个产业链上的价值提升；通过知识网络在制造网络中的知识共享和服务型制造流程中的嵌入，实现企业创新能力的提升，使中国经济转变为高附加值的增长模式。

大型客机产业是一个国家重要的装备制造产业，大型客机研制是一个典型的服务型制造系统，由系统集成服务商整合和优化全球资源，供应商全程参与，为客户提供卓越的售后服务，实现价值增值。波音和空客都是全球巨型系统集成商，以服务型制造为理念，不只是为客户提供产品，还提供一体化的解决方案和全球实时维修服务，是典型的服务型制造商。波音和空客在全球建立了完善的服务型制造网络体系，从项目设计研制起，就邀请航空公司和系统供应商参与，形成了全球一流的网络治理能力。

研制和发展大型客机，是《国家中长期科学和技术发展规划纲要（2006—2020年）》确定的重大科技专项，是建设创新型国家，提高我国自主创新能力和增强国家核心竞争力的重大战略举措。温家宝（2008）指出大飞机项目立项是一个国家工业、科技水平和综合实力的集中体现，是全国人民多年的愿望，对增强我国的综合实力和国际竞争力，使我国早日实现现代化具有极为重要的意义。在2009年的中央经济工作会议上，胡锦涛再次强调指出，要着力突破制约产业转型升级的重要关键技术，在高端通用芯片、极大规模集成电路、大型客机等前沿应用技术领域取得重大进展。2010年国务院在《关于加快培育和发展战略性新兴产业的决定》中，提出要"重点发展以干支线飞机和通用飞机为主的航空装备，做大做强航空产业"。党的十八大提出实施创新驱动发展战略，强调实施国家科技重大专项，对中国商飞公司、中航的发展，对中国民机产业和民用航空发动机产业发展具有极强的指导性和针对性。2014年5月，习近平总书记在考察中国商飞设计研发中心时也指出，"我们要做一个强国，就一定要把装备制造业搞上去，把大飞机搞上去，起带动作用、标志性作用"，"中国是最大的飞机市场"，"要花更多的资金来研发、制造自己的大飞机"，并且强调"我们一定要有自己的大飞机"。

通常把150座以上的飞机称为大型客机，目前在大型民机市场上具有竞争力的公司只有美国的波音和欧洲的空客。目前中国大型客机研制采用"主制造商-供应商"模式实行项目管理（图1.1），从研制之初中国商飞就提出要树立"服务型制造"的理念，加强能力建设。但是，中国飞机的设计集成能力、总装制造能力、市场营销能力、客户服务能力、适航取证能力这五大核心项目管理能力建设还亟待提高；市场把握能力、资本运营能力、成本控制能力、质量保证能力、供应链管理能力等项目治理能力还有待增强（张庆伟，2009）。在面向全球招标和采购的过程中，对全球供应商的治理，还是一个新课题；对全球服务网络能力的提升，还是新挑战；对民机产业链的项目整合，还面临新的压力。

作为一种典型的服务型制造，大型客机研制过程中的项目网络治理能力，直接关系到我国大飞机战略性产业的兴衰成败。目前我国大飞机项目正处于研制的关键时期，能否实现大飞机商业上的成功，项目网络治理水平至关重要。我国航

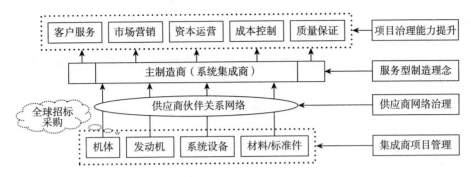

图 1.1 中国大型客机的项目管理模式

空工业在主动融入世界航空产业链，融入地方经济圈的过程中，如何治理遍布世界各地的供应商，如何提高集群企业的治理能力，设计完善的治理机制，是政府、企业和学术界关注的重要课题。

本书把研究范畴界定在"服务型制造的项目治理"主题上，综合应用企业能力理论、社会网络理论、机制设计理论、系统动力学（system dynamics，SD）、项目管理理论等，进行交叉研究，对服务型制造项目网络治理能力的关键因素、治理机制的影响机理和治理绩效的提升路径进行探讨，力图丰富项目网络治理理论的研究内容，具有丰富理论意义。此外，大型客机的研制是一种面向全球的服务型制造网络，实施大型客机研制重大专项对我国经济和科技发展具有巨大带动作用。航空工业产业链长、辐射面宽、连带效应强，在国民经济发展和科学技术进步中发挥着重要作用。本书以我国大飞机项目服务型制造网络为研究背景，调查国内航空工业服务型制造情况，考察国际航空巨头全球化项目治理的模式和经验，为提高我国航空工业治理水平提供对策。因此，本书也具有一定的实践意义。

1.2 国内外研究现状

关于"服务型制造项目治理"这一主题的研究，主要体现在以下几个方面：服务型制造、项目网络治理、项目治理机制、网络治理能力以及待进一步研究的新问题等。

1.2.1 服务型制造

服务型制造的产生和发展可以追溯到生产性服务业的兴起。1966 年，美国经济学家 Green Field 在研究服务业及其分类时，提出了生产性服务业。一个国家或地区工业化的实现，有赖于制造业的大力发展（Chenery and Taylor，1968）。Berger 和 Lester（1997）、Pappas 和 Sheehan（1998）提出了"服务增强"的概念，指出服务业在发达国家中逐渐兴起的趋势，提出了关于新型制造业的一系列概念，并对生产性服务在企业组织层面的微观机理进行了探索。Lee（1995）指出制造业作为工业化的发动机和国民经济的支柱是一国经济腾飞的主要支撑。

全球经济正在从产品经济向服务经济过渡，传统的制造价值链不断扩展和延长，在工业产品附加值的构成中纯粹制造环节所占的比例越来越低，研发设计、物流配送、产品营销、电子商务、金融服务、战略咨询等专业化生产服务和中介服务所占的比例越来越高，这已成为提高企业竞争力和经济效益的主导因素。以产品制造为核心的传统发展模式，加快向基于产品提供综合服务模式的方向转变，制造业竞争力越来越多地依赖于服务，并将它作为提高产品附加值的重要竞争手段。孙林岩等（2007）提出发展服务型制造有助于提高中国制造企业的竞争力。何哲等（2008）从盈利模式、组织行为、流通体系、价值诉求与汲取机制、网络流通载体等方面辨析了服务型制造与传统物流供应链体系的差异。李刚等（2009）研究了服务型制造引入顾客成为"合作生产者"和实现"合作生产者"的价值增值机理。冯泰文等（2009）通过实证建立了服务型制造与企业持续竞争优势之间关系的模型。汪应洛（2010）院士提出了"服务经济"是21世纪主导的经济模式，实现制造业与服务业的融合发展，推行服务型制造，是推进中国产业结构调整的必由之路。

简要评述：服务型制造网络能有效地整合知识资源，提高全球网络的创新设计能力；通过企业间制造资源的整合和共享，提升整个供应链的制造能力；通过终端服务提供商的密切连接，实现对下游营销、维修、服务渠道的整合。企业通过全球范围内生产性服务，同时向产品研发和营销网络延伸，使企业成为向客户提供全面解决方案的主体，加快"中国代工"向"中国制造"转变的步伐（白全贵，2008）。在郭重庆院士、汪应洛院士的呼吁和推动下，服务型制造成为近几年的研究热点，但以往的研究多从服务型制造的理念、运行方式等方面展开研究，对服务型制造项目网络治理的研究还处于起步阶段，企业实践的需求表明了服务型制造项目治理研究的必要性和紧迫性。

1.2.2　项目网络治理

项目治理（project governance）是指"围绕项目的一系列结构、系统和过程，以确保项目有效地交付使用，彻底达到充分效用和利益实现的制度设计"（Lambert，2003）。项目治理的制度框架，体现了项目参与各方和其他利益相关者之间的权、责、利关系的制度安排（严玲和赵黎明，2005）。主要利益相关者包括项目出资人、项目建设负责人、承包商、供应商、分包商、工程咨询机构（王华和尹贻林，2004），项目治理强调对项目利益相关者的平衡，建立一种有利于项目实施的制度（杨飞雪等，2004）。项目治理主要原则是在各方利益不同而存在委托代理的情况下，优化项目治理机制、降低交易成本、理顺项目组织关系，最终实现业主与承包商利益"双赢"。黄孚佑（2006）指出项目治理是对项目建设过程和项目相关的结构进行指导、协调和控制的管理活动。宋砚秋和戴大双（2009）从政府投资的复杂产品系统研发项目特征入手，分析了政府主导型复杂产品系统研发项目的利益相关者构成以及项目治理结构模型。丁荣贵等（2010）以某大型建设监理项目为例，用社会网络分析（social network analysis，SNA）方法构建了项目治理的社会网络模型，并分析了项目利益相关方在网络中的嵌入方式、网络结构特性及其治理策略之间的相互影响。彭本红和刘东（2011）提出了模块化网络中治理模式，包括紧密型治理模式和松散型治理模式，并采用模型加案例的方法来说明两种模式的适用范围。

　　简要评述：不同项目的组织形式不同，采取的治理方式也有差异。以往的研究多以建筑项目为例，应用网络治理理论对其治理结构和功能进行分析（Peng and Zong，2008）。服务型制造项目与建设项目有很大差别，前者以制造服务化和服务增强为目的，更多的是对供应商网络或客户关系网络的治理，而后者多针对建筑项目的组织、人员、结构等方面展开。大型客机项目技术复杂、知识密集、合作伙伴众多、研制周期漫长，供应商网络遍及世界，全球采购运营复杂，实施网络化治理很有必要。因此应用社会网络和网络治理等工具对服务型制造项目治理进行研究是一个有待探索的新课题。

1.2.3　项目治理机制

　　项目治理机制是一个系统的分析框架，Winch（2001）建立了包括利益相关者在内的交易治理框架，提出了垂直交易治理和水平交易治理两个维度，认为第三方治理是有效的治理方法。杨飞雪等（2004）强调，由于项目的一次性属性决定了项目的结构更为松散，发生投机行为的可能性更大，合同治理更明显。很多学者常用"正式合同"和"隐含合同"表示企业间协调和保护合作关系的治理机制，正式合同是通过法律来保障的，隐含合同是指非正式的社会控制和协调机制，如声誉、社会惯例等。正式合同和隐含合同是互补的，正式合同的存在保障了隐含合同能够发挥作用，而隐含合同则补充了正式合同的不足（杨瑞龙和冯健，2003），通过这两种互补的治理形式，项目中业主与承包商能够实现长期合作和风险共担。也有学者把治理机制分为依赖第三方履约与依赖自我履约（Telser，1980），这两种履约方式同时存在，只是不同的背景下，其中一种会强烈一点，而另一种稍弱些。随着社会学研究的进展，很多学者认为，非正式的社会控制是正式控制的补充（Granovetter，1985），非正式的自我履约可能依赖于个人信任关系（直接经历）或声誉（间接经历）作为治理机制。学者认识到，非正式保护措施（如信任）是保护专用性投资最有效、成本最低的方式（Uzzi，1997）；友好的信任减少了与讨价还价和监控相关的交易费用，可以提高绩效（Barney and Hansen，1994）。项目治理机制涉及项目管理层、项目指导委员会、母公司或者客户，以及其他利益干系人之间的各种关系（Turner，2005）。McKusker 和 Crair（2006）认为项目治理是组织定义的一系列基本结构、流程、制度，并建立了一个一般项目治理机制模型。彭本红和李守伟（2009）设计了一个模块化外包中的多维激励机制，把道德风险和逆向选择同时纳入一个模型，这个模型有很强的解释力，更接近现实。

简要评述：项目的治理机制没有固定的模式，表现为一个治理谱系，两端是合同治理和关系治理，中间依次有信任治理、激励治理、沟通治理、协调治理等机制（彭本红，2011a），不同的服务型制造项目伙伴关系类型可以选择不同的治理机制，如松散的伙伴关系可选择信任治理，而紧密的伙伴关系可选合同治理等。目前对于治理谱系两端的合同治理和关系治理研究较多，而对于中间的各种治理形式及各种组合治理形式，还有大量的空白地带有待研究。

1.2.4　网络治理能力

服务型制造的项目治理能力更多的是体现一种网络治理能力，它是系统集成服务商站在产业链的高度和全球的角度，对整个项目进行系统规划、对供应商进行有效整合、对客户进行高效管理，以及迅捷提供售后服务等活动的一系列网络能力。在技术快速变迁的知识经济时代，网络被视为能极大提高企业创新产出和提升企业竞争力的重要条件。正是因为网络对创新有如此大的影响，所以建立并维持一个有效的网络被认为是 21 世纪创新成功的关键，而企业成功地开发及管理与其他组织间各种关系的网络能力也被视为一种核心能力，是企业获取竞争优势的重要源泉。Hakansson（1987）介绍了企业的网络化能力的概念即企业改善其网络位置的能力和处理某单个关系的能力；Gulati（1999）认为随着企业外部环境的变化，企业与供应商、顾客和竞争对手等外部组织之间的关系直接影响企业竞争方式的变化与企业竞争优势的获得。Moller 和 Halinen（1999）首先提出了对网络关系进行管理、构建等网络管理能力的四个层面。Pittaway 等（2004）学者指出网络的形成、结构、内容与治理等多个方面都会对网络内企业的创新过程与结果产生重要影响。国内学者邢小强和仝允桓（2006）把网络能力定义为企业获取稀缺资源和引导网络变化的动态能力。陈学光和徐金发（2007）采用模拟方法研究网络能力对网络特征的影响机制，利用实证研究的方法，对创新网络及创新绩效的影响进行了检验。肖洪钧等（2009）从丰田的案例研究中得出了后发企业网络能力从获取能力、整合能力、转移能力到创新能力的演化路径。李贞和张体勤（2010）提出了企业知识网络能力是企业构建和管理外部知识网络的能力。彭本红（2011b）提出了模块化网络中的网络能力要与网络模式相互匹配的观点。

简要评述：能力建设是制造企业服务转型的重要因素，许多服务型制造企业日益注重内部网络组织能力的提升和外部网络管控能力的增强（Peng and Zong，2010）。从跨组织的角度，对项目网络治理能力展开研究，引入治理模式因素，探讨治理模式如何影响治理绩效、提升治理能力，是一条新的研究途径。

1.2.5 待进一步研究的新问题

目前学者从不同的角度对服务型制造、项目治理和网络能力等进行了定性或定量的研究，但专门针对服务型制造项目网络治理的研究还有待进一步加强。服务型制造的项目治理不同于建筑工程的项目治理，前者以服务增强为理念，以制造服务化为核心，更多的是对众多供应商的一种机制设计，治理因素更为复杂；后者通常是指对建筑工程项目中出现的各种关系进行治理，目前有较为成熟的理论体系。对于服务型制造项目治理的研究，还有很多待解决问题。例如，服务型制造项目网络治理的运作机理及影响机制还有待进一步深入研究；提升服务型制造项目网络治理能力的最优策略还缺少定量分析；全球化背景下服务型制造项目网络治理的激励机制设计还有待进一步探讨。

针对典型的服务型制造产业，特别是复杂装备制造业，影响治理的因素更多，治理机制设计更复杂，从复杂性理论和网络治理的视角进行多学科系统分析，是一项具有挑战性的课题。因此，汪应洛（2008）院士呼吁要把现代项目管理的思想与服务型制造紧密结合。

■ 1.3 研究内容及框架

服务型制造项目的网络治理是指系统集成服务商在项目研制过程中，通过设计良好的制度框架，规定整个项目运作的基本架构，对产品和服务供应商网络进行的治理行为。这里的治理具有广义的内涵，既包括传统治理理论中"对机会主义行为的约束和监督"，也包括对网络企业的激励、控制、协调和整合等内容。按照本书研究的主题，把项目治理机制定义为系统集成服务商在项目研制过程中，协调治理要素之间的关系并规范各种治理活动；把项目治理绩效定义为系统集成服务商在项目研制过程中实际获得或感知的效果。本部分研究内容主要包括服务型制造项目网络治理的理论分析、实证分析、演化分析、风险分析、机制设计和政策分析六个部分。

1. 服务型制造项目网络治理的理论分析

以企业能力理论、社会网络理论、机制设计理论、项目管理理论为基础，针对服务型制造网络的特点，区分服务型制造项目与一般建筑工程项目治理的差异，对服务型制造项目网络治理的内涵、特征、环境、影响、目标、演化等重要内容进行分析，对不同治理模式和治理机制进行比较，着重从网络的视角来分析项目治理，构建服务型制造项目网络治理的理论体系。

2. 服务型制造项目网络治理的实证分析

结合已有的文献研究结论和研究素材，提出服务型制造项目网络治理能力的多因素分析框架，通过分析服务型制造项目网络治理的绩效差异，挖掘隐藏在背后的治理机制以及治理能力的内在原因。根据调研的数据进行实证研究，具体包括项目治理能力关键因素、项目治理机制影响机理、项目治理绩效作用路径。

3. 服务型制造项目网络治理网络的演化分析

从网络结构和利益相关者两个视角研究服务型制造项目治理的动态演化。在网络结构的演化方面，利用社会网络分析方法定量分析服务型制造网络结构变动对各个利益相关者角色地位的影响，并从网络结构视角提出相应的项目治理策略。在利益相关者的演化方面，以演化博弈理论为基础，分析服务型制造项目中利益相关者的博弈焦点，并研究项目达到演化稳定时各个利益相关者的策略选择。并结合系统动力学方法，绘制系统流程图，进行模型仿真，并通过调整结构、参数等对利益相关者的策略行为进行比较选优，找出最优策略，发挥系统动力学的"政策仿真实验室"作用。

4. 服务型制造项目网络治理的风险分析

在对项目治理风险的研究现状、相关概念以及分析过程进行梳理的基础上，根据"风险演化—风险分析—风险评价"的路径研究服务型制造项目治理的风险。利用社会网络分析方法，基于利益相关者的地位、个体行为、网络结构变动之间的关系，从动态视角探索网络结构变化对项目治理风险的影响。通过文献研究和专家建议确定服务型制造项目治理中的风险因素以及风险因素之间的传递关系，采用贝叶斯网络方法对服务型制造项目治理风险进行全面的评估。为了更细致地评价各个风险因素，采用主成分分析与神经网络相结合的方法，对项目治理风险进行综合评价。主成分分析法可以有效规避评价指标重复冗杂的问题，而人工神经网络具有自学习、自适应能力等特有优点，可以克服主观因素的问题。

5. 服务型制造项目网络治理的机制设计

从多代理人、多委托人（共同代理）以及敲竹杠行为三个维度对服务型制造项目治理机制进行分析。从不同视角分析服务型制造项目中合作方的博弈关系，把网络治理模式与网络治理机制相结合，针对治理谱系中间地带的空白点展开探索，应用机制设计理论，建立多层次、多阶段的动态合同模型；从不完全合同的视角，把治理模式和治理机制相结合，构建项目的组合治理机制，为服务型制造的政策与措施提供理论基础。

6. 服务型制造项目网络治理的政策分析

从国内外选取典型的航空制造企业，进行案例分析，总结国内航空制造企业的网络治理现状，考察国际航空巨头成熟的项目治理模式，为我国航空制造企业融入全球价值链体系进行项目治理提供经验。本书以全球生产网络为背景，结合我国大型客机项目研制实际，从宏观、中观、微观三个层面提出项目治理途径。针对我国大飞机项目全球招标采购和国际转包生产，规划和协调全球的供应商伙伴，提出项目治理的政策建议。

本书的研究框架如图 1.2 所示。

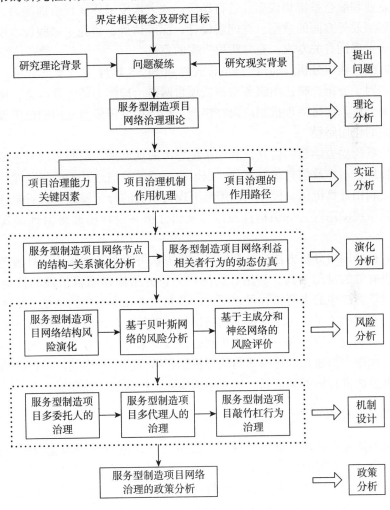

图 1.2　本书的研究框架

1.4 研究方法及技术路线

1.4.1 研究方法

本书采用了文献整理与实地调研相结合、理论分析与实证研究相结合、多种理论和工具相结合的方法,具体如下。

(1)问卷调查。在文献梳理的基础上,科学设计调查问卷,对国内典型的航空制造企业和航空系统集成企业进行调研,并大规模采样获得治理能力、治理机制及治理绩效等方面的数据。在问卷设计、深度访谈、研究主题假设、模型修正等方面还要咨询有关专家,充分听取专家的意见。

(2)统计建模分析。通过 AMOS 软件和 SPSS 软件进行实证分析。通过聚类分析和因子分析,筛选出服务型制造项目网络治理能力的关键因素;用方差分析和相关分析,探讨治理机制的内在机理;用结构方程模型和回归模型找出影响治理绩效的作用路径。

(3)系统动力学建模仿真。利用系统思考的观点来界定服务型制造项目网络的组织边界、运作及信息传递流程,以因果反馈关系描述其动态复杂性并建立优化模型,利用计算机仿真模拟不同策略下现实系统的行为模式,最后通过改变结构,探讨系统动态行为的结构性原因,从而分析并设计出改善治理绩效的解决方案。

(4)社会网络分析方法。社会网络分析方法可为服务型制造项目治理风险的研究提供有效的量化工具。利用社会网络分析方法构建项目治理的社会网络模型,通过该方法中的主要指标可以明确利益相关者在网络中的地位、个体行为和网络结构之间的关系,为定量描述网络结构对项目治理风险的影响提供基础。

(5)机制设计理论和方法。用机制设计理论来分析服务型制造网络中的机会主义防范问题。拟建立治理模式与治理机制相结合的分析框架,对现有的机制设计理论和方法进行拓展和创新,使之贴近实际,提高解释性和操作性。

1.4.2 技术路线

本书的研究主要由"确定主题→调查研究→理论梳理→演化分析→风险分析→机制设计→政策分析"几个部分组成,具体技术路线如图 1.3 所示。

(1)本书在文献阅读和企业实践的基础上,抽象出研究主题。通过文献阅读从整体上把握服务型制造的相关研究现状,通过实地调查部分企业,从局部了解服务型制造企业发展现状,并提炼出研究服务型制造项目网络治理所需的理论基础,构建研究框架。

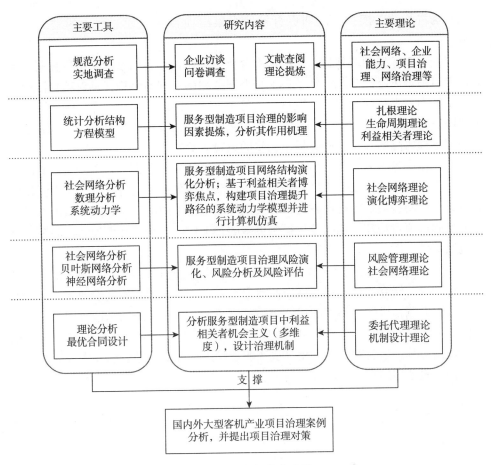

图 1.3　本书的技术路线

（2）在服务型制造项目治理的影响机理研究中，首先采用基于扎根理论的多案例研究方法收集服务型制造项目治理的影响因素；其次，基于生命周期理论，通过文献阅读和问卷调查研究影响服务型制造项目治理机制选择的关键因子，以及关键因子与绩效之间的关系，在此基础上，利用因子分析、聚类分析、方差分析和回归分析等方法，从利益相关者视角探讨制造商的不同治理方式与项目绩效的内在联系；最后，利用结构方程模型探索不同的影响因素对服务型制造项目治理的作用路径。

（3）在服务型制造项目治理的动态演化分析中，基于社会网络分析理论、演化博弈理论以及系统动力学分析服务型制造项目治理的动态演化。利用社会网络分析中的结构洞指标定量描述网络中利益相关者的位置特征；从演化博弈的角度对利益相关者的博弈过程进行分析，根据数学方法得出与利益相关者策略选择有关的数量关系，在此基础上，利用系统动力学方法对服务型制造项目中利益相关者的行为进行动态模拟，以期更直接地观察出项目在治理过程中的动态演化过程。

（4）在服务型制造项目治理的风险分析中，通过社会网络分析法研究服务型制造项目治理风险的演化，从整体上把握服务型制造网络结构变动对项目治理的影响，继而根据风险管理的一般过程，基于贝叶斯网络方法对服务型制造项目治理风险进行分析，并利用主成分分析和神经网络相结合的方法重点研究服务型制造项目治理风险的评价，同时提出初步的风险应对策略。

（5）在服务型制造项目治理的机制设计中，从多代理人、多委托人（共同代理）以及敲竹杠行为三个维度对服务型制造项目治理机制进行分析。从不同视角分析服务型制造项目中合作方的博弈关系可以得出不同的结论，这些结论可以为服务型制造项目治理机制的设计提供更多的参考建议，为设计更加完善的项目治理机制提供支撑。

（6）在实证分析部分，本书以波音公司和空客公司为例，对大型客机项目治理进行分析。研究波音公司的供应商治理、客户关系治理、质量治理等，以了解波音公司大型客机项目治理的成功经验；研究空客公司服务型制造转型过程中商业模式的演化，并具体分析其 A380 项目的治理情况，以期为中国制造业服务化转型提供借鉴。最后对中国大型客机产业现状进行分析，结合国外先进的治理经验，提出服务型制造项目治理对策。

第 2 章

服务型制造项目治理的基本理论

■ 2.1 服务型制造项目治理

2.1.1 服务型制造

近一个世纪以来，市场需求与经济发展的快速变化，科技进步与产业政策的实时演变，使得制造模式不断演化，出现了一系列先进的制造模式，如大规模定制、柔性制造、准时生产、精益生产、敏捷制造、网络化制造以及绿色制造等。这些制造模式主要在价值实现上通过实体产品实现有限增值，较少关注服务；在作业方式上关注产品的制造本身，较少涉及生产性服务环节；在运作模式上强调制造资源集成与优化，较少关注企业模块单元的互动集聚与协同（冯良清，2012）。随着经济和信息技术的发展，以及国际分工的细化和专业化，服务业与制造业之间的相互渗透融合越来越明显；顾客需求和价值观念的变化，使得仅仅关注生产与产品的制造模式越来越难以满足顾客的个性化需求和经济发展的需要。在以"服务经济"为主导的 21 世纪，发展服务型制造已经成为全球制造业发展的基本趋势。

"服务型制造"的概念最早可以追溯到 20 世纪 70 年代未来学家对服务经济的展望上，此后经历了一个较长的演化过程，大体经历了四个阶段（何哲等，2010）。第一阶段始于 20 世纪 70 年代，在经历了 20 年的黄金增长后，发达国家纷纷进入服务社会阶段，表现为第三产业的产值和就业超过国民经济的一半以上。但此时，服务业的发展表现为第三产业如金融、物流等行业的发展，制造业本身并未进行转型。第二阶段是指从 20 世纪 80 年代末期到 90 年代初，Vandermerve 和 Rada（1988）最早提出"服务化"（servitization）一词，并指出"服务化"就是制造业企业由仅仅提供物品或物品与附加服务向物品-服务包转变。完整的"包"包括物品、服务、支持、自我服务和知识，其中服务在整个"包"中居于主导地位，是增加值的主要来源。此后，面向服务的制造和服务嵌入制造的原始概念被提出（Fry and Steele，1994）。但是服务型制造的概念还停留在传统的供应链、库存管理和柔性化生产阶段。在该阶段，以 GE（General Electric Company，通用电气公司）和 IBM（International Business Machine Corporation，国际商业机器人公司）等为代表的国际典型制造企业率先进行由产品向服务转型的尝试。第三阶段是指从 20 世纪末至 21 世纪初，国内外制造业中出现了一种较为普遍的运用服务增强自身产品竞争力及向服务转型以获取新的价值来源的现象，西方学者称之为"服务增强"（service enhancement）（Berger and Lester，1997），基于此，"服务增强型产品""服务增强型制造业""新型制造业"等概念被相继提出。在该阶段，国际顶级制造企业服务转型完毕，国内也明确提出发展面向生产的服务业，虽然关注的重点仍然停留在单纯的服务部门，但是服务与制造的融合已经成为一种明显的趋势。第四阶段主要是指从 2006 年起，国内制造企业也逐步开始向服务型制造转型，如陕鼓集团、海尔家电、华为公司等。在该阶段，国内学者正式提出了服务型制造的概念并进行了较为系统的理论构建（孙林岩等，2007），在制造业转型的背景和商业潮流的共同驱使下，服务型制造从最初基于物流和供应链角度进行研究的面向服务的制造，拓展至基于顾客感知和企业间嵌入式服务的面向制造的服务，形成面向服务的制造和面向制造的服务的概念集合。服务型制造成为较为完善的学术概念。

服务型制造的概念可以从核心概念、表现形式、组织形态和属性特征四个层次进行理解（何哲等，2008）。从核心概念角度看，服务型制造是新时期下服务与制造历史性融合的产物；从表现形式看，服务型制造包括制造企业面向中间企业的服务（如模块化外包及整体解决方案）和面向最终消费者的服务（如个性化定制、顾客参与全程设计、金融服务）；从组织形态看，服务型制造表现为制造企业向服务领域拓展（如 IBM 的解决方案）和服务企业向制造领域的渗透（如沃尔玛对制造企业的控制）；从属性特征看，服务型制造具有整合、增值及创新三大特征。其中整合来源于企业间的相互服务和相互外包，制造网络节点企业内部资源向核心竞争优势转移，企业间资源实现共享和动态分配；增值来源于服务型制造中的服务属性，企业由以前的关注产品生产，到关注顾客需求服务，通过服务提升企业获取价值的能力；创新来源于对知识资源的整合和对消费需求信号的采集和处理，通过需求与研发信息的碰撞不断产生适应新经济条件的知识和信息，从而提高整体网络的创新能力。

服务型制造的参与主体包括制造企业（原材料供应商、生产企业）、服务企业（物流企业、营销机构、售后机构）及最终顾客（消费者），其中制造企业从事制造过程服务，服务企业从事生产性服务。生产性服务、服务性生产、顾客全程参与是它的三个基石，如图 2.1 所示。

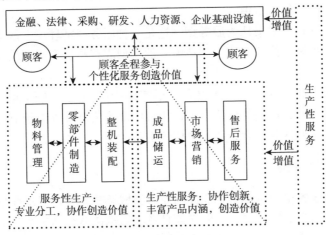

图 2.1 服务型制造概念模型

资料来源：孙林岩（2009）

服务型制造的主要特征是制造和服务过程中的顾客参与以及制造企业和服务企业通过网络化协作提供产品服务系统（林文进等，2009），制造企业、服务企业和顾客全程参与共同创造顾客价值和企业价值。它将供应链中的制造环节与服务环节进行高度融合，制造企业提供工艺流程的产品制造活动，而服务企业在产品生命周期中为制造企业和顾客提供业务流程的产品服务活动，双方合作完成顾客需要的产品服务的整体解决方案，满足顾客的功能需求。产品生产、服务提供和消费的融合将知识资本、人力资本和产业资本聚合在一起，形成价值增值的聚合体，使得价值链的各个环节都成为价值增值的源泉（李刚等，2010）。这使得服务型制造摆脱了传统制造的低技术含量、低附加值的形象，使其具有和以往各类制造方式显著不同的特点，主要表现如下：①在价值实现上，服务型制造由强调传统的产品制造，向提供具有丰富服务内涵的产品和依托产品的服务转变，直至为顾客提供整体解决方案；②在作业方式上，由传统制造模式的以产品为核心向以人为中心转变，强调顾客、作业者的认知和知识融合，通过有效挖掘服务制造链上的需求，实现个性化生产和服务；③在组织方式上，虽然服务型制造的覆盖范围超越了传统的制造和服务的范畴，但是它并不追求纵向一体化，而是更关注不同类型主体形成的生态系统。服务型制造通过对产品制造工艺流程及服务业务流程的分解，使每个企业承担起流程中的一个或几个模块，相互之间以规范化的接口进行协作，实现分散化制造及服务资源的集成，为多元化顾客提供价值，从而形成具有动态稳定结构的服务型制造网络系统；④在运作形式上，服务型制造强调主动性服务。引导顾客参与个性化的产品服务系统，主动发现顾客需求，展开针对性服务。企业间基于业务流程合作，主动为上下游顾客提供生产性服务和制造服务，协同创造价值。

　　基于以上认识，本书认为服务型制造是一种服务经济环境下制造业与服务业融合发展的新型制造模式，这一制造模式的典型表现是从提供产品制造向提供产品服务系统和整体解决方案的转变。具体来说，是指各参与主体（制造企业、服务企业、顾客）通过网络化协作整合有形实体产品和无形价值服务，提供"产品＋服务"这一广义产品的价值形态，实现内部价值链及外部价值链上各个环节的价值增值，从而达到提高企业竞争优势的目的。

2.1.2　项目治理

　　制造业的服务化变革使得企业面临业务领域调整、客户需求变化、合作伙伴和竞争对手不断变更等问题，它们必须具备能够迅速整合动态资源去完成新任务的能力，才能在这个变革的时代生存和发展。而项目是企业应对变化的工作方式和整合动态资源的平台，也是体现企业在变革时代生存和发展能力的载体（丁荣贵等，2013）。

　　美国项目管理协会（Project Management Institute，PMI）将项目定义为"项目是为创造独特的产品、服务或成果而进行的临时性工作"。PMI 对于项目的定义，将重点放在项目任务的"独特性"和"临时性"上，并没有凸显出项目的参与者是带着各自的目的参与项目的这个事实，也没有强调对参与者需求的满足。这些能够影响项目或受项目影响的、来自不同组织的参与者被定义为"利益相关者"（stakeholder），他们在项目中依据各自的利益诉求和所需承担的责任扮演特定的角色和采取相应的行动。因此，丁荣贵等（2013）把项目的定义完善为"为完成临时性、独特性任务并满足各利益相关者需求而构建的社会网络平台"。

　　项目外部因素的增多以及利益相关者对项目本身的影响能力越来越强，基于项目管理层面的传统研究较难有效解决项目面临的诸多问题，项目治理逐渐成为国内外研究的热点。"治理"是相对"管理"而言的。"管理"问题一般通过层级组织反映出来，事关对权力的控制性应用，目标是追求管理劳动投入后的劳动效果。"治理"虽然在原则上也是有关制度权力的设计，但对于被治理的对象而言，并非多数情况下都涉及权力的控制问题，而是对象之间通过合作性的协调方式，实现组织目标的过程。因此，合作、协调、相互联系是治理的核心属性，治理的目标是决策行为的有效性、合理性和科学性（李维安和周建，2005）。治理是各种公共的或私人的个人和机构管理其共同事物的诸多方式的总和，是使相互冲突的或不同的利益得以调和并且采取联合行动的持续的过程，既包括正式的制度和规则，也包括非正式的制度安排（俞可平，2000）。

　　目前项目治理的研究成果分为三个方面，即基于公司治理视角的研究、基于治理结构视角的研究和基于角色过程视角的研究：①最初的研究始于将公司治理的相关理论和研究方法引入项目管理领域开展的相关研究，大多数研究者认为项目治理是公司治理活动的一个组成部分或进一步延伸。例如，英国项目管理协会（Association for Project Management，APM）认为"项目治理是公司治理中专门针对项目活动领域的治理工作"。Muller（2009）认为，"项目治理包括价值体系、职责、程序和政策，使得项目得以为实现组织目标服务，并促进项目朝着实现内外部利益相关者即公司本身利益的方向前进"。以公司治理作为项目治理概念的依据不能明确反映项目临时性和独特性的特点，因而也未能反映项目治理的特点。②一些学者认为项目治理主要是治理结构问题。例如，Turner（2006）认为"项目治理是一种利益相关者的治理机制，它提供了可以设定项目目标的结构，并确定实现目标和监控绩效所需的手段"。Lambert（2003）把项目治理定义为"围绕项目的一系列结构、系统和过程，确保项目有效的交付使用，彻底达到充分效用和利益实现"。严玲等（2004）把项目治理定义为一种制度框架，体现了项目参与各方和其他利益相关者之间权、责、利关系的制度安排，在此框架下完成一个完整的项目交易。美国项目管理协会认为"项目治理是一种符合组织治理模式的项目监管职能，覆盖整个项目生命周期。项目治理框架向项目经理和团队提供管理项目的结构、流程、决策模式和工具，同时对项目进行支持和控制，以实现项目的成功交付"。但是由于项目的特殊性，项目治理结构需要定制，而且项目过程中，每个时期都具有不同的治理结构，利益相关者之间的责任、角色、权力也是随之变化的，这意味着不同的项目、项目生命周期的不同阶段、不同阶段的不同任务都必须有不同的治理方式，不可能有单一的治理结构可以满足所有项目和贯穿项目的整个过程。③部分学者基于利益相关者角色过程来研究项目治理。丁荣贵和费振国（2008）指出，随着项目利益相关者的进入和退出，需求（requirements）、角色（roles）、角色风险（risks）和角色关系（relationships）这四个关键步骤将迭代出现，而项目治理的过程就是在整个生命周期内处理好这四个 R 的迭代过程，他们用 P-R 模型来概括项目治理研究的迭代过程，如图 2.2 所示。在这种治理结构中不会有人负责整个过程，也没有人能够负得起这样的责任。在项目开始前，所有项目利益相关者会讨论、确定一个建立和遵循过程的原则，然后在过程的不同阶段按照约定的原则扮演不同的治理角色并享有相应的权利。丁荣贵等（2012）指出，项目治理研究的内容是项目各利益相关者之间的互动关系，项目治理是"建立和维护项目利益相关者之间规制关系的过程，该过程可以降低治理角色承担的风险，为确立项目以及实现其目标提供可靠的管理环境"。项目治理中利益相关者之间是协同的工作伙伴关系；利益相关者的权力是对其所承诺角色责任的赔偿；项目治理结构是由利益相关者构成的动态角色网络（孙亚男，2012）。

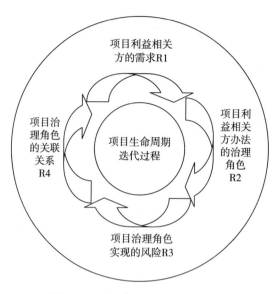

图 2.2　项目治理研究的 P-R 模型

　　本书基于丁荣贵等（2012）学者的相关研究，采用以下定义：项目治理是建立项目利益相关者治理角色关系的过程，该过程旨在降低利益相关者承担项目治理角色的风险，从而为确保实现项目目标、使利益相关者满意提供有效和可靠的治理环境。

　　为了更清晰认识和理解项目治理，需要将其与密切相关的项目管理、公司治理进行比较。"治理"可以理解为"对于管理的管理"，"项目治理"的责任是提供项目管理的目标、资源和制度环境，而"项目管理"的责任则是在这些制度环境内有效运用资源去实现项目目标。三者的主要区别可以从对象、主体、目标、核心内容四个方面来分析，具体内容如表 2.1 所示。

表 2.1　项目治理、项目管理与公司治理的区别

类别	治（管）理对象	治（管）理主体	治（管）理目标	治（管）理核心内容
项目治理	项目	利益相关者	实现项目目标和使利益相关者满意	利益相关者的治理角色关系
项目管理	项目	项目经理	实现项目目标	任务的时间、费用和质量
公司治理	企业	公司所有者	提升企业绩效	责、权、利的合理配置

资料来源：孙亚男（2012）

　　基于以上分析，本书认为服务型制造项目是由制造企业（服务性生产商）、服务企业（生产性服务商）和以顾客为核心的众多参与主体构成的临时性社会网络，通过产业链条各个环节的服务增值实现个体利益和项目整体目标。服务型制

造项目治理是建立项目利益相关者（制造企业、服务企业和顾客）对服务型制造项目的治理角色关系的过程，该过程用于降低项目治理角色的承担风险，从而为实现服务型制造项目目标，利益相关者满意提供可靠的治理环境。从上述定义中可以看出，服务型制造项目治理体现出"动态关系""多主体参与""交互协调"等特征。

2.2　服务型制造网络治理

2.2.1　服务型制造网络

服务型制造是一种新型的生产组织方式，通过分散化的制造企业、服务企业和顾客的协同，形成服务型制造网络。服务型制造网络是服务型制造的组织模式。一方面，由于服务型制造是制造企业与服务企业融合发展的一种先进制造模式，因此服务型制造网络从某种意义上说是供应链在服务和制造融合背景下的资源再整合。另一方面，由于服务型制造是基于制造工艺流程和服务业务流程的模块化分工协作的结果，因此服务型制造网络与模块化生产与制造（模块化生产网络）的相关概念的演变紧密相关。服务型制造网络是产品供应链、服务供应链及模块化组织的概念共同演进的结果（冯良清，2012）。

1. 传统供应链

传统的供应链多指产品供应链，Stevens（1989）较早给出了供应链的定义，认为供应链是一个系统过程网络，是通过价值增值过程和分销渠道控制从供应商的供应商到用户的用户的整个过程。马士华等（2000）把供应链定义为"围绕核心企业，通过对信息流、物流、资金流的控制，从采购原材料开始，制成中间产品以及最终产品，最后由销售网络把产品送到消费者受众，将供应商、制造商、分销商、零售商直到最终用户连成一个整体的功能网链结构模式"。在此期间，供应链经历了从"链"到"网络"的描述过程，现代意义的产品供应链概念的本质是一个基于产品形成到使用过程的供应链网络，其形成是基于上下游企业能力需求与合作的结果。因此，产品供应链可定义为产品形成到使用过程中，围绕核心企业，由多个节点企业构成的能力需求与合作组织，是一种层级式的网络结构。

随着服务经济的发展，服务供应链作为新兴的研究领域，极大地激发了学术界的研究兴趣。许多学者从服务生产过程、产品服务化、服务企业采购服务产品等视角来理解服务供应链。例如，de Wart 和 Kremper（2004）认为服务供应链是产品服务化过程中发生的一系列服务活动，包括设计服务计划、分配资源、配送回收、维修恢复等管理活动；金立印（2006）认为服务供应链管理的本质是整合所有服务资源来共同创造顾客价值；刘伟华和刘希龙（2009）提出，服务供应链是指围绕服务核心企业，利用现代信息技术，通过对链上的能力流、信息流、资金流和物流等进行控制来实现客户价值与服务价值的过程。因此，服务供应链可定义为服务提供过程中，围绕服务核心企业，由许多服务企业节点构成的服务能力需求与合作组织，以实现用户价值与服务价值的增值。

产品供应链与服务供应链的融合使得传统供应链在关注点、盈利模式、组织形态等方面发生革命性的变革，从而形成一种新的生产组织方式——服务型制造网络。服务型制造网络与传统供应链体系的区别如表 2.2 所示。

表 2.2　服务型制造网络与传统供应链体系的区别

比较点	传统供应链	服务型制造网络
关注点	关注产品	关注服务
盈利模式	以产品为主要盈利手段	以依附在产品上的服务增值为主要盈利手段
网络传送对象	原料和中间产品	依附在原料、中间产品上的各种服务方案
组织形态	围绕少数核心企业的静态层级结构	不确定多变动的动态拓扑结构
价值分配	沿价值链静态分享	节点企业主动向下游抢夺
流动内容	三流合一（资金流、物流、信息流）	五流合一（资金流、物流、信息流、服务流、价值流）

资料来源：孙林岩（2009）

2. 模块化组织

20 世纪 80 年代以来，随着市场环境的变化和产品复杂性的提高，模块化引起了经济学界、管理学界的普遍关注。作为一种新的产业结构本质和新的组织模式，模块化正日益受到人们的青睐。模块化是在劳动分工和知识分工的基础上，通过模块分解和模块整合的过程，把复杂产品系统分解为相互独立的组成部分，再通过即插即用接口，把各自独立的部分整合成一个完整系统的过程（孙林岩，2009）。模块化分工产生了模块化网络组织，模块化网络组织是一种企业参与度和网络控制度较高的企业创新网络（Freeman，1991）。从 20 世纪 90 年代中后期，不少学者独立发展了模块化理论，而应用最多的是日本学者青木昌彦和安腾晴彦（2003）对于模块的定义：可组成系统的，具有某种确定独立功能的半自律性的子系统，可以通过标准化的界面结构与其他功能的半自律性子系统按照一定的规则相互联系而构成的更加复杂的系统，即为模块化组织。周鹏（2004）根据企业之间实力地位和影响力的不同，把模块化组织分为核心企业型网络组织和分散型网络组织。模块化网络组织中的成员企业各自具有不同的知识和能力，把两者结合在一起就可以充分利用其他成员企业的知识来弥补自己的不足，通过学习不断更新自己的知识基础，拓展技术创新路径（彭本红和冯良清，2011）。基于以上学者观点可以看出，模块化组织是模块单元根据界面结构组成的一种网络组织。因此本书认为，模块化组织是模块协作过程中，围绕模块价值功能的集成，由多个价值模块单元作为节点构成的能力与需求合作网络。

在服务型制造模式中，制造企业一方面要为客户提供低成本、高质量的产品，另一方面要为客户提供满意的服务体验和创新过程。当面临大规模客户定制化需求时，制造企业将模块化设计理念嵌入产品服务领域，在服务型制造模式下实施模块化，不能单一强调产品模块化或服务模块化，而应创建产品服务融合模块化。产品服务融合模块化是在产品模块与服务模块基础上，根据客户定制化需求信息的变化，先将产品模块与服务模块分解成相应的产品要素和服务要素，然后在不同属性的产品要素与服务要素之间进行动态匹配，形成产品和服务融合模块，最终整合成能够满足客户定制化需求的集成化产品服务方案。产品服务融合模块化过程如图 2.3 所示。

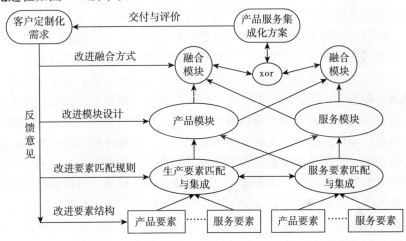

图 2.3　产品服务融合模块化过程

资料来源：姚树俊等（2012）

3. 服务型制造网络的概念与类型

服务型制造是制造业与服务业融合发展的先进制造模式，模块化的生产方式是其典型特征。产品模块化与服务模块化是两业融合的基础，许多制造企业、服务企业和顾客共同参与，为各个模块的价值创造提供支持，组成了服务型制造网络。

刘炳春（2011）认为，服务型制造网络实质上是对传统供应链运行模式的变革，它通过形成服务企业与制造企业之间的联盟，整合双方各自所占有的资源和能力，以谋求在更大范围内提升整体的核心竞争力以及实现价值链增值空间的拓展，并最终为顾客提供新的产品形式——产品服务系统，具有增值性、合作性、自适应性、动态性和复杂性。孙林岩（2009）指出，服务型制造网络是指在产品服务系统的生产过程中，顾客、生产性服务厂商（金融、法律、保险、会计、管理咨询、物流、分销、售后服务），以及服务性生产厂商（原材料供应商、零部件制造商、产品制造商）等价值模块，相互之间基于标准化的界面结构和业务流程协作，嵌入价值增值网络，所形成的具有资源整合、价值增值和创新功能的生产协作聚合体。这一聚合体融合了产品供应链的产品模块化和工艺流程模块化，以及服务供应链的模块化服务价值功能，是产品供应链、服务供应链以及模块化组织综合演进的结果。

　　基于以上分析，本书认为服务型制造网络是制造业和服务业融合发展过程中，在服务需求驱动下，由制造企业、服务企业的相关部门或人员以及顾客组成的价值模块节点单元构成的一种具有资源整合、价值增值、动态稳定和协作功能的复杂网络。其基本的价值模块节点包括服务性生产模块节点、生产性服务模块节点、顾客效用模块节点以及将各价值模块功能集成的服务集成模块节点。

　　服务型制造网络根据有无主导企业支配分为两种类型，其结构模型如图2.4所示。一种是有主导企业的支配型价值模块集成模式，在该模式中中小企业通过为大企业提供配套的制造流程或服务流程模块功能，与大企业实现协作；另一种是无主导企业的平等型价值模块集成模式，制造及服务企业自发聚集的价值模块协同模式，各企业相互之间功能互补、分工合作，实现低成本高效率的分散化价值模块协同功能。两种类型的结构模型中均包括四种价值模块节点：①服务性生产模块节点，即提供制造服务的服务模块提供商。在服务型制造网络中，从事生产工艺流程某一个环节的企业，并不需要开发自己品牌的产品，而通过为其他企业提供自己独具优势的生产流程服务，获得规模经济优势，也使自己发展成为生产服务的提供商。服务性生产企业可通过提供模块化的部件或生产能力互相合作，也可通过不同工艺流程的分离与生产性服务企业合作，如集成电路行业普遍采用设计与制造相分离的方法，把设计业务外包给生产性服务企业。②生产性服务模块节点，即提供生产性服务的服务模块提供商。生产性服务商是提供中间投入服务的部门。由于每个企业的资源是有限的，把企业并不擅长的业务活动外包给专业性的生产服务商，可以降低企业的经营成本，提高企业效率，并可以集中精力和资源来对核心业务进行升级，增强企业的竞争优势。制造企业将生产性服务从制造业务中分离出来，外包给专业化的生产性服务企业，是生产性服务企业参与服务型制造网络的主要方式。③顾客效用模块节点，即顾客参与。在服务型制造网络，顾客根据自己的需求，参与企业产品设计、生产、制造以及营销，这可以让企业更好地响应顾客需求，提高顾客满意度，实现顾客价值增值。④服务集成模块节点，即将生产性服务模块、服务性生产模块及顾客效用模块进行集成的服务模块集成商。在服务型制造网络中，各个模块资源应通过集成与协同来发挥作用，集成强调的是模块重新组合以最大限度提高整体效果，协同强调的是在保持模块独立性的前提下使整体效果最佳。具有集成和协同能力优势的企业根据自身、合作企业即客户的需求，对各个模块进行集成与协调，通过各个模块的配合提高整体效果，充当服务集成模块节点的角色（孙林岩等，2011）。

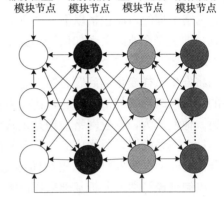

图 2.4　服务型制造网络的两种类型

资料来源：冯良清（2012）

2.2.2　网络治理

经济全球化和技术进步的飞速发展，增加了经济组织环境的复杂性。全球公司、虚拟企业、战略联盟、小企业网络、虚拟组织、Web 公司等的出现和迅速发展，使网络组织成为企业普遍的存在方式。在网络经济条件下，治理环境的变化使治理任务所依赖的路径发生改变，引发治理形式的改变，从而形成了一种新的治理形式——网络治理。

网络一般包含三个方面的内容：①网络是由各种各样的行动者构成的，每个行动者都有自己的目标，且在地位上是平等的；②网络之所以存在是因为行动者之间的相互依赖；③网络行动者采取合作的策略来实现自己的目标（陈振明，2003）。网络的内涵既可以是关系的集合，也可以是技术条件作用的结果。因此网络治理中的"网络"内涵主要包括制度意义和技术意义上的经济组织或者经济主体之间的正式和非正式关系的总和，是社会网络，企业间、组织间网络以及有形网络（如互联网、局域网）的三网合一。

网络治理经常和网络组织治理的概念连在一起，网络治理是网络组织治理的简称。国内外学者对网络治理给出了不同的定义。国外比较具有代表性的定义是由 Jones 等（1997）提出的，他们认为网络治理是一个具有选择性、持续性和结构性的自治企业集合（包括非营利机构），这些企业基于隐性契约或开放性契约从事生产与服务，以适应多变的环境，协调和维护交易，且这些契约是社会性联结而非法律性联结。国内学者彭正银（2002）指出网络治理是以社会关系、经济结构、技术要素的整合过程为基础，衍生成的一种广义的治理行为。李维安和周建（2005）认为，网络治理的本质类似于管理的基本原理，都是通过某些科学的原理的应用实现组织目标的过程，只不过对于网络治理来说，其核心体现为提高决策科学性的过程。网络治理的内涵包括以下三个方面：第一是有关网络组织之间的决策科学化问题，即关于企业间关系如何影响关系企业的问题；第二是网络技术条件下的公司治理问题，即技术条件改变时，作为治理的公司制企业组织形式的决策方式和机制将发生怎样变化的问题；第三是网络组织自身的决策科学化问题，即源于治理的内部网络形式的治理问题，比较有针对性的是对跨国公司和集团公司的治理问题。他们认为，企业网络治理是正式或非正式的组织和个体通过经济合约的联结与社会关系的嵌入所构成的以企业间的制度安排为核心的参与者（个体、团体或群体）间的关系安排，以组织间的竞合为基点、以网络组织的协调运作为中心、以制度经济学为分析基础来探讨治理机制与治理目标。

网络治理研究的一个突破性贡献是引入了社会关系理论，将信任作为网络运作的基础，使其具有组织整合与过程整合的特征。在网络组织形态中，个体与群体的关系或纽带形成社会网络，成为网络治理的基础网络组织。网络治理的一个重要基点是充分发挥非正式组织的效力，而社会关系网络则以关系嵌入和结构嵌入两种方式影响经济的活动和结果。Jones等（1997）扩展了交易费用经济学理论，在Williamson三重维度的基础上引入任务复杂性这一维度，将网络治理建立在四重维度的交易环境中，即供给稳定状态下需求的不确定性、定制交易的人力资源专用性、时间紧迫下的任务复杂性以及网络团体间的交易频率，提出了适应、协调、维护交易的社会机制，并以此机制为基础提出了网络治理的理论模型，但该模型并没有阐明治理机制这一关键要点，而社会机制作为网络治理的基础并不能对治理机制本身进行替代。在此基础上，彭正银（2002）结合扩展的四重维度交易环境与社会关系的结构嵌入理论，提出网络治理的理论架构（图2.5）。他认为结构嵌入是网络治理机制的基础。网络治理机制由互动机制与整合机制构成：①互动机制是内生的，具有合作和竞争两重性。合作性互动以信任为基础，可以延扩资源利用边界，激励共同利益形成以及减少协调成本；竞争性互动为高频率交易的合伙者进行重复的囚徒困境博弈创造条件。②整合机制是外生的，在水平和垂直两个方向上运作。水平整合通过资源储备的依赖方式来扩大资源的享有量，增强新技术与新技能，实现团体间资源供给的共存与差异性互补；垂直整合通过资源移位的关联方式将资源的使用范围进行扩展，在范围经济的基础上重组价值链。两种机制都具有动态性，在不断变化的环境中寻求阶段性平衡。网络治理的基本目标是协调和维护，即参与者在战略、决策与行动上进行沟通以保持合作的有效性，并维护作为竞争者的交易与利益以及网络的整体功效与运作机能。而李维安和周建（2005）认为网络治理机制的本质是协调机制，对应不同的网络治理内涵有不同的协同体现。例如，在组织间关系网络方面，比较重要的治理机制是学习机制和信任机制；在公司治理结构方面，有董事会治理中的合作机制、团队机制以及人性化的文化机制；在内部网络组织方面，结构洞的思想在组织成员人力资本和社会资本的提升方面具有显著的作用，文化机制、声誉机制、嵌入机制是一般意义上的网络治理机制的体现。

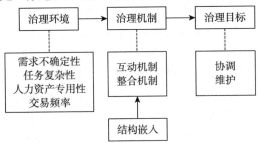

图 2.5　网络治理的理论架构

资料来源：彭正银（2002）

2.3　服务型制造项目治理模式

2.3.1　项目治理模式

项目治理模式是一系列关于治理项目交易关系的制度安排，其关键在于通过适当地配置决策权和利益分配权来保证项目目标的实现。项目治理模式与项目所处的经济、法律、市场等环境密切相关，项目治理模式随着社会环境和经济水平的变化不断发展或重构，以发挥其最佳效能。项目治理模式有广义与狭义之分，广义的项目治理模式包括项目治理结构与配套的项目治理机制两者的有机结合，狭义的项目治理模式仅指项目治理结构的主要特征（刘向东，2011）。

国内外不少学者对项目治理结构，即狭义的项目治理模式进行了深入的研究。Renz（2007）认为在项目治理结构的设计上，要明确项目治理主体、各主体的任务和责任以及最佳分配责任方式。项目治理的关键责任包括系统管理（分析和理解特定的治理环境）、任务管理（战略指导、支持和控制，识别项目任务，设定战略目标，制定执行策略）、标准化的指南、利益相关者管理（联络、协调和控制）、风险管理以及审计。项目治理结构还应满足不同主体之间信息传递的需要（Klakegg et al.，2008），给出参与项目的内外部主体之间的关系，描述在所有利益相关者之间的信息流，在每个阶段获得项目的批准和指导（Robbert，2007）。Winch（2001）指出项目治理不仅要关注微观层面上的特殊交易活动，也要从宏观层面上制定社会经济环境下的游戏规则，结构的设计还要考虑项目风险水平的变化，他从垂直和水平两个维度分析了建筑项目中业主与不同主体之间的相互关系，并引入可以被合同双方接受的能起到协调沟通、缓冲冲突作用的独立第三方来验证项目绩效，形成三边治理结构（trilateral governance），具体结构如图 2.6 所示。Turner 和 Keegan（2001）按照项目规模和客户大小，设计了以下三种项目治理结构：①为许多大客户提供大项目，即针对每一个大客户的大项目，设置一个客户经理作为其代理人，同时和一个解决方案经理沟通。不同的大项目之间设置保护墙，项目团队的成员不能为多个客户服务。②将一个大项目提供给多个小客户。在该结构中设置一个市场总监作为代理人，充分应用自身的市场营销专业技能，将项目推广给不同的客户。由总经理负责管理大项目，根据客户的需求为项目分配资源。③为多个小客户提供小项目。在给许多小客户提供不相关的小项目时，公司跟不上经常变化的环境，因此设计一种治理结构使每个部门都有一个客户经理作为代理人，和多个解决方案经理沟通，在每个项目中都按照后台管理系统定制的规则执行，解决方案经理组建项目团队，满足客户经理的需求。这三种形式都采用相同的治理结构，但是治理主体的责、权、利和相互联系并不同，实质上也会形成不同的治理结构。Miller 和 Hobbs（2005）发现在大项目治理中，执行监督的治理结构是相对静止的，而项目的活动和环境是变化的，因此他们怀疑存在统一的项目治理结构，并认为对于大项目来说，需要设计适应动态变化的结构，即可以先设计出一个一般的结构，然后根据项目的特点和情境不断进行调整。国内也有不少学者分别对工程项目、核电工程项目、公共项目等的项目治理问题进行研究，并提出相应的项目治理结构，但是他们在理论研究上并没有达成统一的认识，这说明不存在适合多个或多类项目的治理结构（王彦伟等，2009）。

由于项目治理的核心问题是建立和维护项目利益相关者治理角色关系，因此基于利益相关者的共同治理模式得到较为广泛的认可和研究，这种项目治理模式具有广义特征。共同治理是指通过一定的组织架构与制度安排来确保每个利益相关者具有平等参与项目治理的机会，合理地配置利益相关者之间的责、权、利关系，建立一个决策权、执行权、监督权既相互约束又相互协调的权力结构和运行机制，通过利益协调机制来促进利益相关者之间的合作，解决项目委托代理关系中的"机会主义"和"道德风险"等问题，实现利益相关者共同利益最大化这一目标。共同治理主要包括以下几方面内容：①治理主体，即项目治理的行为者；②治理客体，即项目治理的行为对象；③治理边界，即项目治理的行为范围，包括项目权力、责任以及治理活动的范围及程度；④共同治理的目标，即利益相关

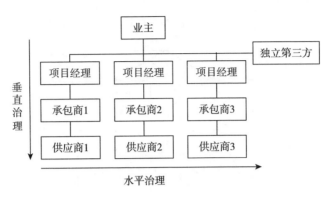

图 2.6　三边治理结构

资料来源：Winch（2001）

者一致、具体、明确和可衡量的共同目标；⑤共同治理的内容，即对项目的共同决策和利益协调；⑥共同治理的层次，即内部治理层次和外部治理层次。前者表现为核心利益相关者的责、权、利关系的平衡及制约，后者表现为市场治理和政府监督管理；⑦共同治理的基本原则，即公平、有效率地配置资源和分配利益；⑧共同治理的运行方式，即一个上下互动的管理过程，主要通过合作、协商、伙伴关系、确立认同和共同目标等方式实施对项目事务的管理，治理还强调根据不同利益相关者个体利益目标及其禀赋制定有针对性的策略。这种项目治理模式的特征如下：①强调权力约束的监督控制与强调利益制衡的科学决策，即在强调项目所有权的基础上承认代理人的利益主体地位，通过设计一套有效的约束与激励机制，形成完善的权力利益制衡机制来促进项目决策的科学化与利益分配的均衡；②内外结合、相互作用，即要求不仅要进行内部治理，而且要从宏观角度充分理解来自外部环境中的利益相关者参与项目治理的必要性，通过建立内外相互作用的项目治理机制来实现项目目标；③强调双向制衡及利益相关者的利益协调，即利益相关者之间相互牵制，同时具有明确的公认的项目目标。

　　基于共同治理的思想，项目治理模式可分为内部治理和外部治理两大部分（严玲和赵黎明，2005）。内部治理体现投资主体与其他项目直接利益群体之间的内部决策过程和各利益相关者参与项目治理的方法和途径。外部治理则是以项目其他利益相关者所构成的外部市场环境来约束项目直接利益主体，而政府在项目治理的外部环境中又发挥着重要作用，是法律、政策、规范等规则的制定者。借鉴 Winch（2001）的三边治理结构，此处引入独立第三方（如行业协会）来治理利益相关者行为以及协调内外部的冲突，因此项目治理的一般模式包括内部治理和外部治理结构以及三大治理机制，包括内部治理机制、外部治理机制和第三方治理机制，项目治理模式的一般框架如图 2.7 所示。

　　项目利益相关者不是一成不变的，而是随着项目的生命周期而进入和退出

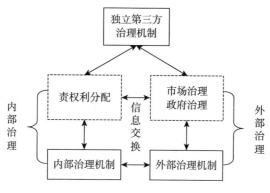

图 2.7　项目治理模式的一般框架

的，因此每当利益相关者发生变化时，就要重新获取和明确利益相关者的需求、划分与确定利益相关方的治理角色、识别与处置角色承担的风险并建立角色之间关联关系，从而造成项目内部治理结构及其配套机制发生较大的变动。这四个步骤随着项目生命周期的变化而不断进行迭代（图 2.2）。因此，如图 2.7 所示的项目治理模式只是一种静态的治理框架，而实际上项目治理模式是在一般框架的基础上随着项目生命周期动态变化的。下面将以服务型制造项目为例，对项目治理模式进行具体分析。

2.3.2　服务型制造项目治理模式分析

对于服务型制造项目来说，项目治理主体是所有利益相关者。其中，核心利益相关者为系统集成商（核心制造企业）、生产性服务商（服务企业）、服务性生产商（制造企业）和顾客，它们处于治理主体的核心位置，因为它们在项目中投入了更多专用性资产，承担了主要的项目风险，是内部治理的主体，外部治理的主体则是市场、政府、行业协会等中间利益相关者与外围利益相关者。治理客体是项目及项目所处的环境，但主要指的是项目本身。由于服务型制造项目范围广、涉及利益相关者众多，各利益相关者之间的权责关系非常复杂，因此其治理边界超出了项目本身范围，包括外部制度环境、市场环境等，构成了服务型制造项目外部治理的内容。从时间上看，项目治理主要集中在项目申请获得许可（立项）到项目交付期间。服务型制造项目治理的目标是实现所有利益相关者共同利益的最大化并使利益相关者满意。治理的内容是对服务型制造项目的共同决策和利益协调，各利益相关者为实现自己在项目中的权益，所从事的所有活动的实质是对服务型制造事务的参与和利益协调。

服务型制造项目的治理模式同样可以从内部治理和外部治理两个方面进行分析。外部治理主要是通过市场体系和政府政策以及行业协会等独立第三方监督来实现，即建立外部治理机制；而内部治理则是通过服务型制造项目组织内部实现，主要通过项目利益相关者之间的制衡关系清晰地界定各参与人的角色和需要承担的责任。根据项目治理模式的一般框架，可以得出服务型制造项目治理模式的一般架构，如图 2.8 所示。

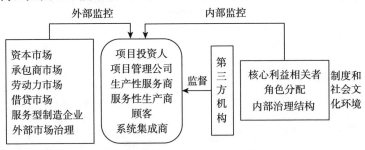

图 2.8　服务型制造项目治理模式的一般架构

利益相关者随着生命周期的演进会发生进入和退出行为，因此服务型制造项目的内部治理结构以及配套机制并不是一成不变的。下面基于迭代的视角对服务型制造项目的内部治理过程进行详细分析。

对于服务型制造项目这种涉及多个组织的项目来讲，在项目生命周期的不同阶段，很多责任是由项目的利益相关方承担的，而不是由项目经理承担的。要明确锁定和落实利益相关者的责任，并提高其兑现责任的可能性，就必须从识别利益相关者及界定其需求做起。迭代的第一步是获取和明确项目利益相关者的需求。根据已识别的利益相关者的描述挖掘其期望，并将其定义为清晰、准确的需求，由于不同利益相关方的需求会有冲突，因此最后还要找到化解这些冲突的办法。第二步是划分与确定项目利益相关者的治理角色。为了满足某个项目利益相关者的需求，可能需要一个或几个其他参与者来承担不同的责任，因此首先要根据每一种需求挖掘、筛选恰当的策略，并建立策略与其执行者（责任主体）之间的映射关系，从而寻找能够满足需求责任的主体，并确定它们的责任和权力。第三步是识别与处置项目治理角色承担的风险。对于利益相关者来说，它们会先站在自己的立场，然后才考虑项目的成败，它们会识别自己所承担角色的风险，对风险进行分析，并积极寻求治理角色风险的措施，它们通过监控这些风险发生的触发条件，保留自己退出、推延项目的权力。第四步是建立项目治理角色之间关联关系。项目治理角色一般是通过合同等契约方式建立的，但是在中国目前的信用体制不健全环境下，这些契约风险不仅难以识别，也难以控制。因此，如何界定风险管理的角色以及确定风险管理角色控制方法并为利益相关者接收是建立项目治理角色关系的重要内容，这一内容可以看做项目治理的可靠性保证机制。这一迭代过程和其中治理角色关系共同构成了项目治理结构，在这种治理结构中不会有人负责整个过程。在项目开始前，所有项目利益相关者会讨论、确定一个建立和遵循过程的原则，然后在过程的不同阶段按照约定的原则扮演不同的治理角色并享有相应的权力。这一包含项目治理生命周期全过程的结构与相应的内部治理机制共同构成项目的内部治理模式。项目内部治理模式如图2.9所示。

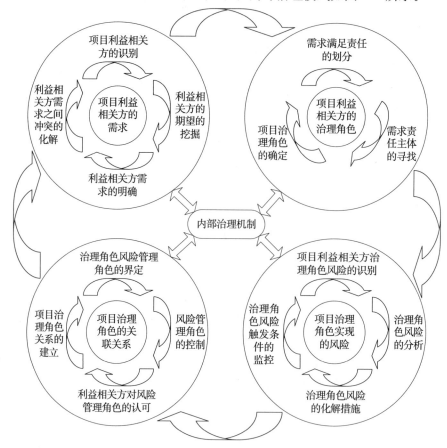

图2.9　项目内部治理模式

　　服务型制造项目治理中的各利益相关者与外部市场环境有着紧密的联系，项目契约的形成是以各种市场为基础的，市场环境的状况直接影响到服务型制造项目的治理模式。除此之外，政府在项目治理的外部环境中也发挥着重要的作用，当项目核心利益相关者不能够或不愿意实现有效的内部治理时，可以运用政府法律法规来约束各利益相关者之间的行为。市场和政府都是服务型制造项目外部治理结构中不可缺少的组成部分，它们相辅相成，缺一不可。外部市场的治理任务是实现对内部主体的外部监控，而政府监管部门的主要任务是进行计划监督、资金监督和审计监督；独立的第三方通过协调沟通、缓冲冲突的方式参与项目的治理。外部治理模式如图2.10所示。

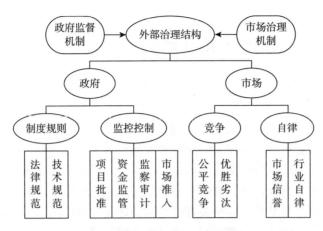

图 2.10　项目外部治理模式

资料来源：刘向东（2011）

　　规范的服务型制造市场是服务型制造发展与成熟的重要标志，只有规范有序的服务型制造市场才能为服务型制造项目执行者提供充足的选择对象。服务型制造项目治理需要建立市场秩序，这里的市场秩序是指市场内生的、自发的秩序，不是政府规范或设计出来的，而是在长期的市场交易、竞争过程中逐渐形成并不断成熟、完善的。政府颁布的正式规则，如法律或行政规章固然不可或缺，但是却不能代替市场的"内生"秩序，只有在"市场失灵"的状况下，政府才可以通过外在的规则来纠正市场中出现的问题。市场这只"看不见的手"可以通过公平竞争和优胜劣汰的方式选择具有比较优势的利益相关者，并通过行业自律和市场信誉对利益相关者形成无形约束，以规范市场秩序。

　　环境治理的主体是政府。服务型制造是一种新兴的行业，外部治理环境的不完善严重制约了制造企业的服务化转型，限制了服务型制造的发展。政府在制度的制定与执行中发挥其监督控制的职能，对服务型制造的发展具有积极的促进作用。服务型制造涉及原材料供应商、零部件制造商、子系统集成商、研发服务商、金融服务商、物流服务商等各行各业，这些利益仅靠政策、行政法规去调整是不够的，必须通过完备的法律体系来调整利益相关者的利益，并通过技术规范保证项目的质量。此外，在监督控制方面，政府部门也应当建立严格的市场准入制度，提高市场主体进入的门槛；对项目利益相关者进行严格的监察审计，以防不道德行为的发生；建立服务型制造项目资金筹措与管理制度，界定项目实施中的违法责任，强化项目运行中的私权保护，形成科学有效的服务型制造项目运行机制；在项目的审批环节，做好考察工作，从源头上为服务型制造项目提供一个良好的运行环境。

2.4　服务型制造项目治理机制

2.4.1　项目治理机制

从交易成本理论的观点来看,治理机制就是对交易过程因为关系专用性投资,不确定性和交易频率所带来的交易双方的机会主义行为的可能性进行约束的一种制度安排,以达到节约交易成本的目的。所以项目治理机制就是项目组织内部对项目交易各方的权、责、利的一种制度安排,它是以项目治理成功为目的的(骆亚卓,2011)。与基于利益相关者的共同治理模式对应的治理机制是基于利益相关者理论的合作伙伴式治理机制。项目治理机制同项目治理结构相对应,同样可以分为内部治理机制和外部治理机制。

1. 内部治理机制

在内部治理模式下,投资主体仅需保留很小一部分的管理力量来对一些关键问题进行决策,而绝大部分的项目治理工作都是由承包商、分包商等直接利益相关者来完成的。但是直接利益相关者以最终盈利为目的,可能会出现因谋求自身利益而损害项目其他目标实现的行为。在委托代理模式下,促使直接利益相关者在追求自身效用最大化的同时最大限度地增进项目整体收益,必须设计有效的机制解决代理人的逆向选择与道德风险问题。项目作为一组市场合同缔结而成的临时组织,项目合同约定了项目参与各方的权利与义务关系等制度安排,合同治理就成为项目组织可以依赖的正式治理机制,正式合同治理可以降低信息不对称引起的逆向选择问题和道德风险。但是现实社会经济中有限理性的存在又会导致建立适当的合同治理机制的代价是高昂的,而且在很多时候也无法有效解决治理问题,因此在单个组织无法完成各自任务的情况下,关系治理便成为一种有效的治理机制,它存在于组织间的交易中。下面对合同治理机制以及关系治理机制做具体介绍。

1) 合同治理机制

(1) 风险分担机制。

在经济学视角下,通过严格的合同规范项目委托代理双方的利益博弈以及项目控制权配置,风险分担机制就成为项目合同治理的核心。复杂项目一般具有规模大、投资高、周期长、参与主体多等特点,其实施过程中所受影响因素繁多,这加大了利益相关者的风险。客观因素主要表现为自然灾害、政治、经济等方面,主观因素主要表现为技术、资源以及管理等诸多方面。客观因素属于不可抗力,因而应由所有利益相关者共同承担,而主观因素按照委托代理合同,代理人应承担风险产生损失的赔偿责任,但是如果投资额巨大,代理人将无力承担,因此应尽量减少由代理人主观原因引起的风险，建立风险分担机制，如代理人根据合同协议购买适当的项目保险等，同时项目主导者也应制定相应的风险管理制度，以防为主，明确风险责任的承担。基于委托代理理论模型的合同机制设计可以帮助项目委托人预测未来可能发生的情况以及识别项目利益相关者之间的风险偏好差异，设计出恰当的合同，并在第三方（如法院）的帮助下实施合同，从而实现项目风险的最佳分担（王莹，2010）。

（2）收益分配机制。

项目收益的增加，一方面来自项目实施过程中成本的节约，一方面来自工期缩短带来的额外收益。工期缩短需要合作成员创造性的投入，因此会产生创新性成本，当工期收益大于创新成本时，创新就具有较强的激励作用。因此，项目伙伴管理模式的运行主要存在两类成本：其一是可计量的生产性成本，其二是不可计量的创新性成本，即项目实施过程中隐性的智力投入，包括技术创新、合作创新等。由于生产性成本可以较准确地进行计量，并且有项目预算作为基础，在合作协议中可以依据市场预算价格明确规定此类成本及其报酬，所以讨价还价余地小，因此可以认为不存在激励问题。而创新性成本具有不可证实性，如技术、工艺、合作创新需要投入的时间、人力、物力等，并且创新的成功与否，受到许多因素影响，这其中就存在以客观因素推卸自身责任的道德风险，此时合理有效的激励机制成为不可或缺的因素。利益分配机制会影响伙伴关系的整体效果，在伙伴式项目管理方式中，存在较高的创新性成本，而由于风险承担的非对称性，在利益分配时，采用单纯的一种分配模式很难满足各利益相关者的利益要求，因此有必要采用综合的利益分配方案，即基于合同价格（生产性成本）的固定支付模式与基于创新性成本的产出分享模式的有机结合方案。建立合理的利益分配机制应该遵循以下几项重要的原则：第一，项目合作过程中成员企业的创新性努力越重要，合作契约中给予成员企业的利润分成就应该越大；第二，如果项目合作过程中成员企业只付出可以查证的生产性成本，或成员企业付出的创新性努力并不能对合作项目的整体利润产生实质性的作用，则成员企业应该只得到自己的保留收入；第三，所得利润份额越多对应着所担的风险越大（严玲，2005）。

（3）激励与约束机制。

激励的含义是委托人通过机制设计诱使具有私人信息的代理人从自身利益出发做出行动符合委托人的目标。由于代理人比委托人更了解项目实施的实际情况，双方在项目实施过程中存在着信息的不对称，委托人不知道代理人的私人信息，不完全了解代理人的行为模式，很难观测到代理人的真实努力水平。因此，代理人会利用自己拥有的信息优势隐藏努力水平，产生机会主义和消极怠工甚至恶意行为，损害项目主体的利益，从而影响整个项目的整体利益。委托人为了避免或降低由此带来的损失，就必须对代理人进行必要的约束监督和提供足够的激励。委托人或项目主导者通过设计一个激励约束企业来规范代理人的行为并提高其在项目实施中的努力水平，保证项目的稳定运行和项目目标的实现，所设计的激励性条款都写进了正式契约。有效的激励与约束机制是对各利益相关者进行奖惩的依据，也是引导和指示各相关者行为的标尺。在机制设计中，委托人希望代理人采取一定的行为、付出一定的努力，因此通过必要的监督制度对代理人行为进行有效监督，以保证至少达到项目的基本标准或目标价值；同时委托人还会通过正向激励，引导代理人真实地公布其私人信息，进而通过付出较高标准的努力实现项目的较高价值。在调动代理人积极性方面，激励与约束机制相辅相成，缺一不可（王恩创，2010）。

（4）适应机制。

由于项目的临时性特征，利益相关者随着项目的生命周期会有进入和退出的情况发生，从而引起项目内部环境的不确定性。适应主要是指应对不确定环境的能力。复杂项目治理就相当于一个复杂适应性系统的治理。复杂适应性系统的复杂性起源于个体适应性，正是这些个体与环境以及与其他个体间的相互作用，不断改变着它们自身，同时也改变着环境。在复杂适应系统中，所有个体都处于一个共同的大环境中，但各自又根据周围的局部小环境，并行地、独立地进行适应性学习和演化。大量适应性个体在环境中的各种行为又反过来不断地影响和改变环境，动态变化的环境则以一种约束的形式对个体行为产生约束和影响，如此反复，个体和环境就处于一种永不停止的相互作用、相互影响和相互进化的过程之中。在项目治理中，每个利益相关者都要有足够的柔性去适应环境，要有足够的创造性去创新，要有敏感的反应能力去学习。适应机制可以简单概括为三个方面的内容，即角色定位、关系处理和目标管理，这三个方面需要通过具体的企业工具去组织实施，如战略管理和绩效评估。战略管理着眼于项目与环境的相互作用，系统考虑项目实施情况、长短期目标以提高利益相关者实现其使命的内在能力；绩效评估可以使利益相关者及时取得成果数据，找出目标和结果之间的差距。合同不可能对所有的不确定性事件有准确的处理方案，因而带来合同适应性问题，即合同应该为未来留有适当的余地。交易成本理论强调合同应该具有良好的适应性，即交易当事人的有限理性导致双方无法对未来的事件做出足够的预测，因而事后调整就成为必然，正式合同就必须为未来的或然情况做出规定以适应实际的需要，否则大量的或然事件就会形成巨大的机会主义空间，从而危及交易持续进行。正式合同已经成为一种允许项目利益相关者为了实现各自利益而进行事后调整的迅速而廉价的适应性工具。

（5）冲突处理机制。

为了适应或然事件，在项目治理中还应该考虑建立冲突处理机制，来及时有效地应对各种冲突。复杂项目的周期长、涉及范围广、重复性少以及知识技术交又密集等特点使得项目在执行过程中很容易出现矛盾和争端。因此基于伙伴式关系的内部治理机制之一就是要对项目参与各方进行有效管理和沟通，使得项目组织走向有序。否则，缺少解决问题的机制和方法就会导致争端的升级，演变为冲突和对抗，严重影响伙伴管理模式的成功和伙伴利益的实现。现代的组织理论对冲突的认识有比较全面的观点，该理论认为冲突是组织中比较常见的一种客观存在过程，经历着潜在冲突、感觉冲突、显示冲突三个阶段，具有建设性和破坏性双重特征，冲突处理与计划、沟通、激励和决策同样重要，甚至比后者更为重要。建设冲突处理的层次性系统可以根据不同的情况和条件，随着具体冲突问题的性质、特征、所在环境的不同而采取适当的措施（许天载和宋京豫，2002）。防止争端的伙伴的权限层次可以分为以下三层，第一层是问题-操作层，提供操作层次上处理问题的架构；第二层是争端-管理层，问题升级为争端，需要较高一级的管理层处理；第三层是冲突-合作层，最严重的争端已演变为冲突，需要高级管理层处理。这三个层次是三维的，某个问题可能需要业主、承包商、分包商或其他伙伴以小组形式进行处理，此时应当赋予各个代表解决相应问题的权力。第一层出现的问题应直接在受影响的各方之间个别讨论，如果各方不能达成协议将争端转交给上一层；如果上一层仍不能解决则依次再上交，但并不希望交到第三层，因为该层争端已经演变为冲突。因此应鼓励尽早识别问题并促进伙伴解决问题的能力，同时鼓励创造性的解决办法，精力应集中在最低可能层求解问题，阻止潜在冲突显性化。

　　但是冲突的解决主要还是取决于伙伴各方的相互信任，可见正式合同治理机制并不能有效解决所有治理问题，组织间交易关系还受到嵌入双方关系中的非正式关系性规则的影响，这些关系规则和正式合同一样可以降低交易成本和交易风险，交易性规则的这一功能被统称为"关系治理"。

　　2）关系治理机制

　　（1）信任机制。

　　合作关系的维系取决于合作中对"机会主义倾向"的有效防范。而对机会主义行为的控制有两种，即契约和信任。契约可对参与项目合作投入和合作行为做出详细规定，但是只能对可预测和可观测的部分实施监控，而对难以观测和不可预知的行为不能完全阻止。信任被认为是防范机会主义倾向最有效的机制。基于信任的合作可以减少合同签订时的交易费用和交易时间，同时也可使合作各方以更加积极、主动的态度进行合作。从组织形态来看，在网络组织中，嵌入性成为网络环境的一个主要特征，这种社会组织的嵌入性需要以信任为前提，而在项目治理中，则嵌入了各种私有组织和社会力量（谭莉莉，2006）。此外，网络中成员互动的基础除了一系列正式的规则外，更多是以感情为特征的弱纽带的作用，在这种情况下，信任就成了必要的前提。网络成员之间的合作很大程度上是基于一种对未来的承诺而展开的，在项目实施过程中很可能出现许多契约中没有规定的情况，此时信任可以充分发挥黏合剂的作用，弥补契约遗留的各种空白。如果基于信任让具有私人信息的各方参与决策，分享剩余，就可以让当事人把项目当做自己的事业。因此信任可以看做对规范的有益补充，对长期关系的维护也是必不可少的。

（2）合作伙伴机制。

虽然项目利益相关者彼此之间不存在严格的隶属关系，也无法通过行政命令来指挥各方行动，但是各利益相关者又由于共同参与某个项目而彼此具有密切的联系，总体上都是因为某个共同目标。在项目治理过程中，由于各相关方之间信息不对称，如果各利益相关者仅从各自局部利益出发，满足一次性博弈的机会主义行为，将失去保持长期良好合作所带来的合作收益。因此，为有效协调与控制项目的运作过程，各利益主体必须建立良好的合作伙伴机制，可以通过签订一个界定清楚、重点突出、协调有序的伙伴协议，来约束各利益主体的行为，从而改变传统合同管理"敌对"的商业态势。这种合作伙伴关系并不改变项目各相关方原有契约的内容和双方责任、义务以及权力分配，而是用一种新的管理方式去弱化壁垒和对抗，加强全过程合作，从而达到一个既定的目标。从历史演进逻辑来看，合作可以分为协作—协调—协同三个阶段（潘开灵和白烈湖，2006）。协作可以定义为劳动分工下的产品作业任务的组合过程，通过集合多个任务实施主体的劳动和能力，使组织整体劳动比个体独立劳动的简单累加更有效；协调是实现组织整体优化的过程，要求局部或单一部门的优化以组织整体的优化为出发点的一种平衡行为，组织和个人的行为关系更强调协调的观点；而协同则是指系统各部分之间相互协作，使整个系统形成个体层次所不存在的新的结构和特征，协同作用可以产生协同效应，即开放系统中大量子系统相互作用产生的集体效应或整体效应。只要系统是由诸多子系统构成的，在一定条件下这些子系统就会通过一些非线性作用使系统在时间、空间或功能上形成稳定的结构。因此，通过合作伙伴机制，各个利益相关者进行协作、协调进而实现协同效应是维持项目达到动态稳定的最佳选择。

（3）信息共享机制。

项目利益相关者之间是合作伙伴关系，而一个理想的项目伙伴关系的组建和运行，必须要有一定的平台支撑才能实现，如资源平台、信息平台、法律平台、社会/文化平台。信息平台的构建需要建立标准化和同构化的数据技术平台，突破合作成员在空间上的限制，从而实现资源的充分利用。项目合作伙伴关系是有始有终的临时合作过程，因此项目利益相关者不可避免地只会着眼于眼前利益，容易滋生机会注意倾向，难以建立信任关系。资源信息平台的存在使得项目伙伴关系有可能以长期的合作网络为基础来实现多次的短期合作，它为项目伙伴管理模式提供了一种合作机制。同构化的数据管理体系为建设项目伙伴管理提供了良好的信息平台。该数据库将项目的所有重要信息与管理模块以同构数据的形式建立起来，依据可供业主与专家机构决策及管理的中央数据库，形成一个敏捷集成管理和信息服务环境的平台，将数据资源、信息资源、专家资源全面共享，从而实现对决策、实施、运营等项目全生命周期的全方位、专业化的管理，真正做到具有现代集成管理特点的数据、流程和决策信息化（严玲，2005）。

2. 外部治理机制

外部治理机制强调市场机制在项目组织中的决定性作用。项目治理中各利益相关者的来源与市场环境紧密联系，因此市场治理机制对项目的成功与否具有重要意义，而政府监督作为一种减少和消除"市场失灵"、保护项目利益相关者利益的手段也是非常重要和不可或缺的。

1）市场治理机制

外部治理机制包括市场中存在的法律机制、选择机制、声誉机制和竞争机制等。其中，法律机制主要起到保障和维护的基础作用，而选择机制、声誉机制和竞争机制主要起到激励约束的作用。市场机制发挥作用的前提是有一套严密、明确、对所有行为主体都适用的法律、法规和市场行为准则，通过这些法律、法规和行为准则来规范、约束、调整和健全行为主体的经济行为，保障正常的市场秩序。因此，法律机制是维护项目有效运行的基本机制。

除此之外，项目的实施以具备一定能力的利益相关者来保证项目的质量及其顺利运行，因此市场选择机制是项目委托人进行代理人选择的前提。用资质控制市场主体的进入，不仅可以规定市场主体进入项目市场必须具备的最低资质要求，还可以在更高的层次上解决市场主体的能力水平高低问题，为项目委托人选择代理人的决策提供标准。资质是由独立的法人资格、一定的资金实力、专业人员队伍、从业经验、良好的业绩和信誉记录等多项因素综合构成的。根据项目的类型可以看出，应当由国家相关政府部门对项目主体设立市场准入制度，从源头上为项目营造一个良好的治理环境。

声誉机制是保障市场有效运行的重要机制，为了使市场参与者积极建立声誉，需要引入重复博弈，如果重复博弈的次数足够多，参与者掌握的信息足够充分，就能有效建立声誉机制。就项目而言，委托人与代理人之间的契约关系是一次性的、短期的，但是在某一项目持续开展的情况下，某一个区域内，代理人就有可能多次承担该项目，随着项目的不断实施，委托人与代理人之间有可能形成长期的、多次的契约关系，声誉也因此具备了价值。声誉可以反映代理人的能力与努力水平，并且可以在多次代理选择中发挥作用，在缺乏显性激励合同的情况下，"时间"本身也能解决代理问题，即委托人可以相对准确地从声誉记录中推断市场主体的服务能力和努力水平。

项目外部治理的市场机制主要依赖于公平竞争、优胜劣汰机制的形成和发挥。但是有效运用外部治理市场竞争机制,关键就是要培育市场主体,大力发展和培育项目的市场主体,吸引更多其他行业的具备相应条件的相关企业、机构进入该项目领域,如此有助于打破垄断,培育形成公平、公开、公正的市场竞争环境。

2) 政府监督机制

政府监督机制主要是针对涉及政府利益的项目而言的,如政府投资项目、土地整理项目等。政府监督包括计划监督、资金监督、市场监督、审计监督等机制。

计划监督是指与项目相关的政府部门通过项目的审批制度进行计划监管。项目的决策既要考虑国家、省、市、县的专项规划,也要向后扩展到项目的规划设计以及实施阶段。资金监督是指政府财政部门通过对项目的资金集中支付和评审制度进行资金监管。审计监督是指政府审计部门对项目概、预、结算的审计以及绩效审计。审计的重要职能是保证财政资金合理有效地使用。为保证资金的使用效益,项目应当实施事前、事中、事后全程动态审计,开展全程跟踪审计,将审计监督职能贯穿于项目的整个过程中,实行动态监督,打破以往只对决算和预算执行情况进行审计的常规做法。项目的审计对象除了项目法人之外,有必要对其他行为主体进行延伸审计。

对于与政府关联程度不大的项目,政府对项目治理的作用主要体现在政策支持以及法律法规的制定上。

2.4.2 服务型制造项目治理机制分析

服务型制造项目治理机制是对服务型制造项目进行治理的具体手段和工具。本小节对服务型制造项目治理机制的研究主要集中在内部治理机制上,因为对于所有项目来说,外部治理机制大体相同,而内部治理机制则因其核心利益相关者的不同而呈现出较大差异。由于服务型制造项目具有顾客参与、网络组织以及系统特征,因此其治理机制在一般项目治理机制的基础上还应包括顾客参与机制、整合和互动机制、协同机制。

服务型制造与传统制造模式最明显的区别就是顾客全程参与。在信息化高度发达的今天,只有借助信息技术和网络技术,使顾客参与产品的生产过程,才能使企业更加接近消费者,更好地倾听消费者的声音,生产出更符合消费者要求的产品。企业必须给顾客提供比其他竞争者更多的价值才能获得长期竞争优势。在服务型制造项目中,顾客全程参与指的是顾客参与营销、顾客参与生产开发设计、顾客参与产品的生产制造过程以及顾客参与企业绩效测评。在现实中,营销的目的是根据市场需求,推出让顾客满意的产品或服务,并扩大销售量和市场占有率，为企业获取盈利。在营销阶段，营销成果取决于顾客的消费体验，如果顾客对产品和服务的满意度较高，他们会充当产品服务的免费促销员，向他人推荐，反之就会传播对产品不利的消息。在产品开发设计阶段，产品的"需求"信息在于顾客，而"解决"信息在于制造商，因此企业能否及早、直接和持续地从顾客及潜在顾客处获得信息就显得尤为重要。让顾客参与产品设计，开发自己需要的和愿意购买的产品，不仅可以让顾客在参与过程中得到最大限度满足而且可以为企业创造价值。在产品的生产制造过程中，顾客参与产品制造并不是让顾客直接进行产品生产活动，而是通过分析顾客对个性化高质量产品的需求，发现生产系统中可以改进的地方以便更好地生产产品。顾客参与产品制造能使企业更加重视对生产能力的监控和改进，减少不增加顾客价值的无效生产，提高生产效率和顾客对产品性能的信心。在绩效测评阶段，顾客由于置身于生产过程中，所以对生产系统的运行过程有真正的了解，对生产系统绩效和产品质量的评价就客观、真实和具有指导意义，顾客的评价结果对企业客观地认识、认清自己的优势和劣势以及获得和保持竞争优势都是非常重要的。因此，顾客参与服务型制造项目的整个过程有助于项目成功率的提升以及项目质量的提高。

　　服务型制造具有网络组织特征，而整合机制与互动机制对于网络治理来说又是至关重要的，甚至是网络治理的关键所在。整合机制在服务型制造项目中体现如下：各利益相关者需求的不确定性与任务的复杂性要求通过资源整合来实现团体间的联合与协作，而各利益相关者关系的嵌入则需要整合机制来建立可靠的信任与互惠的关系结构。整合机制将通过对服务型制造项目中利益相关者关系的梳理，形成新的多边谈判方式以巩固共同的承诺，释放单边的潜在控制利益来扩展双边的关系投资，减少市场的不确定性与信息的不对称性，形成新的竞合环境。互动机制在服务型制造项目中体现如下：项目的目标要求利益相关者通过互动完成一个产品或服务，增进相互之间的共同联系。而定制化的过程与知识要求增强互动的频率以实现对隐性知识的共享。通过互动机制，利益相关者能获得利用其他利益相关者资源的机会，也可以实现对隐性资源或知识的交流。此外，互动机制还可以增强利益相关者之间的相互了解和信任，从而有更多的机会来进行思想交流或资源交换。

　　服务型制造网络是一个由诸多子系统构成的开放式复杂网络系统，该系统在形成过程中要受到协同机制的影响和支配，也就是说协同机制对服务型制造项目的组织和实施具有不可替代的作用。由于服务型制造是制造业与服务业融合发展的历史的产物，因此其形成具有一定的自组织性，这种通过协同而形成的自组织系统结构会存在系统平衡之前的原状态以及协同之后新的平衡状态。这两种状态的演变进程促进了整个服务型制造网络的形成。在服务型制造项目中，利益相关者会发生进入和退出行为，从而导致利益相关者处于一种濒临风险的不稳状态，而协同却可以使整个项目系统在不断变化的环境中保持动态稳定。协同机制的运行在服务型制造项目中表现在两个方面。一方面，表现为序参量与其他参量之间的相互作用。在协同学中，系统变化前后所发生的质的飞跃的最突出标志叫做序参量，它对构成服务型制造网络系统的各个利益相关者的行为运动起着支配作用。序参量与其他参量之间相互依赖、相互影响，这表现为序参量对其他参量的变化起主导作用，同时其他参量也通过反馈影响着序参量。因此，在序参量的支配下，其他参量协同一致，形成了一个不受外界条件变化以及涨落影响的自组织系统结构。各个利益相关者之间通过某种关联作用来实现协同合作效应。另一方面，表现为序参量之间的协作和竞争。服务型制造网络中往往同时存在多个序参量，同时这些序参量之间的协作竞争的最终结果决定整个网络系统的状态。项目利益相关者形成的网络中存在诸多子系统，它们往往由于衰减常数相近而妥协，共同形成稳定有序的系统结构，但是当外界条件发生变化时，这种有序关系就会被破坏。这意味着，在一个新的系统环境中，序参量之间的竞争行为可能会导致某个序参量主导整个网络。服务型制造项目治理中的协同机制，其最终目的就是使得各个利益相关者形成的网络在环境不断变化的情况下依然能维持稳定，从而减少组织动荡不稳带来的一系列不确定性。

■2.5　本章小结

本章从服务型制造的概念出发，回顾了服务型制造的发展阶段，介绍了服务型制造的特点。基于项目治理及网络治理理论，定义了服务型制造项目、服务型制造项目治理以及服务型制造网络的相关概念。同时对服务型制造项目治理模式及治理机制进行了梳理。

服务型制造项目治理模式分为内部治理模式和外部治理模式。外部治理主要通过市场体系和政府政策以及行业协会等独立第三方监督来实现，即建立外部治理机制；而内部治理则通过服务型制造项目组织内部实现，主要通过项目利益相关者之间的制衡关系清晰地界定各参与人的角色和需要承担的责任。服务型制造项目的内部治理模式是随着生命周期不断迭代的，这一迭代过程包括获取和明确项目利益相关者的需求、划分与确定项目利益相关者的治理角色、识别与处置项目治理角色承担的风险以及建立项目治理角色之间关联关系。

项目治理机制与项目治理模式相对应，同样分为内部治理机制和外部治理机制。内部治理机制又可以分为合同治理和关系治理两种，合同治理机制包括风险分担、收益分配、激励与约束、适应和冲突处理等机制，关系治理机制包括信任、合作伙伴和信息共享等机制。但是这些机制并没有明显的合同或关系之分，只是侧重不同而已。服务型制造项目由于自身的特点，其内部治理机制还包括顾客全程参与机制、整合和互动机制以及协同机制。外部治理机制包括市场治理机制和政府监督机制。所有项目的外部市场治理机制大致相同，而政府治理机制略有差别，对于与政府密切相关的项目来说政府偏重于通过监督参与项目，反之，政府则偏重于通过政策或法律法规等手段营造项目治理的外部环境。对于服务型制造项目来说，政府的支持政策就是其外部治理环境良好的重要保障。

从第 3 章开始，本书将使用不同的工具和理论，从多个角度对服务型制造项目做详细的研究，以期研究成果能为制造业服务化转型提供科学的理论支撑和指导。

第 3 章

服务型制造项目治理的影响机理

服务型制造是世界先进制造业发展的创新模式,大力发展服务型制造势必为我国带来巨大的经济效益。当前阶段,我国服务型制造的发展状况不容乐观,服务型制造项目的高事故率严重阻碍了制造业的服务化转型。究其原因,主要是项目治理主体在项目治理的各个阶段并未充分掌握服务型制造项目治理的影响因素及影响机理。在学术领域,关于服务型制造的研究主要侧重于现象的描述和概念层次的介绍,也有少数学者对服务型制造模式进行了研究,但是鲜有学者基于项目治理的角度对服务型制造项目治理的影响机理进行研究。本章对服务型制造项目治理的影响机理进行初步探讨,以期为服务型制造又好又快发展以及制造业服务化的顺利转型提供理论支撑。

本章的研究思路如下:首先,选择基于扎根理论和多案例分析相结合的方法来分析服务型制造项目治理的影响因素。因为目前关于服务型制造项目治理的文献较少,通过文献研究来提取服务型制造项目治理的影响因素并不全面,而实证研究恰好可以弥补这一不足。其次,基于生命周期的视角来研究服务型制造项目治理机制。因为项目治理的重点是处理利益相关者角色关系,它是一种符合组织治理模式的项目监管职能,覆盖整个生命周期。通过实证研究得来的影响因素及总结出来的影响机理虽然具有较高的可靠性,但是未必可以形成具有逻辑性的治理机制。而基于生命周期视角探究服务型制造项目治理的影响因素,以及各关键要素对项目绩效水平的影响,可以形成一套切实可行的服务型制造项目治理机制。再次,从利益相关者的角度分析服务型制造项目治理中不同治理机制与项目绩效的关系。从研究不同影响因素与项目绩效的关系,上升到研究不同治理机制与项目绩效的关系。最后,在以上研究的基础上,利用结构方程模型分析服务型制造项目治理的作用路径。该阶段的研究比以上几个阶段的研究更加深入,从相关关系升华到较为严格的因果关系,并借助软件分析工具探索不同因素对服务型制造项目治理的作用路径，从而为服务型制造项目治理提供更加科学严谨的治理手段。

3.1　服务型制造项目治理的影响因素

随着"服务经济"的兴起，服务型制造也逐渐成为国内外学者研究的热点问题。在 21 世纪初期，学术界对服务型制造的研究就已经进入了一个巅峰，不管是经济发达的国家还是经济落后的国家，都开始意识到服务型制造业对其经济的重要意义。服务型制造通过在产业链条的各个环节进行充分的服务活动和服务增值来促进整个制造业的提升。在服务型制造的研究方面，周国华和王岩岩（2009）将一般服务模式融入传统制造业运行模式中，构建了一种以顾客为中心、体现"整体解决方案"的服务型制造模式。曹雯（2011）通过问卷调查和结构方程模型方法，从产品和过程两个角度分析了服务型制造的成本优势及形成机理。目前关于服务型制造项目治理的研究不多，但是对大型工程项目、政府投资等公共项目的治理问题研究较为成熟，这些研究都可为服务型制造项目治理的研究提供借鉴。Turner（2004）应用委托代理理论对临时性的项目组织及其内部结构进行了研究，该研究指出在不同的项目管理组织中，其各自的治理结构和治理机制也各不相同。丁荣贵和费振国（2008）指出参与项目的利益相关方由于自身需求的不同会造成项目治理过程中的不确定性。在项目绩效影响因素的研究方面，马亮等（2012）指出项目主要负责人特征、团队特征和项目特征均对项目绩效有显著影响；袁静和毛蕴诗（2011）从供应商的角度研究了不同的治理机制组合对制造项目产生的绩效差异。周红（2011）从关系治理和契约治理出发，动态地研究了治理模式的变化对治理成本以及民营企业成长的影响。谢洪涛和陈帆（2013）通过问卷调查，建立了影响项目绩效的管理要素的贝叶斯网络模型，并由此得出了契约治理和关系治理对建设项目绩效的影响。

以上文献研究表明，对服务型制造项目治理的研究主要侧重于概念和理论上的研究，实证研究较少；国内对该领域的研究仅局限于少数科研院校，并未引起广大学者的足够重视。这说明在国内开展服务型制造项目治理的研究不仅在理论上具有重大的创新价值和机会，也对缩小中国与发达国家在该领域的学术水平差距具有重要意义。国内在服务型制造领域的研究起源于对服务型制造模式的研究，很少有学者从项目治理的角度分析服务型制造项目的治理问题，在研究方法上又因为过于关注规范研究而忽视了实证研究的重要性。因此，本章研究在已有研究成果的指导下，选择多案例与扎根理论研究相结合的方法分析服务型制造项目治理中影响项目成功的因素及其影响机理。

3.1.1　研究方法与设计

1. 研究方法的选择

多案例研究能够通过案例的重复支持研究的结论，从而提高研究的效度。多案例研究能够更全面地了解和反映案例的不同方面，它可以指向同一个证据，或者为相互的结论提供支持，从而形成更完整的理论（Yin，2003）。Yin 指出，多案例研究方法适合于过程和机理类问题的研究，即特别适用于回答"如何"以及"为什么"的问题。本部分研究所要解答的恰好是"服务型制造项目治理中利益相关方的过失为什么会导致项目的失败"这一问题。此外，国内较为缺乏对该问题的研究，可借鉴的文献资料不够充分。而案例研究资料分析技术可以通过构建性解释从案例中提炼出较为可靠的新的理论观点。构建性解释包括一系列不断循环修正的过程：首先针对政策或社会行为提出一个原创性的理论观点或命题；其次，将原始案例的研究结果与原创性的理论观点或命题进行比较，并修正该理论观点或命题；再次，将案例的其他细节与修改后的内容相比较，并进行修改；最后，将修改后的观点与其他更多案例中的事实相比较，并重复以上过程数次（吕力等，2014）。因此，多案例研究方法是十分适合研究服务型制造项目治理影响因素及影响机理的方法。

扎根理论是由 Glaser 和 Strauss 于 20 世纪 60 年代提出的一种质化研究方法，其基本思想是通过阅读和分析经验资料来构建理论。扎根理论研究方法是在经验资料的基础上建立理论的方法，分为开放性译码、主轴译码和选择性译码三个阶段，通过每一阶段的反复比较寻找资料与理论之间的相关关系，进而提炼出有关的类别和属性。扎根理论研究方法是案例研究中常用且有效的方法，研究结论也通常比一般的质化研究方法更加可信。扎根理论舍弃了假设-演绎的方式，通过归纳方法从现象中提炼该领域的基本问题，从而逐渐创建和完善相应的理论体系。因此，选择扎根理论方法对服务型制造项目治理影响机理展开研究，通过对数据资料的分析，期望能够有所突破或创新，弥补定量研究不宜深入挖掘现象信息以及相关数据难以获得的缺陷。

本部分研究采用基于扎根理论的多案例研究方法，即利用扎根研究的原则和程序对源自多个典型的服务型制造企业案例的质性数据进行收集、整理和分析（Eisenhardt and Graebner，2007），探究服务型制造项目实施过程中影响项目实施的影响因素，并进一步构建影响因素的因果机理研究模型。多案例研究框架的综合情境取向能够兼顾探索过程中的信息丰富性和研究结论的普适性，而扎根理论研究工具的应用则有利于增加案例研究的规范性和研究信度。此外，为了最大限度地保证质性数据处理过程的系统化，本部分研究使用质性研究软件NVIVO 8.0来辅助完成数据的储存、编码、查询和研究备忘录撰写等工作。

2. 研究设计

多案例研究的最佳数量为 3～6 个（Yin，2003），遵循这一建议，考虑到案例企业的代表性和研究资料的可得性，本部分研究选取了 4 家服务型制造企业。案例研究对象的选取主要遵循以下几个标准：第一，该企业正在从事或曾经从事的行业属于制造业范畴；第二，该企业正在或已经完成服务化转型，或者有了十分详尽的转型计划；第三，该企业必须是较为典型的制造业服务化企业，其转型经历与其他多数制造企业服务化转型类似，具有代表性。对满足以上条件的企业进行筛选后，为了挑选出最合适的企业，我们又从资料获取的便捷性和结果的可对比性方面对目标企业进行了二次筛选，最终选定了比亚迪股份有限公司、华为技术有限公司、上海三菱电梯有限公司和 IBM 中国有限公司 4 家制造企业作为案例研究的对象。

在选定案例研究样本的基础上设计了案例研究草案，明确了数据收集的导向、方法和原则。其中，数据收集的导向是"哪些因素对服务型制造项目治理产生了促进作用"，主要通过对服务型制造企业高层管理者进行访谈收集案例数据，每个访谈持续近两个小时；本部分研究收集的文献材料包括图书馆和期刊数据库以及互联网上各种关于企业的可靠报道及以往的案例资料，还包括企业自身网站的介绍、出版物工作日志、企业每年的销售量、各类员工的统计数据、各类设备的统计数据等，相对比较全面客观地反映了这些案例企业的转型背景、转型过程和转型结果等，具有较强的可信性和可靠性（张敬伟，2010）。

3.1.2　案例分析

本部分研究依据扎根理论，遵循相应的操作程序，对收集到的访谈文字资料进行分析，通过开放式编码、主轴编码和选择性编码三个步骤（Strauss and Corbin，1990），将现象概念化，并把概念整合为范畴继而生成核心范畴，以寻求资料中具有关联性的因素，最终实现服务型制造项目治理影响因素的逐层归纳以及各因素之间复杂关系的梳理。

1. 开放编码

根据扎根理论的数据分析程序，首要步骤是通过开放编码进行资料的概念化和范畴化，即根据一定原则将大量的资料记录进行归纳整理，通过概括核心概念来集中反映资料内容，进而将资料记录以及抽象出来的概念"打破""揉碎"，重新组合并提炼范畴（Strauss and Corbin，1990）。在概念化阶段，我们采用循环比较的方法，通过逐字逐句分析，将原始语句集中表达为初始概念。通过对获取资料的概括性表述，共得到 178 条初始概念。在范畴化过程中，由于初始概念存在着重复冗杂的情况，所以将各种概念进一步分类组合，将具有相同特征或内涵相近的概念归入各自的范畴，最终得到 47 个范畴及其初始概念。

2. 主轴编码

开放性编码中得出的范畴几乎都是独立的，其间的关系并没有得到深入讨论，而主轴编码是将各个独立的范畴加以联结，从而将被分解的资料重新整合的过程。在主轴编码阶段，通过典范模型"因果条件→现象→脉络→中介条件→行动/互动策略→结果"进行主范畴的提炼与命名。主轴编码涉及大量的分析表格，因此我们截取了部分表格来说明典范模型的分析过程。表 3.1 列出了服务型制造主范畴的分析过程与涉及的内容。表 3.2 列出了最后得到的利益相关方属性等 8 个主范畴以及各个主范畴所代表的含义。

表 3.1　服务型制造项目治理典范模型

因果条件	现象	脉络	中介条件	行动/互动策略	结果
a1 行业发展趋势	a6 关注顾客需求	N6 客户信息资源	N10 客户关系	N16 协同治理	N23 服务型制造战略联盟
a2 客户需求变化	a7 企业内部资源整合	N9 合作渠道资源	N14 供应商关系	N20 服务开发	a31 产品竞争能力增强
a3 竞争状况变化	a8 合作环境分析	—	N15 分销商关系	N21 转型机制模式	a36 顾客满意
—	—	—	N19 信息技术服务平台	a19 合作	a40 企业绩效可观
—	—	—	—	a29 创新	—

注：a 代表初始概念，N 代表范畴

表 3.2　主轴编码形成的主范畴

主范畴	内涵说明
利益相关方属性	核心企业、生产性服务企业、服务型生产企业等利益相关方的组织特性、组织文化和人的因素等都有所区别，且发展侧重点不同，某一方向能力不足；企业技术创新要素分散、交叉和重复，缺乏持续创新的动力；对企业自身和外部资源的认识和配置能力不强；对客户需求的重要性认识不足
治理角色的关联关系	服务型制造项目合作主体之间理念存在差异，缺乏合作的动力和活力；利益相关方之间的监督协调、伙伴选择都将影响项目的成功
项目使命	为了项目成功实施，利益相关方积极配合，在面对顾客需求的变化时，各方进行资源的重新配置和整合，不断开发新产品/服务来满足顾客个性化需求
项目实施因素	项目监督和实施者的意愿、全面风险管理、完备的服务平台、清晰的成本和利益分配机制等因素都将保障项目的实施

续表

主范畴	内涵说明
项目合作环境	服务型制造项目的成功受到国家政策、经济体制、法律法规以及合作文化和机制等因素的制约
项目绩效因素	项目的完成情况，包括项目完成速度、质量及给企业带来的利润等
信任水平	信任包含的内容为诚信、遵守诺言、公平/理性、相互性、价值和声誉。信任水平主要从专用性资产的投入、信息共享和社会声誉三个方面影响项目治理的绩效
合作强度	合作强度反映合作产出的效益和持续性，合作强度越高，项目治理的绩效越高，水平就越好

3. 主轴编码

选择性编码是发展核心范畴，并把核心范畴和其他范畴联系起来验证其间关系，从而把概念化尚未发展完备的范畴补充完整的过程。具体包括以下内容：识别能够统领其他所有范畴的核心范畴；用所有资料及由此开发出来的范畴和关系等扼要说明全部现象，即开发故事线；继续开发范畴使其更加具体和完备。为构建完善的理论构架，在选择编码阶段，我们进行了两次访谈。访谈过程中，我们发现被访者的陈述几乎都被之前的访谈资料所覆盖，经过进一步的资料分析整理也没有发现新的概念和范畴，由此判断已经达到理论饱和（Strauss and Corbin，1990）。本部分研究从服务型制造项目的各利益相关者如何影响项目的成功实施的问题出发，通过编码过程分析了影响服务型制造项目成功的影响因素及其互动关系。围绕形成的 8 个核心范畴，构建了服务型制造项目治理影响机理模型，如图 3.1 所示。

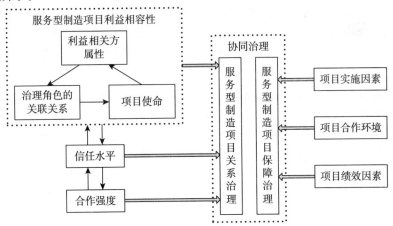

图 3.1　服务型制造项目治理影响机理模型

通过图 3.1 的服务型制造项目治理影响机理模型可以得出以下结论。

（1）就模型整体而言，服务型制造项目治理的影响因素主要来自于两大方面，一是涉及服务型制造利益相关者之间的因素，二是与项目相关的保障方面的因素。为了保障项目的顺利进行，应该针对这两大方面的影响因素分别采取相应措施，并形成协同效应。就各因素内部而言，箭头指向表明每一个影响因素之间都是相互联系、相互影响的。项目的成功与否取决于各个因素的相互作用而非单个因素。

（2）影响服务型制造项目成功的因素主要有三个，即利益相容性、信任水平和合作强度。服务型制造项目利益相容性包括利益相关方属性、治理角色的关联关系和项目使命，三个部分相辅相成、相互影响。利益相容性是相对于利益排他性提出的概念。排他性是指组织中的个体在追求利益时，利益之间会发生冲突，相互排斥。而相容性是指组织中的个体在追求利益时，相互之间的利益不发生冲突，是相容的。服务型制造项目主要包括核心企业、生产性服务企业、服务性生产企业以及顾客等利益相关者。每个利益相关企业的个体属性及组织制度都有所不同，这会造成其在合作过程中的冲突及摩擦，同样也影响着治理角色的关联关系；服务型制造虽然有很多利益相关者，但是它们都有一个共同的目标，即满足顾客日益增长的多样化需求以及提高市场竞争力，该目标也被称为项目使命。不同的项目目标会使利益相关企业为适应市场及顾客而调整自身的战略，从而影响项目相关者的属性及关联关系。信任的内容包括诚信、遵守诺言、公平/理性、相互性、价值和声誉。信任水平越高，项目治理绩效就越高；反之，治理绩效越低。合作强度反映的是合作产出的效益和持续性，合作强度越高，治理的绩效越高，水平就越好。合作产出收益、合作时间长度和合作者依赖这三个方面共同作用，体现出合作强度，从而影响治理绩效的提高（梁永宽，2008）。

（3）就服务型制造项目保障影响因素而言，在服务型制造项目实施过程中，会出现很多保障因素影响项目的成功完成。根据扎根理论的案例分析总结，这些因素主要包括三个方面，即项目实施因素、项目合作环境以及项目绩效因素。项目实施因素涉及项目监督和实施者的意愿、全面的风险管理、完备的服务平台、清晰的成本和利益分配机制等，这些因素都将保障项目的实施。而项目合作环境即国家政策、经济体制、法律法规以及合作文化和机制等。项目绩效因素则包括项目的完成效果及进度，项目进行得越快，项目的完成满意度可能就越低，出现的差错可能就越多。但是若为了保证质量精工慢做，则会影响项目实施的进度（Keller，1998）。

3.1.3　结论与启示

1. 研究结论

通过以上内容的研究，可以得出以下结论。

（1）影响服务型制造项目的因素主要来自两个方面，分别是服务型制造各利益相关者的关系以及在项目实施过程中涉及的项目保障因素。以往的研究大多从关系治理和合同治理两个角度来考虑，本部分研究认为除关系治理以外，项目保障治理更能描述影响服务型制造项目治理的因素。

（2）影响项目利益相关者关系的因素主要有三个方面，即利益相容性、信任水平和合作强度。利益相容性体现在利益相关者为了共同的项目使命形成的治理角色相关性，本部分研究首次以项目相关方属性、治理角色的关联关系和项目使命三个要素构成的循环关系作为整体，以利益相容性的概念作为影响服务型制造项目治理的因素提出。利益相容性概括了利益相关企业间复杂的关系，但同时也阐述了整个服务型制造是围绕一个项目使命而展开的。此外，信任水平和合作强度作为另外两大影响关系治理的因素，说明信任和合作经验的重要性。项目保障治理影响因素包括项目的所处环境，项目实施因素以及项目绩效。较多研究将项目绩效作为机理研究的最终变量，而本部分研究将绩效作为一个影响因素考虑，研究绩效对项目实施效果的影响。在案例研究中，所有项目都是逐个阶段一点点累计完成的，而不是一蹴而就的，在项目实施过程中需要各种保障措施保证其高质量完成，项目所处环境为项目提供良好氛围；项目实施因素保证项目顺利进行；项目绩效则可及时检验和调整项目实施情况。

（3）项目治理则可以通过关系治理和项目保障的优化来提高成功率。服务型制造项目治理影响机理模型显示，服务型制造项目治理就是关系治理和项目保障治理。结合关系治理相关理论，将各利益相关者的互动关系结合项目的各个保障因素和服务平台，形成服务型制造项目治理的协同效应是服务型制造项目治理的最终目的。

2. 研究启示

针对上述服务型制造项目治理影响机理模型，本部分研究提出服务型制造项目治理的相关管理启示。

（1）重视服务型制造项目的关系治理，实现项目利益相关者间的协同。首先，利益相关者之间要树立和谐共赢的理念。通过构建服务型制造项目各利益相关者自身目标的和谐以及利益相关者之间的和谐，达到协调个体利益和整体利益的目标，在和谐中实现共赢，在共赢中促进和谐，最终促进项目总目标的实现。其次，搭建信息共享的平台，通过网络共享，增强信任，促进系统集成商与利益相关者之间资源整合和共享。信息共享平台可以有效催进利益相关者及时有效沟通，不断明确项目细节，减少信息不对称程度和机会主义者欺骗的可能。

（2）加强服务型制造项目的环境和保障治理，实现项目间的协同。建立科学的冲突预警机制，对冲突变动情况以及内外环境进行监测和评价，以此明确冲突的安全状态及变动趋势，提前干预。同时，对于无法避免的冲突建立一套系统的处理办法、手段和程序，有效地化解冲突，挽回信任，保持合作的持续性，改善关系智力的绩效。同时充分了解国家相关法规政策和制度，为项目的治理提供最好的实施环境。服务型制造项目的保障不仅包括对项目治理环境政策的保障，还包括减小治理网络的运行效率和可靠性差带来的风险。因此为了提高网络的运行效率。降低可靠性风险，可以建立关键利益相关方的信用评价体系，以此作为未来选择合作单位的重要评价指标。

中国的服务型制造相对于国外的发展而言是比较滞后的，面对复杂多变的竞争市场和网络信息的交互发展，中国的服务型制造必须能够在足够的理论指导的基础上，符合中国服务型制造的竞争战略。影响服务型制造项目治理的因素有很多，找到这些因素也较容易，而这些因素是如何对项目治理产生影响以及影响机理是怎样的还需进行大量的深入研究。本部分研究是基于扎根理论的多案例分析，在大量的文献和案例中寻求规律，不仅丰富了对于服务型制造项目治理的相关研究，而且文章根据影响机理提出针对性的对策建议，为中国服务型制造项目治理提供差异化的竞争战略。

■3.2　基于生命周期的服务型制造项目治理

每个项目都有明确的起点和终点，从项目的实施到结束构成了项目的整体流程。为了有效地管理通常把这个过程分为若干阶段，每个阶段都以一个或数个可交付成果的完成作为标志，其名称与个数取决于参与该项目的一个或多个组织的控制需要，把这些阶段的总称定义为全生命周期（任明，2007）。很多学者基于生命周期理论做了较为广泛的研究，但是针对项目生命周期的研究较少。陈鹏等（2007）针对 ERP（enterprise resource planing，企业资源规划）项目绩效评价的难点问题，结合平衡记分卡框架和项目全过程评价方法，提出了基于项目生命周期的 ERP 绩效评价，并提出信息技术服务项目的项目生命周期一般可以划分为识别需求、提出解决方案、质性项目和结束项目四个阶段。梁莱歆和熊艳（2010）将项目生命周期理论引入研发成本管理中，并将整个研发过程划分为立项阶段、先行开发阶段、设计开发阶段和工业试验阶段。王家远等（2010）从项目生命周期的角度来识别建设项目的各种风险，将建设项目分为可行性研究阶段、设计阶段、施工阶段和运营阶段，认为风险涉及整个项目生命周期，会出现在项目建设生命周期的各个阶段。可见，项目生命周期方法较多应用于研发项目、工程项目以及信息技术项目上，而几乎没有把生命周期方法应用于服务型制造项目的研究。本部分研究将服务型制造项目按照全生命周期理论进行阶段性划分，从合同治理和关系治理两个维度分析服务型制造项目治理影响因素及其与绩效之间的关系，对服务型制造项目的治理机制进行研究，得出的科学结论可以作为服务型制造项目治理的参考，有一定的创新和指导意义。

3.2.1　研究设计与假设

按照生命周期理论内容及阶段的划分，主要有四种全生命周期理论：Gido 的项目生命周期理论；PMI 的项目生命周期理论；ISO 全生命周期理论；CIOB 全生命周期理论。本部分研究主要是依据 Gido 和 PMI 的项目生命周期理论，结合项目治理理论对服务型制造项目的全生命周期进行阶段划分，并根据文献研究对项目治理的不同阶段提出研究假设。

1. 阶段划分

Gido 的项目生命周期理论指从项目开始到结束所经历的各个阶段中，由不同的组织、个人和资源扮演着主要角色。通常将项目分为"识别需求、提出解决方案、执行项目、结束项目"四个阶段。美国项目管理协会提出项目生命周期方法是项目治理框架中的主要内容之一，项目生命周期指项目从启动到收尾所经历的一系列阶段，所有项目都呈现启动项目、组织与准备、执行项目工作、结束项目的通用的生命周期结构。而服务型制造项目的众多利益相关方构成了服务型制造网络，其中包括内核节点和外围节点，其中内核节点包括生产性服务企业、服务性生产企业和顾客。服务性生产企业包括原材料制造商、零部件制造商和核心制造商，服务性生产活动进一步强化了处在传统制造价值链中游企业之间的分工协作；在有主导企业（核心制造商）支配的服务型制造项目中，核心制造商通过服务外包把自身不擅长的服务外包给专业的生产性服务商，包括金融、保险、法律、会计、管理咨询、物流、分销、售后服务等提供市场化中间投入的企业；通过顾客参与生产及消费过程，企业能够更好地感知顾客的个性化需求，提高顾客价值，扩展利润空间。除此之外，外围节点还包括政府、高校、行业协会和科研机构，政府可以通过政策支持影响项目的发展、高校和科研机构可以通过输送技术和人才为项目提供辅助、行业协会的监督可以为项目提供稳健的外部环境。基于生命周期理论和服务型制造项目的特点，本部分研究将服务型制造项目的全生命周期划分为研发设计、生产制造、销售服务三个阶段。服务型制造项目各阶段利益相关者如图 3.2 所示。

2. 研究假设

由于服务型制造项目本身具有复杂性及项目过程中存在风险，因此需要具有约束力的合同来规范项目进程中的实际操作问题。订立合同时，既要考虑合同的关于各方面情况规定的详细而周到的严密性，也要考虑在合同执行过程中实施的严格性。因此，本部分研究从签订合同前的严密性和签订后履行合同的严格性两个维度对合同治理水平进行度量。在项目实施过程中，合同不可能涵盖项目进程中的所有问题，面对过程中的风险，还需要关系治理来限制自利行为，作为合同

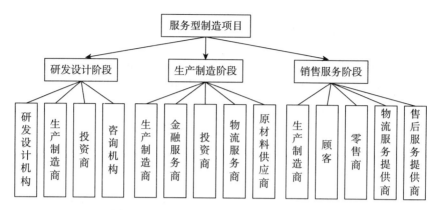

图 3.2　服务型制造项目各阶段利益相关者

治理的替代和补充。在关系治理的过程中，合作伙伴的信息共享程度可以反映出各方关系的融洽度，有利于促进有效的沟通和化解冲突；沟通程度越高，信息共享程度越高，越有利于形成一致的目标（巴特李克，2003）。服务型制造项目各方的利益相关者在项目进程中参与的广度与深度有助于联合解决项目过程中出现的各类问题，降低成本，制订出使各方满意的应对突发事件的方案；参与度较低的项目会使得项目相关方只考虑自身的责任目标，形成对立关系（甘华鸣，2002），恶化项目过程中的突发问题，降低项目绩效。因此，本部分研究从服务型制造利益相关方的信息共享度、关系融洽度和参与的广度与深度等几个方面来衡量关系治理。除此之外，本部分研究所指绩效主要包含两个方面，即经济效益和客户关系效益。根据不同阶段，提出如下假设。

1）研发设计阶段

研发设计阶段的主要参与者为研发设计机构、生产制造商、投资商和咨询机构，从项目治理的合同治理和关系治理角度出发，该阶段影响项目治理机制选择的因素应包含研发合同订立的严密性、合同履行的严格性以及合作伙伴的参与度。根据 PACE（product and cycle-time excellence）理论，钟华（2012）提出，在产品的开发过程中，优化治理后最显著的改进应体现在研发周期缩短、研发产品成本降低等几个方面。根据这一指导，本部分研究认为研发设计阶段能够产生的绩效主要包含以研发成本降低、研发周期缩短为代表的经济效益，以研发结果使利益相关者满意为代表的客户关系效益。因此提出以下具体假设。

HX：在服务型制造项目的研发设计阶段，治理机制的选择与合作伙伴参与度、合同订立和合同履行相关。

HX_1：在服务型制造项目的研发设计阶段，合作伙伴参与度与绩效周期成本降低正相关。

HX_2：在服务型制造项目的研发设计阶段，合同订立严密性与绩效周期成本降低正相关。

HX$_3$：在服务型制造项目的研发设计阶段，合作伙伴参与度与绩效研发结果满意正相关。

HX$_4$：在服务型制造项目的研发设计阶段，合同订立严密性与绩效研发结果满意正相关。

2）生产制造阶段

生产制造阶段的主要参与者为生产制造商、金融服务商、投资商、物流服务商、原材料供应商等。从项目治理的合同治理和关系治理的角度出发，该阶段影响项目治理机制选择的因素应包含生产合同和供货合同订立的严密性、合同履行的严格性以及合作伙伴的参与度和融洽度。生产绩效测量指标应包含三方面的内容，即关键绩效的影响因素、组织目标和客户需求（张豆，2013）。通过对传统测量生产制造绩效的方法的弊端分析，魏明侠（2000）提出，卓越的绩效测量指标应包含成本、质量、速度、弹性以及员工参与度指标。根据这一指导，本部分研究提出生产制造阶段能够产生的绩效主要包含以生产成本、服务支持成本降低、生产周期缩短为代表的经济效益，以合作伙伴关系增强、信任提高为代表的客户关系效益。因此提出以下具体假设。

HY：在服务型制造项目的生产制造阶段，治理机制的选择与信息沟通反馈、进度控制、质量标准和风险预防相关。

HY$_1$：在服务型制造项目的生产制造阶段，信息沟通反馈与绩效合作关系增强正相关。

HY$_2$：在服务型制造项目的生产制造阶段，进度控制与绩效合作关系增强正相关。

HY$_3$：在服务型制造项目的生产制造阶段，质量标准订立与绩效合作关系增强正相关。

HY$_4$：在服务型制造项目的生产制造阶段，风险预防与绩效合作关系增强正相关。

HY$_5$：在服务型制造项目的生产制造阶段，信息沟通反馈与绩效成本降低正相关。

HY$_6$：在服务型制造项目的生产制造阶段，进度控制与绩效成本降低正相关。

HY$_7$：在服务型制造项目的生产制造阶段，质量标准订立与绩效成本降低正相关。

HY$_8$：在服务型制造项目的生产制造阶段，风险预防与绩效成本降低正相关。

3）销售服务阶段

销售服务阶段的主要参与者主要为生产制造商、顾客、零售商、物流服务提供商和售后服务提供商，从项目治理的合同治理和关系治理的角度分析，该阶段影响项目治理机制选择的因素应包含销售服务合同订立的严密性、合同履行的严格性以及合作伙伴的参与度和对客户需求的响应度。在销售服务阶段，从绩效的过程与结果看，可分成行为绩效与结果绩效（江若尘和陈宏军，2011）。根据这一理论指导，将销售服务阶段能够产生的绩效划分为主要包含以销售服务费用降低、销售指标完成、收入增加为代表的经济效益，即结果绩效；以合作伙伴利益得到满足、关系增强为代表的客户关系效益，即行为绩效。因此，提出以下具体假设。

HZ：在服务型制造项目的销售服务阶段，治理机制的选择与销售服务指标、售后服务明细和客户需求响应度相关。

HZ$_1$：在服务型制造项目的销售服务阶段，销售服务指标订立与绩效指标完成正相关。

HZ$_2$：在服务型制造项目的销售服务阶段，客户需求响应度与绩效指标完成正相关。

HZ$_3$：在服务型制造项目的销售服务阶段，销售服务指标订立与绩效利益满足正相关。

HZ$_4$：在服务型制造项目的销售服务阶段，客户需求响应度与绩效利益满足正相关。

3.2.2　实证研究

1. 数据采集

本问卷主要分为三大部分：第一部分主要是被调查人的背景资料及其公司的项目背景；第二部分为项目三大阶段的各项影响因素打分；第三部分则是项目各个阶段的绩效情况打分。问卷第二和第三部分采用 Likert 7 级量表法进行评价。7 表示非常同意，6 表示同意，5 表示有些同意，4 表示一般，3 表示有些不同意，2 表示不同意，1 表示非常不同意。被调查者根据自身情况选择相应的数字打"√"即可。本次问卷共发出 500 份，收回 300 份，其中有效问卷 223 份。问卷调查对象背景资料如表 3.3 所示。

表 3.3　问卷调查对象背景资料

背景资料	选项划分	比例/%	背景资料	选项划分	比例/%
员工人数/人	≤100 100～1 000 >1 000	34.1 28.3 37.6	企业年收入/万元	≤100 100～1 000 ≥1 000	13.0 31.4 55.6

续表

背景资料	选项划分	比例/%	背景资料	选项划分	比例/%
从事服务型制造时间/年	≤5 6～10 11～20 >20	48.0 34.5 13.5 4.0	项目所处阶段	研发、设计阶段 生产、制造阶段 销售、服务阶段	24.7 35.9 39.4
个人在项目中担任的职务	高层管理者 中层管理者 基层管理者 专业技术人员 其他	5.8 20.6 22.4 35.0 16.2	企业在项目中的角色	原材料/产品提供商 服务提供商 制造商 零售商 顾客 其他	10.3 36.8 26.9 9.9 5.8 10.3

2. 数据统计分析

为了便于分析，将服务型制造项目的研发设计阶段、生产制造阶段、销售服务阶段、分别定义为 X、Y 和 Z，合同治理和关系治理分别用 1 和 2 表示。先利用 SPSS 软件对数据进行信度和效度检验，然后对项目各阶段的因子做降维的因子分析，得出各阶段的主成分因子；对各阶段的绩效进行因子分析得出绩效的关键因子，最后利用各阶段的关键因子与绩效关键因子做回归分析。

1）因子分析

利用软件对三个阶段的影响因素及绩效指标进行因子分析，根据影响因素的 KMO 值及巴特利特球体检验值可知三个阶段的数据均具有相关性，可以做因子分析。表 3.4 和表 3.5 的数据显示，研发设计阶段影响因素的因子 1 分量表的 Cronbach's α 值为 0.929，因子 2 分量表的 Cronbach's α 值为 0.835，均大于 0.70，因此，其构面信度属于高信度。因子 1 涵盖测量指标的第 X22、X21、X23 项，将其命名为"合作伙伴参与度"因子；因子 2 包含 X11 和 X12 两项指标，将其命名为"合同订立"因子。主成分解释了 5 个原变量总方差的 85.615%。研发设计阶段绩效指标的因子 1 分量表的 Cronbach's α 值为 0.896，因子 2 分量表的 Cronbach's α 值为 0.723，均大于 0.70，因此该量表的构面信度属于高信度。因子 1 涵盖测量指标的第 1 项、第 2 项、第 3 项，将其命名为"周期成本降低"因子，来衡量研发设计阶段的项目绩效管理的水平；因子 2 涵盖第 4 项和第 5 项指标，体现研发结果符合利益相关者的要求，将其命名为"研发结果满意"因子。两个主成分共解释了 5 个原变量总方差的 81.152%。

表 3.4　影响因素的因子分析结果

阶段	影响因素	因子载荷	累计方差解释/%	信度及效度分析
研发设计阶段	X22 研发过程合作伙伴参与的广度与深度	0.943	85.615	KMO 值为 0.767,巴特利特球体检验 χ^2 值为 966.188,达显著($p<0.001$)。可提两个因子,分别为"合作伙伴参与因子"和"合同订立因子"。各因子的 Cronbach's α 值分别是 0.929 和 0.835,均大于 0.70
	X21 研发设计征求合同伙伴意见程度	0.936		
	X23 研发过程对合作伙伴的信任程度	0.914		
	X11 订立研发合同条款的明确性和详细程度	0.909		
	X12 研发合同条款详细规定风险处置措施	0.773		
生产制造阶段	Y24 合作伙伴目标一致程度	0.921	85.016	KMO 值为 0.884,巴特利特球体检验 χ^2 值为 1 951.538,达显著($p<0.001$)。可提 4 个因子,分别为"信息沟通反馈因子""进度控制因子""质量标准因子""风险预防因子"。各因子的 Cronbach's α 值分别是 0.954、0.772、0.857 和 0.802,均大于 0.70
	Y23 根据上下游企业的反馈信息调整方案	0.904		
	Y21 与合作伙伴及时协商处理生产中的问题	0.903		
	Y22 制造过程合作伙伴关系的融洽度	0.902		
	Y25 企业与合作伙伴之间信息共享程度	0.893		
	Y13 未完成合同的违约条款严格程度	0.878		
	Y14 生产制造合同对关键进度控制条款	0.718		
	Y16 供货合同对原材料质量及稳定性的规定	0.869		
	Y15 生产制造合同规定产品的质量标准	0.789		
	Y11 生产合同对突发事件的应对措施	0.833		
	Y12 生产合同规定外包成本的详细程度	0.739		
销售服务阶段	Z13 服务合同规定的服务质量明确程度	0.937	81.349	KMO 值为 0.774,巴特利特球体检验 χ^2 值为 1 312.579,达显著($p<0.001$)。可提两个因子,分别为"销售服务指标因子"和"客户需求响应度因子"。各因子的 Cronbach's α 值分别是 0.878 和 0.933,均大于 0.85
	Z11 销售及服务过程合同规定的销售成本	0.935		
	Z12 销售合同规定的订单和销售额完成情况	0.925		
	Z14 服务合同规定的售后服务明细条款	0.571		
	Z21 对客户需求快速响应度	0.938		
	Z22 对客户提供服务的灵活度	0.933		
	Z23 与合作伙伴的融洽度	0.924		

表 3.5　绩效指标的因子分析结果

阶段	绩效指标	因子载荷	累计方差解释/%	信度及效度分析
研发设计阶段	1 实际研发成本比研发预算低	0.924	81.152	KMO 值为 0.729,巴特利特球体检验 χ^2 值为 521.057,达显著($p<0.001$)。可提两个因子,分别为"周期成本降低因子"和"研发结果满意因子"。各因子的 Cronbach's α 值分别是 0.896 和 0.723,均大于 0.70
	2 研发周期比预计周期短	0.895		
	3 整个项目符合利益相关者的预期需求	0.877		
	4 研发结果达到预期目的	0.874		
	5 研发设计的合理性,易于传达理解性	0.873		

续表

阶段	绩效指标	因子载荷	累计方差解释/%	信度及效度分析
生产制造阶段	1 合作过程关系融洽度	0.952	81.392	KMO 值为 0.730，巴特利特球体检验 χ^2 值为 808.085，达显著（$p<0.001$）。可提两个因子，分别为"合作关系增强因子"和"成本降低因子"。各因子的 Cronbach's α 值分别是 0.925 和 0.839，均大于 0.80
	2 合作过程信任提高程度	0.934		
	3 了解合作伙伴管理文化程度	0.904		
	4 产品/服务提供商成本比预期低	0.885		
	5 生产制造成本控制比预算低	0.866		
	6 生产制造周期比实际制造周期短	0.853		
销售服务阶段	1 合作伙伴关系增强	0.918	83.899	KMO 值为 0.715，巴特利特球体检验 χ^2 值为 593.429，达显著（$p<0.001$）。可提两个因子，分别为"指标完成因子"和"利益满足因子"。各因子的 Cronbach's α 值分别是 0.884 和 0.850，均大于 0.80
	2 合作伙伴利益都得到满足	0.871		
	3 销售或服务费用比预期低	0.866		
	4 企业销售顺利，收入可观	0.933		
	5 各项合同顺利完成，订单增多	0.898		

在生产制造阶段，影响因素和绩效指标所有因子分量表的 Cronbach's α 值均大于 0.70，因此，量表的构面信度属于高信度。在影响因素的因子分析结果中，因子 1 涵盖测量指标的第 Y21、Y22、Y23、Y24、Y25 项，将其命名为"信息沟通反馈"因子，体现了在服务型制造项目的生产制造阶段，项目合作伙伴关系的稳定性和融洽度、信息共享以及相互协作的程度对治理机制的选择产生一定的影响；因子 2 包含 Y13 和 Y14 两项指标，将其命名为"进度控制"因子，说明了合同条款对进度控制有一定的影响作用；因子 3 包含 Y15 和 Y16 两项指标，将其命名为"质量标准"因子；因子 4 包含 Y11 和 Y12 两项指标，包含了合同对未来可能风险的解决措施，命名为"风险预防"因子；这 4 个自动提取的主成分共解释了总方差的 85.016%。从绩效指标的因子分析结果来看，因子 1 涵盖测量指标的第 1 项、第 2 项、第 3 项，将其命名为"合作关系增强"因子，来衡量生产制造阶段的项目绩效管理的水平；因子 2 涵盖了第 4 项、第 5 项和第 6 项指标，体现了生产成本和周期对项目绩效水平的影响，将其命名为"成本降低"因子；这两个成分共解释了总方差的 81.392%。

在销售服务阶段，量表的构面信度同样属于高信度。从影响因素的因子分析结果来看，因子 1 涵盖测量指标的第 Z11、Z12、Z13、Z14 项，将其命名为"销售服务指标"因子；因子 2 包含第 Z21、Z22、Z23 项指标，将其命名为"客户需求响应度"因子，说明了根据响应客户需求对于项目治理机制的选择存在影响；两个主成分共解释了 7 个原变量总方差的 81.349%。从绩效指标的因子分析结果来看，因子 1 涵盖测量指标的第 1 项、第 2 项、第 3 项，这些指标从服务型制造项目的合作伙伴关系的层面、服务费用等方面反映了销售服务阶段的绩效水平的量化，将其命名为"指标完成"因子，来衡量生产制造阶段的项目绩效完成各项指标的水平；因子 2 涵盖了第 4 项，第 5 项和第 6 项指标，体现了企业收入增多，订单顺利对项目绩效水平能够满足各利益相关者要求的影响，将其命名为"利益满足"因子；两个主成分共解释了 5 个原变量总方差的 83.899%。

2）回归分析

本阶段采用多元回归分析方法定量描述变量之间的函数关系，同时对研究假设进行验证。回归模型的变量选择是合同治理提取因子、关系治理提取因子以及治理绩效的提取因子。以合同治理和关系治理水平为因变量，以关键影响因子为自变量，采用 ENTER 法做回归分析。

研发设计阶段回归分析如表 3.6 所示，两个模型中 F 值均通过 1% 的显著性检验，说明回归方程具有显著性效果；VIF（方差膨胀因子）的值均为 1，远小于 10，说明变量间不存在严重多重共线性问题。模型 1 中合作伙伴参与度的系数为正，通过 1% 显著性检验；合同订立的系数为正，通过 5% 的显著性检验。这说明合作伙伴参与度、合同订立与合同治理水平正相关。模型 2 中，合作伙伴参与度系数为负，且未通过显著性检验，即假设 HX_3 最终未通过验证；合同订立的系数为正，且通过 1% 的显著性检验。以上分析表明假设 HX_1、HX_2 正式通过检验，假设 HX_4 正式得到验证。综上所述，从方程总体看，服务型制造项目研发设计阶段治理机制选择的关键影响因子与合同治理水平和关系治理水平之间存在显著的正相关关系，即在研发设计阶段，服务型制造项目治理机制与合作伙伴参与度、合同订立相关，研究假设 HX 正式得以验证。

表 3.6　研发设计阶段回归分析

关键影响因子（自变量）	研发设计阶段治理绩效							
	周期成本降低（模型 1）				研发结果满意（模型 2）			
	标准化 Beta	系数 T 检验		VIF	标准化 Beta	系数 T 检验		VIF
		t	Sig.			t	Sig.	
常量		0.000	1.000			0.000	1.000	
合作伙伴参与度	0.589	10.931	0.000	1.000	−0.014	−0.225	0.822	1.000
合同订立	0.115	2.132	0.034	1.000	0.399	6.463	0.000	1.000
R^2	0.361				0.160			
R_{adj}^2	0.355				0.152			
Anova F	62.020				20.911			
Anova Sig.	0.000				0.000			

生产制造阶段回归分析如表 3.7 所示，两个模型中 F 值均通过 1% 的显著性

检验，说明回归方程具有显著性效果；VIF 的值均为 1，远小于 10，说明变量间不存在严重多重共线性问题。模型 1 中信息沟通反馈系数为负，未通过 5% 的显著性检验，因此假设 HY_5 正式通过验证。进度控制、质量标准和风险预防均通过 1% 的显著性检验，且系数为正，即假设 HY_6、HY_7、HY_8 正式通过验证。在模型 2 中，信息沟通反馈和进度控制通过 1% 的显著性检验，系数均为正；质量标准和风险预防均通过 5% 的显著性检验，且系数均为正；因此，信息沟通反馈、进度控制、质量标准和风险预防与合同治理水平合作关系增强正相关，假设 HY_1、HY_2、HY_3、HY_4 正式通过检验。综上所述，从方程总体看，服务型制造项目生产制造阶段治理机制选择的关键影响因子与绩效成本降低和合作关系增强之间存在显著的正相关关系，即在生产制造阶段，服务型制造项目治理机制与信息沟通反馈、进度控制、质量标准和风险预防相关，研究假设 HY 正式得以验证。

表 3.7　生产制造阶段回归分析

关键影响因子（自变量）	生产制造阶段治理绩效							
	成本降低（模型 1）				合作关系增强（模型 2）			
	标准化 Beta	系数 T 检验		VIF	标准化 Beta	系数 T 检验		VIF
		t	Sig.			t	Sig.	
常量		0.000	1.000			0.000	1.000	
信息沟通反馈	−0.099	−1.882	0.061	1.000	0.759	17.962	0.000	1.000
进度控制	0.407	7.759	0.000	1.000	0.114	2.698	0.008	1.000
质量标准	0.289	5.497	0.000	1.000	0.101	2.381	0.018	1.000
风险预防	0.375	7.139	0.000	1.000	0.107	2.536	0.012	1.000
R^2	0.399				0.611			
R^2_{adj}	0.388				0.604			
Anova　F	36.231				85.504			
Anova　Sig.	0.000				0.000			

销售服务阶段回归分析如表 3.8 所示，回归方程具有显著性效果且变量间不存在严重多重共线性问题。在模型 1 中，销售服务指标和客户需求响应度均通过 1% 的显著性检验，且系数均为正，说明假设 HZ_1、HZ_2 正式通过检验。模型 2 中销售服务指标通过 1% 显著性检验，系数为正；但是客户需求响应度未通过显著性检验，且系数为负；说明假设 HZ_3 正式通过检验，假设 HZ_4 最终未通过检验。从方程总体看，服务型制造项目销售服务阶段治理机制选择的影响因子与销售服务阶段的绩效指标完成和利益满足存在显著的正相关关系，即在项目的销售服务阶段，服务型制造项目治理机制选择与销售服务指标和客户需求响应度正相

关，研究假设 HZ 正式得以验证。

表 3.8　销售服务阶段回归分析

关键影响因子（自变量）	销售服务阶段治理绩效							
	指标完成（模型 1）				利益满足（模型 2）			
	标准化 Beta	系数 T 检验		VIF	标准化 Beta	系数 T 检验		VIF
		t	Sig.			t	Sig.	
常量		0.000	1.000			0.000	1.000	
销售服务指标	0.215	3.052	0.001	1.000	0.615	11.562	0.000	1.000
客户需求响应度	0.357	5.826	0.000	1.000	−0.026	−0.490	0.625	1.000
R^2	0.174				0.378			
R^2_{adj}	0.166				0.373			
Anova　F	23.104				66.962			
Anova　Sig.	0.000				0.000			

3.2.3　结论与启示

本阶段的研究把服务型制造项目按照全生命周期划分为不同阶段，从合同治理和关系治理的角度出发，分析了服务型制造的项目治理机制对项目绩效的影响。对服务型制造项目全生命周期不同阶段的治理机制选择有一定的理论指导意义。基于文献研究及数据统计分析，得出以下结论和启示。

1. 研究结论

（1）在服务型制造项目的研发设计阶段，HX_1、HX_4 通过验证，HX_2 基本通过验证，HX_3 未通过验证，对治理机制的选择有着关键影响的两个因子为合作伙伴参与度和合同订立。合作伙伴参与度越高，研发的周期越可以缩短，研发成本越能降低。合作伙伴参与度对研发结果满意的影响很弱，不存在正相关关系，可能是由于对产品的研发设计需要很强的创造性和专业性，合作伙伴参与度过高，反而可能导致意见过于分散、无法集中从而降低效率，不能增加满意度。合同订立越严密，研发结果越能使各合作伙伴满意。而合同订立的严密程度对研发周期的缩短和研发成本的降低存在影响，产品研发是一个创造性的过程，在合同中设立条款可以产生一定的指导作用，过分束缚则会使产品缺乏新意，因此可以作为参考，但不作为主要的影响因素。

（2）在服务型制造项目的生产制造阶段，HY_1、HY_6、HY_7、HY_8 通过验证，HY_2、HY_3、HY_4 基本通过验证，HY_5 未通过验证，对治理机制选择的关键因子主要为信息沟通反馈、进度控制、质量标准和风险预防。对关键进度的控制、对质量标准的设置以及对未知风险的预防条款可以有效地降低生产制造的成本，由于生产制造阶段最首要的任务就是使产品按时、按质、按量完成，因此它们之间存在很强的正相关关系。而生产过程中的信息沟通反馈对成本降低没有直接影响。但信息沟通反馈对合作伙伴之间合作关系的增强有着很强的影响，沟通程度越高，越能体现出对合作伙伴意见的尊重，从而加强信任，合作关系也越能增强。进度控制、质量标准和风险预防对合作伙伴关系的增强也有一定的影响，但它们主要是为生产过程中的具体操作行为而设立的，因此不作为影响合作伙伴关系最主要的参考因素。

（3）在服务型制造项目的销售服务阶段，HZ_1、HZ_2、HZ_3 通过验证，HZ_4 未通过验证，对治理机制选择的关键因子主要为销售和服务指标的订立以及对客户需求快速响应的程度。销售服务指标的设立，对销售人员产生工作压力的同时也会产生激励作用，更能够有力地促进各项指标的完成，增加收益。对客户需求响应度的加快，能够更好地满足客户需求，有利于市场推广，也有利于销售指标的尽快完成。销售服务指标的设立可以提高利益相关者的满足度，存在很强的正相关关系，然而客户需求的响应度对利益满足不存在显著影响，可以不作为治理机制选择的参考因素。

（4）总体看来，服务型制造的研发设计阶段的关键影响因素为合作伙伴参与度和合同订立严密性；生产制造阶段影响治理机制选择的关键因素为信息沟通反馈、进度控制、质量标准和风险预防；销售服务阶段的关键影响因子为合同指标和客户需求响应度。

2. 研究启示

（1）提高合作伙伴参与度，订立严密合同。在服务型制造项目的研发设计阶段，提高合作伙伴参与度，可以集思广益，及时纠正研发过程中的错误，加强合同订立的严密性，使得在研发过程中，对研发的产品标准有据可依，提高效率，可有效降低研发周期和研发成本；合同订立得严密，那么研发过程中的细节问题就有据可依，可减少合作伙伴之间的矛盾冲突，研发结果更令人满意。因此，在服务型制造项目的研发设计阶段，企业在设立研发合同时，应当谨慎严密，并让各利益相关者都能参与进来，但是也应给予研发机构足够的创作空间，互相协调，以设计出令各方满意的优秀产品。

（2）加强合作伙伴信息沟通，制订应急预案。在服务型制造项目的生产制造阶段，加强合作伙伴之间的信息沟通，可以增加信任感，减少不必要的分歧，尊重对方，有利于合作关系的增强。在设置合同时，对关键进度的控制、对质量标准的设立，都可以降低不必要的生产浪费，使得产品按时、按量、按质生产完成，从而降低生产成本。对潜在风险的预防条款的设立使得在面对突发状况时，可以使用应急预案，降低因没有做准备而带来的损失扩大风险，这在一定程度上将损失控制在最小的范围内。因此，在服务型制造项目的生产制造阶段，各利益相关者之间应当加强沟通，及时将有效信息反馈给上下游企业，加强合作。在设立生产合同、供货合同等条款时，应当对关键的质量指标，进度指标做严格规定，这样才能提高生产效率。

（3）设置销售指标，注重员工激励。在服务性制造项目的销售服务阶段，设置一定的销售指标，一方面可以使得销售人员保持一定的压力和紧张感，也可以激励销售人员之间相互竞争，有利于加快销售指标完成。对服务指标的设立，有利于形成一定的服务质量标准，提高服务质量和产品形象。这两项指标的设立在一定程度上可以增加企业的销售收入、提高经济效益、满足利益相关者的要求。因此，在服务型制造项目的销售服务阶段，应当在设立硬性销售和服务指标的同时，注重对员工的激励，这不仅可以提高销售额和服务质量，也可以提升企业形象，增加无形资产。要始终以客户需求为重要考虑因素，根据客户的需求来进行产品和服务的调整，从而得到更好的市场反应，提高收益。

■ 3.3　基于利益相关者的服务型制造项目治理

我国服务型制造业发展处于探索阶段，仍然存在治理机制不完善、核心企业不能很好地协调利益相关者等诸多问题。因此，提高服务型制造项目的治理水平，是制造企业面临的紧要任务（孙林岩等，2007）。由于服务型制造项目涉及的利益相关方较多，如供应商、投资商、制造商、零售商和顾客等（Carson，1998），因此治理过程中必然会面临许多复杂的问题。例如，如何结合中国管理情景，将正式的合同治理和非正式的关系治理机制无缝嵌入服务型制造项目治理；如何选择恰当的治理方式，促使利益相关者接受和适应；哪些因素对项目绩效有影显著影响；等等。这些问题的解决对提高我国服务型制造项目绩效有重大促进作用。本部分研究从核心制造商视角，针对服务型制造项目治理中的正式治理和非正式治理机制，调查分析其利益相关者的治理方式，探讨哪些治理方式对利益相关者的绩效有显著影响，以及哪些因素影响了治理的效果，为服务型制造项目治理实践提供了哪些指导。

3.3.1　理论分析与假设

1. 理论分析

1）服务型制造项目的利益相关者

在服务型制造项目的不同阶段会出现不同的利益相关者，每个阶段的利益相关者发挥的作用、影响力以及参与性都不尽相同。一般来说，服务型制造项目包括研发设计、生产制造、销售服务等阶段，在项目研发和设计阶段，利益相关者主要有投资者、股东、研发设计人员、政府；在产品生产制造阶段，主要包括原材料供应商、核心制造商、服务提供商等利益相关者；在营销与服务阶段，主要涉及零售商、代理商、客户等利益相关者。本部分研究从核心制造商的视角来分析其利益相关者，图 3.3 表示的是以制造商为中心的服务型制造利益相关者。

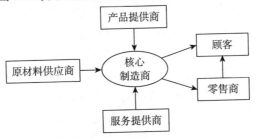

图 3.3　核心制造商利益相关者

2）服务型制造项目的合同治理

在委托代理理论中总是存在着信息不对称的情况，信息不对称指的是某些代理人（委托人）拥有另一些委托人（代理人）不知道的信息（Sappington，1973）。信息的非对称性有可能是非对称信息发生的时间，也有可能是非对称信息的内容，这都会导致逆向选择或者道德风险的发生。在此情形下，项目委托人不能随时观测到代理人的具体行为，只能了解到汇报的相关数据，为了让代理人的行为同委托人的愿望一致，顺利完成项目的最终目标，制定合同就显得尤为必要（Sobel，1993）。合同制定是以法律为背景的，它条理清晰，方式比较强硬，以条文形式明确地规定了合同双方的责任、义务、奖励以及违约处罚等，如果实现了合同目标，合同双方以及代理人利益都有保障，反之，对代理人按合同违约处罚，项目委托人也会因此有损失（Floricel and Miller，2001）。

在市场交易中，由于受到人性因素以及交易环境因素的影响，市场失灵的现象会经常发生，这时交易成本就产生了。交易成本主要来自于六个方面，即有限理性、投机主义、不确定性与复杂性、专用性投资、信息不对称、气氛（Williamson，1985）。而交易的三个特性，即交易货品或资产的专属性、交易不确定性、交易的频率，都会导致上述交易成本产生。这三个特性从三个不同的层面上影响交易成本的高低。通过制定合同，订立适当的合同类型和条款，当发生因市场失灵而造成项目损失的情况时，可以适时调整合同内容，避免人的有限理性和机会主义带来的风险，从而尽可能地减少交易成本（Galati，1995）。

在服务型制造项目中合同治理非常重要。首先，它能够起到降低合同关系中的风险和不确定性的作用（Turner and Simister，2001）。一方面，由于在交易过程中可能存在道德风险和信息不对称风险，因此企业有可能面临"敲竹杠"的威胁。例如，在产品设计过程中，研发人员可能为了节省经费而随意简单设计产品；在产品制造过程中，供应商可能为了自己的利益而提供质量等级差的原料。

这些机会主义行为都有可能降低整个项目水平和效率。为了降低这些机会主义风险，必须在项目启动前就以合同的形式明确制定双方的责任、义务和权利，尽可能考虑到合同的每一个细节和项目的特点，签订完善的合同。另一方面，项目执行过程中可能会发生很多意外事件，当这种不可预见事件发生时，合同内容必须包括合同方的具体应对措施，设立灵活、留有余地的条款，这样才能保证合同的顺利完成并实现合同双方利益的最大化（Floricel and Lampel，1998）。

　　3）服务型制造项目的关系治理

　　在项目实施过程中，总会面临着非对称信息和市场失灵的情况，当这些突发事件发生时，合同治理固然可以对降低损失起到一定的作用，但有效的关系治理同样可以起到关键作用（Hedley，2008）。因为在完全竞争的市场经济中，企业组织间的市场交易大多会通过赋予合同的形式进行保障，但当违约情况真正出现时，大部分企业都会采取补救措施，一旦将对方告上法庭，于合同双方都无益。许多经济学家也发现了这一现象，在实际的交易关系中，签订合同虽然是必要的，但大多不是非常正式的，并且极少涉及法律，真正因为合同违约去寻求法律制裁的情况很少见。例如，在货物生产的途中，制造商和供应商关系一直很融洽，如果供应商因一时库存空缺而无法及时供货，制造商可以和供应商一起协调如何解决问题，而不是将供应商一纸诉状告上法庭，因为通过法律途径解决问题会对双方以后的合作和各自的商业名誉都有极大的损害。而友好的交易合作关系，可以有效地解决交易中因资产的专属性、交易的不确定性、交易的频率而产生的问题，从而降低总的交易成本，提高项目收益（Miller and Hobbs，2005）。

　　对关系治理的研究主要来源于两个方面，即Macneil的关系契约理论和Williamson的双边治理结构观。他们对关系治理的研究主要是围绕信任这个主题来探讨的，他们认为每一项交易都涉及人与人之间的交换关系，只要交易双方互相信任，保持良好的合作关系，就可以免去很多烦琐的契约束缚，降低交易成本。在Macneil对关系治理进行定义之后，掀起了一番研究关系治理的热潮，很多不同领域的学者从不同的角度对关系治理的内涵进行了剖析。尽管众多学者都站在各自的角度上分析问题，但大家都逐渐倾向于这样一个观点：将非合同形式的其他一切关系用于合同履行的过程中，以此来避免合同的不完全性带来的问题，这就是关系治理。上面一段提到了交易本身的三项特征，Poppo和Zenger（2002）的研究发现：资产专用性对关系治理程度有间接影响，技术不确定性与资产专用性相互作用后，资产专用性对关系治理的水平有显著的正向影响。由此可以看出，在项目交易的过程中，关系治理程度的高低对交易成本有显著的影响。

　　服务型制造项目的供应链涉及利益相关者很多，项目核心制造商更具有相当复杂的关系网络，制造商与每一个交易伙伴要维持良好的合作关系不仅需要合同治理，而且关系治理也是必不可少的，对制造企业来说，同每个核心利益相关者建立良好的长期合作关系是一种强大的优势。

4）服务型制造项目治理组合类型

虽然合同治理和关系治理在项目治理的各个阶段发挥的作用各不相同，但这两种治理机制确实存在于每个项目的交易过程中。每个项目治理的过程中都会包含合同治理和关系治理，只是项目阶段不同对合同治理和关系治理的侧重点不同。有的阶段侧重于关系治理，有的阶段则侧重于合同治理（彭本红和刘东，2011）。本部分研究将依据合同治理和关系治理这两个维度在服务型制造项目中表现的强弱程度，将服务型制造项目治理机制细分为四类，即合同关系并重型（强合同强关系治理）、强合同型（强合同弱关系治理）、强关系型（强关系弱合同治理）和合同关系并弱型（弱合同弱关系治理）。

2. 研究假设

1）合同治理与项目绩效

在市场经济发展的今天，合同已经成为企业之间交易合作的必要形式，经济诈骗和犯罪的现象随处可见，所以即使是拥有长期合作关系的企业，依然会在正式合作之前签订一份正式的合同以保障双方的利益。因合同矛盾而打官司的情况屡见不鲜，很多人没有根据项目特点制定合同，导致合同有很多漏洞，一些不法分子趁机钻空子造成企业损失。因此，一定要订立详细的合同条款，明确合同条款的内容，这对抵制投机主义行为、保障项目顺利完成有很大的意义（Patel，2007）。

但是在真实的贸易活动中，合同双方存在信息不对称、环境不确定性和复杂性等众多影响因素，导致签订的合同内容总是不能面面俱到（Williamson，1991）。在服务型制造项目整个执行过程中，一般都会发生各种各样的意外事件，尤其像服务型制造项目这种合作周期较长的项目，在它的研发、制造、服务销售各个阶段都要签订详细的合同，不确定性事件自然也增多，这就需要签订的合同具有较强的灵活性和适应性，并能够对将来的突发事件做出反应，减少信息不对称和机会主义带来的损失，进而让总的交易成本减少，提高项目收益。

拥有严密而灵活的合同不一定意味着项目的成功，最关键的一步是要严格按照合同内容来执行（McAfee and McMillan，1986）。倘若订立的合同没有法律做支撑，即使合同条款再明确，对突发事件应对能力再强，没有实际约束力，就不能规避机会主义风险，也就没有实际意义，所以项目所制定的合同必须要有很强的法律约束力，从而对合同双方施加压力，迫使合同双方严格执行合同内容，最终顺利完成项目。

H_1：制造商对其他利益相关者采用的合同治理程度越高，项目绩效越好。

2）关系治理与项目绩效

在项目治理中，合同治理是必需的，但仅仅依靠合同并不能使项目绩效达到最大化。我们知道，签订正式合同在得到法律保护的同时，也面临着资产专用性、信息不对称、环境不确定性等交易风险，如果在交易中与合作方建立良好的伙伴关系，就可以有效预防这些风险的发生。罗国亮和谢传胜（2002）的研究表明：企业生存的必要条件是与组织中的各要素处理好关系，企业与其中任何一个关键要素没有处理好关系，都可能导致项目失败，影响企业生存和发展。

制造商同其他利益相关者搞好关系，就可以对设计、生产、市场等各方面的消息及时接受并做出快速反应。良好的关系可以使项目总体目标双方都乐意接受，这样当发生意外事件时，双方可以共同承担责任，并一起全力解决突发问题，这样对降低交易成本、提高项目治理水平和绩效有很大的实际意义。

从服务型制造项目的生产实践中我们可以发现，交易双方交易次数越多，关系越好，彼此的信任程度也就越高。这种信任又促进双方继续长期合作。当交易双方建立起友好的长期关系、彼此信任时，交易一方就不会因为自己的个人利益而去做损害对方利益的事，他们会考虑双方共同的长远利益，这样就避免了投机主义带来的风险（Lorenze，1988）。Zaheer 等（1998）的研究发现，组织间合作的绩效与信任程度正相关，彼此信任，就可以长期合作和学习改进，可以减少贸易支出，从而提高项目收益水平。

H_2：制造商对其他利益相关者采用的关系治理程度越高，项目绩效越好。

3）合同治理和关系治理的组合与项目绩效

合同治理和关系治理在整个服务型制造项目生命周期中对制造商的项目绩效是交互影响的。合同治理和关系治理并重的治理机制既重视合同治理在整个项目生命周期内对影响项目绩效的风险和不确定性的降低作用，又强调了关系治理对整个项目生命周期内的利益相关者的利益保护作用和规避风险作用（Klein，1996）。从前面的论述中，可以看出合同治理和关系治理之间的关系可能是相互替代的，也可能是相互作用的。但无论哪一种，能够同时注重合同治理和关系治理，肯定能更好地发挥其在项目生产周期内降低不确定性、规避风险、保护利益相关者利益的作用。也许较强的合同治理在生命周期内，意味着相对的强硬和不信任，但在较强的合同治理之下如果能够同时加强关系治理，就能很好地缓解甚至消除相对的强硬和不信任（Ghoshali and Moran，1996）。从假设 H_1 和假设 H_2 推断过程可以看出，合同治理和关系治理对整个项目绩效都可起到积极作用，因此在两者并重的治理机制下，项目绩效会得到更好的提高。

H_3：制造商对其他利益相关者采用合同关系并重型取得的项目绩效比采用其他治理方式取得的项目绩效更好。

3.3.2　实证研究

1. 研究设计

本部分研究采用基于问卷调查数据进行经验分析的方法进行验证假设。从利益相关者角度出发，利用合同治理和关系治理两个维度去分析核心制造商应该对其他利益相关者采取哪一种治理机制，以使项目绩效更高。研究中将选取原材料供应商、服务供应商、产品提供商、零售商、顾客这五个主要的利益相关者进行调查研究。为了让数据更具有真实性，设计问卷的调查对象也设定在通信、电子、机械、家电、汽车等行业中经验丰富的管理人员或者专业技术人员，他们对项目的合同治理和关系治理都有比较理性的理解，对问卷结果的真实性和可行性有重要意义。问卷主要包含以下两个方面的内容：一是调查人的背景资料以及所在公司规模；二是服务型制造项目中治理变量与项目绩效的关系。问卷打分的方法源于 Likert 7 级量表法。

问卷的发放形式有现场发放、邮件、传真、电话、信件这五种方式，发放的对象都是服务业或者制造行业内资深的管理人员或者技术人员，发放的问卷上会标明测量指标的详细含义，还要限制问卷回收的最终日期，并提醒答卷人要根据自己的实践经验认真填写，争取做到问卷结果真实可靠。本阶段的研究使用的数据同 3.2 节研究使用的样本一致，样本基本信息见表 3.3。

2. 因子分析与信度分析

在合同治理指标中，提取了 3 个因子，分别为"预测事件的灵活性"、"履行合同的严格性"和"合同条款的明确性"，3 个因子共解释了 81.386% 的总方差。Cronbach's α 均大于 0.75，信度检验通过。KMO 值分别为 0.882，巴特利特球体检验达显著（$p < 0.001$），表明适合做因子分析。

关系治理提取了 3 个因子，分别为"共同目标"、"共同计划"和"人际关系"，3 个因子共解释了 86.692% 的总方差，效度很高。Cronbach's α 均大于 0.75，信度检验通过。KMO 值分别为 0.851，巴特利特球体检验达显著（$p < 0.001$），适合做因子分析。

服务型制造项目绩效提取了 3 个因子，分别为"指标控制"、"收益绩效"和"协作绩效"，3 个因子共解释了 80.997% 的总方差。Cronbach's α 均大于 0.75，信度检验通过。KMO 值分别为 0.845，巴特利特球体检验达显著（$p < 0.001$），适合做因子分析。因子提取及信度分析相关结果如表 3.9 所示。

表 3.9　因子提取及信度分析相关结果

		衡量方法	成分	Cronbach's α	信效度检验
合同治理	预测事件的灵活性	生产制造合同对关键进度控制条款 生产制造合同规定产品的质量标准 未完成合同的违约条款严格程度 生产合同规定外包成本的详细程度 生产合同对突发事件的应对措施 供货合同对原材料质量及稳定性的规定	0.832 0.785 0.761 0.699 0.687 0.683	0.890	KMO 值为 0.882，巴特利特球体检验 χ^2 值为 0.000，达显著（$p<0.001$）
	履行合同的严格性	研发合同条款详细规定风险处置措施 研发合同中研发成本和进度的严格性 未完成产品研发设计的违约处理条款 订立研发合同条款的明确性和详细程度 服务合同规定的售后服务明细条款	0.810 0.794 0.769 0.739 0.487	0.763	
	合同条款的明确性	销售及服务过程合同规定的销售成本 销售合同规定的订单和销售额完成情况 服务合同规定的服务质量明确程度	0.938 0.935 0.923	0.785	
关系治理	共同目标	合作伙伴目标一致程度 根据上下游企业的反馈信息调整方案 与合作伙伴及时协商处理生产过程中的问题 制造过程合作伙伴关系的稳定性和融洽度 企业与合作伙伴之间信息共享程度	0.914 0.912 0.898 0.892 0.866	0.954	KMO 值为 0.851，巴特利特球体检验 χ^2 值为 0.000，达显著（$p<0.001$）
	共同计划	研发过程合作伙伴参与的广度与深度 研发设计征求合同伙伴意见程度 研发过程对合作伙伴的信任程度	0.913 0.903 0.893	0.929	
	人际关系	对客户需求快速响应度 对客户提供服务的灵活度 与合作伙伴的融洽度	0.947 0.946 0.922	0.933	
项目绩效	指标控制	产品/服务提供商成本比预期低 生产制造成本控制比预算低 研发设计的合理性，易于传达理解性 生产制造周期比实际制造周期短 企业销售顺利，收入可观 各项合同顺利完成，订单增多 研发结果达到预期目的	0.843 0.800 0.766 0.764 0.740 0.728 0.688	0.892	KMO 值为 0.845，巴特利特球体检验 χ^2 值为 0.000，达显著（$p<0.001$）

续表

	衡量方法		成分	Cronbach's α	信效度检验
项目绩效	收益绩效	合作过程关系融洽度 了解合作伙伴管理文化程度 合作过程信任提高程度 整个项目符合利益相关者的预期需求	0.892 0.875 0.870 0.748	0.896	KMO 值为 0.845， 巴特利特球体检验 χ^2 值为 0.000，达 显著（$p < 0.001$）
	协作绩效	合作伙伴利益都得到满足 合作伙伴关系增强	0.826 0.815	0.873	

3. 聚类分析

本部分研究基于合同治理和关系治理对服务型制造项目治理方式进行分类。利用合同治理和关系治理这两个维度对 223 个样本项目进行聚类分析，本部分研究用合同治理包含的 14 个指标的得分均值代表合同治理水平，用关系治理包含的 11 个指标的得分均值代表关系治理水平，采用 K-Means 聚类分析方法将这223 个项目样本划分为四类，如表 3.10 所示。

表 3.10　样本项目聚类分析统计表

分类	1	2	3	4
样本企业数/个	79	37	94	13
合同治理程度	3.399 3	5.529 0	6.098 8	2.593 4
关系治理程度	5.017 2	2.265 4	5.262 1	2.412 6

由表 3.10 可以看出，第一类（79 个）制造商采取的项目治理机制中关系治理程度相对较高，合同治理程度相对较低；第二类（37 个）制造商采取的项目治理机制中合同治理程度较高，关系治理程度相对较低。第三类（94 个）制造商采取的项目治理机制中合同治理程度和关系治理程度都相对较高；第四类（13个）制造商采取的项目治理机制中合同治理程度和关系治理程度都相对较低。结合四种项目治理方式分类图（图 3.4），可以发现，在当前服务型制造项目治理方式的选择方面，大部分企业采取强合同强关系的治理方式（42.15%），相当一部分企业采取弱合同强关系的治理方式（占 35.43%），而采取强合同弱关系的治理方式占 16.59%，极少数企业采取弱合同弱关系的治理（5.83%）。这种情况是符合我国当前项目治理实际情况的。

4. 方差分析

不同项目治理机制群组对项目绩效会产生不同的影响，为了进一步探讨哪一种治理机制能够获得更好的项目绩效，该部分将利用单因素方差分析对不同项目治理机制群组的项目绩效进行比较分析，分析结果如表 3.11 所示。

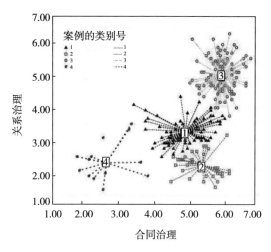

图 3.4　四种项目治理方式分类图

表 3.11　不同项目治理机制群组的项目绩效方差分析

项目绩效	1 组均值（强关系）	2 组均值（强合同）	3 组均值（俱强）	4 组均值（俱弱）	F 值	调整后 R^2
指标控制	0.051	0.23	0.27	−2.92	85.403	0.533
收益绩效	−0.6	−0.53	0.84	−0.91	78.693	0.512
协作绩效	−0.32	−0.01	0.47	−1.45	24.983	0.245

　　由表 3.11 中数据可知，不同群组的指标控制存在显著差异。四组群组变量和指标控制以及收益绩效二者之间的关联强度系数分别为 53.3% 和 51.2%，表明项目治理机制差异对制造商指标控制和收益绩效的水平有较强的解释力。不同群组的协作绩效也具有显著的差异。关联强度系数为 24.5%，具有中度的解释力。

　　从指标控制方面来看，具有显著差异的群组有 1 组和 3 组（1 组＜3 组，$p<0.05$）、1 组和 4 组（1 组＞4 组，$p<0.001$）、2 组和 4 组（2 组＞4 组，$p<0.001$）、3 组和 4 组（3 组＞4 组，$p<0.001$）。这说明采用合同关系俱弱型项目治理机制的制造商的指标控制水平在四个群组里面是最差的。应当注意到，这种显著性差异在群组 2 与群组 3 之间并不存在，这说明在较强的合同治理基础上，无论项目交易的关系治理程度是高还是低，都不会对它们的指标控制水平产生显著影响。同时这种显著性差异在群组 2 和群组 4 以及群组 3 和群组 4 之间表现得特别明显，说明制造商对其他利益相关者采用的合同治理程度越高，项目绩效越好，H_1 得到初步验证。

　　从收益绩效来看，具有显著性差异的群组有 3 组和 4 组（3 组＞4 组，$p<0.001$）、3 组和 2 组（3 组＞2 组，$p<0.001$），说明采用强关系治理的制造商比

采用弱关系治理的制造商的收益更高，H_2 得到初步验证。

就协作绩效而言，具有显著差异的群组有 3 组和 1 组（3 组＞1 组，$p<0.001$）、3 组和 2 组（3 组＞2 组，$p<0.05$）、3 组和 4 组（3 组＞4 组，$p<0.001$），表明采用合同关系俱强型治理机制的制造商比采用其他三种治理机制的制造商在协作方面具有更高的水平。H_3 得到初步验证。这说明在服务型制造项目的过程中，制造商首先对其他核心利益相关者实行较强的合同治理，在此基础上，合同双方要保持关系融洽，因为在实际履行合同的过程中，会发生很多意想不到的事情，与合作伙伴保持良好的合作关系是一种强大的竞争优势，对于解决问题和以后的长期合作都有益处。

另外从表 3.11 还可以看出，三个绩效因子中，3 组（俱强型治理）均值最大，而 4 组（俱弱型治理）均值最小，这说明强合同强关系的治理方式能给企业带来更大的绩效，而弱合同弱关系治理方式给企业带来的绩效最差。

5. 回归分析

为了进一步评估服务型制造治理机制对项目管理绩效的作用，本部分研究采用了多元回归分析方法。在回归模型中，合同治理、关系治理和项目绩效的变量值采取标准化的因子值，因此排除了自变量之间自相关的可能性。本部分研究采用回归模型中的 VIF 值考察多重共线性问题，发现三个模型的 VIF 值均控制在 1～2，表明模型没有多重共线性问题。服务型制造项目治理机制与项目绩效的回归模型如表 3.12 所示。

表 3.12　服务型制造项目治理机制与项目绩效的回归模型

治理机制		项目绩效（模型 1）			项目绩效（模型 2）			项目绩效（模型 3）		
		指标控制	收益绩效	协作绩效	指标控制	收益绩效	协作绩效	指标控制	收益绩效	协作绩效
合同治理	预测事件的灵活性	0.535 *** (9.071)	0.245 *** (4.563)	0.274 *** (4.079)				0.524 *** (8.274)	0.180 *** (3.789)	0.278 *** (3.940)
	履行合同的严格性	0.335 *** (5.758)	−0.172 ** (−3.243)	0.189 ** (2.856)				0.325 *** (5.487)	−0.110 (−2.473)	0.218 *** (3.297)
	合同条款的明确性	−0.080 (−1.737)	0.766 *** (18.358)	0.416 *** (7.966)				0.007 (0.096)	0.367 *** (6.948)	0.327 *** (4.158)
关系治理	共同目标				0.149 * (2.046)	0.775 *** (18.654)	0.530 *** (7.952)	−0.089 (−1.281)	0.469 *** (9.005)	0.166 * (2.137)
	共同计划				0.024 (0.326)	0.119 ** (2.852)	−0.096 (−1.446)	−0.006 (−0.118)	0.097 ** (2.626)	−0.146 ** (−2.661)
	人际关系				0.262 *** (4.075)	−0.089 * (−2.413)	−0.033 (−0.556)	0.066 (1.375)	−0.061 (−1.719)	−0.087 (−1.639)

续表

治理机制	项目绩效（模型 1）			项目绩效（模型 2）			项目绩效（模型 3）		
	指标控制	收益绩效	协作绩效	指标控制	收益绩效	协作绩效	指标控制	收益绩效	协作绩效
F 值	109.37***	147.06***	67.68***	7.80***	174.75***	23.40***	55.28***	126.38***	37.28***
R^2	0.600	0.668	0.481	0.097	0.705	0.243	0.606	0.778	0.509
R^2_{adj}	0.594	0.664	0.474	0.084	0.701	0.232	0.595	0.772	0.495

*表示 $p < 0.05$，** 表示 $p < 0.01$，*** 表示 $p < 0.001$

注：表中自变量行所列数值为标准化的 β 系数，括号中为 t 值

从以上的回归模型中可以看出，各模型的 F 值都显示了显著的正相关关系，可见各模型的回归拟合效果较好。但是模型 2 中，调整后的 R^2 0.084 和 0.232 数值较小，代表指标控制绩效、协作绩效和关系治理之间的正向关系不太显著。这是因为仅仅依靠关系治理不能将各项利益指标控制在一定范围内，对项目协作利益的提高也没有太大的帮助。

项目绩效的指标控制因子在模型 1 和模型 3 得到很好解释，分别达 59.4% 和 59.5% 的方差量，其次是模型 2，解释了 8.4% 的方差。由这 3 个模型可以发现，合同治理中的"合同条款的明确性"和关系治理中的"共同目标"和"共同计划"因子对指标控制都具有负向影响（在模型 1 和模型 3 中系数都为负值），但并未达显著性影响，而合同治理中的"预测事件的灵活性"和"履行合同的严格性"对指标控制的水平具有显著的正向影响（模型 1 和模型 3 中系数都为正值，且达显著）。表明在制造商与其他利益相关者进行交易时，预测和履约对合同治理程度影响越大，指标控制水平越好，项目绩效也就越好，该结果支持了 H_1。

项目绩效的协作因子对 3 个模型的解释能力较强，解释分别能达到 47.4%、23.2% 和 49.5% 的方差量。通过这 3 个模型可以得出：关系治理中的"共同计划"和"人际关系"因子对协作水平都具有负向影响（在模型 2 和模型 3 中系数都为负值），但并未达显著性影响，而关系治理中的"共同目标"因子对协作的水平具有显著的正向影响（模型 2 和模型 3 中系数都为正值，且达显著）。表明在制造商与其他利益相关者进行交易时，关系治理程度越高，协作水平越好，项目绩效也就越好，该结果支持了 H_2。

项目绩效的收益因子在三个模型中的解释能力也很强，解释分别能达到 66.4%、70.1% 和 77.2% 的方差量。通过这 3 个模型可以得出：合同治理中的"履行合同的严格性"和关系治理中的"人际关系"因子对指标控制都具有显著的负向影响（在模型 1、模型 2 和模型 3 中系数都为负值，并达显著），而合同治理中的"合同条款的明确性"以及关系治理中的"共同目标"对收益因子的水平具有显著的正向影响（模型 1、模型 2 和模型 3 中系数都为正值，且达显著）。

表明在制造商与其他利益相关者进行合作时，合同治理以及关系治理程度越高，各方面收益越好，项目绩效也就越好，该结果支持了 H_3。

3.3.3　结论与启示

1. 主要结论

（1）服务型制造项目治理机制可以细分为四种类型，即合同关系并重型（强合同强关系治理）、强合同型（强合同弱关系治理）、强关系型（强关系弱合同治理）和合同关系俱弱型（弱合同弱关系治理）。目前制造商较多采用合同关系并重型，只有很少制造商采用合同关系俱弱型的治理方式。

（2）制造商对其他利益相关者采用的合同治理程度越高，其项目绩效越好；同样的，制造商对其他利益相关者采用的关系治理程度越高，其项目绩效也越好；制造商对其他利益相关者采用合同关系并重型治理方式取得的项目绩效比采用其他治理方式取得的项目绩效更好，而采用合同关系俱弱型的治理方式，绩效最差。

（3）在合同治理中，预测事件的灵活性和履行合同的严格性对指标控制绩效有显著的正向影响，预测事件的灵活性和合同条款的明确性对收益绩效和协作绩效都有显著的正向影响。在关系治理中，人际关系对指标的控制有显著的正向影响，而共同目标对收益绩效和协作绩效都有显著的正向影响。

2. 研究启示

（1）在服务型制造项目中构建合同治理和关系治理的互补机制。在项目治理中，合同治理是必需的，但较强的合同治理在项目整个生命周期内，意味着相对的强硬和不信任，如果能在较强的合同治理前提下加强关系治理，合同的刚性和伙伴关系不信任就能得到很好的缓解甚至消除。

（2）制造商要与利益相关者保持良好关系以获取竞争优势。服务型制造产业链上涉及的利益相关者很多，以制造商为核心的合作伙伴有原材料供应商、产品提供商、服务提供商、零售商、顾客。制造商和它们之间关系的融洽度直接关系到服务型制造项目的绩效水平。

（3）界定强合同治理的限度，将人的灵活性和合同的不完全性结合起来。研究表明，合同治理中履行合同的严格性和合同条款的明确性因子对某些项目绩效都有一定的负向影响。在服务型制造项目实际操作中，必须要认识到合同的不完全性，在执行合同的过程中，实事求是，依据现实情景做决策，将关系的灵活性和合同的原则性结合起来。

（4）服务型制造企业应根据项目阶段采取不同的治理机制。研究表明，合同关系并重型比其他类型的治理方式在提高项目绩效方面成绩更为突出。这说明目前制造企业与利益相关者合作时，正式合同和良好关系必不可少，仍是我国现阶段大多数企业治理的主要方式。

■ 3.4　服务型制造项目治理的作用路径

不少学者研究了网络结构和治理模式与项目绩效之间的关系，在网络结构方面，Hakansson（1987）在网络分析模式下提出了"网络特征优势"理论，认为网络的联系强度影响网络环境的不确定性程度，Batjargal（2001）认为网络关系强度对企业的销售增长有直接的正向影响。在治理模式方面，Poppo 和 Zenger（2002）的研究表明关系准则和正式契约都有降低交易成本和减少交易风险的作用，从合同治理的角度构建严格的合同条款能够达到约束承包商并防止信息不对称的目的（Branconi and Loch，2004），而不同治理机制组合对制造项目所产生的绩效是有差异的（袁静和毛蕴诗，2011）。以上研究表明，网络结构及治理模式对项目绩效是存在影响的，但是对影响的具体路径并未做深入研究，因此我们在此基础上引入治理能力作为影响项目治理绩效的中间变量，并通过建立结构方程模型来研究服务型制造项目治理的作用路径，以期通过明确影响因素与项目绩效之间的因果关系，为服务型制造项目的治理提供决策依据。

3.4.1　研究方法与设计

1. 方法介绍

结构方程模型是一门以统计分析技术为基础的研究方法学，跟其他统计模型相比，它有很多独有的特征。首先，结构方程模型是以理论基础为支撑的，所以结构方程模型是一种验证性而不是探索性的统计方法；其次，结构方程模型将测量和问题分析合二为一，它们可以同时进行；最后，结构方程模型在运用协方差的同时，也可以处理平均数估计。

结构方程模型中有两个基本的模型，即测量模型（measured model）与结构模型（structural model）（吴明隆，2010）。测量模型由潜在变量（latent variable）与观察变量（observed variable，也称观测变量）组成，观察变量有时又称为潜在变量的外显变量（manifest variables，也称显性变量）。观察变量是根据量表或问卷等测量工具所得的数据，潜在变量是观察变量间所形成的特质或抽象概念，此特质或抽象概念无法直接测量，而要由观察变量测得的数据资料来反映。在结构方程模型中，观察变量通常以长方形或方形符号表示，而潜在变量是无法直接观察的变量，通常以椭圆形或圆形符号表示。图 3.5 表示的是有三个（多个）外显变量的测量模型。

上述测量模型的回归方程式可以用矩阵方程形式表示为

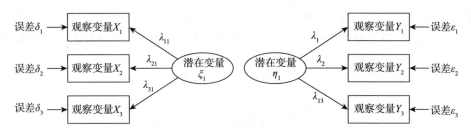

图 3.5　有三个外显变量的测量模型

$$X = \Lambda_X \xi + \delta$$
$$Y = \Lambda_Y \eta + \varepsilon$$
$$(3.1)$$

其中，X 是由外生变量组成的向量，Y 是由内生变量组成的向量。δ 与 ξ、η 及 ε 无相关，而 ε 与 η、ξ 及 δ 也无相关。Λ_X 是外生观察变量在外生潜变量上的因子载荷矩阵，反映了外生观察变量与外生潜在变量之间的关系；Λ_Y 是内生观察变量在内生潜在变量上的因子载荷矩阵，反映了内生观察变量与内生潜在变量之间的关系。而 δ、ε 分别为外生变量和内生变量的测量误差向量，ξ、η 分别为外生潜在变量向量和内生潜在变量向量。结构方程模型中假定：潜在变量与测量误差之间不能有共变关系或因果关系路径存在。测量模型在结构方程模型中就是一般所谓的验证式因素分析（confirmatory factor analysis，CFA），验证式因素分析的技术用于检验数个测量变量可以构成潜在变量的程度，即检验测量模型中的观察变量 X 与其潜在变量 ξ 间的因果模型是否与观察数据契合。

结构模型是潜在变量间因果关系模型的说明，作为因的潜在变量即称为外生潜在变量，通常用符号 ξ 表示，作为果的潜在变量即称为内生潜在变量，通常用符号 η 表示。外生潜在变量对内生潜在变量的解释变异会受到其他变因的影响，此影响变因称为干扰潜在变量，用符号 ζ 表示，ζ 即是结构模型中的干扰因素或残差值。结构模型的方程式可以用矩阵方程形式表示为

$$\eta = \Gamma\xi + \zeta \quad 或 \quad \eta = B\eta + \Gamma\xi + \zeta \qquad (3.2)$$

其中，ξ 与 ζ 无相关存在。式（3.2）称为结构方程，描述潜在变量之间的线性关系，B、Γ 都是路径系数，B 表示内生潜在变量 η 之间的效应，Γ 则表示外生潜在变量 ξ 对内生潜在变量 η 值的效应。ζ 为结构方程的误差项。结构方程模型分析过程即上述方程组的拟合过程，通常包括模型设定、模型估计、模型评价与修正等几个步骤。

2. 研究设计

1）研究假设

治理能力由治理技能发展而来，治理技能认为一个企业的生产技能会被另外

一个企业的技能强化，其程度取决于企业的治理技能（Madhok，2002）。这个概念表达了这样一种观点，即作用于企业之间的某种能力会影响企业间组织的绩效，该观点得到了近年来一系列实证研究的支持，如 Kale 等（2002）的研究表明联盟能力对合作绩效的作用是显著的。

企业间组织保持了分散化知识的独立基础，创造了多种知识融合、发展的源泉，又提供了密切交流、沟通和吸收的组织保证。因此，企业间组织成为企业创造能力，进而获取持续竞争优势的重要途径（Cohen and Levinthal，1990）。要有效利用各种分散化的知识，知识的使用者就必须具有某些"重叠或同质的知识基础"（Jacobides and Hitt，2005），以克服知识吸收和运用过程中的困难，而企业间组织恰好是在独立的企业之间建立同质性知识基础的有效途径。基于以上观点，排除固有的显然存在的影响关系，提出以下假设。

H_4：网络结构对项目治理能力有显著影响。

H_5：治理模式对治理能力有显著影响。

H_6：治理能力对项目治理绩效影响显著。

H_7：网络结构与治理模式间互相均有显著影响。

综上所述，项目利益相关者之间可以通过合理的调整治理网络结构和治理模式来提高治理能力，从而改善治理绩效。结合网络结构、治理模式对项目绩效的影响，构建服务型制造项目治理影响因素模型图，如图 3.6 所示。

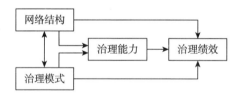

图 3.6　服务型制造项目治理影响因素模型图

2）变量设置及数据来源

根据研究假设，本部分研究在建立结构方程理论模型时，设置了一个结果变量（项目治理绩效）、六个原因变量（网络结构特征、网络动态联结、合同治理、关系治理、激励约束能力、治理响应能力）。网络结构特征和网络动态联结是网络结构的体现；治理模式则通过合同治理和关系治理两个变量体现；治理能力包括激励约束能力和治理响应能力。根据全面性和精简性结合的原则，考虑数据的可获取性，建立的模型潜变量和观测变量设置如表 3.13 所示。本阶段的调查对象同样与 3.2 节的调查对象一致，样本详细信息见表 3.3。

表 3.13　潜变量及其观测变量的设置

潜变量		观测变量	观测变量含义
网络结构 η_1	网络结构特征	合作伙伴数目 a1	与核心企业直接相关联的合作伙伴数目
		资源获取方式 a2	利益相关企业获取项目资源的手段和方式的灵活性和多样性
	网络动态联结	涉及领域 a3	项目相关企业涉及资源领域宽泛，差异程度大
		企业中心度 a4	核心企业的位置中心度高，获取联结的方式多
		企业间互动性 a5	利益相关企业间经常互动，有亲密的好感和长时间的持续友谊，有内容丰富多样的沟通
		信息共享平台 a6	有方便先进的公共信息共享平台
治理模式 η_2	合同治理	合同条款明确详细性 b1	订立合同条款的明确性和详细程度
		冲突处理 b2	对不按时供货、不按时支付货款、产品质量达不到要求的情况有明确的处理或仲裁方式，有明确的解决分歧和冲突的方案和措施
		利润空间 b3	合同中对产品质量和价格的规定客观、公正，双方都有合理的利润空间
		赔偿弥补 b4	对因人员、企业战略等企业内部变动而对对方造成的损失提供客观、合理的赔偿或弥补方式
	关系治理	应变方案 b5	对可能出现的技术、成本、政策等外部环境变化有客观、全面的预测，并提供了应对这些变化的可行方案
		信息交流 b6	企业和交易伙伴之间的信息交流是双向的
		合作持续 b7	双方的合作关系已经持续了较长时间，预期双方的合作还将持续较长的时间
		合作后的联系 b8	即使交易终止，双方管理人员之间也会保持长期联系
治理能力 η_3	激励约束能力	期望符合程度 c1	合作伙伴技术能力与事前期望高度一致，能及时、准确发现、判断、控制项目完成质量
		努力水平 c2	合作伙伴一直保持着在人力、物质资本投入和技术开发等方面的高努力水平
		交流反馈 c3	合作伙伴之间经常交流核心技术、经营信息并反馈对对方的认识、评价、建议等相关信息
	治理响应能力	反应能力 c4	合作伙伴能对对方的要求做出快速反应
		解决问题能力 c5	当出现纠纷、冲突和不同意见时，双方能迅速地解决问题
		谈判难易 c6	在出现外部环境或企业内部战略变化而需要对利益和生产计划进行调整时，谈判的过程非常轻松

续表

潜变量	观测变量	观测变量含义
治理绩效 ξ	符合预期要求程度 y1	整个项目符合利益相关者的预期要求，项目的研发、制造和销售成本和周期比预计成本低、周期短
	合作关系 y2	利益相关者在合作过程中关系融洽，信任度提高
	合作企业能力 y3	与期望目标相比，本企业对市场、技术等环境变化做出快速反应和适应性的能力提高
	合作意愿 y4	如果存在其他机会，与当前合作伙伴继续合作的意愿提高

3.4.2　结构方程模型构建

1. 建立理论模型

通过文献研究可知，影响服务型制造项目治理绩效的因素很多，如利益相关者的特性、项目本身、项目所处环境等，总结起来可以概括为服务型制造网络的结构特征、网络的动态联结能力、以合同治理和关系治理为主的治理模式。也有学者将治理能力引入影响项目治理的因素中，将治理能力作为网络结构、治理模式与治理绩效的中间变量。除去必然存在的影响路径，如网络结构和治理模式对项目治理绩效定会产生影响，本部分研究对其他几条路径假设构建初始结构方程模型，具体如图 3.7～图 3.9 所示。

模型一用来验证 H_4 和 H_5，模型二用来验证 H_6，模型三来验证 H_7。在图 3.7～图 3.9 中，可以发现网络结构用网络动态联结和网络结构特征两个潜在变量表示；治理模式则由合同治理和关系治理两个潜在变量表示；治理能力由激励约束能力和治理响应能力两个潜在变量表示。

2. 模型分析结果及路径系数分析

虽然对模型进行结构方程模型分析时涉及的主要指标一致，但不同学者运用结构方程模型进行评价时使用的方法不一。本部分研究主要从基本的适配标准这个角度来评价检验整体理论模型。此标准是用来检测衡量指标的标准误差、辨识问题及输入准确与否等。首先，衡量检测指标的标准误差只能是正值，其因素负荷量需满足区间 [0.5，0.95]；其次，要看各指标是否都达到显著水平。本部分研究利用 Amose 7.0 软件，采用极大似然法，求得标准化解。服务型制造项目治理路径中网络结构、网络治理模式对治理能力的模型分析结果，网络结构与治理模式的模型分析结果，网络能力对治理绩效的模型分析结果分别如下。

1）模型一分析结果

模型一分析结果如表 3.14 所示。表 3.14 中的路径分析系数，根据 p 值对路径系数的统计显著性检验结果做出判断。表 3.14 中"网络结构特征"对"激

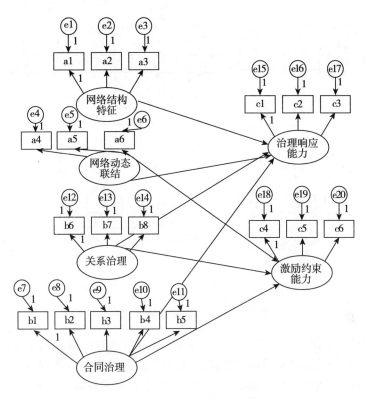

图 3.7　模型一初始结构方程模型

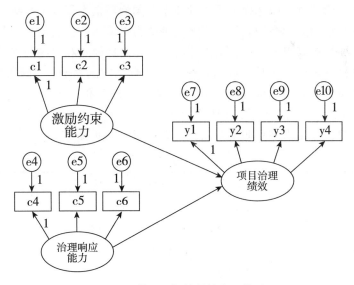

图 3.8　模型二初始结构方程模型

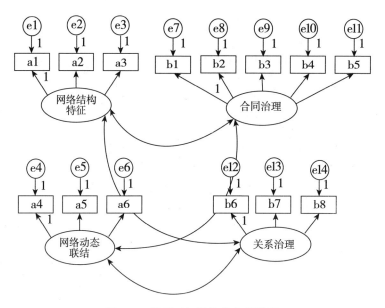

图 3.9　模型三初始结构方程模型

励约束能力"的路径系数为 0.045，其中 CR 为 1.239，相应的 p 值为 0.216。因此，这个路径系数没有足够理由认为在 95% 的置信度下与零存在显著性差异，所以不能拒绝原假设。以此类推，从表 3.14 中显示的数据可以看出，除"网络结构特征"对"激励约束能力"没有显著影响外，其他路径均成立。这表明在服务型制造项目治理过程中选择关系治理还是合同治理很大程度上影响了项目治理能力，而网络结构的网络动态联结影响治理能力更多。这也表明在服务型制造项目治理中，要想提高组织的项目治理能力，改变治理模式和提高网络动态联结比改变网络结构本身效果更佳。同时，纵观这些数据间的系数，"网络动态联结"与"激励约束能力"间的系数是 1.480，"关系治理"和"治理响应能力"之间的系数是 0.749，它们之间的影响是最明显的。找到关键的影响因素，为提高项目治理能力提供建议措施指明了方向。结果表明 H_4 和 H_5 成立。

表 3.14　模型一分析结果

	关系指向		Estimate	SE	CR	p
治理响应能力	<---	网络结构特征	0.087	0.032	2.719	0.007
治理响应能力	<---	网络动态联结	0.148	0.049	3.024	0.002
激励约束能力	<---	网络动态联结	1.480	0.224	6.609	***
治理响应能力	<---	关系治理	0.749	0.071	10.583	***
治理响应能力	<---	合同治理	0.091	0.042	2.171	0.030

续表

关系指向			Estimate	SE	CR	p
激励约束能力	<---	关系治理	0.462	0.045	10.294	***
激励约束能力	<---	合同治理	0.144	0.066	2.179	0.029
激励约束能力	<---	网络结构特征	0.045	0.037	1.239	0.216
a1	<---	网络结构特征	1.000			
a2	<---	网络结构特征	0.138	0.064	2.148	0.032
a3	<---	网络结构特征	0.614	0.185	3.317	***
a4	<---	网络动态联结	1.000			
a5	<---	网络动态联结	2.329	0.341	6.829	***
a6	<---	网络动态联结	1.985	0.298	6.665	***
b6	<---	关系治理	1.000			
b7	<---	关系治理	1.026	0.076	13.433	***
b8	<---	关系治理	1.346	0.072	18.701	***
b1	<---	合同治理	1.000			
b2	<---	合同治理	1.146	0.128	8.971	***
b3	<---	合同治理	1.011	0.116	8.691	***
b4	<---	合同治理	0.912	0.124	7.372	***
b5	<---	合同治理	0.693	0.173	3.998	***
c1	<---	治理响应能力	1.000			
c2	<---	治理响应能力	0.218	0.079	2.776	0.006
c3	<---	治理响应能力	1.409	0.119	11.876	***
c4	<---	激励约束能力	1.000			
c5	<---	激励约束能力	0.964	0.064	14.971	***
c6	<---	激励约束能力	0.145	0.059	2.458	0.014

注：*** 表示 $p < 0.001$

2）模型二分析结果

模型二分析结果如表 3.15 所示。从表 3.15 中的数据可以看出，网络治理能力对项目治理绩效都有显著的正向影响，其中"激励约束能力"较"治理响应能力"对项目治理绩效的影响更大。由此可以认为，提高项目"激励约束能力"对"项目治理绩效"的促进作用更为显著。因此，H_6 成立。

表 3.15　模型二分析结果

	关系指向		Estimate	SE	CR	p
项目治理绩效	<―――	激励约束能力	0.255	0.059	4.311	***
项目治理绩效	<―――	治理响应能力	0.026	0.008	3.097	0.002
c1	<―――	激励约束能力	1.000			
c2	<―――	激励约束能力	0.193	0.047	4.102	***
c3	<―――	激励约束能力	0.718	0.057	12.487	***
c4	<―――	治理响应能力	1.000			
c5	<―――	治理响应能力	0.895	0.117	7.647	***
c6	<―――	治理响应能力	0.125	0.044	2.834	0.005
y1	<―――	项目治理绩效	1.000			
y2	<―――	项目治理绩效	3.642	0.845	4.311	***
y3	<―――	项目治理绩效	0.551	0.209	2.633	0.008
y4	<―――	项目治理绩效	1.023	0.326	3.141	0.002

注：*** 表示 $p<0.001$

3）模型三分析结果

模型三分析结果如表 3.16 所示。从表 3.16 中可以明显看出网络结构和治理模式之间的相互影响关系，即"合同治理"与"网络动态联结"之间的影响是不显著的，其 p 值是显著接受原假设的。除此之外，"网络动态联结"对"关系治理"、"网络结构特征"对"合同治理"的系数相对较高，说明它们之间具有较为显著的相互影响，也就是说核心企业中心度越高、信息共享程度越高，项目治理选择关系治理的几率也就越大；网络的合作伙伴越多，涉及领域越大，运用合同治理的几率越大。因此 H_7 基本成立。

表 3.16　模型三分析结果

	关系指向		Estimate	SE	CR	p
网络结构特征	<――>	合同治理	0.739	0.145	5.106	***
网络动态联结	<――>	关系治理	1.245	0.227	5.493	***
网络结构特征	<――>	关系治理	0.239	0.072	3.318	***
网络动态联结	<――>	合同治理	−0.013	0.019	−0.670	0.503
a1	<―――	网络结构特征	1.000			
a2	<―――	网络结构特征	0.233	0.067	3.472	***
a3	<―――	网络结构特征	0.682	0.124	5.480	***
a4	<―――	网络动态联结	1.000			

续表

	关系指向		Estimate	SE	CR	p
a5	<−−−	网络动态联结	2.477	0.384	6.443	***
a6	<−−−	网络动态联结	2.285	0.356	6.417	***
b6	<−−−	关系治理	1.000			
b7	<−−−	关系治理	1.051	0.065	16.153	***
b8	<−−−	关系治理	1.129	0.065	17.281	***
b1	<−−−	合同治理	1.000			
b2	<−−−	合同治理	1.141	0.129	8.821	***
b3	<−−−	合同治理	1.075	0.122	8.839	***
b4	<−−−	合同治理	0.914	0.127	7.202	***
b5	<−−−	合同治理	0.857	0.178	4.804	***

注：*** 表示 $p < 0.001$

3. 模型评价

模型评价就是总体协方差矩阵 $\sum$ 和样本协方差矩阵 S 的拟合程度。结构方程模型和一般的建模有所区别。一般的建模方法是把模型建立出来，通过软件运算，并对运算的结果进行解释，再得出相应的结论。但在结构方程模型中，参数被估计出来只是建模的第一步，更重要的是对模型的合理性进行检验，包括对每个参数的合理性检验和显著性检验。建模者可以通过模型输出的拟合指数对模型进行评价和修正。拟合指数根据依据的不同可以有不同的分类，一般将拟合指数分为两类：一类是绝对拟合指数，另一类是相对拟合指数（Bentler，1990）。绝对拟合指数通常有 χ^2、近似误差均方根（RMSEA）、良性拟合指数（GFI）、调整良性拟合指数（AGFI）等；相对拟合指数常有标准拟合指数（NFI）、比较拟合指数（NNF 和 CFI）等。

由表 3.17 可以看出，三个模型的 χ^2/f 值为 2.232 5，处于 2.0 与 5.0 之间，可以接受；RMSEA 的值为 0.098，低于 0.1；GFI、CFI 的值大于 0.9，可以看出这几个指标的拟合程度比较好。尽管模型一的 AGFI 和 NFI 的值低于 0.9，模型三中 GFI 和 NFI 也没有达到指标，但是由于最终模型能够满足理论事实，因此该模型可以得到肯定。而且拟合指数的作用考察理论模型与数据的适配程度，并不能作为判断模型是否成立的唯一依据。因此表 3.17 的数据表明理论模型与数据之间的拟合性是可以接受的。

表 3.17　模型的拟合参数

拟合指数		模型一	模型二	模型三	参考标准
绝对拟合指数	χ^2/f	2.232 5			χ^2/f 在 2.0 到 5.0 之间时，模型可以接受
	RMSEA	0.098	0.082	0.107	低于 0.1 表示好的拟合
	GFI	0.906	0.912	0.899	大于 0.9 表示好的拟合
	AGFI	0.097	0.978	0.903	大于 0.9 表示好的拟合
相对拟合指数	NFI	0.818	0.892	0.879	大于 0.9 表示好的拟合
	CFI	0.958	0.915	0.916	大于 0.9 表示好的拟合
简约拟合指数	PNFI	0.642	0.827	0.455	越大越理想
	PGFI	0.155	0.709	0.579	越大越理想

3.4.3　结论与启示

1. 研究结论

文献研究和定量分析的结果表明，服务型制造项目的网络结构、治理模式以及治理能力与项目治理绩效正相关，这些因素不仅单独对绩效产生影响，而且网络结构和治理模式通过治理能力作为中间变量对绩效产生间接影响。研究结论验证了在实证分析之前建立的初始模型，通过 Amose 软件具体分析后，可以更加清楚地看出网络结构、治理模式、治理能力和治理绩效这些具体变量之间的影响关系，也可以看出到底是哪些变量的影响程度最大。根据路径分析结果，将变量之间最为显著的影响选取出来，得出如图 3.10 所示的服务型制造项目治理影响路径图。通过软件分析结果并结合图 3.10 可以总结出各大影响因素对项目治理绩效的影响以及各个因素之间的相互影响情况。

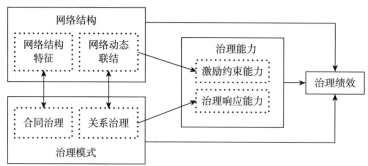

图 3.10　服务型制造项目治理影响路径图

（1）各大影响因素对项目治理绩效的影响。

服务型制造项目网络结构和治理模式均对项目治理绩效有一定影响，这是通过一定的文献阅读得出的结论。在分析服务型制造网络时，从网络结构特征和网络的动态联结两个方面对网络结构进行全面数据搜集，治理模式主要分为合同治理和关系治理两个角度。合同治理中合同条款制定的明确性和详细性，关系治理中信息交流对项目绩效影响较为突出。在分析网络结构对项目治理绩效的过程中，发现研究者针对企业的中心度和信息共享平台对项目绩效影响较为突出。这说明了服务型制造网络中核心企业的重要地位，以及信息的共享和交流的重要程度。

治理能力对服务型制造项目治理绩效有直接的正向影响。网络的治理能力即为网络联盟能力，本部分研究将治理能力分为激励约束能力和治理响应能力。这两方面体现了项目的控制力和联结力。激励约束能力对项目治理绩效的影响较为突出，这说明一个网络的治理能力不仅要靠网络成员自身的高能力，还要靠这个组织的激励模式和约束力度。激励约束能力反应在期望符合程度 c_1、努力水平 c_2、交流反馈 c_3 等方面，路径系数显示其中 c_3 的影响最大。也就是说组织成员的努力程度、项目的运行情况与预期计划的符合程度将较多影响整个网络最终的治理绩效。更为显著的是组织间的交流反馈，因此提高项目治理绩效通过提高组织间的交流反馈，效果更明显。

（2）网络结构、治理模式与治理能力间的影响关系。

服务型制造项目治理模式和网络结构对项目治理能力有正向影响。研究表明最主要的影响在于网络动态联结对激励约束能力的影响，以及关系治理模式对治理响应能力的影响。不同的网络利益相关者的选择决定了网络的结构特征以及其动态的联结能力，这对项目治理能力有一定的影响。尤其是网络的动态联结对项目治理激励约束能力的影响，其中企业间互动性 a_5 影响网络动态联结程度最大，因此提高网络成员间的互动对提高治理能力有显著效果。

从合同治理和关系治理两方面构建的治理模式，一方面通过标准化的合约约束合作伙伴的行为，通过规定的利润分配等可以达到激励的效果，即治理能力的激励约束能力；另一方面，在关系治理中，频繁的信息交流和冲突处理沟通实现了合作伙伴之间的动态联结，以及治理能力的动态响应能力。而在两种影响中，关系治理对治理响应能力的影响更为显著，而影响关系治理的最显著因素是合作后的联系 b_8。

（3）服务型制造项目网络结构和治理模式之间有一定的双向影响。

网络结构和治理模式之间的联系主要是存在于网络结构特征和合同治理之间、动态联结和关系治理之间。变量间的其他影响关系较不明显，同时研究结果发现合同治理模式与网络动态联结之间没有显著的影响关系。而网络结构特征中，涉及领域 a_3 对合同治理影响最大；动态联结中企业间的互动性 a_5 对关系治理影响最大。

2. 研究启示

根据上述研究，我们发现影响服务型制造项目治理绩效的因素主要有服务型制造网络结构、治理模式以及治理能力。本部分研究根据它们影响项目治理绩效的每条路径提出相应具体措施。

1）针对性重点措施：提高网络动态联结

网络结构和治理模式不仅直接影响项目绩效，而且通过治理能力间接影响项目绩效。激励约束能力对项目绩效影响最显著，而影响激励约束能力最主要的因素是网络动态联结，因此提高网络的动态联结是最能够显著提高项目绩效的途径。而网络动态联结由企业中心度 a4、企业间互动性 a5、信息共享平台 a6 具体体现。因此针对这条路径，提出以下两点措施：①建立核心企业的领导力。核心企业要不断提升自身企业竞争力，而企业自身的竞争力主要来源于创新。不断提高产品的知识含量和科技含量，可以通过管理创新和技术创新来实现。在提高核心企业能力的同时还要关注整个服务型制造网络整体的协同运作，核心企业号召力和地位的实现是以整个网络的统一目标和共同利益为前提的。②实现服务型制造网络的信息化。实现信息化最关键的是实现核心业务和主导流程的信息化以及人的信息化。因此要建立完善信息交流的网络平台，建立服务型制造项目治理技术基础和网络组织基础，同时还应建立一支高水平的信息化团队，来有效执行和监督网络企业间的信息化相关事宜。

2）辅助性措施：加强关系治理模式

图 3.10 中显示的路径表明治理模式直接影响项目绩效，此外，关系治理还与网络动态联结相互影响，也与治理响应能力密切相关。因此针对这条路径，加强网络的关系治理模式将有效提高项目治理绩效。关系治理中主要由信息交流 b6、合作持续 b7、合作后的联系 b8 体现。因此，可以提出以下措施：①加强利益相关者之间的信息交流。这表现为既要加强网络信息平台的建设，还要促进利益相关者之间加强组织活动，增加其接触交流的机会。对利益相关企业来说，通过加强企业间的联系，了解企业项目动向，可以更好地促进合作，从而实现共同发展，继而实现持续合作。持续的合作建立在合作良好、绩效良好的基础上，这要求利益相关企业在项目合作过程必须付出十分的努力，如此才能为再次合作创造机会。对核心企业来说，核心企业应把握好控制和监督的角色转换，既能给利益相关企业提供自我创造和发挥的空间，又能保证整体目标的一致性。②加强合作后的联系。可以通过举办定期的项目技术交流大会来加强合作后的联系。企业间可以针对自身企业在相关项目研发或设计过程中返现的问题和困难，向合作过的企业进行咨询，这样一方面体现对合作企业的信任和认可，另一方面也可以为自身企业的疑难问题找到解决的方法。

3）其他相关措施

图 3.10 中不仅有重点路径，还有影响相对较弱的路径，它们都对项目绩效产生了影响。其他相关措施举例如下：①注意治理网络的结构以及网络的特点。治理模式由合同治理和关系治理的组合运用构成，因此在选择合同治理与关系治理强弱的时候要特别考虑网络的结构及特点。②加强制定合同的组织团队建设。合同治理中合同条款的明确性和详细性，对项目绩效的影响较为突出，因此要先在合同制定上取得优势。③注重合作伙伴的挑选。项目治理能力不仅可以从提高网络动态联结和加强关系治理两方面提高，也可以从治理能力本身出发。项目治理能力主要从激励约束能力和治理响应能力体现。而在模型路径研究中，相关企业的解决问题能力和响应能力对项目治理绩效的影响较为突出。因此核心企业可以在项目开始前就挑选解决问题能力强的企业作为合作伙伴，在项目治理过程中，核心企业也要通过其核心地位的加强来增加对合作企业响应能力的培养和要求。

3.5　本章小结

本章基于扎根理论和多案例研究方法研究了服务型制造项目治理的影响因素，并从生命周期视角分析了项目治理的影响因素和项目绩效的关系，随后从利益相关者角度探索了合同治理和关系治理对项目绩效的影响，最后选择结构方程模型分析了服务型制造项目治理中影响绩效的因素及其作用路径。

以扎根理论为核心的多案例研究方法从整体上概括地研究了服务型制造项目的影响因素，探索归纳出有关服务型制造项目治理影响机理的初始理论和模型。研究表明：项目利益相容性、信任水平和合作强度影响着服务型制造项目的关系治理；项目保障因素是指治理过程涉及的项目实施和项目合作环境以及项目绩效三个因素；综合关系治理方式可以有效解决由利益相关关系引起的治理问题，而项目环境保障协同治理方式可以为项目保障因素引起的治理问题提供适当的应对方法。基于服务型制造项目治理影响机理，提出了搭建公共信息平台、建立合作共赢理念、建立科学预警机制和冲突变动以及建立信用评价体系等措施。

基于生命周期视角的研究与上一阶段基于多案例分析的研究都是较为细致的研究，通过文献阅读和问卷调查分阶段研究了影响服务型制造项目治理机制选择的关键因子，以及关键因子与绩效之间的关系。结果表明，在研发设计阶段，合作伙伴参与度和合同订立严密性对缩短研发周期、降低研发成本以及提高研发满意度方面存在显著影响；在生产制造阶段，伙伴信息沟通反馈、项目进度严格控制、有效质量标准以及风险预防措施等因素对增强伙伴合作关系和降低制造成本有显著影响；在销售服务阶段，订立严格的销售服务指标和提高客户需求响应度，对绩效指标完成和增强伙伴利益满足度有显著影响。这些影响因素的提出能为服务型制造项目治理提供理论指导和实践参考，也可为影响项目治理绩效的路径研究做铺垫。

如果说基于生命周期视角的研究是基于时间轴的纵向研究，那么从利益相关者角度实证分析合同治理、关系治理和服务型制造项目绩效的关系则属于基于时间点的横向研究。该阶段在生命周期分析的基础上，利用因子分析、聚类分析、方差分析和回归分析等方法，探讨制造商的不同治理方式与项目绩效的内在联系。结果表明，制造商多采用合同治理和关系治理并重的方式，而较少采用合同治理和关系治理俱弱的方式；制造商对其他利益相关者采用的合同治理程度越高，项目绩效就越好；采用关系治理程度越高，项目绩效也越好；而制造商采用合同和关系并重方式进行治理取得的绩效更优于其他治理方式。

基于以上研究的数据，利用结构方程模型可以探索出不同的影响因素对服务型制造项目治理的作用路径。借助 Amose 软件进一步对网络结构、治理模式、治理能力和治理绩效之间的影响关系进行分析，结果表明：网络结构和治理模式对项目治理能力都有直接的显著影响；治理能力对项目治理绩效有直接的显著正向影响；网络结构与治理模式之间互相影响。该阶段构建的服务型制造项目治理的作用路径不仅充实了服务型制造的相关理论，还为政策的制定提供了可靠的方向和依据。

第 4 章

服务型制造项目治理的动态演化

■ 4.1　服务型制造项目治理动态分析的理论支撑

4.1.1　社会网络分析

1. 社会网络分析的产生与发展

社会网络分析是西方社会学的一个重要分支，是从 20 世纪 30 年代末出现并在最近 20 多年得到重要发展的研究社会结构的最新方法和技术，也是一种全新的社会科学研究范式。近几十年来，社会网络的概念和社会网络分析方法吸引了来自社会和行为科学界相当多的兴趣和好奇。这种兴趣大多可归因于一个引人入胜的焦点，即对社会实体之间的关系及其模式和含义的社会网络分析。目前，社会网络分析已经从初期的小群体研究变成社会理论、经验研究、形式数学与统计学发展的必要组成部分，除此之外，随着研究着眼点逐渐从个体层面转移到组织层面，社会网络分析也从早期关注个体之间的人际关系逐渐转向关注组织间网络。

网络分析的视角强调把结构关系作为关键的导向原则，其中社会网络结构的组成是有形实体之间关系模式的规律性，而不是抽象的规范和价值之间的协调，也不是对这些有形实体的特征进行分类。通常连接这一系列实体的关系模式包括宏观的社会背景或整体的结构，这些背景和结构影响实体的认知、信念、决定和行动，而网络分析的首要目标就是精确测量和展现这些结构关系，并解释它们发生的原因及产生的结果。因此，社会网络分析的重要性依赖于有关关系模式及其效用的三个基本假设（诺克和杨松，2012）：第一，对于理解所观察的行为，结构性关系要比个体特征更重要；第二，社会网络通过实体之间的关系所建立的各种结构机制影响实体的观念、信仰和行动；第三，结构关系是一个动态过程。

2. 社会网络的结构要素及分类

社会网络是社会行动者及其相互之间关系的集合，即一个社会网络是由多个点（社会行动者）和各点之间的连线（代表行动者之间的关系）组成的集合（刘军，2009）。用点和线来表达网络是社会网络的形式化界定。"点"指的是社会行动者，社会网络分析中所说的"行动者"（actors）可以是任何一个社会单位或社会实体。行动者可以是个体、公司或者社会单位，也可以是一个教研室、学院、学校，更可以是一个组织、村落、城市、国家等。关于点的信息既可以是动态的，也可以是静态的。"线"指的是行动者之间的联系，常常代表具体的联络内容或者现实中发生的实质性的关系。首先，行动者之间的关系类型多样，可以是朋友关系、上下级关系、国际贸易关系、城市之间的距离关系等。其次，行动者之间还可存在"多元关系"。例如，两个组织之间可能同时存在合作关系和竞争关系。再次，研究的重点不同，关注的"关系"也不同。如果研究整体网络，即研究整体内全部行动者之间的关系，那么研究者需要分析具有整体意义的关系的各种特征，如互惠性、关系的传递性等。如果研究个体网络，则需要分析关系的密度、同质性等指标。从图论的角度来看，若两个点之间的线无方向性，即每对行动者之间的联系要么存在要么不存在，则该图称为"无向图"；若两个点之间的线有方向性，即联系从一个行动者指向另一个行动者，则该图称为"有向图"。简单来说，有向关系产生有向图，无向关系产生无向图。

网络可以通过所具有的模式数量分为单模网络（1-模网络）和双模网络（2-模网络）（沃瑟曼，2012）。"模"（mode）是指行动者的集合，模数是指社会行动者集合类型的数目。单模网络是指由一个行动者集合内部各个行动者之间的关系构成的网络。双模网络是指由两个行动者集或者一个行动者集和一个事件集之间的关系构成的网络。在两个行动者集的情况下，关系度量的是第一个集合中行动者与第二个集合中行动者之间的联系，这样的网络称为二元双模网络，因为这些关系都是二元函数，二元中的第一个行动者和第二个行动者来自不同的行动者集合。在一个行动者集和一个事件集的情况下，测量的是一组行动者参与了一组事件或活动，这样的网络称为从属网络，它是特殊的双模网络。本章主要研究的是单模网络中行动者之间的有向关系。

3. 社会网络分析的主要指标

1）结构洞

伯特用"结构洞"来表示非冗余的联系，认为"非冗余的联系人被结构洞连接，一个结构洞是两个行动者之间的非冗余的联系"。结构洞能够为其占据者获取"信息利益"，并为"控制利益"提供机会，从而比网络中其他位置上的成员更具有竞争优势。伯特的结构洞指标要考虑四个方面，即有效规模（effective size)、效率（efficiency）、限制度（constraint）、等级度（hierarchy），其中限制度最重要。一个人受到的"限制度"指的是此人在自己的网络中拥有的运用结构洞的能力，其数值越大表示该节点受单一关系的约束越强。一个行动者的有效规模等于该行动者的个体网规模减去网络的冗余度，即有效规模等于网络中的非冗余因素。一个点的效率等于该点的有效规模与实际规模之比。等级度指的是限制性在多大程度上集中于一个行动者身上。计算公式分别为

$$约束度 = \sum_j \left(p_{ij} + \sum_q p_{iq} p_{qj} \right)^2, \quad q \neq i, \quad j \tag{4.1}$$

$$有效规模 = \sum_j \left(1 - \sum_q p_{iq} m_{jq} \right), \quad q \neq i, \quad j \tag{4.2}$$

$$效率 = \frac{\sum_j \left(1 - \sum_q p_{iq} m_{jq} \right)}{n}, \quad q \neq i, \quad j \tag{4.3}$$

$$等级度 = \frac{\sum_j \left(\frac{C_{ij}}{C/N} \right) \ln\left(\frac{C_{ij}}{C/N} \right)}{N \ln(N)} \tag{4.4}$$

其中，j 表示与 i 相连的所有点；q 表示除了 i 或 j 之外的每个第三者；n 表示与 i 相连的节点数目；p_{ij} 表示节点 i、j 之间直接链接占 i 总链接的比例；$p_{iq} p_{qj}$ 表示 i 通过节点 q 从而与 j 间接相连的链接占 i 总链接的比例。乘积 $p_{iq} m_{jq}$ 的总和测量的是 i 与 j 的关系相对于 i 与其他关系人的比例。C/N 表示各个点的限制度的均值，$N \ln(N)$ 表示最大可能的总和值。占据结构洞位置是利益相关者巩固和发展其地位的有力手段，并可以有效防范资源分配失衡等导致的治理风险。

2）中心度

斯科特把"中心度"严格地限制为点的中心度，是对个体权力的量化分析，分为点度中心度（degree centrality）$C_D(n_i)$、接近中心度（closeness centrality）$C_C(n_i)$ 和中间中心度（betweenness centrality）$C_B(n_i)$，其计算公式分别为

$$C_D(n_i) = \frac{mm(n_i)}{N-1} \tag{4.5}$$

$$C_C(n_i) = \frac{N-1}{\sum_{j=1}^{n} d(n_i, n_j)} \tag{4.6}$$

$$C_B(n_i) = \frac{\sum_{j<k} g_{jk}(n_i)/g_{jk}}{[(N-1)(N-2)]} \tag{4.7}$$

其中，N 表示网络规模；$mm(n_i)$ 表示与节点 n_i 相连的线条数；$d(n_i, n_j)$ 表示节点 n_i 与 n_j 之间的短程线距离；g_{jk} 表示节点 n_j 与 n_k 之间存在的短程线数目；

$g_{jk}(n_i)$ 表示包含行动者 n_i 的两个行动者之间的短程线数目。点度中心度侧重衡量一个点与其他点关系的能力，指该点拥有的直接联系数量；中间中心度用于衡量某点对资源的控制程度，测量该点在多大程度上控制他人之间的交往；接近中心度侧重于分析某点对于信息传递的独立性或有效性。

3) 密度和中心势

社会网络图的密度表示所有利益相关者关系的紧密程度。密度表达式为 Density $=L/[N(N-1)]$。其中，L 表示箭线（利益相关者间的联系）的个数。密度越高，代表利益相关者因社会网络关系而产生的联系就越紧密，联系紧密的整体网络可以为个体提供各种社会资源。但是密度越高也表示某一节点受其他节点影响越大，个体自主行为能力就越弱。网络中心势特指一个作为整体的图的中心度，可以表示为最核心点的中心度（相应的最大中心度）和其他点的中心度的差值总和与最大可能的差值总和之比。中心势计算公式为

$$C = \sum_{i=1}^{N}(C_{\max} - C_i) \Big/ \max\Big[\sum_{i=1}^{N}(C_{\max} - C_i)\Big] \tag{4.8}$$

其中，$C_{\max}$ 表示最大中心度；C_i 表示点 n_i 的中心度。中心势值越大，网络越具有集中趋势，网络中权利的分布越不均匀，网络越不稳定。在项目治理中，为实现整体目标，增强利益相关者的社会网络密度和降低中心势可以作为稳定利益相关者之间规制关系的一种策略。

社会网络分析方法中的结构洞和中心度等标准可以考察行动者在网络中的地位，网络密度和中心势可以衡量整个网络的状态。因此，对服务型制造项目治理而言，通过结构洞和中心度指标可以从定量角度分析各个利益相关者在网络中的地位，而通过网络密度和中心势可以从整体上把握项目在实施过程中的各个利益相关者构成的网络结构的变化。

4.1.2　演化博弈论

1. 演化博弈论的产生与发展

长期以来，博弈论被认为是经济学研究的一个分支。然而，作为一种方法论，博弈论在管理学的研究中逐渐显示出其重要地位。演化博弈论是博弈论中的一个新领域，是在博弈论的基础上发展起来的一种理论。传统的博弈论强调参与者必须是理性的，且博弈的整个过程中博弈方不允许犯错误，每个决策阶段都是完全理性的。这种严格理性的要求限制了博弈论在实际问题研究中的应用范围。实验经济学的出现清楚地说明，人类在思维方面也不是特别高明，人们通常通过试错的方法达到博弈均衡。演化理论是一种生命科学理论，该理论以达尔文的生物进化论和拉马克的遗传基因理论为思想基础，因此演化理论与博弈论结合产生的演化博弈论不仅摒弃了博弈论完全理性的假设，而且能够成功地解释生物进化

过程中的某些显现，同时它比博弈论能更好地分析和解决管理学问题（王文宾，2009）。

最初的演化博弈论始于 20 世纪 60 年代，是在解释生物学的演化现象时产生的。达尔文的生物进化论因在生物学上取得巨大成功而被引入经济学，成为经济学研究的有效工具。演化稳定策略（evolutionary stable strategy，ESS）是演化博弈论中的基本概念。一个"策略"是一种行为表现型（behavioral phenotype），即指个体在某个自己所知的处境中将会采取的行动。演化稳定策略是指如果整个种群的每一个成员都采取这个策略，那么在自然选择的作用下，不存在一个具有突变特征的策略能够侵犯这个种群。演化稳定策略使得研究者的注意力从博弈论的理性陷阱中解脱出来，从另一个角度为博弈论的应用找到突破口。演化博弈论从有限理性个体出发，以群体为研究对象，认为现实中个体并不是行为最优化者，个体的决策是通过个体之间模仿、学习和突变等动态过程来实现的。随着演化博弈论的研究发展，经济学家将该理论逐步运用到社会制度变迁、产业演化等领域，同时对演化博弈论的研究也开始由对称博弈走向非对称博弈。20 世纪 90 年代以来，演化博弈论的发展进入新阶段，Weibull（1995）比较系统完整地总结了演化博弈论。Friedman 和 Fung（1996）选取了日本和美国的企业组织模式，用演化博弈论分析了有无贸易情况下的企业组织模式演化规律。Bester 和 Guth（1998）应用演化博弈论研究了人在经济活动中利他行为的存在性及其演化稳定性。

在演化博弈中，参与人的理性是根据博弈局势的变化而不断进化的，它是个体进行选择时所依据的规则，经常可描述为个体选择偏好。个体的有限理性在进化过程中被表征，在演化博弈中，有限理性被表述为个体在对博弈局势的认识与学习中确定动态演化的行为选择规则或决策机制，它总是从正面指出博弈人应该怎样去决策或学习。演化博弈分析是关于博弈行为策略的相互作用与迭代过程的博弈模型，这意味着博弈方由于有限理性，往往不会一开始就找到最优策略，而是在反复博弈过程中不断学习博弈，通过数次的试错过程寻找最优均衡，此时所有博弈方都趋于选择某个稳定的策略。简而言之，演化博弈分析的关键是确定博弈人的学习机制和策略演化的过程（王先甲等，2011）。

2. 演化博弈模型构建

1）演化稳定策略和复制动态

一般来说，演化过程是两个基本要素的结合：一个是产生多样性的变异机制，另一个是偏向一些种类的选择机制。演化稳定策略和复制动态（replicator dynamics）是演化博弈理论的核心概念，它们分别反映稳定状态和向这种稳定状态收敛的动态过程。演化稳定性标准强调变异的作用，而复制动态强调的是选择作用。

　　演化稳定策略用 $x \in \Delta$（Δ 表示混合策略集）表示原有策略，$y \in \Delta$ 表示变异策略，如果一个人来参加博弈，那么其对手采用策略 y 的概率为 ε，采取现有策略的概率为 $1-\varepsilon$，因此，现有策略的进入后收益为 $u(x, \omega)$，变异策略进入后的收益为 $u(y, \omega)$。针对任何策略 $y \in \Delta$ 的最优反应 $x \in \Delta$ 表示为 $\beta^*(y) \subset \Delta$，混合策略组合的多面体是 $\Theta = \Delta^2$。演化稳定策略的数学定义如下：如果对于任何策略 $y \neq x$，存在某个 $\bar{\varepsilon}_y \in (0, 1)$ 使不等式 $u[x, \varepsilon y + (1-\varepsilon)x] > u[y, \varepsilon y + (1-\varepsilon)x]$ 对于所有的 $\varepsilon \in (0, \bar{\varepsilon}_y)$ 都成立，那么 $x \in \Delta$ 是一个演化稳定策略。上述定义的意义在于假设在一个所有成员采用相同策略的群体中，出现一个采用不同策略的个体，如果该个体只有较低的增值成功率，那么该群体中的大部分个体所采用的策略相对于变异个体的策略是稳定的。该过程表示大群体中主体重复性地、随机地配对来进行博弈。判断一个策略是否是演化稳定应遵从如下命题：$\Delta_{ESS} = \{x \in \Delta_{NE} : u(y, y) < u(x, y), \forall y \in \beta^*(x), y \neq x\}$。等价的说法是，策略 $x \in \Delta$ 是演化稳定的，当且仅当它满足下列一阶和二阶最优反应条件：

$$u(x, y) \leqslant u(x, x), \forall y \neq x \tag{4.9}$$

$$u(y, x) = u(x, x) \Rightarrow u(y, y) < u(x, y), \forall y \neq x \tag{4.10}$$

　　式（4.9）和式（4.10）这两个条件合起来刻画了演化稳定性。如果 $(x, x) \in \Theta$ 是一个严格纳什均衡，那么 x 是演化稳定的，因而不存在其他的最优反应。

　　复制动态又称为复制子动态或复制者动态。该定义从生物学中衍生出来，指繁衍是连续不断的，会导致连续时间的总体动态。复制者动态实际上是特定策略在一个种群中被采用的频数或频度的动态方程或动态微分方程。演化博弈论中的复制只是一种纯策略，并具备从上一代没有差错地传到下一代的特征。随着总体状态改变，纯策略收益及其适应性也会相应地改变，即纯策略增长率与相对支付或适应度（纯策略所获得的支付与群体的平均支付之差）成正比。在演化博弈分析中，应用最多的是 Taylor 和 Jonker（1978）在对生态现象进行解释时提出的描述单群体动态调整过程的复制动态方程（replicator dynamic），该模型的建立是演化博弈论正式成立的标志。复制者动态方程在经济和管理领域应用广泛，学者运用复制者动态方程对社会习俗、制度、行为规范等一系列社会经济问题进行了成功的研究。当博弈方采用一个纯策略时，复制动态表示形式如下：

$$\frac{\mathrm{d}x_k}{\mathrm{d}t} = x_k [g(k, x) - g(x, x)], k = 1, 2, \cdots, k \tag{4.11}$$

其中，k 表示不同策略；x_k 表示群种中采用策略 k 的频数或密度。

　　2）数学计算及建模过程

　　对于一个给定的动力系统，如果判断它在一个平衡点（稳态）是渐进稳定的，那么这个平衡点自然就是稳定的。判断一个平衡点是否为渐进稳定的方法的命题如下。

对于 n 阶自治微分方程组：

$$\frac{\mathrm{d}x}{\mathrm{d}t} = f(x) = \begin{pmatrix} f_1 \\ f_2 \\ \vdots \\ f_n \end{pmatrix}, \ x = (x_1, \ x_2, \ \cdots, \ x_n), \ f(x_0) = 0 \qquad (4.12)$$

其中，x_0 表示系统的平衡点。利用泰勒公式将 $f(x)$ 展开成 $f(x) = \boldsymbol{J}(x - x_0) + \boldsymbol{R}(x)$，其中 $\boldsymbol{J} = \left(a_{ij} = \dfrac{\partial f_i}{\partial x_j} \right)_{x=x_0}$，矩阵 $\boldsymbol{J}$ 又称雅可比矩阵，是一个 n 阶常数矩阵。在所构建的复制动态方程中，判别渐进稳定性可以采用雅可比矩阵方法。当 $\det(\boldsymbol{J}) > 0$ 且 $\mathrm{tr}(\boldsymbol{J}) < 0$ 时，均衡点就会趋近局部渐进稳定状态，也可称为演化均衡状态（李越川，2013）。

演化博弈过程一般包括以下四个步骤：第一步，随机组合博弈。博弈过程中存在多个博弈群体，每个博弈群体之间对预先规定好的策略进行博弈，每一次博弈策略组合都分别对应一个策略收益。博弈群体永远都在这些规定好的博弈策略组合中选择自身的策略进行反复博弈过程。第二步，博弈主体的有限理性行为。由于主体在不同的博弈环境下、不同的博弈结构中，面对其他博弈主体的博弈策略选择都会做出自身不同的策略选择，而不同策略会产生不同的选择比例。第三步，复制动态微分方程。在动态博弈过程中，第二步中所述的比例是不断变化的，博弈主体在不同的策略选择上会有不同的理性行为，也就形成了不同的动态演化过程。第四步，局部演化稳定。根据比例分布的复制动态微分方程，可以定量分析演化过程的稳定性。参与博弈的主体在经过反复、多次动态博弈过程之后，经过对比不同策略选择的策略效益，最终达到策略效益最大的组合，也就是局部稳定状态。

随着网络结构的兴起，人们越来越关注在不同的网络结构下自私个体策略的演化，这一问题也被称为网络上的演化博弈（王先甲等，2011）。如果将这种具有网络结构的博弈群体看做一个系统，那么这一问题主要是研究系统中网络拓扑结构对博弈动力学演化结果的影响。服务型制造项目治理的演化博弈分析主要是想用演化博弈的思想去解释现实世界中服务型制造项目利益相关者组成的网络，试图把该网络看做利益相关者之间通过博弈达到动态均衡的结果。服务型制造网络的拓扑结构影响利益相关者之间的博弈过程，而个体的博弈过程又反作用于网络拓扑结构，即个体可以依据博弈结果调整与其他博弈方的关系，从而实现在网络中角色地位的转变。

4.1.3　系统动力学

1. 系统动力学的产生与发展

系统动力学是系统科学理论与计算机仿真紧密结合、研究系统反馈结构与行为的一门科学，是系统科学与管理科学的一个重要分支（钟永光等，2009）。系统动力学认为，系统的行为模式与特征主要取决于其内部的结构，它极力从系统内部的微观结构入手，在把握系统内部结构、参数及总体功能的前提下，把整个系统作为一个反馈系统来分析并把握系统的特征与行为。

系统动力学的出现始于 1956 年，其创始人为美国麻省理工学院（Massachusetts Institute of Technology，MIT）的福瑞斯特（J. W. Forrester）教授。初期系统动力学主要应用于工业企业管理，被称为"工业动力学"（industrial dynamics），主要用来处理诸如生产与雇员情况的波动、市场股票与市场增长的不稳定性等问题。随着研究的深入，系统动力学的应用范围日益扩大，几乎遍及各类系统，深入各种领域，其应用已远远超过"工业动力学"的范畴。在 20 世纪 70~80 年代，系统动力学发展成熟。1972 年，福瑞斯特教授正式提出了"系统动力学"的名称，也是从 1972 年开始，福瑞斯特领导的麻省理工学院系统动力学小组，历时 11 年完成了全国系统动力学模型。该模型把美国的社会经济问题作为一个整体加以研究，解开了一些在经济方面长期存在的、令经济学家困惑的疑团，如 20 世纪 70 年代以来通货膨胀、失业率和实际利率同时增长等问题。在此期间，系统动力学在项目管理领域的应用也有了新的发展。Cooper（1980）用系统动力学模型来分析、量化在一个大型的军事造船工程中成本超额的原因，这是系统动力学在大规模工程管理中最初的运用，同时也是运用得最成功的一个。20 世纪 90 年代至今，系统动力学在世界范围内得到广泛的应用与传播。在宏观领域，Naill（1992a）用系统动力学分析了国家能源政策计划以及美国旨在减轻全球气候变暖的能源政策所花费的成本。在项目管理领域，由于项目实施过程中存在的返工现象会对项目产生非线性的影响，所以在传统的网络图中难以表达，而系统动力学为解决这一问题提供了科学有效的方法（Abdel-Hamid and Madnick，1991）。系统动力学提供了一种自上而下的，从战略层面描述项目进展、估计项目时间、成本风险的方法，将项目视为一个整体，而不是一系列任务的简单组合，并能有效地描述项目中返工等回路和任务间的非线性关系。在学习型组织领域，Senge（1990）从系统的、整体的角度，运用系统动力学的方法、工具，对学习型组织的特点和构建方法做了比较全面的论述。除此之外，在物流与供应链、公司战略等领域，系统动力学对模拟与诊断、协调、优化与决策等研究而言也是一种非常有效的分析方法。

系统动力学是一门分析研究信息反馈系统的科学，它借助计算机模拟技术，将定性定量分析相结合，通过数学模型的建立与操作的过程来解决社会、经济、环境和生态等复杂系统问题。其本质上是基于系统思维的一种计算机模型方法，系统思维方法不包括仿真模拟的过程，而系统动力学方法通过对实际系统的建模过程提供仿真模拟的结果。因此，掌握系统动力学建模的基本原理以及计算机仿真技术是深入挖掘系统动力学潜在应用领域、扩展其应用范围的基础。

2. 系统动力学建模的基本原理

1）系统与模型

自 20 世纪 70 年代起，中国著名科学家钱学森提出了系统科学论，对大系统的研究和分析提出了一整套完整的科学方法。80 年代以来，他又提出了"系统科学"包括工程技术（包含系统工程、自动化技术、信息技术）和技术科学（包括运筹学、控制学、信息学）两大层次。基本上可以认为它囊括了对系统进行研究所需的主要科学和方法。1978 年，美国系统学家 Gorden 将系统的定义总结为"相互作用、互相依靠的所有事物，按照某些规律结合起来的综合"，简而言之，系统是对客观或抽象的多个对象的性质进行研究，并对它们之间的相互关系进行分析的一门学问。在对一个系统进行考察时，不仅要对系统内部的静态对象及其动态运行规律进行考察，更为重要的是，需要对它们之间的相互作用进行分析。因为在大系统的状态下，是系统各部分之间的相互作用而不是各部分自身的运行决定了系统总的动态行为特征。系统动力学定义复杂系统为高阶次、多回路和非线性的反馈结构。一个系统由单元、单元的运动和信息组成。单元是指系统存在的现实基础，而信息在系统中发挥着关键的作用。依赖信息，系统的单元才能形成结构，单元的运动才能形成系统的行为与功能。广义的系统包括开环系统和反馈系统，开环系统的输出对输入仅有响应而没有影响，反馈系统的输出对输入有影响。在开环系统中，过去的行动不会影响未来的行动，但是反馈系统要受到系统过去行为的影响。复杂系统中的反馈回路（feedback loop）形成相互联系、相互制约的结构。社会经济系统都是信息反馈系统。

系统方法论和系统科学的兴起，使得人们可以着手对系统的整体行为进行分析和控制，但是在大多数情况下，由于所面临的系统十分庞大而难以直接进行分析，而且对于十分重要的系统，直接对其进行控制和调整也可能存在造成巨大损失的风险。因此无论从提高分析水平的角度来看，还是从降低控制成本的角度来看，都需要对所研究的系统建立模型。"模型"最初用来描述对实物的模仿，用以代替一种事物或者系统。在建立模型的过程中，一般要考虑以下三个方面：①近似性，即模型和所模仿的现实系统的相似程度；②可靠性，即模型对现实系统数据复制的精度；③目的适度，即说明模型和建模目的间的符合程度，这通常反映了模型构建者对模型分析理解的合理程度（钟永光等，2009）。在以上三个方面的基础上，所建模型越简化越好。从数学建模的角度来看，模型由变量、参数和函数关系三项要素构成。一般来说，变量分为内生变量、外生变量和状态变量。其中内生变量是指系统输入作用后在系统输出端所出现的变量，属于不可控变量。而外生变量是可控变量，形成系统的输入。状态变量是表示系统内全体属性的一个表征量。参数用来描述系统的环境设置，而函数则被用来表示系统内各要素之间的关系。

2）系统的结构表示及模型构建

系统动力学把世界上一切系统的运动假想成流体的运动，使用因果回路图（causal loop diagram）和存量流量图（stock and flow diagram）来表示系统的结构。系统结构反映系统要素是如何关联的。这里的要素可以是系统变量，也可以是反馈回路或子系统。

（1）因果回路图。

因果回路图也可以称为因果关系图，是描绘复杂系统反馈结构的有力工具，尤其是在项目的早期阶段，它可以清晰表达系统内部的非线性的因果关系。一张因果回路图包含变量、因果链、反馈回路以及回路标识符。变量之间由标出因果关系的箭头（因果链）连接，每条因果链都具有极性，或者为（＋）或者为（－），该极性指出了当独立变量变化时，相关变量会如何变化。若因果链极性为正，则两个变量之间的关系是正向关系，表明一个量的增加会引起相关联的另一个量的增加；若因果链极性为负，则两个变量之间的关系是负向关系，表明一个量的增加会引起相关联的另一个量的减少。当因果关系从某一变量出发经过一个闭合回路的传递，最后导致该变量本身的增加，这样的回路为正反馈回路，反之则为负反馈回路。快速弄清回路是正还是负的方法是数回路中负因果链的数目，如果负因果链的数目是偶数，则回路为正；如果负因果链的数目是奇数，则回路为负。反馈回路为一系列原因和结果的闭合路径，其数量的多少是系统复杂程度的标志。重要的回路用回路标识符特意标出，以显示回路为正反馈（增强型）还是负反馈（平衡型）。回路标识符与相关回路朝同一个方向绕圈。图 4.1 列举了一个例子，并对主要的符号做出了解释。

因果回路图在许多场合非常有用，很适合于表达系统要素之间的相关性和反馈过程。但是，它仅仅描述了反馈结构的基本方面，无法表达系统中变量的性质，因而无法描述系统管理和控制过程，因此被应用于建模项目的早期。

（2）存量流量图。

存量流量图是指在因果关系图的基础上进一步区分变量性质，用更加直观的符号刻画系统要素之间的逻辑关系，明确系统的反馈形式和控制规律的图形表示方法。它是一种结构描述，其图形所承载的信息远远大于文字叙述和因果关系图。存量流量图中的存量是积累，表明系统的状态并为决策和行动提供信息基础，流量反映的是存量的时间变化，流入和流出之间的差异随着时间累积而产生

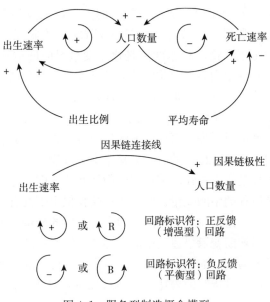

图 4.1　服务型制造概念模型

资料来源：钟永光等（2009）

存量。存量使得系统产生惰性并且具有记忆功能，成为系统中动态失衡的源泉。不能正确理解存量和流量之间的区别往往导致对时间延迟的低估、短视以及政策抵制。因此在构建模型时，正确识别变量的性质尤为重要。存量流量图中的基本变量分为状态变量（level variable）、速率变量（rate variable）、辅助变量（auxilliary variable）和常量（constant）。

第一，状态变量是描述系统积累效应的变量，反映物质、能量、信息等对时间的积累，它的取值是系统从初始时刻到特定时刻的物质流动或信息流动积累的结果。因此，可以在任何瞬间观测其值（时点数）。状态变量有比较严格的计算格式，即现在的积累值等于前次的积累值加上输入流与输出流的差，如图 4.2 所示，其中云状的图示表示系统边界，L 表示状态变量。假设观测的时间间隔为 DT，流入的流速为 R_1，流出的流速为 R_2，前次观测值为 L_0，在 DT 时间内增量为 $\Delta L = (R_1 - R_2) \times \text{DT}$，而本次的状态变量值为 $L = L_0 + \Delta L = L_0 + (R_1 - R_2) \times \text{DT}$。

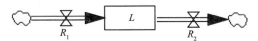

图 4.2　存量流量图的一般形式

资料来源：钟永光等（2009）

第二，速率变量是描述系统累计效应变化快慢的变量，描述了状态变量的时间变化，反映了系统的变化速度或决策幅度的大小，是数学意义上的导数。因此，其值不能在瞬间观测，可以观测它在一段时间内的取值（区间数）。图 4.2 中的 R_1 和 R_2 就是速率变量。状态变量是速率变量对时间的积累，是一种存储量、堆积量，而速率变量则表示单位时间内状态变量的变化值，因此其量纲应该在分母增加时间单位。事实上，状态变量和速率变量之间的关系是一阶微分方程。在复杂系统中，随着系统阶数的提高，方程的阶数和数量都会增加。因此，一个系统动力学模型可以看做一系列的非线性微分方程组，而利用计算机仿真模型可以使用仿真的方法代替传统的解析方法来求解方程。

第三，辅助变量是用来描述决策过程的中间变量，即状态变量和速率变量之间信息传递和转换过程的中间变量。它既不反映积累也不具有导数意义，而是设置在"状态变量"和"速率变量"之间的信息通道中的变量。当速率变量的表达式很复杂时，可以用辅助变量描述其中的一部分，使速率的表达式得以简化。以库存系统存量流量图为例，如图 4.3 所示，其中圆圈表示的"库存偏差"即为辅助变量。在速率变量"订货"的表达式中体现如下：订货＝库存偏差/库存调节时间。

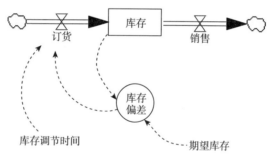

图 4.3　库存系统存量流量图

资料来源：钟永光等（2009）

第四，常量是研究期间内变化甚微或相对不变的量，一般为系统中的局部目标或标准。常数可以直接输入给速率变量，或通过辅助变量输入给速率变量。在图 4.3 中，"库存调节时间"和"期望库存"均为常量。

在存量流量图中，除了以上四种基本变量还存在两种独立的流，即守恒流和非守恒流。守恒流也称物质流，表示在系统中流动着的物质，物质流在流动过程中需要时间，因此有延迟现象。守恒流线改变其所流经变量的数量，在存量流量图中用实箭线表示。非守恒流也称信息流，是连接状态变量和速率变量的信息通道，它与物质流一样有延迟现象。非守恒流线只是获取或提供相关联变量的当前信息，不改变其数值，在存量流量图中用虚箭线表示。

（3）建模过程。

系统动力学根据控制论理论，对系统的动态描述着重于流量的变化，并运用了反馈的概念。它是一门对系统问题进行系统分析、综合推理的理论研究方法，运用系统动力学理论方法对服务型制造项目治理问题进行系统动力学分析，主要有以下几个步骤（张力方，2013）：①分析问题。对服务型制造项目治理问题进行分析是运用系统动力学理论解决问题的初始步骤。明确研究的目的是成功建模研究最重要的因素，根据所要解决的问题来建模，而不是对系统建模。②系统结构分析。这一步骤主要是分析要研究系统的反馈机制，分析系统的影响因素、因素之间的相关关系等。③建立系统的数学模型。通过系统相关因素、变量之间的关系，确定系统中相关因素之间的数学模型，以及确定与估计参数值等。④模型的模拟。对已建立的系统动力学模型进行模拟，通过对模拟结果进行系统剖析，从而寻找解决问题的对策。⑤检验与评估模型。该步骤贯穿系统动力学建模的整个过程，只有这样才能保证模型的正确性和仿真结果符合实际。

4.2　结构洞视角下的服务型制造项目治理

在经济全球化的作用下，传统的在国家范围内的社会分工正在向世界性的分工演变；随着经济条件的改善，消费者的差异性需求越来越明显；在当前技术创新扩散速度快，信息高度共享的条件下，不同企业生产的近似产品，其有形部分的属性差异性越来越小。国内和国际环境的双重压力迫使制造企业在传统制造价值链上发生着根本性的变化，服务型制造将成为全球制造业发展的基本趋势。国内外学者对服务型制造的概念及运行机制等展开了相关的探索与研究，使用的方法也多种多样。但是运用结构洞理论模型对服务型制造网络进行的研究较少，结构洞理论指标可以定量描述网络节点的信息控制能力和影响力，在网络发展的不同阶段，节点的结构洞指标变化能显示出网络动态演化的特征与规律。与其他学者的研究相比，把结构洞理论运用到服务型制造网络的演化分析中是一次突破性的尝试。

4.2.1　服务型制造网络的要素

服务型制造网络的演化可以用网络中节点特征的变化来描述，节点企业总是希望通过与其他企业建立联系从而产生更大的收益，但是由于联系成本及信息不对称等，不能建立有效的联系渠道，这就需要有节点来充当"中间人"，其占据着网络中的结构洞位置。因此，通过研究结构洞的相关指标，可以加强对服务型制造网络动态演化的了解，从而为服务型制造的项目治理提供理论指导。

服务型制造网络是指在制造业和服务业融合发展过程中，在服务需求及服务能力驱动下，由制造企业、服务企业的相关部门或人员以及顾客等价值模块节点单元构成的一种能力与需求合作网络。可以认为服务型制造网络是产品供应链与服务供应链的整合。其基本的价值模块节点包括服务性生产模块节点、生产性服务模块节点、顾客效用服务模块节点以及将各个价值模块功能集成的服务集成模块节点。服务型制造网络中的要素包括核心企业、面向服务的生产企业（原材料供应商、零部件供应商、子系统集成商）、面向生产的服务企业（研发、金融、中介、物流、售后服务等）和顾客。核心企业整合和充分利用网络中的资源，专注于自己有优势的环节，将重要资源和人力集中投入核心业务中，设计价值网络流程、制定合作界面规则，在整个服务系统规则或标准的设计中占据主导地位。面向服务的生产企业主要指为企业生产提供零部件的企业以及对零部件进行部分集成的子系统集成商。这些企业可以充分发挥在某些方面的优势，降低生产成本。虽然渠道分销商和零售商也为核心企业提供营销服务，但是本部分研究认为这二者与核心企业间更多的是产品交流关系，可以归为产品供应链环节。面向生产的服务企业为核心企业提供研发、金融、中介、物流、售后等方面的服务，这些服务商可以看做服务供应链的组成部分。顾客在网络中的位置是举足轻重的，顾客不再处于生产之外，而是转到产品的生产和服务的传递进程中，产品因此能够满足用户的个性化需求。

4.2.2 服务型制造项目治理分析

伯特的结构洞理论强调效率和收益，他认为结构洞的存在能够排除冗余信息，实现效率的提高。但是有的学者认为，结构洞的优势在中国的集体主义和儒家传统文化中是难以实现的，填充结构洞才能带来更大的收益（孙笑明等，2013）。本部分研究选取服务型制造网络的要素作为网络图中的代表节点，从结构洞理论视角分析网络的动态演化。在服务型制造网络发展的第一阶段，核心制造企业占据结构洞的位置，它凭借结构洞的位置优势成为多方面信息的拥有者，能够控制和限制哪些企业可以进入网络，将能够为它带来利益的供应商和服务商被吸引进来，这些企业以核心企业为纽带，相互之间形成弱联系，弱联系承担了有限的时间和亲密性投资（尹建华和王玉荣，2005）；在第二阶段，经过长期合作，各个节点投入大量时间和精力建筑起较为紧密的关系，形成强联系；在第三阶段，顾客参与带来的相互信任使得制造企业、服务企业的关系更加稳固，三方协同推动了服务型制造网络的进一步发展。

1. 制造企业与服务企业弱联系

第一阶段，服务型制造网络形成之初，企业间交易相对较少，企业间联系表现为弱联系。该阶段，原材料供应商、零部件供应商和子系统集成商为核心企业提供资源，研发、金融、中介、物流、售后等服务商为核心企业提供服务，核心企业通过分销商和零售商把产品传递给顾客。除了核心企业，其他企业之间的联系非常少，甚至没有联系。制造企业与服务企业弱联系阶段网络图如图 4.4 所示。

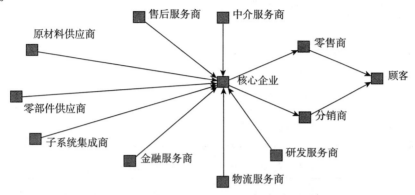

图 4.4　制造企业与服务企业弱联系阶段网络图

根据网络图利用 UCINET 软件计算出制造企业与服务企业弱联系阶段限制度指标（表 4.1）。产品供应商和服务商受核心企业的限制度为 1.00，说明核心企业对这些企业的要求是必须受重视的，核心企业在网络中具有绝对的信息利益和控制利益；顾客受分销商和零售商的限制度较大（0.25），说明顾客在网络中处于被动接受信息的地位。经计算，核心企业的效率指标为 1.000，说明与核心企业相连的其他企业之间不存在直接联系；总限制度为 0.100，说明其在网络中受其他企业约束较小。

表 4.1　制造企业与服务企业弱联系阶段限制度指标

限制度指标	核心企业	原材料供应商	零部件供应商	子系统集成商	研发服务商	金融服务商	中介服务商	物流服务商	售后服务商	分销商	零售商	顾客
核心企业	0.00	0.01	0.01	0.01	0.01	0.01	0.01	0.01	0.01	0.01	0.01	0.00
原材料供应商	1.00	0.00	0.00	0.00	0.00	0.00	0.00	0.00	0.00	0.00	0.00	0.00
零部件供应商	1.00	0.00	0.00	0.00	0.00	0.00	0.00	0.00	0.00	0.00	0.00	0.00
子系统集成商	1.00	0.00	0.00	0.00	0.00	0.00	0.00	0.00	0.00	0.00	0.00	0.00
研发服务商	1.00	0.00	0.00	0.00	0.00	0.00	0.00	0.00	0.00	0.00	0.00	0.00
金融服务商	1.00	0.00	0.00	0.00	0.00	0.00	0.00	0.00	0.00	0.00	0.00	0.00

续表

限制度指标	核心企业	原材料供应商	零部件供应商	子系统集成商	研发服务商	金融服务商	中介服务商	物流服务商	售后服务商	分销商	零售商	顾客
中介服务商	1.00	0.00	0.00	0.00	0.00	0.00	0.00	0.00	0.00	0.00	0.00	0.00
物流服务商	1.00	0.00	0.00	0.00	0.00	0.00	0.00	0.00	0.00	0.00	0.00	0.00
售后服务商	1.00	0.00	0.00	0.00	0.00	0.00	0.00	0.00	0.00	0.00	0.00	0.00
分销商	0.25	0.00	0.00	0.00	0.00	0.00	0.00	0.00	0.00	0.00	0.00	0.25
零售商	0.25	0.00	0.00	0.00	0.00	0.00	0.00	0.00	0.00	0.00	0.00	0.25
顾客	0.00	0.00	0.00	0.00	0.00	0.00	0.00	0.00	0.00	0.25	0.25	0.00

2. 制造企业与服务企业强联系

第二阶段，随着网络中成员企业间交易的不断开展，以核心企业为中心的信任关系逐步建立，在信任的推动下，各方交易关系得到巩固，制造企业之间、生产性服务企业之间、制造企业与生产性服务企业之间在共同利益基础上形成了较为稳定的、密切的合作关系，从而使得服务型制造网络得到改善。在该阶段，原材料供应商向零部件供应商、子系统供应商和核心企业提供原材料，零部件供应商向子系统集成商和核心企业提供零部件，子系统集成商向核心企业提供半成品，核心企业向分销商、零售商和顾客同时提供产品，分销商与零售商建立联系，二者同时向顾客提供产品。把研发、金融、中介、物流、售后等服务商看做整体，这些服务商向产品供应链上的所有节点提供服务。制造企业与服务企业强联系阶段网络图如图4.5所示。

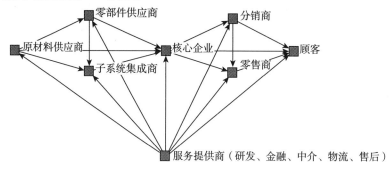

图 4.5　制造企业与服务企业强联系阶段网络图

在该阶段，除服务提供商外（0.13），其他网络节点受核心企业的限制度均为0.17，较发展初期而言，核心企业优势程度明显降低，但是在网络中仍然占据信息优势和控制优势；核心企业受服务提供商的限制度较大（0.11），可见服务提供商对信息资源的控制程度加大，且与核心企业不相上下。顾客受分销商和零售商的限制度有所下降（0.13），但是受核心企业与服务提供商的限制度加强（0.15）；同时核心企业和服务提供商也受到顾客的限制（0.06），虽然限制程度不大，但是表明顾客在服务型制造网络中的影响力有所扩散。制造企业与服务企业强联系阶段结构洞指标如表 4.2 所示，核心企业的效率指数为 0.510，说明与核心企业相连的其他企业间存在比较普遍的联系，非冗余度因素降低，冗余度升高；其总限制度为 0.458，说明核心企业在网络中作为"独裁者"的角色有所转换，开始受其他方的限制，可以认为核心企业把其他方的要求考虑到企业的行为策略中，网络开始向互利共赢的方向发展。

表 4.2 制造企业与服务企业强联系阶段结构洞指标

结构洞指标	有效规模	效率	限制度	等级度
核心企业	3.571	0.510	0.458	0.032
原材料供应商	1.000	0.250	0.632	0.002
零部件供应商	1.000	0.250	0.632	0.002
子系统集成商	1.000	0.250	0.632	0.002
服务提供商	3.571	0.510	0.458	0.032
分销商	1.000	0.250	0.632	0.002
零售商	1.000	0.250	0.632	0.002
顾客	1.000	0.250	0.632	0.002

3. 制造企业、服务企业与顾客协同

第三阶段，在服务型制造发展的过程中，顾客的最大化需求越来越受到重视，顾客全程参与是服务型制造网络构成的重要组成部分。服务型制造模式下，产品服务系统的主要热点是让顾客参与产品的设计、生产，从而更好地满足顾客的个性化需求，同时顾客在参与的过程中可以及时向相关企业提出建议和意见，这也将促进相关企业的产品质量与服务水平的提高。在本阶段，顾客在服务型制造网络第二阶段基础上，可以直接向分销商、零售商和核心企业传达意见和建议，也可以与各个服务提供商进行信息交流。制造企业、服务企业与顾客协同网络图如图 4.6 所示。

如表 4.3 所示，在该阶段，其他节点企业受核心企业和服务提供商的限制较大，可见核心企业与服务提供商在网络中对信息仍然具有控制优势。与第二阶段相比，顾客受到分销商与零售商的限制度有所降低（0.13），受到核心企业和服务提供商的限制度也降低（0.15）；相反，分销商和零售商、核心企业和服务提

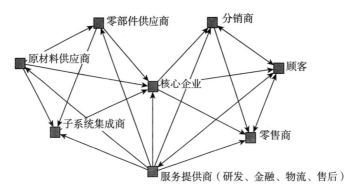

图 4.6　制造企业、服务企业与顾客协同网络图

供商受顾客的限制度都显著提升，分别为 0.34 和 0.15。可见，顾客在协同网络中可以获得更多的信息利益和控制利益，顾客在网络中的主动性得到提升，顾客提出的建议是分销商和零售商要高度关注的，顾客反馈的信息也是核心企业和服务提供商不能忽视的。从总体结构洞指标来看，顾客的效率指标最高，这再次验证了顾客在网络中对其他节点的影响程度较大；核心企业的效率指标是 0.598，比第二阶段有所上升，限制度为 0.483，说明结构洞数量继续减少，整个网络联系更加紧密。

表 4.3　制造企业、服务企业与顾客协同下的个体限制度与结构洞指标

限制度指标	核心企业	原材料供应商	零部件供应商	子系统供应商	服务提供商	分销商	零售商	顾客
核心企业	0.00	0.04	0.04	0.04	0.11	0.05	0.05	0.15
原材料供应商	0.17	0.00	0.14	0.14	0.17	0.00	0.00	0.10
零部件供应商	0.17	0.14	0.00	0.14	0.17	0.00	0.00	0.00
子系统集成商	0.17	0.14	0.14	0.00	0.17	0.00	0.00	0.00
服务提供商	0.11	0.04	0.04	0.04	0.00	0.05	0.05	0.15
分销商	0.13	0.00	0.00	0.00	0.13	0.12	0.00	0.34
零售商	0.13	0.00	0.00	0.00	0.13	0.12	0.00	0.34
顾客	0.15	0.00	0.00	0.00	0.15	0.13	0.13	0.00

结构洞指标	有效规模	效率	限制度	等级度				
核心企业	4.188	0.598	0.483	0.070				
原材料供应商	1.750	0.438	0.611	0.002				
零部件供应商	1.750	0.438	0.611	0.002				
子系统集成商	1.750	0.438	0.611	0.002				

续表

结构洞指标	有效规模	效率	限制度	等级度
服务提供商	4.188	0.598	0.483	0.070
分销商	1.600	0.400	0.725	0.077
零售商	1.60	0.400	0.725	0.077
顾客	2.500	0.625	0.554	0.001

4. 结果分析及主要结论

从以上三个演化阶段可以看出：服务型制造网络发展初期，核心企业拥有信息优势和控制优势，在网络中影响程度大；随着其他企业之间联系的建立，核心企业不仅控制力下降，而且效率也急剧降低；网络进一步发展时期，顾客在网络中与多方建立信息联系，此时网络各方联系更加紧密，网络趋于稳定，核心企业的效率指标有所回升。核心企业的限制度和效率指标变化趋势图如图 4.7 所示。

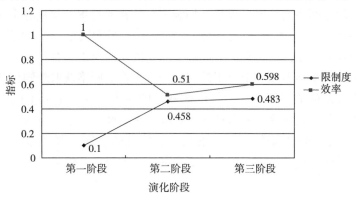

图 4.7　指标变化趋势图

在整个发展阶段，核心企业限制度依次为 0.1、0.458、0.483，呈现上升趋势，其拥有的结构洞数量越来越少，结构洞得到填充；第一阶段向第二阶段发展时期，其他企业之间建立较为广泛的联系，核心企业效率指标由 1 降至 0.51，按照伯特的观点，服务型制造网络的发展过程应该是排除冗余信息的过程，即效率提高的过程。但指标变化显示，第一阶段向第二阶段发展期间效率指标是大幅度下降的；第二阶段向第三阶段发展过程中，顾客参与产品的研发、设计，并与供应商、零售商、核心企业以及各个服务商建立信息联系，核心企业效率指标由 0.51 升至 0.598，该过程与伯特的观点相符。经过上述分析，可以发现：①服务型制造网络在整个发展过程中，其结构洞数量是持续减少的；②第一阶段向第二阶段发展时期，其他企业之间联系的加强会导致核心企业在网络中的控制力和效率急剧下降，核心企业面临生死攸关的转折点；③第二阶段向第三阶段发展时期，顾客在网络中地位的提升使得核心企业的效率得到提高，顾客参与产品的整个生命周期是促进服务型制造网络发展的重要因素，随着网络的稳步发展，核心企业的地位也得到巩固。

4.2.3　管理启示

服务型制造网络在发展的不同阶段，核心企业的地位是不同的。第一阶段向第二阶段过渡时期，核心企业的效率会下降，如果不采取有效的措施维持和提高效率指标，其在网络中的影响力会受到冲击；同时核心企业拥有的结构洞数量减少，其信息和控制优势下降，核心企业在该时期面临着严峻的考验。第二阶段向第三阶段过渡时期，核心企业的效率逐步上升，但是其拥有的结构洞数量更少，结构洞的填充可以增强网络的凝聚力，却会削弱核心企业对信息的控制力。根据不同的演化阶段结构洞变化，可对核心企业提出如下管理启示。

1) 强化对外交流，积极吸收新知识和新信息

服务型制造网络的发展过程是结构洞不断填充的过程（如核心企业的限制度呈上升趋势），结构洞的填充可以避免派别林立的情况出现，增强网络的稳定性，使企业之间容易建立信任关系，形成较为稳定的交易对象和合作伙伴。但是网络内节点的密切关系会形成一个封闭的网络，减少整个网络获取新知识和新信息的途径。这样会使整个网络缺乏"新鲜血液"的注入，处于毫无生机的状态。因此，网络中的各个企业除了要保持相互之间的紧密联系，还要将探索的触角伸到网络之外，密切关注网络外界环境的变化、信息的更新，摒弃陈旧的观念和方法，吸收先进的知识和技术，加强网络内部信息的流动，促进整个服务型制造网络的发展。

2) 识别合作伙伴，注重提升能力和信誉

在服务型制造网络发展初期（如第一阶段到第二阶段期间），核心企业拥有的结构洞数量减少，效率指标急剧下降，其面临着极其严峻的挑战。其他企业之间建立联系之后，有些信息在传递过程中不再通过核心企业，核心企业对资源流动方向的控制程度降低。其他企业之间的共谋会提升核心企业的产品成本和服务成本，信息延迟或信息缺乏又会导致核心企业的效率下降，这些都会对核心企业的效益造成不良影响。为了在曲折的发展过程中生存下去，核心企业首先要做的就是识别可信任的合作伙伴，避免被不道德的企业联合蒙骗；也要改进产品和服务的集成策略，探寻创新路径，提高核心竞争力，提升效率，以自身的能力维持其在网络中的地位；还要关注其他企业的意见并及时反馈，注重诚信积累，以良好的形象提升其在业界的声誉。

3) 关注顾客需求，努力促进交流和互动

在进一步发展时期（如第二阶段到第三阶段期间），核心企业的结构洞数量

更少，但是效率指标有所上升。在该时期，由于长期合作关系的建立，各个企业彼此信任，虽然核心企业的结构洞数量更少，但是其他企业通过结构洞填充得到了优势互补，整个服务型制造网络是向整体利益最大化方向发展的。经分析，可以认为顾客在网络中地位的提升是促进核心企业效率提高的关键因素。在顺应网络发展的条件下，为了提升效率指标，核心企业应该以顾客需求为导向，根据顾客的需求研发设计产品，通过顾客的反馈建议对产品进行改进，直至达到顾客满意再进行批量生产；在消费阶段，核心企业为顾客提供金融、物流、售后等服务，与顾客保持长期的交流与合作，不仅有助于留住老顾客、发展新顾客，还有助于获得增值收益。

4.3　服务型制造项目治理的演化博弈分析

在有主导企业支配的服务型制造项目中，核心制造商通过服务外包把自身不擅长的服务外包给专业的服务商，然而服务商向顾客提供的服务具有很强的无形性，核心制造商难以对服务商提供的服务进行观测验证。在外包双方的博弈研究中，多数学者重视合作中的双边道德风险问题，宋寒等（2010）认为在外包服务中，服务商与其客户企业在服务执行中投入的生产要素的无法验证性往往会导致双边道德风险，并分析关系契约下双边道德风险的重复博弈，结果表明实施关系契约的客户收益与系统收益不小于正式契约；为防范研发外包中的双边道德风险，黄波等（2011）通过一定固定费用的转移来调整承包方的分配比例以及双方在不同合作策略下的利润，使得双方均无法从投机行为中获利，从而放弃投机行为；关于企业与最终消费者之间的博弈研究较少，而对项目利益相关者之间的博弈又大多集中在大型工程项目和公共项目上。Ding（2011）指出建设工程项目冲突是一种涉及多个利益相关方的博弈活动，利用演化博弈模型可以很好地研究工程项目中利益相关者的冲突管理，结果表明当项目建设者采取积极的策略时可以得到更高的收益，在经济利益的驱动下，项目业主为了使其收入最大化可以采取专横手段。以上文献表明，学者对项目利益相关者的博弈分析多数集中在使用传统博弈论研究两方的道德风险，即使有少数涉及三方博弈的演化分析，也是偏重于对大型工程项目以及公共项目的研究，并未涉及服务型制造领域。本部分研究建立制造商、服务商和顾客三方演化博弈博型，以服务型制造项目为研究对象，使模型构建更符合项目治理实践。既能充实服务型制造领域的研究内容，也能拓展演化博弈的应用范围，从而指导服务型制造项目治理的实践。

4.3.1　三方博弈分析及研究假设

为了研究利益相关者之间的利益关系，厘清利益相关者之间的博弈过程，要先根据服务型制造的定义，确定服务型制造项目中主要的利益相关者，即本部分研究的博弈主体，并根据文献研究分析利益相关者之间的博弈焦点，从而提出理论假设。根据服务型制造的定义，可以确定服务型制造项目中主要的利益相关者有核心制造商、服务商及顾客，三者在博弈过程中相互之间存在着不同的博弈行为，他们通过各自的博弈焦点来动态调整自身的策略选择。本部分研究的前提假设是利益相关者一旦参与项目就不会退出。

1）核心制造商与顾客之间的博弈

核心制造商是服务型制造项目的主导者，顾客是服务型制造项目产出的直接消费者，核心制造商与顾客之间的博弈关系主要涉及的是核心企业选择顾客参与的成本与顾客感知价值的问题。相比于传统制造业，服务型制造的主要特征就是制造和服务过程中的顾客参与和体验，顾客对使用产品的时间、体验和感应等多种成本和收益体验的认知，最终决定了服务型制造综合价值的构成（谢文明等，2012）。面对顾客，核心制造商的策略只能是"选择顾客参与"或"不选择顾客参与"，但是服务型制造是以客户为中心，关注顾客需求并追求顾客忠诚度最大化，在顾客参与下，企业可以更加清晰和直接地指导如何满足其需求，从而最大化顾客价值和企业价值的目标，扩大盈利空间和范围（程东全等，2011）。从核心制造商的角度来看，为了实现最大化企业价值选择顾客参与是最好的决策。而顾客参与项目会产生机会成本，并且选择参与项目后，服务商不努力又会给顾客带来损害，但是不参与又会降低自身的感知价值。因此在服务型制造项目中，参与项目能够获得多少价值补偿、会受到多大来自服务商的损害，以及不参与项目而去做其他事的机会成本有多少是顾客博弈过程中主要关注的焦点。对于核心制造商而言，保证满足顾客参与项目的价值补偿期望之外，还要关注通过项目自身所获得的收益。通过以上分析，提出如下理论假设。

H₁：在核心制造商的努力下，顾客最终会选择参与项目。

H₂：顾客参与项目获得的固定收益与机会成本之差是顾客决定是否参与项目的关键。

H₃：核心制造商对顾客所受损害的补偿会影响顾客参与项目的意愿。

2）核心制造商与服务商之间的博弈

在服务型制造中，服务越来越成为企业核心竞争力的一个重要因素，基于资源的理论认为，企业持续竞争优势主要来源于对资源的整合和充分利用（丁兆国等，2013），因此核心制造商会将其非核心的业务外包给其他企业，如将对顾客的售后服务外包给第三方，自身则专注于发展核心能力和核心业务，作为承接外包业务的服务商可以为顾客提供更为专业化的服务。在服务外包契约签订之后若无法观察对方的行动会产生道德风险，由于核心制造商在发包过程中常常不可能全面、细致地观察服务供应商的努力水平和服务质量，所以服务商很可能采取偷工减料、泄密信息、降低服务水平等行为损害顾客和核心制造商的利益以换取自身利益最大化。为了应对服务外包风险，核心制造商可以对服务商采取监管及激励机制以提高服务商的努力水平。核心制造商要为监管的实施付出一定的成本。同样的，如果不实施监管策略，服务商的不努力又会导致顾客不满意，从而给核心制造商带来损失。因此，监督的成本与收益是核心制造商与服务商之间博弈的焦点。通过以上分析，提出如下理论假设。

H$_4$：服务商是否努力取决于核心制造商的策略选择。

H$_5$：核心制造商的策略选择受监管成本与监管收益的影响相当敏感。

H$_6$：核心制造商对服务商的罚金多少会左右服务商的策略选择。

3）顾客与服务商之间的博弈

顾客全程参与项目是服务型制造的特征，顾客是否参与项目的主要影响因素除了得到核心制造商的价值补偿等方面的收益外，服务商是否努力为顾客提供更好的服务也是一个不可忽视的因素。然而对于服务商而言，在无核心制造商监管的情况下，并不希望付出更多的努力，因此对顾客的利益造成一定损害。因为服务商并不承担损害顾客利益的成本，因此不会主动提升服务的努力水平。在有核心制造商监管的条件下，服务商将增加努力的成本，或承担不努力的惩罚成本，这两种成本都与顾客的感知价值有着密切联系。因此，服务商的努力成本和惩罚成本是服务商与顾客之间博弈的焦点。通过以上分析，提出如下理论假设。

H$_7$：服务商努力会增加顾客参与项目的期望收益。

综上所述，核心制造商的在服务型制造项目中可选择的策略有｛选择顾客参与，监管服务商；选择顾客参与，不监管服务商｝两种；顾客的策略有｛参与；不参与｝两种；服务商的策略有｛努力；不努力｝两种。本部分研究分别以 α，$1-\alpha$，β，$1-\beta$，γ，$1-\gamma$ 表示相应策略的选择概率，且 α，β，$\gamma \in [0, 1]$。

4.3.2　三方演化博弈模型构建

1. 博弈模型参数与支付矩阵

根据博弈焦点分析，可以确定三方在演化博弈中涉及的主要参数。核心制造商涉及的主要参数如下：项目完成后所获得的收益总和 R_1、对服务商的监管成本 C_1、对服务商不努力的罚金 K、在没有监管服务商的情况下对顾客所受损害的裁定额 P_1。顾客涉及的主要参数如下：选择参与项目获得的固定收益 R_2、参与项目的机会成本 C_2、服务商不努力给顾客带来的损害额 B_2、顾客遭受损害所获补偿 P_2（即政府在监管服务商的条件下对顾客所受损害的裁定）。服务商涉及的主要参数如下：项目成功的固定收益 R_3、努力所付出的成本 C_3、在政府监管下不努力所受到的罚金 K。根据利益最大化原则，可分别列出核心制造商监管服务商和不监管服务商情形下的三方博弈支付矩阵，结果如表 4.4 和表 4.5

所示。

表 4.4　核心制造商对服务商采取监管策略（α）情况下三方博弈支付收益矩阵

博弈主体		服务商	
		努力（γ）	不努力（$1-\gamma$）
顾客	参与（β）	$(R_1-C_1;\ R_2-C_2;$ $R_3-C_3)$	$(R_1-C_1+K;\ R_2-C_2-B_2+P_2;$ $R_3-K)$
	不参与（$1-\beta$）	$(R_1-C_1;\ 0;$ $R_3-C_3)$	$(R_1-C_1+K;\ 0;$ $R_3-K)$

表 4.5　核心制造商对服务商采取不监管策略（$1-\alpha$）情况下三方博弈支付收益矩阵

博弈主体		服务商	
		努力（γ）	不努力（$1-\gamma$）
顾客	参与（β）	$(R_1;\ R_2-C_2+P_1;$ $R_3-C_3-P_1)$	$(R_1;\ R_2-C_2-B_2+P_1;$ $R_3-P_1)$
	不参与（$1-\beta$）	$(R_1;\ 0;\ R_3-C_3-P_1)$	$(R_1;\ 0;\ R_3)$

在表 4.4 和表 4.5 中，每一个括号中的第一个函数项表示核心制造商的收益，第二个函数项表示顾客的收益，第三个函数项表示服务商的收益。

2. 服务型制造项目中三方博弈模型建立

本部分用 u_{ij} 表示第 i 个参与主体选择 j 策略时的收益，其中，$i=m$，c，s 分别表示核心制造商、顾客、服务商；$j=1$，2，分别表示主体的第一种策略和第二种策略。例如，u_{m1} 表示核心制造商监管服务商时的收益；u_{m2} 表示核心制造商不监管服务商时的收益。

根据支付矩阵可计算出核心制造商选择监督服务商的期望收益函数为

$$u_{m1}=\beta\gamma(R_1-C_1)+\beta(1-\gamma)(R_1-C_1+K)$$
$$+(1-\beta)\gamma(R_1-C_1)+(1-\beta)(1-\gamma)(R_1-C_1+K) \quad (4.13)$$

核心制造商选择不监督服务商的期望收益函数为

$$u_{m2}=\beta\gamma R_1+\beta(1-\gamma)R_1+(1-\beta)\gamma R_1+(1-\beta)(1-\gamma)R_1=R_1 \quad (4.14)$$

核心制造商的平均期望收益为

$$\bar{u}_m=\alpha u_{m1}+(1-\alpha)u_{m2}$$

根据式（4.13）和式（4.14）可得，核心制造商选择监管服务商的复制动态微分方程为

$$\frac{\mathrm{d}\alpha}{\mathrm{d}t}=\alpha(u_{m1}-\bar{u}_m)=\alpha(1-\alpha)(u_{m1}-u_{m2})$$

$$=\alpha(1-\alpha)\big[\beta\gamma(-C_1)+\beta(1-\gamma)(K-C_1)+(1-\beta)\gamma(-C_1)$$

$$+(1-\beta)(1-\gamma)(K-C_1)]$$
$$=\alpha(1-\alpha)[K(1-\gamma)-C_1] \tag{4.15}$$

同理可得，顾客参与项目的期望收益函数为

$$u_{c1}=\alpha\gamma(R_2-C_2)+\alpha(1-\gamma)(R_2-C_2-B_2+P_2)+(1-\alpha)\gamma(R_2-C_2+P_1)$$
$$+(1-\alpha)(1-\gamma)(R_2-C_2-B_2+P_1) \tag{4.16}$$

顾客不参与项目的期望收益函数为

$$u_{c2}=0 \tag{4.17}$$

根据式（4.16）和式（4.17）可得，顾客选择参与项目的复制动态微分方程为

$$\frac{\mathrm{d}\beta}{\mathrm{d}t}=\beta(\bar{u}_{c1}-u_c)=\beta(1-\beta)(u_{c1}-u_{c2})$$
$$=\beta(1-\beta)[\alpha(1-\gamma)P_2+(1-\alpha)P_1-(1-\gamma)B_2+(R_2-C_2)] \tag{4.18}$$

服务商选择努力的策略期望收益函数为

$$u_{s1}=\alpha\beta(R_3-C_3)+\alpha(1-\beta)(R_3-C_3)+(1-\alpha)\beta(R_3-C_3-P_1)$$
$$+(1-\alpha)(1-\beta)(R_3-C_3-P_1) \tag{4.19}$$

服务商选择不努力的策略期望收益函数为

$$u_{s2}=\alpha\beta(R_3-K)+\alpha(1-\beta)(R_3-K)+(1-\alpha)\beta(R_3-P_1)$$
$$+(1-\alpha)(1-\beta)R_3 \tag{4.20}$$

根据式（4.19）和式（4.20）可得，服务商选择努力策略的复制动态微分方程为

$$\frac{\mathrm{d}\gamma}{\mathrm{d}t}=\gamma(u_{s1}-\bar{u}_s)=\gamma(1-\gamma)(u_{s1}-u_{s2})$$
$$=\gamma(1-\gamma)[\alpha K-(1-\alpha)(1-\beta)P_1-C_3] \tag{4.21}$$

3. 演化博弈均衡分析

在动态博弈中，博弈三方选取策略的概率 α、β、γ 与时刻 t 有关，因而表示为 $\alpha(t)$，$\beta(t)$，$\gamma(t)\in[0,1]$，由此可知，式（4.15）、式（4.18）、式（4.21）构成的动态复制微分方程组的解域为 $[0,1]\times[0,1]\times[0,1]$。

由式（4.15）、式（4.18）和式（4.21）联立组成 $\boldsymbol{X}=\left(\dfrac{\mathrm{d}\alpha}{\mathrm{d}t}\quad\dfrac{\mathrm{d}\beta}{\mathrm{d}t}\quad\dfrac{\mathrm{d}\gamma}{\mathrm{d}t}\right)^{\mathrm{T}}$，令 $\boldsymbol{X}=0$，即可求得核心制造商、顾客、服务商三者的局部均衡点，局部均衡点即代表三方演化模型的均衡解。其中存在 8 个特殊的均衡点，即 $D_0(0,0,0)$，$D_1(1,0,0)$，$D_2(1,1,0)$，$D_3(0,1,0)$，$D_4(0,1,1)$，$D_5(1,1,1)$，$D_6(1,0,1)$，$D_7(0,0,1)$，它们构成了演化博弈解域的边界 $\{(\alpha,\beta,\gamma)\mid\alpha=0,1;\beta=0,1;\gamma=0,1\}$，由此围城的区域 $\Omega=\{(\alpha,\beta,\gamma)\mid0<\alpha<1;0<\beta<1;0<\gamma<1\}$ 即可以成为三方博弈的均衡解域。一般情况下，域

Ω 中还存在一个满足式（4.22）的均衡解，即 $E=(\alpha,\ \beta,\ \gamma)$。

$$\left.\begin{aligned}
&K(1-\gamma)-C_1=0 \\
&\alpha(1-\gamma)P_2+(1-\alpha)P_1-(1-\gamma)B_2+(R_2-C_2)=0 \\
&\alpha K-(1-\alpha)(1-\beta)P_1-C_3=0
\end{aligned}\right\} \tag{4.22}$$

求解式（4.22），可得

$$\left.\begin{aligned}
&\alpha=\frac{C_2K-R_2K-P_1K+C_1B_2}{C_1P_2-P_1K} \\
&\beta=1-\frac{(C_2-R_2-P_1)K^2+(C_1B_2+P_1C_3)K-C_1C_3P_2}{C_1P_1(P_2-B_2)+KP_1(R_2-C_2)} \\
&\gamma=\frac{K-C_1}{K}
\end{aligned}\right\} \tag{4.23}$$

即当点 $E\notin\Omega$ 时，应当舍去点 E。

依次求出式（4.15）、式（4.18）和式（4.21）关于 α、β 和 γ 的偏导数，可得出与之对应的雅可比矩阵：

$$J=\begin{bmatrix}
\{(1-2\alpha)[K(1-\gamma)-C_1]\} & \{0\} & \{-\alpha(1-\alpha)K\} \\
\{\beta(1-\beta)[(1-\gamma)P_2-P_1]\} & \begin{aligned}\{(1-2\beta)[\alpha(1-\gamma)P_2+(1-\alpha)P_1- \\ (1-\gamma)B_2+(R_2-C_2)]\}\end{aligned} & \{\beta(1-\beta)(B_2-\alpha P_2)\} \\
\{\gamma(1-\gamma)[K+(1-\beta)P_1]\} & \{\gamma(1-\gamma)[(1-\alpha)P_1]\} & \begin{aligned}\{(1-2\gamma)[\alpha K-C_3- \\ (1-\alpha)(1-\beta)P_1]\}\end{aligned}
\end{bmatrix}$$

$$\tag{4.24}$$

用该雅可比矩阵可以判断均衡点是否为局部渐进稳定状态，当 $\det(J)>0$ 且 $\text{tr}(J)<0$ 时，均衡点就会趋近局部渐进稳定状态，也可称为演化均衡状态。判断核心制造商、顾客、服务商是否处于演化均衡状态的依据就是看 $\det(J)>0$ 且 $\text{tr}(J)<0$ 是否成立。均衡点的局部稳定性分析如表4.6所示。

表 4.6　均衡点的局部稳定性分析

均衡点	$\det(J)$ 的值	$\text{tr}(J)$ 的值
$(0,0,0)$	$-(P_1+C_3)(K-C_1)(P_1-B_2+R_2-C_2)$	$-B_2+K+R_2-C_1-C_2-C_3$
$(0,0,1)$	$-C_1(P_1+C_3)(P_1+R_2-C_2)$	$2P_1+R_2-C_1-C_2+C_3$
$(0,1,0)$	$C_3(K-C_1)(P_1-B_2+R_2-C_2)$	$B_2+K-P_1-R_2-C_1+C_2-C_3$
$(0,1,1)$	$C_1C_3(P_1+R_2-C_2)$	$-P_1-R_2-C_1+C_2+C_3$
$(1,0,0)$	$-(K-C_1)(K-C_3)(P_2+R_2-B_2-C_2)$	$-B_2+P_2+R_2+C_1-C_2-C_3$
$(1,0,1)$	$-C_1(R_2-C_2)(K-C_3)$	$-K+R_2+C_1-C_2+C_3$
$(1,1,0)$	$(K-C_1)(K-C_3)(P_2+R_2-B_2-C_2)$	$B_2-P_2-R_2+C_1+C_2-C_3$
$(1,1,1)$	$C_1(R_2-C_2)(K-C_3)$	$-K-R_2+C_1+C_2+C_3$

由表4.6可知，由现有的条件是不能确定8个均衡点的稳定性的。仅仅运用数学求导还无法推导出在这些均衡点中是否存在使三方博弈模型达到稳定的演化

均衡点，因为 det（$\boldsymbol{J}$）与 tr（$\boldsymbol{J}$）的大小取决于各个参数数值的大小。

　　服务型制造项目治理的演化博弈分析阐述了利益相关者之间的博弈焦点，并提出三个博弈主体之间可能存在的策略选择关系。更为重要的是，通过系统的分析识别出博弈模型的参数，建立了复制动态微分方程，只要给相关参数赋值就能根据复制动态微分方程定量分析演化过程的稳定性。因此，也能得出服务型制造项目整个系统达到稳定状态时各个利益相关者所选择的策略。但是研究中存在的问题如下：参数的取值不同，得出的稳定状态也会不同。此外，对于不同的参数值是否能得出一个一致的稳定状态，我们也无法做出论断。而系统动力学方法恰好可以为我们的研究提供一个新的思路，通过计算机模拟相关参数对博弈主体策略选择的影响可以更加直观地分析出项目系统最终的稳定状态。

4.4　服务型制造项目治理的系统动力学分析

　　为了从博弈系统内部了解博弈参与者之间的博弈关键点，明晰三者随博弈演化过程的策略选择变化情况，本部分研究尝试利用系统动力学的仿真工具建立三方的演化博弈模型，并分析不同的博弈初始值对博弈演化过程的影响。

4.4.1　基于系统动力学的演化博弈模型

　　根据演化博弈分析建立系统动力学仿真模型：首先，由三方博弈焦点分析及支付矩阵确定系统涉及的主要变量，包括核心制造商选择监管的概率 α、核心制造商收益总和 R_1、监管服务商成本 C_1、对服务商不努力的罚金 K、在没有监管服务商的情况下对顾客所受损害的裁定额 P_1、监管的期望收益 u_{m1}、不监管的期望收益 u_{m2}；顾客选择参与项目的概率 β、参与项目获得的固定收益 R_2、机会成本 C_2、受服务商不努力的损害额 B_2、顾客遭受损害所获补偿 P_2、顾客参与的期望收益 u_{c1}、不参与的期望收益 u_{c2}；服务商努力的概率 γ、服务商的固定收益 R_3、努力的成本 C_3、努力的期望收益 u_{s1}、不努力的期望收益 u_{s2}；根据变量之间的联系画出因果回路图。其次，在因果回路图的基础上进一步区分变量（参数）的性质，画出存量流量图，其中 α、β、γ 表示存量，是 3 个速率变量，即核心制造商监管变化率、顾客参与项目变化率、服务商努力变化率对时间的积分；u_{m1}、u_{m2}、u_{c1}、u_{c2}、u_{s1}、u_{s2} 为 6 个中间变量；R_1、C_1、P_1、K、R_2、C_2、B_2、P_2、R_3、C_3 表示系统边界以外的变化因素，称为"外生变量"。再次，根据式（4.13）～式（4.21）写出模型中变量的关系式和方程，其中 $\dfrac{\mathrm{d}\alpha}{\mathrm{d}t}$、$\dfrac{\mathrm{d}\beta}{\mathrm{d}t}$、$\dfrac{\mathrm{d}\gamma}{\mathrm{d}t}$ 分别表示核心制造商监管变化率、顾客参与项目变化率、服务商努力变化率，根据 9 个方程式可以清楚描述出存量与速率变量、中间变量与存量、中间变量与外生变量之间的函数关系。最后,结合实际情况给外生变量赋初值,本部分研究假设所有外生变量均为正数,且保证每个博弈主体的各个策略的策略收益均为正,因此对外生变量赋如下初始值:$R_1=50$、$C_1=8$、$K=15$、$P_1=9$、$R_2=11$、$C_2=3$、$B_2=4$、$P_2=8$、$R_3=20$、$C_3=5$,最终形成如图 4.8 所示的三方演化博弈系统动力学仿真模型,图 4.8 中箭尾与方程中的自变量相连,箭头与因变量相连。

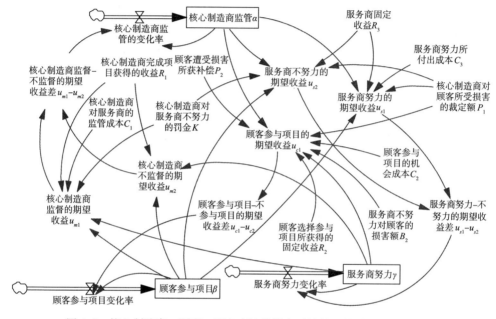

图 4.8　核心制造商、顾客、服务商演化博弈系统的系统动力学仿真模型

本部分研究所有仿真值的选取均处于考虑各个相关因素的改变对核心制造商、顾客、服务商三者策略选择的敏感性分析,因此每个仿真值并不代表现实服务型制造项目中各方的支付或收益值,对不同的服务型制造项目可以根据实际实施情况赋值。

4.4.2　博弈模型仿真分析

1. 博弈模型整体仿真分析

通过演化博弈均衡分析可知核心制造商、顾客和服务商之间必然会达到一个演化均衡,但是通过演化博弈分析模型并不能明晰达到均衡的原因和过程,不能明确均衡是否唯一和稳定。即使在某一种情境下达到均衡状态,系统也会受到来自内部和外部各种不确定性因素的影响,最终博弈均衡状态很可能会被打破。基于上述假设值以及变量之间的方程,利用系统动力学的建模仿真方法,使用 Vensim PLE 软件对三方之间的动态博弈进行仿真。在仿真过程中,设置模拟周

期为 100，INITIAL TIME＝0，FINAL TIME＝100，TIME STEP＝0.5，并以
三个主体的策略概率作为主要的衡量指标，从而对服务型制造项目中的相关影响
因素进行分析。

　　当服务型制造项目中三方博弈主体的初始值均为某种纯策略时，参与主体的
策略选择均有 0 和 1 两种，即（0，0，0）、（1，0，0）、（1，1，0）、（0，1，0）、
（0，1，1）、（1，1，1）、（1，0，1）、（0，0，1）这八种策略组合，通过软件进
行模拟可知，当三方初始状态均为纯战略时，系统中没有任何一方愿意改变当前
状态来打破平衡。然而这些均衡状态并不是稳定的，一旦有一方或多方主动做出
微小改变，均衡状态就会被打破。以策略组合（1，0，0）为例，该演化过程仿
真结果在部分研究中用 run1 表示，如图 4.9 所示。

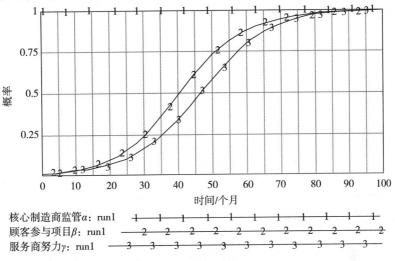

图 4.9　顾客参与概率 β 与服务商努力概率 γ 为 0.01 时演化博弈过程

　　由图 4.9 可知，虽然顾客参与概率与服务商努力概率（0.01）以一种很小的
突变进行演化博弈，但是一旦它们发现采取新的策略会获得更高的期望收益时就
会迅速转向新的策略，这样通过某一方或几方的突变来调整策略从而使系统达到
新的均衡状态。通过对其他策略组合进行仿真可以发现：①当顾客策略从 0 到
0.01 发生突变时，最终都会在 1 达到均衡状态，说明顾客选择参加项目是最优
选择，恰好符合服务型制造重视顾客全程参与的特性。②在顾客参与项目的情况
下，如果核心制造商选择监管服务商，则服务商不论是从 0 还是从 1 开始突变进
行博弈，其最终策略都是 1，即选择努力，策略组合（1，1，0）与（1，1，1）
的仿真结果分别用 run2 和 run3 表示，如图 4.10 所示；如果核心制造商选择不
监管，则服务商不论从 0 还是从 1 开始突变进行博弈，其最终都会选择策略 0，
即不努力，策略组合（0，1，0）与（0，1，1）的仿真结果分别用 run4 和 run5

表示，如图 4.11 所示。③同样在顾客参与情况下，如果服务商选择不努力，核心制造商不论在哪种情况下发生突变，最终都会选择监管服务商，从而导致服务商选择努力策略；如果服务商选择努力，核心制造商不论在哪种情况下发生突变进行演化博弈，最终都会选择不监管，最终导致服务商选择不努力，达到稳定状态（0，1，0），而在该状态下，一旦核心制造商有微小的监管意愿，则均衡状态就会被打破，最终在（1，1，1）处达到稳定。因此，通过以上仿真分析可知，无论三方博弈主体的初始策略为哪一种纯策略，经过演化过程，最终三方主体都将达到一种稳定均衡状态，即（1，1，1）。

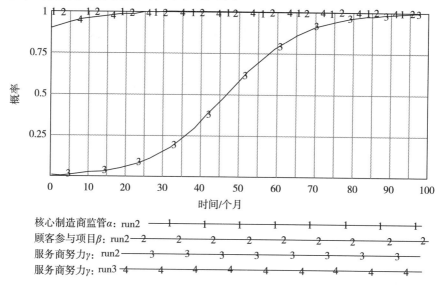

图 4.10　核心制造商选择监管策略服务商演化博弈仿真结果

2. 外生变量对主体策略选择的仿真分析

由表 4.6 均衡点的局部稳定性分析可知，策略组合是否为均衡点取决于博弈参数的大小，即系统动力学模型中外生变量的取值，为研究博弈主体策略选择对外生变量的敏感性，本部分研究仍以策略组合（1，0，0）为例，仿真系统中外生变量的变化对仿真结果的影响均与 run1 结果进行对比。

1）核心制造商策略选择的影响因素

为了分析核心制造商的策略选择概率变动，先假设其初始策略为不监管服务商，并从概率 0.1 开始突变进行演化博弈。通过动态模拟，可知在 10 个外生变量中，核心制造商对服务商的监管成本 C_1、对服务商不努力的罚金 K 这两个变量会影响其策略选择。

如图 4.12 和图 4.13 所示，对服务商的监管成本越小，核心制造商就越愿意对服务商实施监管策略，而且会越快达到选择监管服务商的均衡状态；对服务

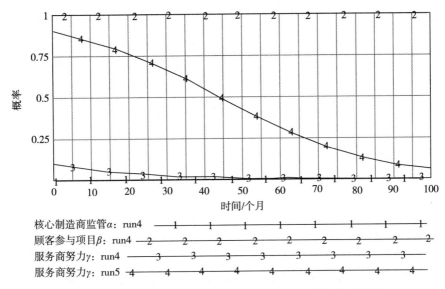

图 4.11　核心制造商选择不监管时服务商演化博弈仿真结果

不努力的罚金越多，在同一时刻核心制造商选择监管的概率就越大；对比图 4.12 和图 4.13 可以发现，在相似的策略选择趋势线中，核心制造商对服务商不努力的罚金 K 普遍大于自身付出的监管成本 C_1，当 K 与 C_1 相等时，核心制造商从监管中几乎不获利，因此其愿意选择不监管策略，一旦 K 与 C_1 之差大于零，核心制造商就会迅速做出对自身最有利的博弈选择，实施监管策略。

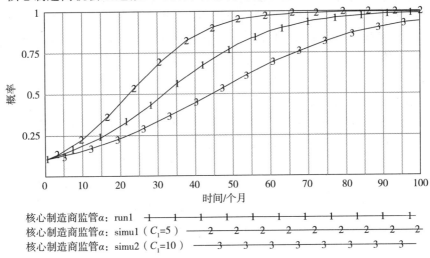

图 4.12　监管成本 C_1 对核心制造商策略选择的影响

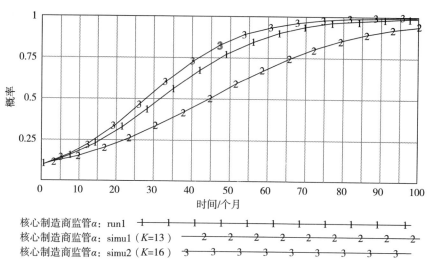

图4.13　服务商不努力的罚金 K 对核心制造商策略选择的影响

2) 顾客策略选择的影响因素

在该阶段，选择顾客从策略 0.01 突变进行演化博弈，在外生变量取初始值时，策略会在数值 1 处达到平衡，即顾客选择参与项目。经动态仿真可知，与顾客密切相关的四个变量如下：选择参与项目获得的固定收益 R_2、参与项目的机会成本 C_2、服务商不努力给顾客带来的损害额 B_2、顾客遭受损害所获补偿 P_2 对其策略的选择均有较为显著的影响。

核心制造商为使顾客参与项目会提供一定的机会成本补偿，并以此来吸引顾客参与，通过顾客全程参与项目使得最终产品更加符合顾客需求，从而使项目各个环节的进展更加顺利，提高项目的成功率。顾客为了追求自身利益最大化，必然会做出收益对比（参与项目获得的固定收益 R_2 与利用该时间与精力去做其他事情的收益 C_2 的对比）。如果获得的固定收益大于其机会成本，顾客也不一定会选择参与项目，因为在项目实施过程中还存在服务商，如果服务商不努力为顾客提供服务，顾客会不满意，从而对顾客造成损害 B_2，为此核心制造商会给予顾客一定的损害赔偿 P_2。经仿真分析可以发现，单独改变一个变量大小的情况下，当 R_2 和 P_2 的值增加，或 C_2 和 B_2 的值减小时，顾客都更愿意选择参与项目，其策略选择的变化趋势与图 4.12 和图 4.13 相似，呈现"S"形增长。当多个变量同时改变时，顾客的策略选择仿真如图 4.14 所示。

图 4.14 中线条 2、3、4 分别表示在 $R_2 = C_2$ 情况下，核心制造商对顾客所受损害的补偿 P_2 大于、等于、小于服务商不努力对顾客造成的损害 B_2 时的策略选择，说明顾客在选择参与项目之前，其决策的选取不仅受到核心制造商给出的收益 R_2 和自身的机会成本 C_2 的影响，还受到政府所承诺的赔偿金额以及对服务商

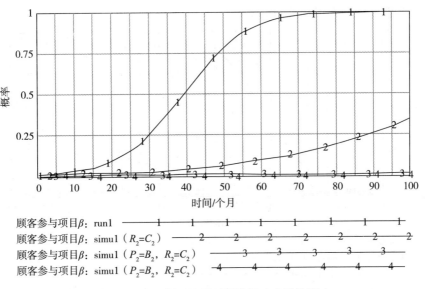

图 4.14　四个外生变量对顾客策略选择的影响

给自身带来损害的估计值之差的影响。因此为使顾客参与项目，核心制造商不仅要提供适当的固定收益，还要承诺足够多的赔偿金额，因为即使在赔偿金额与服务商对其带来损害相抵的情况下，顾客也可能会选择不参与项目，可见在服务型制造项目中，赫兹伯格所提出的保障因素对顾客策略选择也起着至关重要的作用。

3）服务商策略选择的影响因素

在该阶段，选择服务商从策略 0.01 突变进行演化博弈，在外生变量取初始值时，策略会在数值 1 处达到平衡，即服务商选择努力。经动态仿真可知，服务商努力所付出的成本 C_3、不努力所受到的罚金 K 都会影响服务商的策略选择。

同样在初始值基础上，罚金 K 越大，努力成本 C_3 越小，服务商达到努力稳定状态用时越短。即使当服务商努力成本为 0 时，核心制造商对其处以少量的罚金也不会促使服务商选择努力。如图 4.15 所示，当罚金 K 与付出成本 C_3 之间的差值达到特定值时，服务商才会改变其策略选择努力，而差值小于该特定值时服务商的努力意愿都不能达到稳定状态，差值越大服务商策略选择受其影响就越敏感。结合图 4.13 可知，罚金越大，核心制造商选择监管服务商的概率越大。但是罚金 K 并不是越大越好，本部分研究已经默认服务商一旦参与项目就不会退出，在现实中，一旦罚金 K 超出服务商所能承受的范围，就会导致服务商压力过大，从而有可能产生服务商退出项目的风险，这一结果将直接导致项目无法正常进行甚至项目失败，这种情形会造成三方无任何利益可图，甚至造成利益损害。因此，为保证项目正常进行，核心制造商应选择适当的罚金，既能保证服务商努力又能保证其不退出项目。

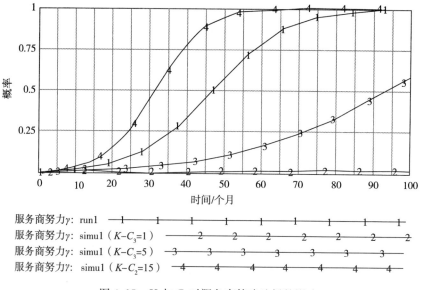

图4.15　K 与 C_3 对服务商策略选择的影响

3. 外生变量对主体收益的仿真分析

经过软件分析，可知每个外生变量都对一方或多方的期望收益或期望收益差产生影响，鉴于外生变量较多，本部分研究仅选取 C_1、K、P_1 这三个对两方及以上期望收益差产生影响的变量进行具体分析。

核心制造商的监管成本 C_1 毫无疑问会影响其监管的期望收益 u_{m1} 以及监管与不监管期望收益之差 $u_{m1}-u_{m2}$，仿真结果表明，C_1 与 K 不影响核心制造商不监管时的期望收益。更值得注意的是，与顾客有关的收益 u_{c1}、$u_{c1}-u_{c2}$，与服务商有关的收益 u_{s1}、u_{s2}、$u_{s1}-u_{s2}$，都会受到核心制造商监管成本的影响。如图4.16 所示，随着监管成本减小，顾客参与–不参与的期望收益差也会减小，但是减小程度不大，且当成本大于或小于一定值时，其期望收益差会达到稳定；如图4.17 所示，随着监管成本的减小，服务商努力–不努力的期望收益差会增加，而且增加程度很大，甚至可能改变服务商的策略选择，在成本大于或小于一定值时，其期望收益差也会达到稳定。可以认为当成本减小到一定程度时，核心企业更愿意监管服务商，而服务商在被监管的条件下迫于罚金及声誉的压力，并衡量努力成本，最终会选择努力。而服务商的努力不但不能使顾客参与项目的期望收益增加，反而使其有微弱的下降，这是因为当核心制造商认定服务商不努力时为弥补顾客所受损害会给予顾客更多的补偿，而服务商的努力则会使核心制造商不再为顾客提供任何额外补偿。这样反而使得服务商的努力对顾客无益，因此核心制造商应该采取更加合理的补偿策略以使服务商的努力创造更大的价值。核心制造商对服务商不努力的罚金 K 增加对顾客与服务商期望收益差的影响与监管成本 C_1 减小类似。

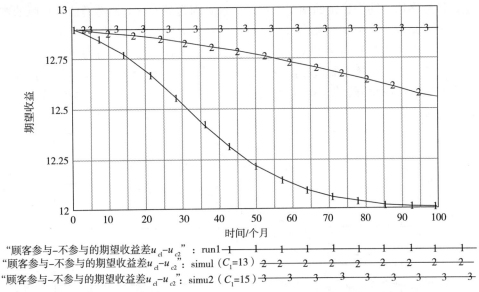

“顾客参与–不参与的期望收益差 $u_{c1}-u_{c2}$”：run1

“顾客参与–不参与的期望收益差 $u_{c1}-u_{c2}$”：simul（C_1=13）

“顾客参与–不参与的期望收益差 $u_{c1}-u_{c2}$”：simu2（C_1=15）

图 4.16　监管成本 C_1 对顾客参与—不参与期望收益差的影响

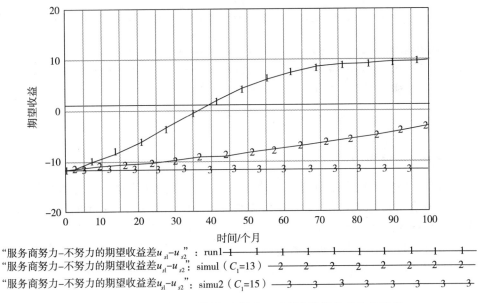

“服务商努力–不努力的期望收益差 $u_{s1}-u_{s2}$”：run1

“服务商努力–不努力的期望收益差 $u_{s1}-u_{s2}$”：simul（C_1=13）

“服务商努力–不努力的期望收益差 $u_{s1}-u_{s2}$”：simu2（C_1=15）

图 4.17　监管成本 C_1 对服务商努力—不努力期望收益差的影响

核心制造商对顾客的损害裁定额 P_1 对核心制造商期望收益差几乎无影响，

但是会对服务商与顾客二者的期望收益差产生较为显著的影响。如图 4.18 和图 4.19 所示，不论裁定额取何值，服务商的期望收益差都从小于零向大于零演化，且最终达到同一稳定的期望收益差，这是因为随着核心制造商监督意愿的增强，服务商为寻求利益最大化而从最初不愿意努力向选择努力的策略转变；裁定额越大，最初的服务商期望收益差越小，服务商选择不努力的意愿越强烈，但这仍然改变不了在有核心制造商监督的情况下服务商会选择努力的决策；同样的，裁定额虽然会影响顾客期望收益差的初始值，但是并不会左右顾客最终选择参与项目的决策。

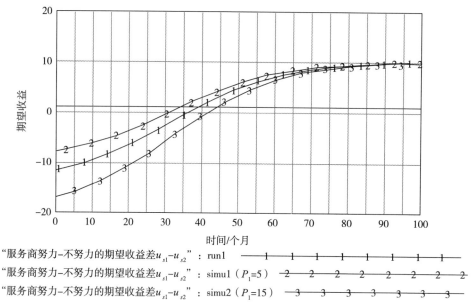

"服务商努力–不努力的期望收益差 $u_{s1}-u_{s2}$"：run1 —— 1 1 1 1 1 1 1 1 1 1 1
"服务商努力–不努力的期望收益差 $u_{s1}-u_{s2}$"：simu1（P_1=5）—2—2 2 2 2 2 2 2 2
"服务商努力–不努力的期望收益差 $u_{s1}-u_{s2}$"：simu2（P_1=15）—3—3 3 3 3 3 3 3

图 4.18　损害裁定额 P_1 对服务商期望收益差的影响

4.4.3　结论与启示

本部分研究为核心制造商如何处理好自身、顾客以及服务商之间的角色关系，如何恰当利用外生条件确保项目顺利进行提供了切实可行的策略建议，这有利于提高顾客的满意度，有利于服务商充分发挥专业优势，有利于加速决策进程，节省不必要的成本，提升各方的效益，从而提高项目的成功率，以期为促进制造业成功转型升级提供帮助。通过仿真分析得出以下结论与启示。

1. 主要结论

（1）三方利益相关者最终将达到（核心制造商监管，顾客参与，服务商努力）的均衡状态。

由演化博弈动态复制方程得出的雅可比矩阵可以看出，均衡点的 det（$\boldsymbol{J}$）

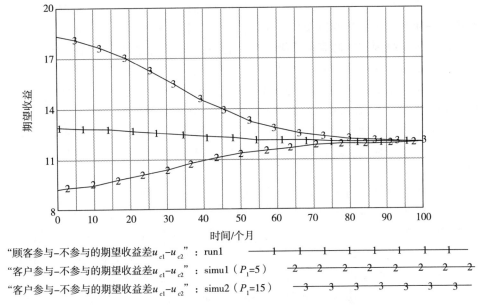

图 4.19 损害裁定额 P_1 对顾客期望收益差的影响

与 tr（J）值受到来自各方相关参数的影响，因此仅仅根据数学公式并不能明确使三方达到稳定的均衡状态，对于不同的参数值，均衡状态是存在差异的。但是根据本部分研究选取的仿真初始值，可以发现无论核心制造商、顾客和服务商最初选择何种策略，其最终都会达到（1，1，1）的稳定均衡状态。因此在项目初始阶段，如果各种预算的波动性较大，为保证项目尽快平稳运行，作为项目主导者的核心制造商应该优先选择监管服务商并保证顾客参与项目，因此，H_1 成立。同时，此时策略组合为（1，1，0），而最终稳定策略为（1，1，1），结合仿真结果可知服务商最终会选择努力策略，因此服务商的策略是随着核心制造商的策略变化的，H_4 成立。这两个假设成立说明顾客参与对项目的顺利进行具有重要意义，对于不同的项目应该密切联系项目的特点对利益相关者的策略进行引导；项目主导者（核心制造商）采取积极的策略更有利于项目的顺利展开。

（2）三方策略选择对相关单个外生变量的影响较敏感，但最终取决于多个变量之间的比较。

根据外生变量对主体策略选择的仿真分析可知：第一，核心制造商策略选择的概率对监管成本 C_1 与对服务商不努力的罚金 K 的影响都相当敏感，但是核心制造商的策略选择取决于监管成本与监管收益之差，这与 H_5 仍然一致。第二，顾客的策略选择受参与项目获得的固定收益 R_2、参与项目的机会成本 C_2、服务商不努力给顾客带来的损害额 B_2、顾客遭受损害所获补偿 P_2 这四个外生变量的影响较敏感，但是其策略选择并不仅仅由参与项目的固定收益与机会成本之差决定，而是由四个变量共同决定的。在固定收益与机会成本可确定的情况下，顾客对服务商所受损害的感知以及核心制造商承诺的补偿显得尤其重要，因此核心制造商应重视保障因素对顾客的重要影响。因此，H_2 被拒绝，H_3 被接受。第三，服务商的策略选择受努力成本 C_3 与不努力的罚金 K 的影响较敏感，但是某一单一外生变量并不能左右其最终的策略选择，因此 H_6 被拒绝。H_2 和 H_6 不成立，H_3 和 H_5 被接受说明核心制造商是项目中的主导者，另外两方的策略选择在很大程度上取决于其确定的参数的大小及参数之间的数量关系，核心制造商在项目实施的全过程中担当管理者的角色，要注重运用各种管理知识处理利益相关者之间的关系。

（3）服务商努力与否对顾客的策略选择没有直接影响。

根据外生变量对主体收益的仿真分析，可以发现：第一，服务商努力不一定会增加顾客参与项目的期望收益。因为如果服务商不努力，核心制造商会给予顾客更多的补偿以弥补顾客，保证其参加项目，这意味着顾客可能会从服务商的不努力中获得更多的收益。因此 H_7 被拒绝。第二，核心制造商对顾客所受损害的裁定额 P_1 影响顾客与服务商的期望收益差，而且仅仅影响二者初始的期望收益差及收益差的变化趋势，但并不影响最终的期望收益差。虽然该变量不能决定顾客和服务商最终的策略选择，但是核心制造商仍要给出一个科学有效的裁定额，因为适当的损害裁定可以使得两方在最初更加果断快速地做出决策，从而可以节省不必要的会议成本及其他相关成本。H_7 不成立说明积极策略并不是在任何情况下都会带来好的结果，服务商与顾客之间的利益关系受到核心制造商的控制，若想让服务商与顾客具有一致的目标、做出高效率的决策，核心制造商必须把握好与二者期望收益相关的参数值的确定。

2. 研究启示

为保证项目顺利进行以及实现整体利益最大化，根据博弈分析与仿真结果，本部分研究为核心制造商提出以下几点启示。

1）采取多种手段吸引顾客参与

第一，服务型制造项目的特征是顾客全程参与，顾客是项目最终产物的消费者，项目成功与否在很大程度上取决于最终产品能否让顾客满意。顾客参与项目不仅能对各个阶段的成果进行及时的体验反馈，促进核心制造商和服务商在第一时间对产品结构、生产方式、售后服务等进行调整，还能充当核心制造商与服务商之间的中间人，实现信息传递与共享，保证项目顺利进行。第二，根据仿真结果可知三方演化博弈最终达到的稳定状态是（核心制造商监督，顾客参与，服务商努力），因此为了尽快达到三方博弈的均衡状态，节约决策的成本，核心制造商必须采取策略促使顾客参与。核心制造商必须保证顾客的固定收益大于顾客的机会成本，这样顾客在不考虑参与项目可能带来其他损失的情况下才有可能较为快速地做出参与项目的决定。

2）重视保障因素对顾客的作用

在核心制造商选择不监管的情况下，影响顾客策略选择的因素还有服务商不努力对顾客的损害额和核心制造商对顾客损害的裁定额，这两个因素都是不确定因素，顾客是否会受到损害以及是否会受到补偿还取决于服务商的策略选择，因此即使核心制造商承诺给予顾客较多的损害裁定额，顾客也不一定真的会得到如此丰厚的裁定额，但是较多的裁定额却可以排除顾客对服务商不努力给自身带来损害的后顾之忧。当参与项目有了一定的承诺和保障后，顾客就会更加果断地做出参与项目的决策。此外，核心制造商还要考虑损害的裁定额对服务商的影响，因为该因素也会影响服务商的决策速度。

3）对服务商处以合理的罚金

核心制造商增加对服务商不努力的罚金会迫使服务商选择努力，而服务商的努力会使核心制造商不会为顾客提供任何补偿，如果顾客所获得的补偿大于损害，则顾客宁愿服务商不努力以获得更多的期望收益。为了使项目中各个利益相关方有一致的目标或向心力，核心制造商应该根据顾客所受到的实际损害适当调整补偿金额，如此方能使个体的目标与整体目标相契合。虽然罚金越大，服务商越容易选择努力，但是在现实情况下，过高的罚金可能会给服务商带来更多的压力，甚至造成服务商退出项目，因此核心制造商应该对服务商确定适当的罚金，既能保证其努力又能保证其不退出项目。

4.5　本章小结

本章基于社会网络分析理论、演化博弈理论以及系统动力学分析了服务型制造项目治理的动态演化。社会网络分析从网络的角度识别、测量和检验关于行为人之间关系的结构形式和实质内涵的假设，其重心在于对结构-关系的研究。社会网络分析中的结构洞指标是定量描述网络中利益相关者位置特征的重要指标。为了更有逻辑性地厘清利益相关者在项目实施过程中的博弈关系以及策略选择，还需从演化博弈的角度对利益相关者的博弈过程进行分析，并根据数学方法得出与利益相关者策略选择有关的较为科学的数量关系。在此基础上，利用系统动力学方法对服务型制造项目中利益相关者的行为进行动态模拟，从而可以更直接地得出项目在治理过程中的动态演化过程。

本章基于结构洞视角构建了服务型制造网络模型，分析了不同发展阶段主要节点的结构洞指标，并深入探讨核心企业的指标变化。研究表明在发展过程中结构洞不断得到填充；发展初期，核心企业效率急剧下降，威胁加剧；进一步发展阶段，顾客地位提升，核心企业效率上升。根据研究结果，提出服务型制造网络发展的管理启示，包括强化对外交流、识别合作伙伴和关注顾客需求。此外，本章基于演化博弈理论分析了博弈主体的演化稳定情况，结合演化博弈模型和系统动力学研究主体之间的动态博弈过程，通过计算机仿真结果分析了不同因素对三方策略选择的影响。研究结果表明：核心制造商、顾客和服务商最终会达到（监督，参与，努力）的稳定均衡状态；核心制造商是项目中的主导者，另外两方的策略选择在很大程度上取决于核心制造商确定的参数的大小及参数之间的数量关系，且顾客在选择策略时较重视参与项目的保障因素；服务商单方面的努力不一定会增加顾客参与的期望收益，积极策略并并非在任何情况下都会带来好的结果。

从项目治理的角度看，服务型制造项目治理是建立项目利益相关者（制造企业、服务企业和顾客）对服务型制造项目的治理角色关系的过程，该过程用于降低项目治理角色的承担风险，从而为实现服务型制造项目目标、使利益相关者满意提供可靠的治理环境。因此，要实现项目治理的目标要先明确项目治理角色承担的风险。而本章的研究让我们对服务型制造项目治理的动态演化有了较为系统的了解，这为分析服务型制造项目治理风险做了良好铺垫。

第 5 章

服务型制造项目治理风险分析

现代项目日趋复杂，项目内容越来越多、技术难度越来越高、涉及面越来越广、内外部因素间相互制约、连锁反应增强。复杂性和紧密性的耦合作用使得项目风险的发生几乎成为必然（Geraldi et al.，2010）。而复杂项目风险与一般项目风险相比，其传染效应更强，因为一般项目风险的传染性是随着危机传播逐级递减的，而复杂项目各要素间错综复杂的关系链使得任一节点风险产生的连锁反应随着每一级扩散而放大，甚至导致复杂项目整体崩溃，危机的蔓延还将对复杂项目众利益相关者产生波及效应，进而引发广泛的负面影响（王爱民，2013）。项目的复杂性使得风险更加难以预测和控制，风险导致的项目失控将直接导致项目经济效益降低，并可能造成重大财产损失、生态环境破坏和严重社会危害。而风险导致的项目失败将给国家和项目开发者造成巨大的经济损失，直接影响一个国家、地区或企业的发展速度和综合实力，甚至对国家、社会产生重大而深远的负面影响。因此，树立项目风险意识，进行风险分析预测和管理十分重要。

■5.1 项目治理风险概述

5.1.1 项目治理风险研究现状

目前学术界对项目治理风险的研究较少，国内外学者分别从利益相关者行为的不确定性、信息传输和监管效率等几个方面对项目治理风险进行了阐述（Gil and Tether，2012）。在面对大项目时，治理机制不完善使得大项目失败的概率很高并对所在组织产生巨大的负面影响（Miller and Hobbs，2005）。Abednego 和 Ogunlana（2006）认为项目治理对于项目风险控制与成功具有重大意义，项目利益相关者之间的冲突往往是影响项目成功的重要原因，因此对于项目的管控除了需要做好日常的项目监督之外，更重要的是建立起基于长远战略发展的相关方治理关系。在该研究中，良好的项目治理关系被看做合理防控风险、提升项目绩效的必要手段。

在国内，孙亚男（2012）在对产学研合作项目治理风险的研究中，把产学研合作项目治理风险定义为"在产学研合作项目治理过程中，阻碍项目利益相关方承担治理角色关系或者导致治理角色关系趋向破裂的不确定事件对治理目标所产生的累积不利影响，其主要表现在产学研合作项目社会网络结构变化所导致的合作关系变化的不确定性"。刘荣坤等（2011）以政府投资项目为研究对象，提出政府投资项目治理风险是指政府投资项目治理过程中各种不确定事件，如不稳定的治理环境、项目利益相关者需求冲突、项目治理角色不明确、项目治理角色网络不稳定等不确定事件对治理目标所产生的累积不利影响。该研究指出了项目治理风险与项目管理风险的区别与联系，如表 5.1 所示，更进一步加深了对项目治理风险的认识。并把项目治理风险要素归纳为价值风险、组织风险、信息风险和环境风险。同时从风险概率、损失和可管理性三个维度对政府投资项目治理风险进行评级，指出该方法可以为政府投资项目相关方进行项目管理决策提供理论和方法支持，从而降低项目治理风险，提高项目的成功性。

表 5.1　项目治理风险与项目管理风险的区别与联系

区别与联系		项目治理风险	项目管理风险
区别	产生机理	项目利益相关方目标不一致、项目利益相关方信息不对称、项目利益相关方之间缺乏有效约束等	项目组织结构不合理、组织机制不健全、项目组织成员激励及监督不力等
	表现形式	项目利益相关方冲突频繁、项目利益相关方非正式退出、出现重大财务问题等	管理效率低下、内部信息传递不畅通、项目组织成员工作效率低下、流动性大等
联系		广义上的治理风险也是管理风险的一种，狭义上治理风险会影响管理风险	

资料来源：刘荣坤等（2011）

王爱民（2013）认为造成复杂项目危机的原因除了管理之外，不完善的项目治理机制是关键因素，根据英国项目管理协会提出的发起人方面、项目组合范围、项目管理有效性和效率及信息披露这四个项目治理的要素，将治理风险视角下的复杂项目危机爆发分为三个阶段，即治理风险累积期、治理风险放大期和危机爆发期，即不充分的治理机制使得累积的治理风险无法根本性消除，逐步放大而最终导致爆发危机。图 5.1 为复杂项目治理风险累积过程图。

丁荣贵等（2013）认为项目的跨组织特点在一定程度上决定了利益相关者来源的多元化，不同的利益相关者会有不同的价值诉求、需求期望，以及不同形式的资源投入，在参与项目时它们会权衡多种机会损失。当利益相关者由于某些因素存在不能兑现其责任承诺的可能性时，就存在角色风险，因此项目治理风险主

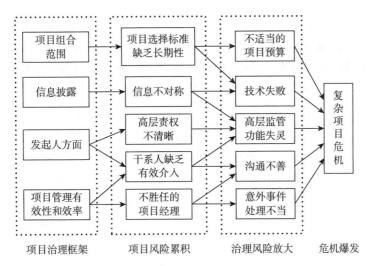

图 5.1　复杂项目治理风险累积过程图

资料来源：王爱民（2013）

要是指"项目利益相关方不确定行为产生的可能性、影响程度及可管理程度"。该定义尤其强调治理风险的可管理性，认为只有通过风险防控措施对项目中的利益相关者行为加以约束、限制和有效管理，风险才能达到可管理的程度，而无法实现可管理功能的风险不具备现实意义。张宁和丁荣贵（2014）认为，造成项目利益相关方不确定行为发生的因素可以分为"属性风险"和"结构风险"两类。属性风险是指与利益相关方个人的特点、属性相关的因素，这种因素因人而异；而结构风险是与其社会关系特点有关的因素，这种因素是由相关方在社会网络中的位置和面临的态势决定的，受限于由利益相关方治理角色构成的社会网络。结构风险又可分为"关系风险"和"网络风险"，其中关系风险是从某利益相关方立场出发的对其承担角色可靠性和有效性的判别，而网络风险是对利益相关方治理角色构成的整体社会网络的可靠性和有效性的判别。

　　虽然项目治理风险的相关研究不多，但是学者大多形成了较为一致的观点，认为不完善的项目治理机制以及不协调的利益相关者关系是导致项目风险形成的主要原因。由于项目治理风险属于项目风险的一部分，因此为了显示项目治理风险研究的全貌，还应对风险及项目风险的相关概念进行回顾，并在此基础上提出项目治理风险的概念。

5.1.2　项目治理风险相关概念

1. 风险概论

一般来说，风险是由不确定性引起的，它具体表现为结果和预期（计划）之间存在的差距。其中的"不确定性"经常被定义为一种无法预知未来事件的现象，包括时间起因和造成的结果之间信息的缺乏，以及决策结果的不可预测性。风险根据不同的决策行为、目标以及不同的风险成因可以分为具有特定内涵的各种类型，因此关于风险的定义也不尽相同，归纳起来，可以分为"不确定性"说、"不确定性和利害关系"说、"概率"说、"可能性"说、"可能性（概率）和后果（影响）"说等几种类型，具体内容见表 5.2。

表 5.2　风险定义类别归纳

定义类别	代表人物	主要内容
"不确定性"说	Hardy；英国项目管理联合会（UK Association for Project Management）	风险是与费用、损失或损害相关的不确定性，是一个不确定性事件或者一系列的不确定性环境，一旦成为现实，将影响项目目标的实现
"不确定性和利害关系"说	Clark and Varma；美国项目管理协会（US Project Management Institute）	风险由两部分组成：利害关系（stake）和不确定性（uncertainty），利害关系包括财务上的获益和损失、战略态势的提升和恶化、声誉的提高和破坏、安全度的增加和下降等；不确定性则是随时间和形势而变化的。风险是一种不确定性事件或者形势，一旦发生，则会对项目目标产生积极或消极的影响
"概率"说	Knight	一个事件的状态概率如果可测定，则为风险事件
"可能性"说	Haynes；Miller 和 Lessard	风险意味着损害的可能性，其中的"可能性"是指与预期不符的事件、事件所导致的影响，以及事件之间的相互作用发生的可能性。这种定义最接近于人们对风险的习惯认识
"可能性（概率）和后果（影响）"说	Turner；Williams；Jaafari；美国空军软件技术支持中心（US Department of the Air Force's Technology Support Center）	风险因素的影响依赖于它发生的可能性和一旦发生所产生的后果；其概念包括不愉快事件发生的可能性和它发生时所产生的影响。风险是一个不愉快事件发生的概率和这一事件发生的影响。这种定义在目前各种风险管理研究中最为普遍

资料来源：景劲松（2004）

表 5.2 中的五类风险概念定义根据内容组成又可归结为两大类：一类是只考虑不确定性的存在而导致的未来结果与预期结果不一致的可能性或概率，另一类

则考虑了两方面的内容，即未来结果与预期结果不一致的可能性（或概率）和事件一旦发生所造成的后果（或影响）。从事件可能造成的影响（后果）方面来看，又可以分为两类：一类是将与预期结果不同的正面和负面的后果都看成风险，另一类是只将与预期结果有差异的负面影响看成风险。本章结合研究的需要，采取可能性和后果说的定义，认为风险是事件未来结果发生的可能性和后果的累积影响。

风险作为一种存在的普遍现象，具有客观性、无形性、相对性、突发性以及多样性等特征（刘晓红和徐玖平，2008）。其中，客观性表明风险的存在取决于决定风险的各种因素的存在，即不管人们是否意识到风险，只要决定风险的各种因素出现了，风险就会出现，它是不以人的意志为转移的；无形性说明风险不像一般的物质实体那样能够非常确切地描绘和刻画出来，在分析风险中，应该从定性和定量两个方面进行综合分析；相对性既体现为人们对风险都有一定的承受能力，又体现为风险和任何事物一样也是矛盾的统一体，即一定的条件会引起风险的变化；风险的突发性往往让人们不知所措，该性质加剧了风险的破坏性，同时突出了建立风险预警系统和防范机制的重要性；多样性指的是在一个项目中存在着许多种类的风险，如政治风险、经济风险、法律风险、合同风险、合作者风险等；多样性是指风险会受到各种因素的影响，在风险性质、破坏程度等方面呈现动态变化的特征。

2. 项目风险及项目治理风险

项目是为完成某一独特的产品或服务所做的一次性努力。项目创造产品或服务是一个逐渐明细的过程，这就意味着项目开始时有很多的不确定性，这种不确定性就是项目的风险所在。项目的一次性使其不确定性要比其他一些社会经济活动大得多，因而项目风险的识别和管理也就更困难和迫切得多。美国项目管理委员会把项目风险定义为一种额定的事件或条件，一旦发生，就会对一个或多个项目目标造成积极或消极的影响，如范围、进度、成本和质量。

项目风险属于一般风险中的一种特殊形式，既具有一般风险的主要特征又具有其自身的特殊性。概括来讲，项目风险一般具有可预测性差、可补偿性差、风险存在期长、造成的损失和影响大、风险因项目而差异大、多种风险因素同时并存，以及相互交叉组合作用的特点。不同类型的项目有不同的风险；相同类型的项目根据其所处的环境、项目客户与项目团队以及所采用的技术与工具的不同，其风险也各不相同；同一个项目的不同阶段也有不同的风险，项目风险大多会随着项目的进展而变化，项目不同阶段的风险性质、风险后果也不一样。刘晓红和徐玖平（2008）把项目风险分为四类：①技术、性能、质量风险。项目采用的技术与工具是项目风险的重要来源之一，此外，人们出于竞争的需要可能会提高项目产品性能、质量方面的需求，一些不切实际的需求也是项目风险的来源。②项目管理风险。项目管理风险包括项目过程管理的各个方面，如项目的计划时间、资源分配（包括人员、设备、材料）、项目质量管理、项目管理技术（流程、规范、工具等）的采用以及外包商的管理等。③组织风险。项目决策时所确定的项目范围、时间与费用之间的矛盾是组织风险中的重要部分；项目资源不足或资源冲突方面的风险同样不容忽视；而组织中的文化气氛同样会导致一些风险的产生。④项目外部风险。项目外部风险主要是指项目的政治、经济环境的变化，包括与项目相关的规章或标准的变化，组织中雇佣关系的变化，如公司并购、自然灾害等。

本部分研究认为，既然大型复杂项目的风险很大程度上来自项目利益相关者之间的关联关系和对关联责任的承诺方面（刘荣坤等，2011），而对利益相关者的研究属于项目治理的范畴。那么，在项目风险研究领域，项目治理风险更应该得到广泛的重视。本章根据风险和项目治理的定义，借鉴其他学者的研究成果，采取以下定义：项目治理风险是参与项目的利益相关方出于自身需求的考虑而难以承担其治理角色责任所造成的不确定性，这种不确定性造成项目实施过程不可靠，最终会导致项目难以成功。

5.1.3　项目治理风险分析过程

项目治理风险属于项目风险的一种，因此项目治理风险的分析过程基本上遵循项目风险管理的一般过程。项目风险管理一般包括项目风险识别、项目风险分析、项目风险应对、项目风险监控（刘晓红和徐玖平，2008）。因此，本章根据研究需要，同时借鉴项目风险管理过程，将项目治理风险分析依次分为项目治理风险识别、项目治理风险分析以及项目治理风险应对三个部分，并对这三个部分分别进行描述。

1. 项目治理风险识别

1）风险识别的相关概念

风险因为其发生概率的不确定性和带来损失程度的不确定性，给项目治理带来困扰。进行风险研究就是要降低风险发生的概率，减少风险发生带来的损失，而做好这些工作的前提是进行风险识别。项目风险管理中的风险识别一般是指根据项目的性质，从潜在的事件及其产生的后果和潜在的后果及其产生的原因来检查风险。而项目治理的风险识别是指对存在于项目治理过程中的各种风险根源或不确定性因素按其产生的背景原因、表现特点和预期后果进行分析和识别，对风险因素进行科学的分类。只有正确地认识风险，才能衡量和评价风险，提出有效对策（王宗合，2010）。

2）风险识别的方法和角度

项目治理是一种符合组织治理模式的项目监管职能，覆盖整个项目生命周期，项目的全生命周期治理过程不仅时间漫长，而且涉及不同的利益相关者，因此治理风险也贯穿项目生命周期整个过程。在项目生命周期内，项目利益相关者作为项目的参加者和实践者，也理所当然地成为其治理风险的承担者（马世超，2009）。因此，对项目治理风险的识别从项目生命周期和利益相关者两个角度出发成为必然选择。

（1）项目生命周期。

项目生命周期是指项目从启动到收尾所经历的一系列阶段。项目的规模和复杂性各不相同，但不论其大小繁简，所有项目都有其生命周期，一般包括开始阶段、中间阶段和结束阶段，如图 5.2 所示。一方面，项目治理风险与所处的项目生命周期阶段密切相关，阶段不同会导致项目治理风险的类型和影响程度不同。同时，项目在不同阶段的内容、任务和资源条件都有很大的差异，这也导致各个阶段影响项目目标的风险因素有所不同。另一方面，项目的各个阶段具有时间连续性，因此各个阶段的风险也是有联系的。例如，上一阶段的风险因素到下一阶段可能转化为非重要的风险因素或转变为更加重要的风险因素；上一阶段的非风险因素也可能在下一阶段变成风险因素甚至是重要的风险因素。以上两个方面表明，在识别项目治理风险时，既要考虑项目各个阶段的项目治理风险区别，也不能忽视各个阶段之间的风险联系。

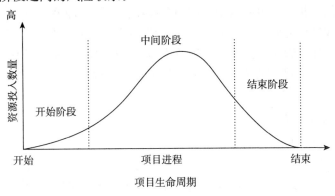

图 5.2　项目生命周期

资料来源：王宗合（2010）

（2）利益相关者。

美国项目管理委员会采用"干系人"的说法来代替"利益相关者"，认为干系人是指能影响项目决策、活动或结果的个人、群体或组织，以及自认为会受项目决策、活动或结果影响的个人、群体或组织。干系人包括所有项目团队成员，以及组织内部或外部与项目有利益关系的实体。不同干系人在项目中的责任和职权各不相同，并且可随项目生命周期的进展而变化。他们参与项目的程度可能差别很大，有些仅仅是偶尔参与项目调查或焦点小组活动，而有些则为项目提供全方位资助，包括资金支持、政治支持或其他支持。

项目进行过程的不同阶段会有不同的利益相关者参与其中，成为项目治理组织结构的一部分。利益相关者不同，扮演的角色、发挥的力量和对风险的认知水平等也不同，进而导致不同的利益相关者对风险的承受能力和风险控制态度也不同。显而易见，不同利益相关者对项目治理风险的影响是不同的。对于某一个利益相关者来说，其对项目的影响也并非一成不变的（于菲菲，2009）。随着项目的进行，利益相关方对项目的支持水平是动态发展的。例如，有些项目利益相关方在项目的开始阶段对项目的支持仅仅持中立态度，但是随着项目的实施以及对项目深入的了解，它们对项目的态度会发生变化，如果了解到项目的成功会给其带来预期收益，就会积极支持项目的实施，而如果发现项目会对其既定利益构成威胁，就会转而反对项目的实施，或者将此风险转移给其他的利益相关方。利益相关者对项目态度的变化会产生不确定性，从而为风险的产生提供温床。因此，准确界定项目利益相关者以及明晰各个利益相关者在项目中的角色对项目治理风险的识别尤为重要。

（3）项目生命周期内利益相关者之间的相互影响。

项目治理结构作为多方利益的综合体，交汇渗透了各方利益的诉求。不同利益相关者可能有相互竞争的期望，因而会在项目中引发冲突。为了取得能满足战略业务目标或其他需要的期望成果，项目利益相关者可能对项目、项目可交付成果及项目团队施加影响。因此，在项目生命周期内，项目利益相关者不同的利益关系会加剧风险的可变性和复杂性，使得项目治理风险优化配置和管理变得困难。

2. 项目治理风险分析

1）风险分析的相关概念

风险分析的目的是确定每个风险对项目的影响的大小，一般是对已经识别出来的项目治理风险进行量化估计。风险分析又可分为风险估计和风险评价两个部分。项目治理风险估计又称为项目治理风险预测，是在项目治理风险识别的基础上，应用定性和定量的分析方法估计项目中各个风险发生的可能性和破坏程度的大小，并按潜在危险大小进行优先排序的过程。项目治理风险评价是在项目治理风险识别和估计的基础上，从整体上考虑项目所面临的各个治理风险，各治理风险之间可能的相互作用、相互影响以及对项目的总体影响，利益相关者是否能承担这些风险等。项目治理风险评价是通过专家判断、记分方法或模型方法等对项目治理风险进行重要性判断的过程，其目的在于针对不同风险等级提出相应策略，从而为降低治理风险，提升利益相关方满意度以及实现项目目标服务。

2）风险分析的方法

（1）风险估计的方法。

要真正判断一个项目在治理过程中是否"危险"，就应全面了解事件发生/不发生所代表的潜在影响。因此，项目治理风险估计至少要涉及以下三个方面的内容：①事件发生的概率。概率一般可以根据历史情况用统计参考数据进行估算。②后果的严重性。后果的严重性是指风险事件发生时所造成的影响。③主观判断。主观判断综合反映了风险的主观色彩，即不同的人或组织对风险有不同的感受和承受能力。在进行风险估计时应综合考虑上述三个方面的综合影响。刘荣坤等（2011）指出，多维描述法可以实现定性与定量的结合，能够比较全面地将风险的客观知识和主观判断集中进行考虑，可以充分利用来自各个方面的风险信息。多维体现在概率、损失、可预测性、可控制性、可转移性、信息不对称度及风险评价者的特性等多个方面对风险的描述中。因为可预测性、可控制性、可转移性实际上就是风险的可管理性，因此多维描述法又被简化为由发生概率、损失度和可管理性构成的三维描述法。其中概率（r_1）是指风险事件发生的可能性大小；损失度（r_2）是指风险事件发生时所造成的影响，可以从风险损失、风险偏好两个方面进行度量；可管理性（r_3）是指根据经验或历史记录，能否采取一定的手段对其发生的概率和已发生的损失进行控制或弥补，以降低风险发生造成的损失。这三个维度与事件发生的概率、后果的严重性、主观判断一一对应。若用 F 代表风险事件的风险度函数，则 $F = (f(r_1), f(r_2), f(r_3))$。

根据掌握信息资料的不同，项目治理风险又可分为确定型、风险型和不确定型三种类型的风险估计。本部分研究主要关注非确定型风险，非确定型风险包括风险型和不确定型，风险型项目治理风险估计方法是已知各种状态及其概率，而不确定型风险是指那些不但出现各种状态的概率未知，而且究竟会出现哪些状态也不能完全确定的风险。对于这种不确定型风险，人们总结归纳出了一些公认的原则以供参考，如等概率准则、乐观准则、悲观准则、最小后悔值准则等。此外，在非确定型项目治理风险估计环境下，项目治理风险事件的概率估计往往是在历史数据资料缺乏或不足的情况下做出的，这种概率具有较强的不确定性，因此需要通过各种途径和手段来获取更为准确、有效的补充信息来进行修正和完善。这种通过对项目进行更多、更广泛的调查研究或统计分析之后，再对项目治理风险进行估计的方法称为贝叶斯概率法，这是一种用来估计风险的较为简单有效的方法。

（2）风险评价的方法。

风险评价有多种方法，无论是哪一种方法都各有利弊，而且不可避免地会受到分析者的主观影响，可以通过多角度、多人员的分析或头脑风暴法等尽可能避免。项目治理风险评价是指评价风险存在的影响、意义以及应采取何种对策处理风险等。常用的风险评价基础方法有定性分析和定量分析两类。

　　定性分析是项目治理主体凭直觉和经验积累，通过比较来选择方案并进行决策，主要包括主观评价法、德尔菲法和类推法等。主观评价法是指利用专家的直觉、经验等隐性知识，直观地判断项目的每一个风险并赋予其相应的权重。例如，0～10 的一个数，0 代表没有风险，10 代表风险最大，然后把各个风险的权重加起来，再与风险评价基准进行比较分析。德尔菲法主要用于一些预测的场合，其本质上是一种反馈匿名函询法。其大致流程如下：在对所要预测的问题征得专家的意见之后，进行整理、归纳、统计，再匿名反馈给各专家，再次征求意见，再集中，再反馈，直至得到稳定的意见。匿名性、多次反馈、小组的统计回答是德尔菲法区别于其他专家预测方法的三个明显特点。类推法是指通过不同事物的某些相似性类推出其他的相似性，从而预测出它们在其他方面存在类似的可能性的方法。类推法不是一种严格的预测方法，它只是探索性预测方法中比较典型的一种预测技术。

　　定量分析是指通过数学方法，运用概率、模拟及其他有关方法对项目风险进行量化处理，从而确定可选定方案并做出决策，主要包括层次分析法（analytical hierarchy process，AHP）、决策树法、模糊综合评价和其他方法等。层次分析法是 20 世纪 70 年代美国学者 Saaty 提出的，是一种在经济学、管理学中广泛应用的方法。层次分析法可以将无法量化的风险按照大小排出顺序，并把它们彼此区别开来。决策树法是指利用树枝形状的图像模型来表述项目治理风险评价问题，该方法往往比其他评价方法更直观、清晰，便于项目治理主体思考和集体探讨，是一种形象化和有效的项目风险评价方法。模糊综合评价法是模糊数学在实际工作中的一种常见应用方法。采用模糊综合评价法进行风险评价的思路如下：综合考虑所有风险因素的影响程度，并设置权重区别各因素的重要性，通过构建数学模型，推算出风险的各种可能性程度。其他评价方法主要有故障树分析法（fault tree analysis，FTA）和蒙特卡罗模拟法（Monte Carlo simulation）。故障树分析法是一种演绎的逻辑分析方法，它在风险分析中的应用主要遵循从结果找原因的原则，将项目风险形成的原因由总体到部分按树枝形状逐级细化。这是一种具有广阔应用范围和发展前途的风险分析方法，尤其对较复杂系统的风险分析和评价非常有效。蒙特卡罗模拟法是随机地从每个不确定因素中抽取样本，进行一次整个项目计算，重复进行成百上千次，模拟各式各样的不确定性组合，获得各种组合下的成百上千个结果，通过统计和处理这些结果数据，找出项目变化的规律。目前，发达国家已经把蒙特卡罗模拟法列入项目管理的常规方法。

　　3. 项目治理风险应对

　　项目治理风险的具体应对取决于项目治理机制。项目治理机制主要包括内部治理机制、外部治理机制和环境治理机制。内部治理机制的核心是项目各个利益相关者之间治理角色地位以及利益关系的协调；外部治理机制涉及市场中信誉机制、行业自律、信息披露制度等制度环境；环境治理机制主要是政府对政策法规等的不断改进与完善。对大多数大型复杂项目来说，项目治理风险主要来源于内部治理，但外部治理和环境因素同样不容忽视。

风险应对即根据风险识别、风险分析的结果以及具体风险的性质和潜在影响制订风险应对计划，然后根据风险应对计划，实施风险应对策略，从而避免或减少风险造成的损失（袁剑波等，2006）。刘荣坤等（2011）给出了风险自留、风险缓解、风险转移和风险回避四种治理风险应对策略：①风险自留又称为风险接受，指风险事件发生时，风险主体有意识地选择自行承担后果的一种策略。这种策略适合潜在损失小、重复性较高，且通过加强管理可以避免的风险。风险主体觉得自己可以承担损失时，就可选择这种策略。②风险缓解是指通过采取对策降低风险概率或减少损失的一种策略。风险缓解是存在风险时使用的一种风险决策，适合发生概率较大、损失小、可管理性大的风险。③风险转移又称为合伙分担风险，就是将风险的结果连同权利和责任通过保险或非保险的形式转移给其他方，以减少自身风险。其目的不是降低风险发生的概率和减轻不利后果，而是借用合同或协议，一旦发生风险事故便将损失的一部分转移到有能力承受或控制项目治理风险的个人或组织。对于发生概率小、潜在损失大而且可管理性弱的风险可以采取该策略。④风险回避是指在风险尚未发生时，采取主动放弃或拒绝实施可能导致风险损失的方案。如果通过项目治理风险评价发现项目的实施将面临巨大的威胁，项目治理主体又没有别的办法控制风险，甚至保险公司也认为风险太大，拒绝承保，那么这时就应当考虑放弃项目的实施，从而避免巨大的损失。因此当风险发生概率大、损失大又不可管理时，应当先考虑该策略。

5.2　服务型制造项目治理的风险演化

服务型制造中往往涉及诸多利益点不同的相关方，它们之间彼此关联构成一种网络关系。这种网络关系的结构变动不仅影响整个网络功能，也会影响网络中各个个体的行为，这种不确定性可能导致结构风险的产生，从而阻碍项目的顺利实施。因此采用合理的方法来刻画并度量这种网络关系，对于降低项目治理风险，以及提高当前服务型制造项目的成功率具有重要意义。

在项目治理风险的相关研究上，Tampieri（2013）把重点放在利益相关者治理上，探讨利益相关者之间的协同和冲突在项目治理中的作用；宋砚秋等（2011）在对复杂产品系统模块研制的研究中，指出联合研制模式可以使利益外部性内部化，从而避免合作单位道德风险的发生；李霄鹏等（2012）的研究表明，通过建立声誉机制、社会信用网络或激励性合约等机制可以有效避免工程项目合同签订和项目履行过程中的风险；刘荣坤等（2011）在对政府投资项目治理风险评级的研究中详细分析了项目治理风险要素，包括选择不适当的利益相关者、相关方之间不同的企业文化和管理模式发生冲突、缺乏合理的协作流程、信息不对称等诸多因素。以上学者对项目治理风险的相关研究已经较为细致和深入，但是对服务型制造领域的项目治理风险研究较为欠缺。服务型制造项目的各个利益相关者共同构成了一个复杂的网络系统——服务型制造网络，服务型制造网络结构的变化可能会导致利益相关方关系发生变化，而研究网络结构最有力的工具就是社会网络分析方法。因此，本部分研究把社会网络分析方法应用到项目治理风险的研究中，基于利益相关者的地位、个体行为、网络结构变动之间的关系，从动态角度探索网络结构变化对项目治理风险的影响；把项目治理策略和社会网络结构演变相结合，最后根据研究结果提出应对项目治理风险的策略建议。

5.2.1　服务型制造项目治理风险分析

本部分研究把服务型制造的网络行为看做一个项目治理活动，因此服务型制造的项目治理活动实质就是对网络利益相关者的管理和治理架构设计。服务型制造利益相关者众多，相互之间关系复杂，这使治理过程中的风险较大。社会网络关系图能够比较直观地反映项目治理中利益相关者的关系，社会网络分析方法中的一些指标能够定量描述利益相关者之间的关联关系。关于社会网络分析方法的介绍可参见本书第 4 章。本小节主要根据相关指标分析网络图中各个利益相关者在网络中的影响力和受到的限制。为研究网络结构的变化对项目整体以及各个利益相关者的影响提供对比依据。

1. 服务型制造的社会网络关系图

从表现形式看，服务型制造包括制造企业面向中间企业的服务和面向最终消费者的服务（何哲等，2008）。在服务型制造中系统集成商处于核心地位，负责将产品与服务进行整合并提供给顾客。从产品供应链来看，在系统集成商上游，原材料供应商向零部件制造商提供原材料，零部件制造商向子系统集成商提供零部件，原材料供应商、零部件制造商和子系统集成商直接向系统集成商提供资源；在下游，系统集成商与分销商进行信息和资源的交换，分销商向顾客提供产品。从服务供应链来看，研发服务商向零部件制造商、子系统集成商和系统集成商提供研发服务；金融服务商向零部件制造商、子系统集成商、系统集成商以及分销商提供金融服务；物流服务商则参与整个产品供应链；售后服务商向系统集成商、分销商以及顾客提供售后服务。在服务型制造中较为重视顾客的地位，顾客可以直接向系统集成商反馈信息。通过对相关领域专家学者的询问以及研究分析，建立服务型制造项目利益相关者的邻接矩阵，对有直接关系的箭线赋权值1，否则为 0，后文网络指标数值均根据该邻接矩阵用 UCINET 软件计算所得。利用 NetDraw 绘制服务型制造项目治理社会网络关系图，如图 5.3 所示。

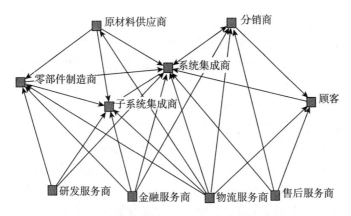

图 5.3　服务型制造项目治理社会网络关系图

2. 项目治理网络的相关指标分析

1）密度与中心势

使用 UCINET 软件对网络的密度和中心势进行分析，具体数据如表 5.3 所示。在服务型制造项目中，整个网络的密度为 0.288 9，可以认为利益相关者受到来自网络结构的约束不大，单个利益相关者自主行为能力较强，可能的原因是服务型制造处于发展初期，项目各个利益相关者之间相互信任度不够，联系程度较低。外向点度中心势（41.975%）明显小于内向点度中心势（79.012%），这说明利用网络资源的利益相关者比输出网络资源的利益相关者权利的分布更加不均衡，而且利用资源的利益相关者多集中在网络中的少数几个节点，资源输出方之间联系的紧密程度相当，网络中的少数节点之所以与其他方联系较密切，原因在于需要多个利益相关者拥有不同资源。中间网络中心势值（11.57%）表明网络中存在能够控制资源的利益相关者，但是该利益相关者对其他各方的控制程度不大，对其他各方缺乏强有力的约束。接近中心势无法计算，因为构建的社会网络图不是强联通图。总体来看，该项目利益相关者整体联系不太紧密，网络中具有较分散的权利中心。

表 5.3　服务型制造项目治理社会网络整体结构指标

指标	数值
密度（矩阵平均）	0.288 9
点度网络中心势（外向度）	41.975%
点度网络中心势（内向度）	79.012%
中间网络中心势	11.57%

2）中心度分析

在 UCINET 中计算各点的多种中心度指数，如表 5.4 所示。点度中心度指标可说明，物流服务商有最大的外向点度中心度（66.667%），其他各方对物流服务的需求较大；系统集成商具有最大的内向点度中心度（100.000%），网络中各个利益相关者对系统集成商均有资源或信息的输入；可以认为它们与其他节点交往活动频繁，是具有高度影响力的利益相关者。系统集成商（12.500%）和分销商（8.333%）的中间中心度较高，可以认为它们对资源的控制程度大，更有可能控制其他相关方；系统集成商具有最大的内向接近中心度（100.000%），分销商（64.286%）和顾客（47.368%）具有较大的内向接近中心度，说明在资源的输入中三者较大程度上不受其他相关者的控制。而物流服务商具有最大的外向接近中心度，说明物流服务商在资源的输出上较少依赖其他方。综合分析结果如下：系统集成商、物流服务商和分销商已经成为服务型制造项目的中心，各个利益相关者需要向系统集成商输入资源以保证项目的进程；分销商在资源的传输中担当着中间人的角色，分销商撤出项目会导致部分利益相关者失去连接关系；而物流服务商为大部分的利益相关者提供服务，其服务质量及效率对项目的准时完成具有重大意义；三者在网络中拥有巨大权利。相比之下，售后服务商在项目中权力小、力量薄弱，无法充分发挥其职能。

表 5.4　服务型制造项目治理社会网络中心度（单位：%）

利益相关方	点度中心度（外向度）	点度中心度（内向度）	中间中心度	接近中心度（内向度）	接近中心度（外向度）
物流服务商	66.667	0.000	0.000	10.000	25.000
金融服务商	44.444	0.000	0.000	10.000	19.565
研发服务商	33.333	0.000	0.000	10.000	18.750
售后服务商	33.333	11.111	0.000	10.000	14.286
原材料供应商	33.333	11.111	0.000	11.111	18.750
零部件制造商	22.222	44.444	8.333	64.286	15.789
分销商	22.222	44.444	8.333	64.286	12.500
系统集成商	11.111	100.000	12.500	100.000	12.329
子系统集成商	11.111	55.556	0.000	20.000	13.636
顾客	11.111	33.333	0.000	47.368	12.329

3）结构洞分析

根据如表 5.5 所示的软件分析结果可以看出，子系统集成商和零部件制造商的关系具有较大冗余度，因为它们 83% 的相邻相关者也与另一方存在关系，说明二者非冗余程度小，存在信息流中断或延迟的情况较少。从限制度看，对售后服务商来说，与其存在关系的系统集成商对其控制最强（0.28），与其存在关系的分销商对其控制也较强（0.23），因此分销商和系统集成商对售后服务商的要求都是其必须受重视的；顾客对售后服务商也有较强控制（0.18），而其他利益相关者几乎对售后服务商没有控制，说明在服务型制造项目中顾客的地位得到重视，但是顾客控制的程度仍然有待加强。从结构洞分析指标可以看出，售后服务商的有效规模是 1.333，受到的总限制度最高（0.690），等级度较小（0.015），说明售后服务商易受其他方控制，且控制方较为分散。结构洞分析结果再次证明了在服务型制造项目中售后服务商力量薄弱，易受控制。

表 5.5　服务型制造项目治理社会网络结构洞分析

冗余度指标	系统集成商	原材料供应商	零部件制造商	子系统集成商	分销商	研发服务商	金融服务商	物流服务商	售后服务商	顾客
系统集成商	0.00	0.30	0.50	0.50	0.20	0.20	0.40	0.60	0.30	0.40
原材料供应商	0.38	0.00	0.75	0.75	0.00	0.00	0.00	0.75	0.00	0.00
零部件制造商	0.42	0.50	0.00	0.83	0.00	0.33	0.33	0.50	0.00	0.00
子系统集成商	0.42	0.50	0.83	0.00	0.00	0.33	0.33	0.50	0.00	0.00
分销商	0.33	0.00	0.00	0.00		0.33	0.50	0.50		0.67
研发服务商	0.33	0.00	0.67	0.67						
金融服务商	0.50		0.50		0.25					
物流服务商	0.50	0.50	0.50	0.50	0.25					0.33
售后服务商	0.50				0.50					0.67
顾客	0.50				0.50			0.50	0.50	

限制度指标	系统集成商	原材料供应商	零部件制造商	子系统集成商	分销商	研发服务商	金融服务商	物流服务商	售后服务商	顾客
系统集成商	0.00	0.02	0.05	0.05	0.09	0.02	0.03	0.05	0.03	0.03
原材料供应商	0.14	0.00	0.13	0.13				0.13		
零部件制造商	0.13	0.06	0.00	0.12		0.04	0.40	0.06		
子系统集成商	0.13	0.06	0.12	0.00		0.04	0.04	0.06		
分销商	0.25					0.04	0.06	0.06		0.08
研发服务商	0.20		0.18	0.18						
金融服务商	0.17		0.10	0.10	0.09					
物流服务商	0.13	0.06	0.06	0.06						0.04
售后服务商	0.28				0.23					0.18

续表

限制度指标	系统集成商	原材料供应商	零部件制造商	子系统集成商	分销商	研发服务商	金融服务商	物流服务商	售后服务商	顾客
顾客	0.21	0.00	0.00	0.00	0.18	0.00	0.00	0.10	0.10	0.00

结构洞指标	有效规模	效率	总限制度	等级度
系统集成商	5.600	0.622	0.358	0.055
原材料供应商	1.375	0.344	0.526	0.001
零部件制造商	3.083	0.514	0.463	0.056
子系统集成商	3.083	0.514	0.463	0.056
分销商	2.667	0.533	0.487	0.159
研发服务商	1.333	0.444	0.554	0.001
金融服务商	2.250	0.563	0.464	0.028
售后服务商	1.333	0.444	0.690	0.015
顾客	2.000	0.500	0.591	0.039

综合以上几个指标的分析结果，可以看出网络整体权利分布比较分散，系统集成商和物流服务商在网络中的地位较高，而且二者可以相互制衡。售后服务商在网络中的权力小、对资源信息的控制能力弱，而且易受系统集成商、分销商和顾客的限制。因此，为了维护自身在网络中的利益，售后服务商会采取相关措施提高中心度，提升自己的地位。由于网络中系统集成商和物流服务商是关键利益相关者，因此售后服务商可与关键利益相关者建立联盟，有助于资源信息的获取，行使特权。后文将研究售后服务商采取相关策略后对网络结构的影响以及网络结构的变动对其他利益相关者的影响。

5.2.2 利益相关者策略选择及网络结构演变

刘兴智和丁荣贵（2011）在项目治理中的个体网络风险分析中提出，焦点利益相关方在不同的网络风险状态下会采取不同的应对策略，本部分研究借鉴其中建立联盟和瓦解联盟的策略，以建立网络联盟为着手点，对比分析联盟前后的网络结构，结合综述部分其他学者提出的风险策略为对应策略的提出提供理论支撑。经过社会网络指标分析可知售后服务商在服务型制造项目中的力量较为薄弱，易受控制。作为独立决策单位，售后服务商会采取相关治理策略，规避项目风险。综合各项指标可以看出，系统集成商和物流服务商在网络中占据较高的地位。系统集成商为了自身利益倾向于对售后服务商施加影响，物流服务商也希望与售后服务商合作提高业务质量。当售后服务商与系统集成商和物流服务商进行联合之后，社会网络结构发生变化，各个利益相关者地位也有所改变。

1. 联盟前后的密度与中心势分析

本部分研究用网络 1 表示不采取联合策略的社会网络，网络 2 和网络 3 分别表示系统集成-售后联盟的网络、物流-售后联盟的网络。如表 5.6 所示，当售后服务商与系统集成商和物流服务商采取联合策略时，网络密度和中间中心势都有所上升，各个利益相关者之间的联系更加紧密，整个网络权利集中程度升高；外向点度中心势都上升而内向点度中心势都下降，资源输出方的权利变得较集中而接收资源各方的地位差异减小。对售后服务商而言网络 2、网络 3 相对于网络 1 采取的是建立联盟策略，说明售后服务商不论与系统集成商联盟还是与物流服务商联盟，都会使网络的活跃程度上升，售后服务商也因此可以更有效地控制网络资源，提高应对网络结构压力的能力。

表 5.6　服务型制造项目联盟前后社会网络整体结构指标

指标	网络 1	网络 2	网络 3
密度（矩阵平均）	0.288 9	0.333	0.319 4
点度网络中心势（外向度）/%	41.975	46.875	48.438
点度网络中心势（内向度）/%	79.012	75.000	76.563
中间网络中心势/%	11.57	16.85	14.73

2. 联盟前后的中心度分析

1）点度中心度分析

如表 5.7 所示，在网络 2 中，物流服务商依然占据重要的地位（75.000%），且比采取策略前有所提高；系统集成商-售后联盟成为网络交往的活动中心（25.000%，100.000%）；分销商的内向点度中心度降为 37.500%，说明向分销商输入资源和服务的利益相关者减少，分销商的影响力减弱；除了分销商之外的其他利益相关者点度中心度均上升，可见系统集成商与售后联盟之后，大多数利益相关者受益。在网络 3 中，系统集成商（12.500%，100.000%）和物流-售后联盟（75.000%）的地位依然稳固，分销商的内向点度中心度依然下降，同时顾客的内向点度中心度也明显下降（25.000%），说明物流和售后联盟之后，对分销商和顾客有较大的冲击，使得分销商和顾客在网络中的影响力下降。

表 5.7　服务型制造项目联盟前后社会网络点度中心度（单位：%）

点度中心度	网络 1		网络 2		网络 3	
	外向度	内向度	外向度	内向度	外向度	内向度
物流服务商	66.667	0.000	75.000	0.000	—	—
金融服务商	44.444	0.000	50.000	0.000	50.000	0.000
研发服务商	33.333	0.000	37.500	0.000	37.500	0.000
售后服务商	33.333	0.000	—	—	—	—
原资料供应商	33.333	11.111	37.500	12.500	37.500	12.500
零部件制造商	22.222	44.444	25.000	50.000	25.000	50.000
分销商	22.222	44.444	25.000	37.500	25.000	37.500
系统集成商	11.111	100.000	—	—	12.500	100.000
子系统集成商	11.111	55.556	12.500	62.500	12.500	62.500
顾客	11.111	33.333	12.500	37.500	12.500	25.000
系统集成-售后联盟	—	—	25.000	100.000	—	—
物流-售后联盟	—	—	—	—	75.000	0.000

2）中间中心度分析

由表 5.4 可知，网络 1 中系统集成商和分销商的中间中心度分别为 12.500%、8.333%，其余利益相关者中间中心度均为 0。软件分析结果显示，采取联盟策略之后网络 2 中系统集成商-售后联盟和分销商的中间中心度分别为 16.964%、0.893%，网络 3 中系统集成商和分销商的中间中心度分别为 16.071%、10.714%，两个网络中其他利益相关者的中间中心度均为 0。可见系统集成商和售后服务商之间的联盟导致分销商对资源的控制程度急剧下降，而物流服务商和售后服务商联盟之后，分销商对资源的控制程度有所上升。

3）接近中心度分析

如表 5.8 所示，在网络 2 中，物流服务商可以接触到网络中更多的利益相关者（11.111%，33.333%）；系统集成-售后联盟具有更强的自主决策和行动能力（100.000%，14.286%）；而分销商的内向接近中心度降低（61.538%），说明分销商在资源的输入上更容易受其他相关者的控制。网络 3 中，除了分销商（61.538%）和顾客（44.444%）的内向接近中心度降低，其他相关者的接近中心度均上升，且在信息传递的独立性或有效性上，系统集成商（100.000%，14.035%）依然最强，物流服务商略有上升。

表 5.8 服务型制造项目联盟前后社会网络接近中心度 （单位：%）

接近中心度	网络 1		网络 2		网络 3	
	内向度	外向度	内向度	外向度	内向度	外向度
物流服务商	10.000	25.000	11.111	33.333	—	—
金融服务商	10.000	19.565	11.111	24.242	11.111	24.242
研发服务商	10.000	18.750	11.111	23.529	11.111	22.857
售后服务商	10.000	14.286	—	—	—	—
原材料供应商	11.111	18.750	12.500	23.529	12.500	22.857
零部件制造商	16.667	15.789	20.000	19.048	20.000	18.605
分销商	64.286	12.500	61.538	14.286	61.538	14.286
系统集成商	100.000	12.329	—	—	100.000	14.035
子系统集成商	20.000	13.636	25.000	16.000	25.000	15.686
顾客	47.368	12.329	61.538	14.035	44.444	14.035
系统集成-售后联盟	—	—	100.000	14.286	—	—
物流-售后联盟	—	—	—	—	11.111	33.333

通过以上分析可以得出以下结论。

第一，采取联盟策略之后，网络中利益相关者联系更加紧密，网络权利集中程度升高，资源输出方的权利变得更加集中而接受资源的利益相关者地位差异减小，大部分利益相关者在两个联盟中受益，特别是售后服务商，无论在获取资源信息的能力上还是在影响力上地位都得到加强。

第二，联合策略也给个别利益相关者的地位带来冲击。系统集成商和售后服务商联盟后，分销商在网络中拥有的联结数目减少，控制其他利益相关者之间交往的能力大幅度降低，在资源的输入上更加依赖其他相关方。

第三，物流服务商和售后服务商联盟之后，分销商的结构洞增多，受到网络限制度减小，但是在信息传递的独立性或有效性上都降低；同时，向顾客征询意见的利益相关者减少，顾客在资源输入上受其他方控制程度增加，顾客地位下降。

如果分销商因地位受到威胁而退出项目或顾客因得不到想要的产品和服务而产生不满意，那么势必会给项目治理带来巨大风险，也会给其他各方带来利益冲击。可见网络中利益相关者个体行为策略会改变整个网络结构以及利益相关者之间的关系，给项目治理带来新的风险。

5.2.3 服务型制造项目治理风险应对策略

通过以上分析可以发现，联合策略的实施一方面有利于联盟内部的协调，使得内部更好发展；另一方面，联盟的成立也可能给其他一个或多个利益相关者造成强大的压力，容易给项目治理带来风险。为了规避项目治理风险，也要对不同利益相关者采取不同策略，结合综述部分其他学者的研究成果，本部分研究结合服务型制造的企业实践，对网络中的利益相关者提出以下几点策略。

1. 联合策略

在具有不对称关系的项目治理网络中，当某一利益相关者的权利小、力量薄弱（如网络 1 中的售后服务）时，可加强与成员之间的合作以获取共同的资源。合作方式之一是寻找占据优势位置的利益相关者（如系统集成商和物流供应商），与其合作、组件策略联盟或实施合并，以便有效控制网络资源，进而提高利益相关者应对网络结构压力的能力。这样不仅可以使自身获得更多的资源，也可以增加网络整体密度，使利益相关者联系更加紧密，为网络中的个体提供更多社会资源。以汽车行业为例，目前我国汽车的"4S"模式已趋于成熟，商家在一定区域内从事指定品牌汽车的包括整车销售（sale）、售后服务（service）、零件供应（spare part）、信息反馈（survey）的营销服务。这可以认为是服务型制造项目中的分销商与售后服务商等的联合与集成，4S 模式不仅为顾客提供了便利，还为商家带来了多元化的利润来源。因此，在其他服务型制造项目中引入该联合模式可以大大降低项目治理的风险。

2. 契约策略

当网络中的利益相关者采取个体行为时，可能对其他利益相关者的地位造成威胁（如网络 2 中的分销商）。受威胁的利益相关者如果承受不住各方面的压力，极有可能选择退出项目，这样不仅会增加项目治理风险还会给其他利益相关者带来利益损失。为了规避这种风险，维护整体利益，项目治理者可与利益相关者建立正式契约关系，增加违约金，使利益相关者之间真正形成一种可靠的价值联盟，在一定程度上制约利益相关者退出项目，减少退出风险。从波音公司与中国服务性生产提供商的合作方式来看，它通过与模块提供商签订合作开发和制造相关部件及设备的合同，规定时间、质量以及收益和损失支付等方面的要求，由模块提供商从事相关部件的研制，并确保合同规定的质量要求。以合同形式建立正式契约关系，不仅可以使中国的生产性服务模块提供商努力提升竞争能力，而且能使波音公司减少风险损失，这种契约策略也同样适用于其他生产性服务项目的风险治理。

3. 顾客价值策略

服务型制造是为顾客提供产品和服务，服务型制造项目的成功与否与顾客的满意度息息相关。在项目实施过程中，如果顾客成为网络中的劣势节点（如网络 3 中的顾客），则意味着顾客的意见或建议得不到重视，顾客在资源的接收上处于被动地位。当顾客对产品或服务不满意时只能向系统集成商反馈，而系统集成商由于处在网络的核心地位，与其他利益相关者的交往也较为紧密，这导致其很有可能会忽略顾客的反馈。向顾客直接提供服务的利益相关者由于得不到系统集成商的指示也无法采取有效的应对策略来提高顾客满意度。著名的电信设备制造业——北电网络，正是因为对互联网时期的顾客需求决策错误而一蹶不振的，最终以破产告终。制造企业通过了解顾客的需求，在顾客参与下可以更有效地满足顾客利益需求，也将促进制造企业提供相关的服务，服务企业通过顾客的反馈信息可以改进服务质量，提升顾客感受到的价值，从而提高顾客满意度。所以，提升顾客价值可以有效规避服务型制造项目治理风险。

5.3　服务型制造项目治理的风险分析

服务型制造是一种新型的制造模式，在学术界仍然属于新的研究领域，因此关于服务型制造的研究并不全面和丰富。服务型制造项目治理风险资料的缺乏以及风险因素的不确定性、复杂性，都增加了风险分析的难度，使得一般的风险分析方法不能较好地评估风险，而贝叶斯网络方法则能够有效地将专家经验和各种不完整、不确定性信息进行综合，从而提高建模效率和可信度。贝叶斯网络由于具有很好的处理不确定性问题的能力，被应用到很多领域。在项目治理领域，谢洪涛（2013）通过建立项目治理影响建设项目技术创新绩效的贝叶斯网络方法，来研究各个要素对项目技术创新绩效的敏感性；周国华和彭波（2009）运用贝叶斯网络方法研究京沪高速铁路建设项目中关键质量管理的风险因素，并展现了如何运用贝叶斯网络研究工程建设项目风险管理的过程；Leu 和 Chang（2013）基于贝叶斯网络方法对钢铁建设项目的安全风险进行了评估，并提出将事故树转化为贝叶斯网络方法，避开了直接构建贝叶斯网络的难题；不少学者对大型建设工程项目和研发项目风险评估的研究也证明了贝叶斯网络方法的简单有效和客观准确性（王昕等，2011；张俊光和徐振超，2012）。

本部分研究将从风险来源、风险过程视角并结合外部环境来识别服务型制造项目治理中的风险，通过文献研究和专家建议确定风险因素以及风险因素之间的传递关系，并采用贝叶斯网络方法对服务型制造项目治理风险进行全面的评估，为我国制定制造业服务化转型升级的引导和支持政策提供可靠的借鉴，为服务型制造项目各利益相关者构建一个和谐的治理环境，这对提高各方之间的相互信任及项目实施的效率和效果具有重要的应用价值，除此之外，拓展了贝叶斯网络的应用范围，弥补了服务型制造项目缺乏在治理风险领域研究的不足。

5.3.1　研究方法概述

贝叶斯网络也称贝叶斯信念网络或因果网络，由网络结构 S 和参数集合 θ 两个部分组成。网络结构 S 用来表示随机变量集合 $X = \{X_1, X_2, X_3, \cdots, X_n\}$ 之间的独立和条件独立关系。网络结构 S 由节点和有向弧线组成，是一个有向无环图。其中，每个节点分别与随机变量 X_i 一一对应。有向无环图中的每条弧线代表变量之间存在依赖关系，如果节点之间没有弧线连接，那么表示它们条件独立。有向边的起始节点被称为终节点的父节点，记为 Pa_i，节点 i 称为子节点，没有父节点只有子节点的节点被称为根节点，根节点的概率分布函数是一个边缘分布函数，被称为先验概率，是指根据以往经验和分析得到的概率。其他节点的概率分布函数为条件概率分布函数，参数集合 θ 就是与每个变量对应的局部概率，是给定父节点下的条件概率集合，各节点的联合概率分布表达式为（薛薇和陈欢歌，2012）

$$P(x_1, x_2, \cdots, x_n) = \prod_{i=1}^{n} P(x_i \mid Pa_i) \tag{5.1}$$

根据贝叶斯链式规则，任何联合概率分布都可以写成：

$$P(x_1, x_2, \cdots, x_n) = \prod_{i=1}^{n} P(x_i \mid x_1, x_2, \cdots, x_{i-1}) \tag{5.2}$$

贝叶斯网络模型的构建主要分为三个步骤。第一步，确定与建立模型有关的变量及其解释。贝叶斯网络的节点对应于模型中的各个变量，应通过分析建模系统来确定系统中各个变量及其相互关系，并根据变量的性质区分出节点类型，在确定贝叶斯网络所有节点的基础上，确定出各个节点的取值方法。第二步，确定网络结构。通常通过确定节点之间的因果关系或相关关系来确定网络结构。主要的方法有三种：其一，根据所研究领域专家的经验和知识手工建立节点之间的因果关系，该方法更适合于定性分析；其二，通过一定的算法从样本数据中客观定量地建立相应的贝叶斯网络模型，并发掘出隐藏在样本信息中的关联关系；其三，使用一定的推理方法对存储于知识库中的知识进行分析，从而得到贝叶斯网络的结构，既利用了专家的经验知识，又使用了计算机辅助技术。第三步，确定节点的条件概率。在确定网络结构 S 和样本集 D 的条件下，根据先验知识，寻求在 S 和 D 条件下具有最大后验概率的参数取值 $P(\theta \mid D, S)$ 来决定未知参数 θ 的取值，根据贝叶斯规则，计算方法如下：

$$P(\theta \mid D, S) = \frac{P(D \mid \theta, S)P(\theta \mid S)}{P(D \mid S)} \tag{5.3}$$

与其他常用的风险评估方法如层次分析法、事故树分析法、模糊综合评价法和基于熵权的动态评估分析方法相比，贝叶斯网络可以综合先验信息和后验信息，既可以避免只使用先验信息可能带来的主观偏见和缺乏样本信息时的大量盲目搜索与计算，也可以避免只用后验信息带来的噪声影响。贝叶斯网络方法大大降低了模型的工作量，可以有效弥补先验概率精确度低的问题，提高风险评估的准确度，此外，它还可以发现数据之间的因果关系，为风险控制提供更加可靠的依据。

5.3.2　实证研究

1. 服务型制造项目治理风险识别

关于项目治理风险因素的识别：尹贻林等（2011）关注研究合同治理与关系治理的理论整合，以及分析二维治理机制的均衡作用；周茵等（2013）研究了企业间关系质量对于制造商使用关系型治理与经销商投机行为之间关系的调节作用；Lee 和 Choi（2012）用案例研究法论证了项目成功的关键在于利益相关者之间的连续合作；Tampieri（2013）探讨了利益相关者之间的协同和冲突在项目治理中的作用；刘荣坤等（2011）指出项目治理风险要素包括选择不适当的利益相关者、相关方之间不同的企业文化和管理模式发生冲突、缺乏合理的协作流程、信息不对称等诸多因素；王爱民（2013）将治理风险视角下的复杂项目危机爆发原因概括为不适当的项目预算、高层监管功能失灵、意外事件处理不当、沟通不善和技术失败等，并基于网格优势提出复杂项目网格化治理模式；李霄鹏等（2012）认为通过建立声誉机制、社会信用网络或激励性合约等机制也可以有效规避工程项目合同签订和项目履行过程中的风险；Feng 和 Yan（2014）研究了不同项目的治理结构对大型基础设施项目风险管理的影响，并把多层次关系，成本、时间和安全，采购和合同，环境和社会因素，建设创新，经济收益等作为风险管理要素，其研究表明就管理关系风险而言，联合模型似乎提供了一种非常适合基础设施项目的更加结构化的方法。从以往研究可以看出，学者从不同角度对项目治理风险因素进行识别，识别出的结果也不尽相同。根据以上学者的研究成果，可以归纳出项目治理风险的共性，但是必须结合服务型制造项目的特性才能对其项目治理风险因素有更加准确的识别。

服务型制造项目的众多利益相关方构成了服务型制造网络，其中包括内核节点和外围节点，其中内核节点包括生产性服务企业、服务性生产企业和顾客。服务性生产企业包括原材料制造商、零部件制造商和核心制造商，服务性生产活动进一步强化了处在传统制造价值链中游企业之间的分工协作；在有主导企业（核心制造商）支配的服务型制造项目中，核心制造商通过服务外包把自身不擅长的服务外包给专业的生产性服务商，包括金融、保险、法律、会计、管理咨询、物流、分销、售后服务等提供市场化中间投入的企业；通过顾客参与生产及消费过程，企业能够更好地感知顾客的个性化需求，提高顾客价值，扩展利润空间。除此之外，外围节点还包括政府、高校、行业协会和科研机构，政府可以通过政策支持影响项目的发展、高校和科研机构通过输送技术和人才为项目提供辅助、行业协会的监督可以为项目提供稳健的外部环境（彭本红和沈艳，2012）。

　　根据以上学者确定的项目治理风险因素，并结合服务型制造项目的特点，本部分研究将风险分为来源于利益相关者自身属性、项目实施过程、项目外部环境三个方面。其中与利益相关者属性有关的风险因素主要有利益相关者识别不当、存在不诚信记录、缺乏合作经验、存在需求冲突、信息沟通不畅等（刘荣坤等，2011；Lee and Choi，2012；Tampieri，2013；王爱民，2013）；与项目实施过程有关的风险因素主要有顾客参与度低、交流频率低、相互信任程度低、契约不明确、履约不严格、合作界面缺乏管理等（尹贻林等，2011；周茵等，2013；Feng and Yan，2014；李霄鹏等，2012）；与外部环境有关的风险因素有缺乏政府指导和支持、缺乏外部机构合作、行业协会监管不力等（李霄鹏等，2012；Feng and Yan，2014）。

　　2. 贝叶斯网络模型构建

　　1）数据说明

　　将识别出的风险因素设计成问卷进行问卷调研，收集相关数据样本。调查以服务型制造项目为单位，主要采取邮寄与 E-mail 的方式发放问卷与收集调研数据，调查对象为服务型制造项目中参与方的高层管理者以及相关领域的专家学者；调查内容为询问被调查者各个风险要素发生的风险等级。等级都用 R1、R2和 R3（分别代表低风险、中等风险和高风险）来衡量。本次研究共发放问卷 90份，在剔除了存在空缺项和连续雷同答案的问卷后，共获得有效问卷 78 份，有效回收率 86.67%，调查对象来源及分布如图 5.4 所示。

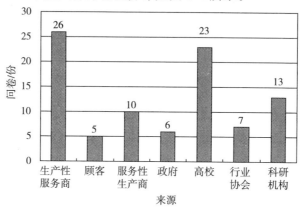

图 5.4　调查对象来源及分布

　　2）贝叶斯网络结构图

　　为了验证贝叶斯网络结构的合理性，基于收集到的数据，借助 Clementine

软件提供的贝叶斯网络分析功能进行参数学习，从定量角度分析服务型制造项目治理风险。贝叶斯网络参数学习，包括极大似然估计和基于贝叶斯统计的估计。如果采用极大似然估计，很可能因为训练样本集较小造成很多的条件概率估计为0，为此本部分选用贝叶斯方法进行参数估计。图 5.5 即是选择基于贝叶斯方法进行参数估计之后，形成的网络结构图。其中，项目治理风险代表输出变量，是其余各节点的父节点；其余节点代表输入变量，输入变量的重要程度用颜色的深浅来表示，颜色越深，重要程度越高，并且图 5.5 中的有向弧线不表示因果关系的指向，而仅仅表示变量之间的依赖关系。

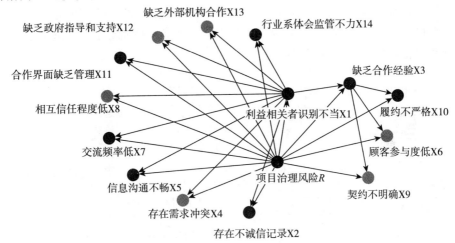

图 5.5　基于数据分析的贝叶斯网络

3）贝叶斯网络分析

Clementine 软件在输入数据构建贝叶斯网络结构的同时会计算出输入变量的重要程度，通过变量重要性排序分析，能够帮助决策者识别出重要的风险因素，结合因果关系图可以看出风险形成的路径，从而使得决策者采取科学合理的措施应对重要的风险因素，规避服务型制造项目治理的风险。软件分析结果显示：①项目治理风险因素重要程度的排名为 X1、X7、X5、X11、X14、X2、X8、X10、X3、X12、X4、X9、X13、X6。排名前 8 的变量与贝叶斯网络结构中的直接影响因素一致。②影响服务型制造项目治理风险的最重要因素是利益相关者识别不当 X1，它是 X2、X3、X4、X5、X7、X8、X11、X12、X13、X14 的父节点，说明利益相关者识别不当主要依赖于这些变量，它对服务型制造项目治理风险的作用并不完全取决于自身，还受到利益相关者的其他属性风险（X2、X3、X4、X5）、项目实施过程中交流频率 X7、相互信任程度 X8、合作界面的管理 X11 以及外部环境风险（X12、X13、X14）的影响，这与图 5.5 的结果也一致。这两点不仅证明了专家意见的合理性，也证明了数据的可靠性。

各个影响因素的条件概率分布条形图如图 5.6 所示，图 5.6 中每个输入变量节点的条形图均分三组显示，分别对应输出变量的三个风险等级，即输出变量 R 的三组条形图从上至下分别对应 R3、R2、R1 的概率，而输入变量的条形图从上至下分别对应 R3、R2、R1 的条件概率分布。各个节点的条形图最上面一条即代表其父节点在高风险条件下它们也发生高风险的概率。从整体上可以看出，各个节点发生不同等级的风险概率相差较大，在父节点发生不同等级风险的条件下，各个影响因素发生不同等级风险的概率分布差异也很大。要控制项目治理风险就要找出项目在发生高等级治理风险的条件下，哪些影响因素更有可能发生高等级风险，利益相关者识别不当 X1、存在不诚信记录 X2、契约不明确 X9、履约不严格 X10、顾客参与度 X6 等因素最上面一条条形图都较长，说明这些影响因素在项目治理中是要特别注意的。

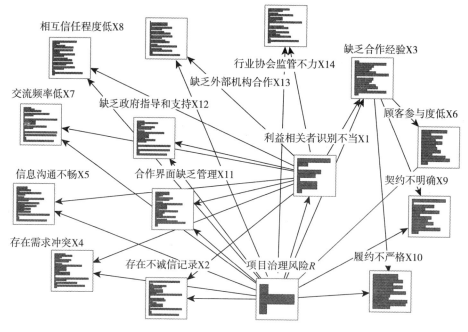

图 5.6　贝叶斯网络的条件概率分布图

3. 服务型制造项目治理风险分析

为了得出更加科学的结论还应从定量角度进行分析，表 5.9 是与图 5.5 对应的各个节点主要的条件概率分布，表 5.9 中概率均表示在父节点发生最高风险条件下节点发生高风险的概率。对于以 X3 为父节点的节点来说，由于在收集到的数据中 X3 没有高风险 R3 的评级，因此取中等风险 R2 代表最高风险。下面结合图 5.5 与表 5.9 对项目治理风险进行定量分析。

表 5.9　各个影响因素在父节点下的主要条件概率

编号	父节点	给定父节点下的条件概率	编号	父节点	给定父节点下的条件概率
X1	R	0.747	X8	R，X1	0.691
X2	R，X1	0.886	X9	R，X3	0.961
X3	—	—	X10	R，X3	0.500
X4	R，X1	0.300	X11	R，X1	0.398
X5	R，X1	0.300	X12	R，X1	0.203
X6	R，X3	0.730	X13	R，X1	0.008
X7	R，X1	0.203	X14	R，X1	0.593

　　设 R 的状态为 R3（R 代表项目治理风险节点），对贝叶斯网络进行逆向推理，如从重要性来看，可知影响项目治理风险的最重要因素是利益相关者识别不当 X1，在项目治理风险 R 为 R3 的条件下，发生利益相关者识别不当的风险概率为 P（X1＝R1 | R＝R3）＝0.016，P（X1＝R2 | R＝R3）＝0.235，P（X1＝R3 | R＝R3）＝0.747，可见在项目发生高等级风险的条件下，利益相关者识别不当发生高等级风险的可能性最大。

　　为了找出在 X1 和 R 存在高风险条件下发生高风险可能性较大的影响因素，观察与 X1 和 R 直接相连的节点，结合条件概率分布值，得出排名前四的节点概率为 P（X2＝R3 | R＝R3，X1＝R3）＝0.886、P（X8＝R3 | R＝R3，X1＝R3）＝0.691、P（X14＝R3 | R＝R3，X1＝R3）＝0.593、P（X11＝R3 | R＝R3，X1＝R3）＝0.398，这说明在服务型制造项目发生治理风险时，最可能的原因就是利益相关者存在不诚信记录、在项目实施过程中相互信任程度低、合作界面缺乏有效的管理，以及外部行业协会监管不力，因此在服务型制造项目治理中要特别注意控制这些风险因素。

　　节点 X1 因其重要性程度最高而显得特殊，节点 X3 虽然对项目治理风险的影响不是最重要的，但是与其直接相连的节点较多，可见节点 X3 与其他风险因素的关系较为密切，因此也值得重视。由于在问卷调查中没有被调查者将 X3 确定为高风险 R3，因此根据 X3 的中等级风险 R2 来判断项目治理风险发生条件下，相关节点发生较高风险的概率，P（X6＝R3 | R＝R3，X3＝R2）＝0.730、P（X9＝R3 | R＝R3，X3＝R2）＝0.961、P（X10＝R3 | R＝R3，X3＝R2）＝0.5，由此可见，由于项目参与者缺乏合作经验而引起的风险，不仅仅取决于参与方自身的属性，项目实施过程中契约不明确 X9、顾客参与度低 X6 以及履约不严格 X10 都会扩大缺乏经验而带来的风险。也就是说，利益相关者缺乏合作经验会导致项目治理产生风险，但是还要看项目在实施过程中顾客是否高

度参与、契约是否明确以及履约是否严格，如果顾客参与度高、契约明确、履约严格，即使利益相关者缺乏合作经验也不会对项目治理风险产生太大的影响。

5.3.3　结论与启示

根据风险重要度排名以及逆向分析可以看出：①利益相关者识别不当 X1、信息沟通不畅 X5、项目实施过程中相互交流频率低 X7、合作界面缺乏管理 X11 对服务型制造项目治理风险的影响较大，在项目治理的过程中应当重点加以控制。②利益相关方存在不诚信记录 X2、相互信任程度低 X8、行业协会监管不力 X14、合作界面缺乏管理 X11 等因素在很大程度上会导致利益相关者识别不当，从而引起项目治理风险。③利益相关者缺乏合作经验的风险与其他风险因素联系较紧密，在服务型制造项目实施过程中，如果顾客参与度高、契约明确、履约严格，即使利益相关者缺乏合作经验也不会对项目治理带来太大的风险影响。为此，结合文献研究对服务型制造项目治理提出以下几点管理启示。

（1）充分了解候选者，选择拥有较高声誉的利益相关者。服务型制造项目的顺利实施，需要诸多利益相关者参与，主要包括生产性服务商、服务性生产商及顾客。首先是利益相关者的选择问题，如果选择不当将会给项目带来极大的风险（例如，某个服务提供商通过非法手段中标，为了获得更丰厚的利润，它极有可能偷工减料，带来安全隐患），因此在选择项目参与方之前应该对其进行充分了解，尽可能放弃选择有不诚信记录的企业。其次，利益相关者进入项目都是带着需求而来的，准确识别其需求将有利于减少后期的需求变更，减少需求冲突，避免利益相关者的非正式退出，此外，因为顾客在服务型制造项目中参与产品的研发、设计以及售后整个流程，及时准确地识别顾客需求不仅可以提高生产的敏捷度和效率，还可以提高顾客满意度。

（2）采取网格治理，破除利益相关者沟通不畅的障碍。网格是构筑在互联网上的一组新兴技术，将高速互联网、高性能计算机、大型数据库、传感器、远程设备等融为一体，通过共享资源来消除信息孤岛和资源孤岛。服务型制造项目中，各种资源以及利益相关者的行为都是处于变化之中的，网格为实现这一动态治理目标提供了可行的模式，在该种模式下，每个子项目即为一个网格节点，每个网格节点都可以订阅其他网格节点的任何信息，与此同时也要发布消息给其他网格节点，各个子项目节点同时接受网格监控中心的统一监控，形成一个信息和资源全面共享的运作机制。从而不仅加强了合作界面的管理，提高管理效率，减少信息不对称，也为防范服务型制造项目风险提供了新的治理模式。

（3）建立激励机制，扩大项目合作者的选择范围。项目利益相关者缺乏合作经验可能会导致项目治理风险，但是项目决策者并不能因为该原因就放弃无合作经验但具备良好素质的项目候选参与者。可以通过提高契约的明确性、履约的严格性及顾客参与程度来降低利益相关者缺乏合作经验带来的风险，扩大决策者选择相关方的范围。然而在现实中并不存面面俱到的契约，因此可以通过建立激励机制，增加相关方在合同中认真履约行为的力度，从而提高项目履约的质量，进而优化项目的成功度和满意度，降低服务型制造项目的治理风险。

■5.4　服务型制造项目治理的风险评价

项目治理中各种风险的可接受或危害程度互不相同，这就产生了哪些风险应该首先规避或哪些需要采取措施的问题。进行风险评价时，还要提出预防、减少、转移或消除风险损失的初步方法，并将其列入项目治理风险管理阶段要进一步考虑的各种方法中。目前专门针对项目治理风险评价的研究较为缺乏，对项目治理风险的研究也不多。刘兴智等（2011）对项目治理实施过程中的利益相关方关系网络风险进行了评价，并提出了基于社会网络分析方法的具体指标和评价步骤，该评价的主要对象是项目利益相关方合作过程中产生的关系风险。还有一些研究对特定类型项目的治理属性风险评级方法进行了探索，但并未将治理过程中利益相关方之间合作的关系风险纳入研究，因而降低了风险管理的可操作性（刘兴智等，2011）。张宁和丁荣贵（2014）认为有效评价项目治理风险对降低角色实施风险具有相当重要的意义，该研究运用网络层次分析法建立项目治理风险的综合评价模型，并根据社会网络分析法等定量方法对模型中的属性风险和关系风险进行定量评价，得出不同治理角色与不同属性风险对项目目标造成的影响大小。

以上文献的研究表明，针对项目治理风险评价的研究已经受到了学者的高度重视。但是由于项目治理风险来源的多样性、影响因素的复杂性，关于项目治理风险评价指标体系的系统研究仍然缺乏。学者通常采用层次分析法、社会网络分析法等对项目治理风险进行评价，但这些方法受随机影响较多，且受评估人员主观意识和经验影响的可能性较大（王平和朱帮助，2011），很难为决策者提供有效的决策。因此，本部分研究采用主成分分析与神经网络相结合的方法，对项目治理风险进行综合评价。主成分分析法可以有效规避评价指标重复冗杂的问题，而人工神经网络具有自学习、自适应能力等特有优点，可以克服主观因素的问题。

5.4.1　研究方法概述

1. 主成分分析

主成分分析是考察多个定量变量间相关性的一种多元统计方法。主要研究如何通过少数几个主成分量（即原始变量的线性组合）来解释多变量的方差-协方差结构（卫海英，2010）。具体来说是导出少数几个主分量，使它们尽可能多地保留原始变量的信息，且彼此间不相关。主成分分析法利用降维的思想，把原来较多的评价指标用较少的综合主成分指标来代替，综合指标保留了原始变量的绝大部分信息，且彼此互不相关，能够使复杂问题简单化（朱帮助和李军，2008）。主成分分析模型的统计量主要有基本贡献率和累计贡献率，如式（5.4）和式（5.5)所示。

$$\lambda_i \left(\sum_{i=1}^{p} \lambda_i \right)^{-1} \tag{5.4}$$

$$\sum_{i=1}^{k} \lambda_i \left(\sum_{i=1}^{p} \lambda_i \right)^{-1} \tag{5.5}$$

式（5.4）表明，第 i 个主成分的基本贡献率越大，其概括项目治理风险评价指标体系综合信息的能力越强。第一主成分 Z_1 综合概况信息的能力最强，此后逐渐变弱，具体可以表示为 $Z_1 \geqslant Z_2 \geqslant \cdots \geqslant Z_m$。式（5.5）代表了前 k 个主成分所提取的指标信息占项目治理风险评价指标体系综合信息的百分比。

2. 神经网络

神经网络学习算法是一种有监督的学习过程，可以根据给定的样本进行学习，并通过调整网络连接权来体现学习的效果。对整个神经网络来说，一次学习过程可以分为输入数据的正向传播与误差的反向传播两个过程。假设有 M 个样本 $(\boldsymbol{X}_i, \boldsymbol{X}_i)$，对于样本实例 $(\boldsymbol{X}_i, \boldsymbol{X}_i)$，在正向传播过程中，实例 i 的输入向量 $\boldsymbol{X}_i = (x_{1i}, x_{2i}, \cdots, x_{ni})$ 从输入层的 n 个结点输入，经隐含层逐层处理，在输出层的 m 个节点的输出端得到实例 i 的网络计算输出向量 $\boldsymbol{Y}_i = (y_{1i}, y_{2i}, \cdots, y_{mi})$。比较 $\boldsymbol{Y}_i$ 和实例 i 的期望输出向量 $\boldsymbol{Y}'_i = (y'_{1i}, y'_{2i}, \cdots, y'_{mi})$，若 M 个学习实例的计算输出都达到期望的结果，那么学习过程就此结束，否则，进入误差反向传播过程，将 $\boldsymbol{Y}_i$ 与 $\boldsymbol{Y}'_i$ 的误差由网络输出层向输入层反向传播，在反向传播过程中，修改各层神经元的连接权值，神经网络学习结构示意图如图 5.7 所示。

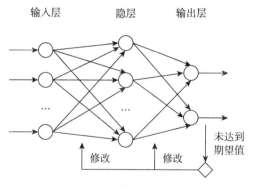

图 5.7 神经网络学习结构示意图

5.4.2　实证研究

1. 项目治理风险指标识别与建立

项目治理风险指标的确立主要基于国内外学者的研究，总结概括出对项目成功影响较大的一些因素。对于项目治理风险因素，国内外学者从多个视角开展了研究工作，具体可以概括为三个方面，即项目合作参与方视角、项目合作过程视角以及项目合作环境视角（孙亚男，2012）：①从项目合作参与方视角，国内外大量学者对项目治理风险因素进行了较广泛的探讨。他们认为影响项目成功的因素来自两个方面。一方面是项目合作参与主体的个人属性所产生的因素，另一方面是合作主体间的关联关系所带来的因素。这些因素可以总结概括为利益相关方识别、诚信、伙伴的合作经验、需求冲突、有效的沟通。②从项目合作过程视角，中外学者从创新扩散、组织管理约束、转移模型等方面对项目实施过程中的参与者和传递者进行了系统的分析，分析得出，促使项目成功的因素虽然名称不同，但表述的内涵具有一致性，可归结为监督和实施者的意愿、效率和效果、相互信任、开放的氛围等。③从项目合作环境视角，经济体制、国家政策以及法律法规和文化机制等都会对项目的成功造成影响。具体来说，利益分配体制的不完善、合作所需的法规不到位、政府指导及支持的缺乏等因素都可能使一个项目失败。针对项目合作过程的风险因素，概括起来主要有制度体系、全面风险管理、完备的服务平台、清晰的成本和利益分配机制、组织模式等。

根据以上对项目治理影响因素的文献梳理，同时考虑到项目治理应满足的两个要求，即合作项目必须实现项目目标和合作项目必须使利益相关方满意，最后得出项目治理风险评价指标（表 5.10）。

表 5.10　项目治理风险评价指标

风险评价指标分类	风险评价指标名称	参考文献
合作参与方相关指标	利益相关方识别 C1	唐孝云等（2009）
	诚信 C2	
	伙伴的合作经验 C3	
	需求冲突 C4	Dodgson（1993）
	有效的沟通 C5	顾海（2001）
合作过程相关指标	监督和实施者的意愿 C6	张秀萍和声风军（2011）
	效率和效果 C7	
	相互信任 C8	Dodgson（1993）
	开放的氛围 C9	

风险评价指标分类	风险评价指标名称	参考文献
合作环境相关指标	制度体系 C10	唐孝云等（2009）
	全面风险管理 C11	
	完备的服务平台 C12	
	清晰的成本和利益分配机制 C13	
	组织模式 C14	

2. 基于原始数据的主成分分析

1）数据来源

本部分研究根据表 5.10 中提取的 14 个指标设计问卷，问卷共涉及 14 个题目，每个题目针对表 5.10 中的一个指标。每项指标可能对项目造成风险的影响程度用数字 1～5 来表示，5 代表影响程度最大，3 代表影响程度适中，1 代表影响程度最小。运用德尔菲方法选择了 9 位在项目治理方面资深的专家，项目参与人员对每一项原始指标进行打分，每位专家根据其项目业务风险的经验，对其进行评判。经过一轮不经沟通的评判之后，将不同专家及项目参与人员的结果交换，对别人的评判结果熟悉之后再一次进行打分，反复几次之后，得到项目治理风险指标对项目成功的影响分数。

2）主成分分析

借助 SPSS 软件对原始数据进行主成分分析。首先，通过对指标进行变量共同度分析实现对主成分因子初始解的分析，14 个主成分因子变量共同度最大值为 0.940，最小值为 0.684，从总体情况看，大部分值都在 0.8 以上，这说明对原始信息的保存相对比较完整。其次，借助 SPSS 软件对原始数据进行方差贡献率分析。通过该分析，可以得到各个主成分特征值、贡献率与累计贡献率，累积贡献率即各个贡献率的累加值。累积贡献率达到 85% 以上，则说明提取的主成分基本将样本的特征囊括。对 14 个指标进行方差贡献率分析之后，发现前 4 个成分的累积贡献率已经达到 87.955%，即项目治理风险用 4 个评价指标就可以较全面地对风险进行评价，具体指标如表 5.11 所示。

表 5.11　主成分的特征值、方差贡献率、累积贡献率

成分	初始特征值			提取平方和载入		
	特征值	方差贡献率/%	累积贡献率/%	特征值	方差贡献率 %	累积 %
1	6.050	43.214	43.214	6.050	43.214	43.214
2	2.782	19.868	63.082	2.782	19.868	63.082
3	1.965	14.035	77.117	1.965	14.035	77.117

续表

成分	初始特征值			提取平方和载入		
	特征值	方差贡献率/%	累积贡献率/%	特征值	方差贡献率 %	累积 %
4	1.517	10.838	87.955	1.517	10.838	87.955

通过主成分分析，可以得到 4 个主成分因子，各个风险因素的成分矩阵如表 5.12 所示。

表 5.12　成分矩阵

指标	成分			
	1	2	3	4
C1	0.633	0.290	**0.621**	−0.264
C2	0.703	0.282	−0.472	−0.284
C3	0.589	0.467	−0.264	−0.221
C4	0.486	0.241	−0.566	**0.591**
C5	−0.098	**0.921**	0.142	0.054
C6	**0.932**	0.040	0.032	0.162
C7	−0.686	−0.240	0.319	0.539
C8	0.653	−0.024	**0.575**	−0.392
C9	0.714	−0.527	0.274	**0.100**
C10	**0.924**	−0.131	−0.162	0.086
C11	0.202	0.487	0.574	**0.576**
C12	**0.818**	−0.213	0.226	0.226
C13	**0.828**	−0.146	−0.173	0.301
C14	0.192	−0.914	−0.042	−0.062

注：字体较深的表示对主成分影响较大

成分矩阵显示了原始变量与主成分之间的关系，由于我们采用最小二乘回归算法，成分矩阵中给出了原始变量与主成分之间的线性关系，根据该矩阵以及原始变量的观测值可以计算主成分的得分。例如，用 X1 表示提取的主成分 1，则

$$X1 = 0.633C1 + 0.703C2 + 0.589C3 + 0.486C4 - 0.098C5$$
$$+ 0.932C6 - 0.686C7 + 0.653C8 + 0.714C9 + 0.924C10$$
$$+ 0.202C11 + 0.818C12 + 0.828C13 + 0.192C14$$

以此类推可以得到成分 2、成分 3、成分 4 的得分。同时观察 X1 等式，可以看出每个原始变量前的系数代表了该原始变量对成分 1 的影响程度，系数越大，对主成分的影响越大。根据该思想，就可以根据影响最大的因素依次提炼出 4 个主成分因子，表 5.12 中字体较深的为标出的对主成分影响较大的因素。通过整合，提取的 4 个主成分因子如表 5.13 所示。

表 5.13　主成分因子构成

主成分因子名称	项目合作保障因子	沟通因子	信任机制因子	合作环境因子
主要影响因素	C6、C10、C12、C13	C5	C1、C8	C4、C9、C11

这 4 个指标可以作为运用神经网络对项目治理风险进行评价的指标，主成分分析使得神经网络的结构大大简化，为通过神经网络进一步研究服务型制造的项目治理风险提供了良好的支撑。

3. 基于神经网络的项目治理风险评价

1）神经网络模型的设计

经过主成分分析后，利用 Matlab 软件进行神经网络仿真，网络结构的确定包括确定网络的输入、隐含层及其单元数、输出等，通常采用具有一个输入层、一个隐含层和一个输出层的三层网络模型结构。

（1）输入层节点的选择。

根据前文建立的指标体系，确认神经网络模型的输入节点，将项目合作保障机制、沟通机制、信任机制、合作环境作为神经网络模型的输入节点。由于本模型建立指标体系所考虑的因素均为定性因素，在进行输入节点输入时先将指标定量化，以便于网络模型的应用。将项目评价过程中的每个指标的大小分为（大、较大、一般、较小、小）五个等级，将其量化为（0.9、0.7、0.5、0.3、0.1）5个数值。本部分输入节点选择为 6 个。

（2）隐含层节点的选择。

隐含层节点的作用是从样本中提取并存储其内在规律，节点数量越少，则网络从样本中获取信息的能力就越差，不足以概括和体现训练集中的样本规律；节点数量越多，越可能把样本中非规律性的内容学会记牢，从而出现所谓的过度吻合的问题，反而降低了网络的泛化能力。因此，对于隐含层节点数，可以参考下面两个公式进行确定：

$$n_1 = \sqrt{n+m} + a$$
$$n_1 = \log_2 n$$

其中，m 表示输出神经元数；n 表示输入神经元数；a 表示 1～10 中的常数。为了使隐含层节点数更为合适，可以通过误判率的大小来确定。根据软件的反复测试，本模型隐含层节点选取为 4。

（3）输出层节点选择。

输出层节点对应于评价结果，在本部分研究建立的模型中，由于最终的结果是一个评价数值，即综合评价分数，代表不同的风险程度，因此选择 1 个输出节点。

综上所述，本部分研究基于神经网络的项目治理风险评价，其建立的神经网络应该是一个 6×4×1 的结构。

2）神经网络模型的训练和检测

首先，进行神经网络训练的样本来自于某地区的 8 个项目相关的数据。其中 6 个作为训练样本，2 个作为检测样本。神经网络模型的样本输入如表 5.14 所示。

表 5.14　神经网络模型的样本输入

	评价指标	项目合作保障因子	沟通因子	信任机制因子	合作环境因子
训练样本	项目 1	0.512 4	0.449 4	0.540 6	0.770 2
	项目 2	0.397 0	0.341 8	0.470 2	0.374 4
	项目 3	0.480 0	0.380 4	0.538 4	0.460 4
	项目 4	0.499 4	0.491 0	0.592 6	0.485 4
	项目 5	0.550 1	0.473 0	0.416 6	0.423 4
	项目 6	0.550 3	0.398 6	0.497 6	0.400 1
检测样本	项目 7	0.307 6	0.412 0	0.512 0	0.552 3
	项目 8	0.450 5	0.401 7	0.502 0	0.446 1

输入样本后系统按照神经网络算法来学习，直到误差满足预先设定的要求时，系统停止学习，此时的权值矩阵与阈值向量固定下来，成为系统内部知识，在此设定学习速率为 0.05，误差限制在 0.000 1，动量系数为 0.9。利用 Matlab 软件对项目风险评价模型进行学习训练，运用 6 个样本输入、输出值对前面建立的神经网络模型进行学习训练，训练 166 次后，总体误差满足要求，得到如图 5.8 所示的训练误差图。

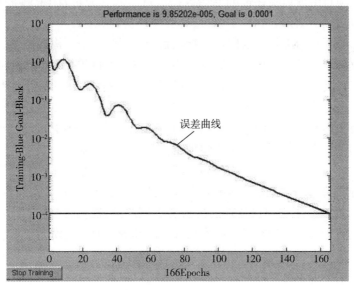

图 5.8　贝叶斯网络的条件概率分布图

本图为软件输出结果

从图 5.8 看出，训练样本经过 166 次训练后，网络的目标误差达到了要求。这也说明网络训练结果的准确性和有效性。神经网络模型的样本输出如表 5.15 所示。

表 5.15　神经网络模型的样本输出

项目编号	1	2	3	4	5	6
专家评价	0.414 3	0.474 6	0.535 8	0.540 9	0.355 2	0.613
实际输出	0.425 5	0.472 3	0.542 3	0.495 8	0.351 3	0.619

将两个检测样本的相应指标值输入模型，得到输出结果如表 5.16 所示。

表 5.16　神经网络模型的检测样本输出

项目编号	专家评价	实际输出	准确率/%
7	0.334 3	0.324 8	97.26
8	0.401 3	0.414 19	96.79

检测样本网络输出结果与专家评价结果基本相符合，准确率达到了 97.26% 和 96.79%。这样，一个用于项目治理风险评价的神经网络模型经学习训练成功，可以用此模型对项目风险进行风险评价，以作为项目的决策依据。

5.4.3　结论与启示

经过对项目治理风险评价的原始数据进行主成分分析及 BP 神经网络预测，主要可以得出以下结论。

（1）影响项目治理的主要因素包括项目合作保障因子、沟通因子、信任机制因子、合作环境因子。本部分研究首先通过专家及项目相关人员得到项目治理风险评价指标；其次，根据得到的指标，运用 SPSS 软件对项目治理过程中的风险因素进行主成分分析，研究得出项目治理风险指标主成分有 4 个；最后，通过成分矩阵，得出影响主成分的系数，归纳总结得出项目合作保障因子、沟通因子、信任机制因子、合作环境因子是影响项目治理的主要因素。

（2）主成分分析与神经网络预测相结合的方法可以有效评价项目治理风险指数。本部分研究基于主成分影响因素，运用神经网络进行风险预测。通过 Matlab 软件对 6 个工程项目整理后进行神经网络的训练，经过对网络预测样本及原始数据的比较，得到经过 166 次训练后的预测模型，该模型预测准确率达到 96% 以上，证明了用于项目治理风险评价的神经网络模型学习训练的成功性。

风险评估是为了更好地规避风险，企业可以采取一系列的风险管理方法来保证项目的有效进行，实现项目治理过程中的风险最小化。本部分研究提出的具体研究启示如下。

第一，企业可以通过选择风险回避、风险分散等应对措施提高项目成功率。在项目的选择上，可以选择低风险的项目实施投资以规避风险，也可以在项目实施过程中改变路径以绕过某些风险因素等。在项目实施过程中，可以通过时间、空间上的分散使风险降低。例如，同时进行对各项目的开发形成项目组合；同意各项目实施多种方案以提高总体的成功率；等等。

第二，企业可结合关系治理相关理论，在加强合作者之间关系的基础上提高项目成功率。通常项目管理者还通过合作方式，即寻找多个项目承担者来分摊风险，这时项目治理的成功与项目合作者即利益相关者密切相关。利益相关者不仅是合作伙伴，还涉及经济交易上的往来。根据关系治理的相关理论知识，利益相关者是通过契约治理和关系治理建立联系的。减少因利益相关者之间的冲突而产生的对项目成功有影响的因素，可以通过在交易活动中构建契约治理与关系治理互补机制来实现。采用较强的契约治理本身可以提高交易绩效，但纯粹依赖契约容易使交易双方失去信任，也容易降低沟通效率。因此，从契约履行的效率观点出发，利用关系治理可以使项目合作者之间关系更加密切，同时还能提高项目合作过程中的响应能力。

5.5　本章小结

项目成功最大的威胁来自于项目运行中遇到的各种风险，项目治理的风险直接影响服务型制造的运作。本章通过社会网络分析法研究了服务型制造项目治理风险的演化，从整体上把握了服务型制造网络结构变动对项目治理的影响。继而根据风险管理的一般过程，基于贝叶斯网络方法对服务型制造项目治理风险进行分析，最后利用主成分分析和神经网络相结合的方法重点研究服务型制造项目治理风险应评价，并提出初步的风险应对策略。

社会网络分析方法能充分刻画项目利益相关者之间的治理关系，可为服务型制造项目治理风险的研究提供有效的量化工具。利用社会网络分析方法构建了项目治理的社会网络模型，分析了项目利益相关者在网络中的地位、个体行为和网络结构之间的关系，并深入探讨网络结构对项目治理风险的影响。服务型制造项目治理风险演化的研究表明：利益相关者的地位影响个体行为，从而改变网络结构，影响其他利益相关者的地位，给项目治理带来新的风险。根据研究结果，提出了规避项目治理风险的联合策略、契约策略以及顾客价值策略。

为了对服务型制造项目治理风险进行系统的分析，本章还通过文献研究和专家建议识别出诸多风险要素，并利用贝叶斯网络方法构建了项目治理风险的网络结构模型，对风险事件的重要程度进行分析，从而通过逆向推理识别出风险因素产生的路径。研究表明：利益相关者识别不当是导致服务型制造项目治理风险的主要因素，利益相关方存在不诚信记录等因素会影响利益相关者的识别，提高契约的明确性、履约的严格性与顾客参与程度可以降低利益相关者缺乏合作经验带来的风险。根据研究结果，提出了充分了解候选者、采取网格治理以及建立激励机制的几点启示。

　　项目治理风险涉及难以评价和量化的相关方利益关系，具有不确定性和复杂性。因此本章尝试使用主成分分析和神经网络相结合的方法对项目治理风险进行评价，希望能有突破性发现。该部分综合主成分分析与神经网络方法的优点，建立了风险评价模型，并提出提升项目治理风险管理水平的具体对策。结果表明：通过主成分分析的项目治理风险主要包括项目合作保障因子、沟通因子、信任机制因子、合作环境因子，而神经网络能有效提高评价精度，这说明此方法在实践中具有可行性与有效性。

　　本章运用多种方法对服务型制造项目治理风险进行了分析，基于风险识别、风险分析（包括风险估计和风险评价）、风险应对的风险管理顺序，主要对风险识别和风险分析进行了较为详尽的研究，并基于分析结果提出初步的风险应对策略。但是要降低甚至规避项目治理风险，仅仅根据以上策略是远远不够的，只有设计完善的项目治理机制，才能从源头上降低风险发生概率，从而提升项目成功率。第6章我们将从多个角度对服务型制造项目治理机制进行深度剖析，从而为设计有效的项目治理机制提供参考。

第 6 章

服务型制造项目治理机制设计

项目治理机制是项目组织内部对项目交易各方的权、责、利的一种制度安排，以项目治理成功为目的（骆亚卓，2011）。Lambert（2003）曾将项目治理机制定义如下：围绕项目的一系列结构、系统和过程，确保项目有效的交付使用，彻底达到充分效用和利益实现。治理机制不完善会导致大项目失败的概率增加，并对所在组织产生巨大的负面影响。因此，设计完善的项目治理机制是保证项目成功的关键。Turner 和 Keegan（2001）从交易成本角度提出了项目治理机制，并指出简单的治理结构应该调节简单的交易，复杂的治理结构应调节复杂的交易，他们的研究非常关注不完备契约情况下的治理结构，认为为了克服机会主义应该让业主、客户、供应商都参与项目。随后，Turner（2004）运用委托代理理论分析了项目临时组织内部的结构，提出了不同的项目管理组织有不同的治理机制和治理结构，并在此基础上研究了建设项目合约形式的多样性以及不同合约的事前激励和事后激励机制。他认为项目治理机制提供了一种体系，通过该体系项目目标、实现目标的方法以及监督项目绩效的方法都得以确定（Turner，2006）。梁永宽（2008）把合同分为"正式合同"和"隐含合同"，前者是通过法律来保障的，后者指的是非正式的社会控制和协调机制，如声誉、社会惯例等，并用这两种合同来表示企业间协调和保护合作关系的治理机制。还有不少学者站在项目各主体信息共享、目标一致、联合解决问题等关系治理角度研究项目治理机制；关系治理是一种内生的机制，可以借助嵌入社会纽带环境中的私人和公共信息流，使得交易的执行比采取合同或第三方强制执行更有力度；在目前国内普遍存在法律观念淡薄、诉讼成本高、执行难度大的情况下，关系治理是一种较有效的治理模式（王恩创，2010）。

项目治理的核心在于协调利益相关者的治理角色关系，并使各方都满意。因此，必须从利益相关者角度出发，充分考虑各利益相关者的利益需求及其差异，并通过规范各利益相关者的行为、充分沟通，以及相互之间密切协调合作，才能设计出有效的项目治理机制，从而保证项目顺利实施。虽然多数学者认同各利益相关者参与可能是项目共同治理的有效方法，但是对于如何协调各个利益相关者之间的利益关系以及如何规范它们的行为并未做深入研究。本章将基于委托代理理论，从利益相关者角度研究服务型制造项目治理机制，分析各个利益相关者之间的博弈行为，为设计有效的项目治理机制提供理论支撑。

6.1　服务型制造项目治理分析框架

6.1.1　相关理论概述

1. 多代理人

近年来，多代理人问题已经成为管理学界的研究热点之一。因为与单代理人的情况相比，多代理人的情况更加贴近实际，更能满足现实需要，但是多代理人的情况也更为复杂。多代理人理论遵循了双边委托代理理论的基本分析框架，不同之处在于存在多个代理人且代理人之间会相互影响、产出可以比较。从合同理论的角度来看，在一个委托人和一个代理人情形下，委托人的主要问题是要设计一个最优的激励合同。如果信息对称，则总能找到一个最优合同，使交易实现最大效率；如果信息不对称，则会导致效率损失。由于代理人的生产率通常是私人信息，无法写入合同，所以委托人只能通过代理人的行为结果进行推测。此时，代理人的行为结果在委托代理模型中既可以代表用于分享的总剩余，又可以作为委托人辨别代理人行动的一种信号。理论上，只要满足单调似然比性质，对代理人的激励就可以根据其行为结果来定，其行为结果越好，获得的工资越高。当然，如果委托人可以获得除代理人行为结果以外的其他有关代理人努力的新信息，那么也可以将这些新信息写入合同（周业安和宋紫峰，2011）。在这个过程中，信息结构影响着双方的行为方式和行为结果。

在一个委托人和多个代理人的情形下，委托人的主要问题是要设计一个包含多个代理人的整体组织，这些代理人相互之间在博弈中策略性地互动。在多代理人情形下会出现两种情况：一是多个代理人构成一个团队，团队总产出可观测，而每个个体的产出不可观测。这容易导致单个成员搭便车行为，此时可以考虑引入一个打破预算平衡者（budget breaker），即一个对团队的产出拥有某些所有权，但是其本身并不参与生产的人来对团队成员进行有效激励（Holmström，1982）。二是多个代理人联合生产，同时个体绩效可观测。这时我们面临的问题从如何诱导合作，或者避免搭便车，转移到如何控制代理人之间的竞争上。此时可以采取锦标赛制度（Lazear and Rosen，1981），即每个代理人的所得只依赖于他在所有代理人中的排名，而与他的绝对表现无关。这种锦标赛制度的收益在于降低代理人面临的总体风险，而其成本在于减少了代理人之间的合作（Holmström and Milgrom，1990）。一方面，代理人之间的串谋是制约锦标赛制有效性的一个潜在因素，因此如何构造组织以减少潜在的串谋就成为委托人必须考虑的问题。另一方面，锦标赛或者其他的相对绩效评价激励方法又会降低代理人之间的合作，在极端的情况下，这种激励会使得代理人使用破坏手段来降低其他代理人的产出。如果代理人之间的合作值得，那么委托人又要考虑如何诱使代理人相互合作或者帮助其他人来完成任务。因此，清楚把握在何种情况下设置防串谋机制、何种情况下鼓励合作显得尤为重要。博尔顿和德瓦特里庞（2008）用两个模型来描述代理人合作的形式，第一种是一个代理人 i 帮助代理人 j 来完成一项任务，第二种是通过对代理人行动选择进行缔约的方式来实现协调。在后一种形式中，当委托人试图引导代理人进行合作的时候，要让代理人组成一个团队，并作为一个整体与这个企业缔约，而不是与每个代理人之间单独订立合同。本部分研究借鉴博尔顿和德瓦特里庞的研究来分析服务型制造项目治理中多代理人的串谋问题。

2. 共同代理

共同代理中存在多个委托人，具有比一个委托人和一个代理人更为复杂的委托代理关系。委托人与代理人的数量对委托代理关系的性质具有实质性影响。从这一角度，委托代理理论的发展路径可以归纳为从传统双边委托代理关系，拓展到多代理人关系，再扩展至多委托人关系，直至多委托人多代理人的复杂关系，具体情况如表 6.1 所示。

表 6.1　委托代理关系分类

委托人	代理人	
	单一代理人	多个代理人（两个或两个以上代理人）
单一委托人	双边委托代理关系（bilateral principal-agent relationship）；一个委托人将某项任务授权给予自己的目标函数不一致的一个代理人	扩展的委托代理关系（generalized principal-agent relationship）；一个委托人与 n 个代理人的关系，代理人可能合作也可能独立行事
多个委托人（两个或两个以上委托人）	共同代理关系（common agency）；几个委托人自愿或独立地将某种决策权授予一个代理人，代理人拥有私人信息，委托人可能合作也可能竞争	复杂多边委托代理关系（multilateral principal-agent relationship）；多委托人与多代理人的相互作用

资料来源：于立宏和管锡展（2005）

1985 年 Bernheim 和 Whinston（1985）正式提出共同代理模型。1986 年，

他们对共同代理的定义如下：当个人（代理人）的行为选择影响了不是一个，而是多个参与人（委托人），且这些委托人对各种可能行为的偏好相互冲突时，这种情形即被称为"共同代理"（common agency）（Bernheim and Whinston，1986）。同时，他们用简洁、严谨的数学语言提出了一个更具一般性的共同代理模型。该模型包括多个委托人和一个代理人，所有参与人都是风险中性。代理人的行为不可观测，且其行为将影响委托人的利润；所有委托人都能观测到最终结果；每个委托人的战略都由一个结果依赖型报酬机制组成。模型证明无论何时委托人之间的共谋都将最优，有强纳什均衡存在，并且必将产生有效率的结果。共同代理可以被分成三种形式，即授权型共同代理（delegated common agency）、内生型共同代理（intrinsic common agency）和非内生型共同代理（于立宏和管锡展，2005）。授权型共同代理是指几个委托人自愿地（或独立地）将某种决策权授予一个代理人，代理人可以决定接受其中部分或全部合约。在这种代理模式下，委托人不能简单提出一个合约，而是要设计一个合约菜单，因为这可使代理人在是否参与其他委托人的决策的问题上保持相互独立。内生型共同代理，是指一个代理人自然地被授予某种足以影响委托人的决策权，在这种代理模式中，代理人要么接受两个委托人的合约，要么两个都不接受。非内生型共同代理是指代理人自由选择为多少委托人工作，同时没有委托人能为合约设置条件以影响代理人接受其他合约的决策。在这种治理模式下，每一个委托人仅仅提供一种合约给代理人，且代理人有自由去选择接受所有合约，或几个合约，或都不接受。

　　继 Bernheim 和 Whinston 得出"共同代理能促进委托人之间的共谋"的结论之后，共同代理迅速引起了学术界的极大兴趣。Gal-or（1991）着重考察了委托人与代理人之间信息不对称对均衡结果的影响，并认为如果代理人具有某些有关成本的私人信息，那么寡头垄断生产厂商进行共同代理并非有利。因为共同代理具有两种反向效应，即委托人的共谋效应和代理人利用信息优势的寻租效应，所以委托人要在对两种效应进行权衡之后再选择具体的代理方式。Mezzetti（1997）设定了一个简化的内生共同代理模型，即两个委托人分别要求共同代理人执行一项任务，且两项任务具有互补性。该模型分别研究了共同代理条件下委托人之间合作、委托人独立签约以及排他性代理三种情况下的最优激励合约安排。通过对均衡结果的比较，该研究最终得出两个重要的结论：第一，在既定的假设条件下，对委托人来说，不论代理人是否具有私人信息，共同代理总是优于排他性代理。第二，在选择共同代理时，委托人之间结盟总是优于与独立代理人签约。基于研究结果，Mezzetti（1997）建议委托人应与不太专业的代理人签署固定报酬合同，而对专业化程度高的代理人应支付激励性报酬。Bergemann 和 Valimaki（2002）研究了对称信息条件下的动态共同代理问题，他们认为代理人通过选择当期的行为可以影响委托人在下一期的竞争程度，因此代理人将在第一期排除最有效率的行为，而选择能提高委托人竞争程度的行为，从而实现第二期收益的增加，代理人的这种行为将导致整个博弈无效率。此外，Bernard（2001）还研究设计了一种简单的激励机制，该机制的好处在于，当代理人希望增加总收入时，花费在两个任务上的努力是互补而非替代的。这样就等于减轻了多任务情形下过度专业化及削弱激励机制的倾向。

总体而言，关于共同代理理论的研究主要向两个方向发展：一方面，学者逐步放松了基本模型的假设条件，从完全信息到不完全信息，从委托人任务同质性到异质性，从静态到动态，逐步将模型朝更贴近现实的方向推进，研究共同代理在产业链中的作用及其对市场竞争和社会福利的影响；另一方面，也有学者研究在共同代理框架下激励条款的效能，以及委托人激励机制的设计问题（王小芳和管锡展，2004）。

3. 机会主义

对机会主义的正式定义来自交易费用经济学。Williamson（1975）将机会主义行为定义为"一种基于追求自我利益而采取的狡诈式策略行为"即"损人利己"行为。在后来的研究中，他又对机会主义做了进一步的补充，认为机会主义是指"欺骗性地追求自利，这包括但不仅仅限于比较明显的形式，如说谎、偷盗、欺骗。机会主义更多地涉及更复杂的欺诈形式，包括主动的和被动的形式，事前和事后的形式"（Williamson，1985）。Anderson（1988）认为，机会主义行为具体表现为隐瞒、欺骗、违背契约、窃取数据以给他人造成误导和困惑。在随后的研究中，一些学者（Hawkins et al.，2008；Caniels and Gelderman，2010）认为机会主义行为还包括交易参与方为了获取自身利益而扭曲和隐瞒信息、违背合同、逃避履行承诺，以及当环境发生变化时拒绝进行调整等。这是一种带有侵略性的自利行为，实施机会主义行为的一方完全不考虑其行为对交易伙伴所产生的影响。

随着研究的深入，有学者认为机会主义行为应该包含多个方面的内涵，而不仅仅是单一维度的概念。Wathne 和 Heide（2000）把机会主义行为划分为故意的和合法的两种。前者是指有意隐瞒重要信息、消极隐藏重要资讯、逃避义务的行为；后者是指不遵守契约规定、契约到期的松绑和投资特定资产等投机性行为。Luo（2006）则将机会主义行为分为强形式和弱形式两种，强形式机会主义行为是指违背明确编撰在合同文本中的合同条款，该种行为非常容易被发现；弱形式机会主义行为是指那些违背关系规范，即未在契约中明确指出的行为，该种行为虽然难以被发现，但是极可能对交易关系产生长期消极的影响。高嵩（2009）根据三种标准对机会主义进行分类，即按照阶段划分为事前机会主义和事后机会主义；按照主观故意分为主动机会主义和被动机会主义；按照信息拥有情况分为逆向选择、道德风险和敲竹杠。机会主义的分类如表6.2所示。

表6.2 机会主义的分类

依据	分类	解释
阶段	事前机会主义（ex ante opportunism）	在关系开始前故意歪曲信息
	事后机会主义（ex post opportunism）	在关系进行期间以各种形式违约
主观故意	主动机会主义（active opportunism）	从事明确禁止的行动
	被动机会主义（passive opportunism）	被动地（消极地）减少努力，消极地未能遵守协议，如质量缩水
信息或专用资产的占有	逆向选择（adverse selection）	联盟伙伴的逆向选择，主要是指联盟伙伴的一方拥有私人信息，另一方却难以获取这些信息，导致委托人不能正确识别适宜的联盟伙伴，并与那些低素质（或低能力）的企业签约结成战略联盟
	道德风险（moral hazard）	一般指在签约后隐藏行动的自利行为
	敲竹杠（hold-up）	敲竹杠是一种事后的机会主义行为，基于资产专用性或某种特殊的关系契约而产生的可占用准租的存在，是导致联盟伙伴敲竹杠的最直接根本诱因

资料来源：高嵩（2009）

　　机会主义对经济活动具有负面影响，仅仅研究其概念还不足以明晰机会主义产生的原因以及如何采取措施避免或减轻机会主义的危害。因此，亟须对机会主义产生的根源及其治理方式进行深入探索。早期的主流观点认为"专用性资产导致了机会主义行为的发生"（Williamson，1985），近年来，该观点得到两个方面的发展：一是专用性资产不是机会主义产生的唯一原因。信息不对称、搭便车和短视化行为的前因"集体行动"和"单次博弈"也是机会主义行为产生的原因（刘燕，2006）；杨得前等（2006）认为在产学研合作中机会主义之所以产生是因为信息的不完全与不对称、合约的不完备性以及机会主义行为难以通过正式的司法程序进行证实；Das和Rahman（2010）认为引发联盟机会主义行为的原因又可归结为经济的、关系的和时间的因素。可见机会主义行为的原因并不局限于资产专用性。二是专用性资产并不一定导致机会主义。Werder（2011）认为不完全契约和专用性资产导致组织利益相关者拥有机会主义行为这项"期权"，而利益相关者是否会行权则取决于情境因素，如权力配置。在机会主义行为治理的研究方面，Williamson（1985）认为纵向一体化是消除敲竹杠行为的机制，但是科斯认为，采取长期合约的方法要比纵向一体化好，因为纵向一体化存在官僚体制成本和低能激励等较严重的问题。因此纵向一体化并非是解决机会主义行为的唯一方法。符加林（2007）认为声誉效应可以通过影响联盟伙伴的选择和对声誉主体产生激励与约束，来降低联盟伙伴的逆向选择与道德风险、敲竹杠等机会主义，最终说明声誉效应是一种有效的机会主义治理机制。喻卫斌（2007）认为网络组织是介于市场和企业之间的一种中间层组织，它因其特殊的契约特征、交易内容以及治理机制而具有防范机会主义的功能。杨得前等（2006）认为在项目中引入仲裁者深刻地改变了利益相关者博弈的信息结构，从而使参与者走出了囚徒困境，进而使参与者在博弈中实施真诚合作的策略得以实施，这种制度逐渐在参与者的头脑中内化为一种道德准则，即"不能在合作中采取机会主义策略"，使每个参与者下意识地去遵从。

6.1.2　利益相关者机会主义分析

1. 服务型制造项目的主体概述

服务型制造的主体主要包括制造企业、服务企业及客户，三者之间有着密切的利益关系，如图 6.1 所示。制造企业和服务企业之间存在着委托代理关系，制造企业作为委托人为达到投资目标，将质量、成本、进度、安全的任务委托给与此相关的服务企业，由于制造企业与各服务企业的效用收益不一致，因此制造企业与各服务企业之间必然存在着以合同交易体现的博弈行为。在此博弈中，制造企业期望服务企业以其可接受的成本实现委托的多任务目标，而服务企业则希望能够使自身的效用收益最大化，能够从制造企业那里获得最大利润，同时自身只需要付出相对较小的成本。在实现风险和收益均衡的问题上，制造企业与各服务企业不断进行着一次或多次的博弈行为。

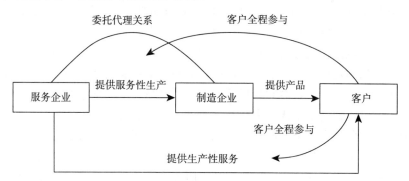

图 6.1　服务型制造网络中成员关系图

在服务型制造网络中，服务企业和客户之间、制造企业和客户之间都存在着微妙的利益关系。服务型制造模式以客户价值理论为理论基础，该理论明确提出产品和服务的价值应该以客户为中心，要真正做到一切都是为了满足客户的需求，这种价值不是由服务企业和制造企业决定的，而是由客户决定的。随着社会的发展，新型的产品越来越多，客户对产品和服务的期望也越来越高。现如今的客户已不再是产品与服务的被动接受者，他们可以通过多种途径去了解各种产品的信息，从而在可选择的产品中进行选择。因此，企业必须改变原有的生产理念，应该一切都以客户为中心，努力去满足各种客户的不同需求，只有这样，才会赢得客户的喜爱，从而在当今竞争激烈的市场环境下生存下去。

2. 机会主义动因

很显然服务型制造中，制造商（委托人）与服务商（代理人）之间是一种委托代理关系。从制造商的角度来说，可能要面对一个或多个服务商。服务商都有着自己的价值取向和利益追求，为了使个人自身利益达到最大化，服务商很可能会牺牲制造商的利益，充分利用掌握的信息来谋取私人利益。制造商不易观察服务商的全部行为，这使其了解的相关信息受到限制，从而导致了制造商和服务商之间信息交流的不对称，这为服务商的机会主义行为提供了条件。综上所述，服务商的机会主义行为也是其内在需求和外部刺激共同作用的结果。前者是内在的需求作用，是自发性的；后者是外部刺激的结果，是引致性的。

自发性动机是指源自服务商自身因素，由其内在需求而产生的行为动机。由于其不受外部因素的干扰，因此可以作为机会主义行为的原始驱动力。在分析服务商自发性因素时，首先可以把它假设成一个"经济人"，有着自己确切的偏好，并且追逐利益是其本质特性。这样，服务商在为制造商提供服务的过程中会根据成本效益分析的结果来决定自己的服务效力。其次，在与制造商的委托代理关系中，制造商给予服务商特定的工作，努力工作一般不会得到额外收益，这在客观上又导致其偷懒懈怠，乃至产生机会主义行为动机。由此可见，服务商"经济人"的本质特性促成了其机会主义行为的自发性动机。

引致性动机是指服务商因外在因素刺激而产生的行为动机，主要有如下三种情况：①信息不对称。由于信息不对称，交易中某些参与者掌握其他参与者所掌握不到的私人信息。在以盈利为目的的金钱社会里，由于信息的重要性，掌握信息的一方就可以通过信息优势来获利，而处于信息劣势的一方为了采取相应的对策，则会通过各种方法来获取对方的私人信息。在服务型制造项目中，由于反映受托责任履行情况的具体信息的具体过程是由服务商所掌控的，而制造商则处在信息劣势地位，因此便产生了制造商利用服务商（监督人）监督服务商私人信息的行为。但是这些信息的生成过程由受托的监督服务商自己控制，制造商同样无法观察，于是又形成了受托监督服务商的"私人信息"。而当自利的受托监督服务商与被监督服务商达成一致，凭借其"私人信息"共同向制造商寻租时，就会产生机会主义行为。②约束机制残缺。从对服务商的约束机制来看，制造商对服务商的约束力度太弱，助长了服务商机会主义行为。服务商的某些机会主义行为非常隐蔽，可能永远都不可能被发现，这些从客观上增加了监管的难度。而有一些舞弊行为是很明显的，只是由于约束力度不够而未被发现，这进一步助长了机会主义行为。机会主义行为被发现的几率越小，行为者的收益就会越大，相对要承担的风险也会越小，就更加助长了机会主义行为的动机。③激励机制不完善。1945 年哈耶克曾经说过："在实践中，由于每个人都掌握着某种信息，相对其他人就有了信息上的优势。为了能够利用这种信息，他就需要二者择一，要么留给掌握这种信息的人来做依据这信息能够做出的决策，再者就是得到他的积极配合。"基于这一认识，制造商要么将经济决策权交给服务商，要么就需得到服务商的积极配合。而不完善的激励机制可能会导致服务商合作的动力不足，从而间接引起机会主义行为的产生。

3. 机会主义后果

在服务型制造项目中，服务商的机会主义行为危害颇大，具体可以概括为以下几个方面。

1）损害客户利益

服务企业的机会主义行为，如服务商之间的串谋会迫使客户接受串谋组织理想的约定价格，从而使客户的利益受到损害。在串谋体存在的市场中，串谋企业会以默契定价和协议定价的方式形成市场供给的垄断，决定市场的供给价格和数量。默契定价和协议定价的后果是商品的销售价格超出其边际成本，这会使客户被迫以较高的价格购买同等质量的商品。对于同样的使用价值，单个客户要付出更多的货币，很明显，这是一种福利的损失。

2）扭曲价格信号

一般情况下，机会主义行为形成的串谋价格是指协议价格或者约定价格，这通常会对市场效率或者资源配置造成一定的损害。在当今社会市场经济占主导的情况下，所有市场商品的供求情况都会反映在市场价格上，企业可以通过该价格做出合理的资源分配方案，从而提高资源配置效率。机会主义行为会促使商家勾结起来利用串谋来发挥其作用，商家根据相关替代品的需求设计出相对比较有利的产量或者串谋价格。这样一来，客户就只能被迫去接受这一人为控制的产量和价格，这种不正确的供求信号将打破市场正常的供求需要。从短期来看，它将会导致某一行业的利润过高，并错误地指导市场供给力和生产力；从长期来看，该行业的高利润将导致市场资源的倾斜，使越来越多的厂商进入该行业，从而导致生产力和供给力严重剩余。

3）阻碍竞争机制

市场经济下竞争机制非常重要，可以说没有竞争就没有市场经济，而竞争对市场经济的调节主要有以下好处：一是可以通过竞争调节市场价格，使其更加有利于市场经济的发展；二是可以合理分配市场经济的效益和利润；三是可以通过优胜劣汰，对市场质量进行筛选；四是可以有效激励一些新的或者需求不足的经济产业。对于服务型制造项目来说，如果服务商产生机会主义倾向，相互之间发生串谋，竞争机制的这些优点将消失殆尽。首先，服务商之间进行串谋，会导致市场需求无法指导市场价格，使得价格混乱。其次，市场垄断将导致社会市场的经济财富很容易落入一部分人的手中，从而导致不合理的市场利益分配。再次，市场无法对供求情况做出正确判断，又会导致无法筛选出好的或者需求大的行业。最后，垄断行业的出现使市场利润过多地流入某些产业中，从而造成很多低利润的行业无法生存，甚至在市场上消失，无法激励更好更新的产业出现，这会大大降低市场经济的优势。

4）扼杀经济自由

通常，一个健康的市场经济体系中的价格是由市场的供求关系来调节的。因此正是这种病态的串谋机制，使得市场的价格不再依据市场需求而定。这种垄断经济可以很容易地左右市场价格。除此之外，由于其他非串谋经济体会对这种垄断造成威胁，在价格方面会出现竞争关系，所以串谋企业肯定会对其他非串谋企业进行打压，如在政策上和技术上对非串谋企业进行隔离，从而把非串谋企业隔离在价格的竞争圈之外。由此可见，串谋在很大程度上阻碍了市场经济的健康发展，使其他非串谋成员无法在这个市场下立足，严重扼杀了经济自由。

本部分仅仅对服务型制造项目治理中利益相关者之间的行为关系做了简要分析，为了从多维度全方位地把握利益相关者的行为关系，我们将以多代理人、多委托人以及机会主义为理论基础，分别对服务型制造项目治理机制进行探索，以期对服务型制造的项目治理机制有更深入的认识。

6.2　服务型制造多代理人项目治理机制

由于现实中串谋情况常常发生，因而代理人合谋及委托人对其防范已成为委托代理理论的热点研究问题之一。在串谋的影响方面，Maury 和 Pajuste（2005）的实证研究发现，当大股东具有一致利益时，更容易串谋掠夺小股东的利益；尹贻林等（2012）认为承包商与设计单位合谋会让业主承受巨大损失，提出业主可以通过合同条款的设立让设计单位的权、责、利相匹配，通过激励和约束促使设计单位拒绝合谋；而扈文秀等（2011）在分析象征式竞购合谋的均衡策略时却得出结论，竞购者合谋并未降低收购活动的经济效益，目标公司能够通过设定合理的保留来抑制合谋行为的发生；博尔顿和德瓦特里庞（2008）则认为，代理人可以根据产出结果和行为选择（努力水平）两种方式缔结次合同从而实现串谋，但是不同的协议签订方式对委托人有不同的影响。在串谋发生的成因方面，闫邹先和尚秋芬（2008）对国内外相关文献进行对比研究，发现串谋的成因不是由信息不对称造成的，而是由互惠造成的，信息不对称只是为串谋提供了条件；赵国宇（2011）在审计师合谋行为的研究中也指出，不对称信息为合谋的机会主义行为提供了温床，追求个人利益最大化则强化了个人实施机会主义行为的动机，其研究结果表明，因合谋行为而遭受处罚的事务所无论在客户数目还是在审计收费方面的市场份额都没有受到明显影响，表明处罚机制、声誉机制还有待完善。在防串谋机制的设计方面，黄安仲（2008）的研究表明，罚款机制很难有效治理串谋行为，并通过建立模型提出了有效治理串谋的方法；谢颖和黄文杰（2008）通过建立激励合同和监管模型，以及项目管理公司与承包商之间的串谋防范模型，提出制定合同时应将惩罚与激励相结合，并且代理人的信誉是维持政府投资人、项目管理公司以及承包商三方关系的重要因素；闫森和吴文清（2013）构建经营者不合谋、合谋两种情况下的委托代理模型，发现当经营者不合谋时，建立基于业绩的激励机制能够提升经营者的努力水平，而当合谋时，建立完善的监督机制则是预防合谋的有效途径；Celik（2009）设计出一个代理合谋的治理机制，代理关系为委托人与代理人 1 签约，再由代理人 1 向代理人 2 提供子契约，并推导出最终均衡结果；Winoto 和 Tang（2011）提出，自私的代理人往往通过撒谎来进行串谋，并设计了促使代理人讲真话的防串谋机制。

目前我国正处在制造业服务化转型的关键时期，大力发展服务型制造是实现制造业服务化转型的重要途径，但是模块商串谋问题的存在又会导致制造商利益受损，严重挫伤了制造商发展服务型制造的积极性，从而给制造业服务化转型带来新的阻碍，对模块商进行串谋治理具有一定的必要性。除此之外，串谋机制研究的文章在服务型制造领域尚属空白，学术研究的稀缺以及服务化转型需求的强烈使得服务型制造领域的串谋机制研究迫在眉睫。

6.2.1　研究方法与设计

本部分研究以服务型制造领域中的核心制造商（委托人）和模块商（代理人）为研究对象，根据帕特里克和马赛厄斯的观点，首先研究模块商基于产出结果签订次合同的串谋情况，包括串谋发生的条件以及制造商针对串谋采取的措施，并与串谋不可能发生的情况做对比分析；其次，研究模块商基于努力选择签订次合同情况；最后，根据研究结论提出服务型制造中防模块商串谋的建议。本部分主要对服务型制造项目的主体及可能存在的串谋行为进行分析。

1. 服务型制造项目主体分析

服务型制造的组织模式是服务型制造网络，网络节点间是价值模块协作关系，包括服务性生产模块（如制造过程的模块化外包）、生产性服务模块（如设计、物流等业务流程的模块化外包）、顾客效用服务模块（如个性化定制等）以及将各价值模块功能集成的服务集成模块,其业务模式主要通过生产性服务的模块化外包与服务性生产的模块化流程协作进行(冯良清,2012)。相应的,服务型制造网络中,包括服务性生产商、生产性服务商、顾客以及制造商(模块集成商)四类主体,它们在互利协作中形成相对动态稳定的服务型制造系统。

服务性生产商即提供制造服务的服务模块提供商,服务性生产是指制造商通过制造工艺流程外包的方式,进行产品零部件加工、制造装配等制造业务流程的协作,共同完成物理产品实体的加工制造,该过程强化了传统的产品供应链中游节点企业之间的分工协作,转向更为紧密的模块化的制造流程的合作,即服务性生产商不仅要承担某个或多个模块的制造服务,发展集成化的制造服务也成为一个趋势。生产性服务商即提供生产性服务的服务模块提供商,生产性服务包括科研开发、管理咨询、工程设计、金融、保险、法律、会计、运输、通信、市场营销、维修等方面,制造商将生产性服务从制造业中分离出来,外包给专业化的生产性服务商。而每个生产性服务商也并不是独立存在的,如物流服务,在服务型制造网络中物流服务按照业务专门化及标准化原则又可以分为物流方案规划、物流财务预算、运输和配送、仓储管理、物流信息系统建设、物流咨询与设计六大模块,各个模块相互联系,共同组成一个复杂的物流服务模块化网络。可见,服务性生产商之间、生产性服务商之间都具有紧密复杂的联系。顾客作为价值模块功能实现的主体之一,亲身参与产品的设计、制造等模块,可以最大限度按照自身的需要提高产品的价值。制造商是将生产性服务模块、服务性生产模块和顾客效用模块进行集成的模块集成商,通过流程的模块化外包实施节点间的合作关系,并且能根据不同的技术环境及市场环境对模块商进行动态选择,使得各个价值模块节点能够及时调整,获得利益。

基于以上分析可以发现,在服务型制造网络中,不同类型的产品及服务模块通过分工协作,将各利益主体协同在一个无形的平台上,在整合、协作、创新、竞争中全面满足用户的差异化需求,并且使顾客参与整个产品服务系统生产过程。本部分研究将服务性生产商与生产性服务商统称为模块商,基于服务型制造网络中制造商与模块商之间的委托代理关系,研究模块商之间的串谋行为,以及制造商采取的应对措施。

2. 模块商串谋行为分析

制造商的模块化外包涉及多个不同的行为主体,外包的质量与供需双方的质量决策行为等主观因素有关,外包的不确定性增加了外包质量的风险性(Baldwin and Clark,1997)。生产的社会化、专业化发展,使企业在生产经营中的纵向和横向联系加强,相互依赖程度加深,从而使得各个模块商之间的联系更加紧密,制造商不易观察模块商的全部行为使其了解相关信息受到限制,从而使制造商和模块商产生信息不对称,制造商与模块商之间的相对疏离、模块商之间的相对紧密，都为模块商之间的串谋提供了基础。此外，模块商都有各自的价值取向和利益追求，为了使个人利益达到最大化，很可能会牺牲制造商的利益，充分利用掌握的信息来谋取私人利益。例如，某制造商将物流服务和客户服务分别外包给模块商 1（物流服务商）和模块商 2（客户服务商），如果物流服务商在运输途中对产品造成损害，引起顾客向客户服务商投诉，作为诚实的客户服务商会向制造商进行反馈，制造商因此对物流服务商进行惩罚；而物流服务商为了免受惩罚会选择与客户服务商进行串谋，以期客户服务商对其过错进行包庇，同时给客户服务商一些额外费用（该费用低于自身受到惩罚的费用），客户服务商为了自身的利益接收串谋条件，而制造商则由于信息不对称，无法得知二者的串谋行为。这样不仅蒙蔽了制造商，还会造成顾客的不满意，并在一定程度上给制造商的名誉造成损害，为其进一步发展埋下隐患。

　　因此，可以认为模块商的串谋行为是其内在需求和外部刺激共同作用的结果。内在需求由于不受外部因素的干扰，可以作为串谋行为的原始驱动力。模块商可以被看做一个"经济人"，有确切的偏好，追逐利益是其本质特性，在为制造商服务的过程中会根据成本效益分析的结果来决定自己的服务。此外，制造商通常给予模块商既定的任务，努力工作一般不会得到额外收益，这又在客观上导致模块商的偷懒懈怠乃至产生串谋动机。外部刺激可以归纳为三种情况。第一，信息不对称。在服务型制造网络中，反映受托责任履行情况的具体信息的具体过程由模块商所掌控，而制造商处在信息的劣势地位，因此便产生了利用模块商（监督人）监督模块商私人信息的行为。但是这些信息的生成过程是由受托监督模块商自己控制的，制造商同样无法观察，于是又形成了受托监督模块商的"私人信息"。而当自利的受托监督模块商与被监督模块商达成一致，凭借其"私人信息"共同向制造商寻租时，串谋行为便产生了。第二，约束机制残缺。服务型制造网络具有动态性，随着顾客需求的变化各个价值模块的关系结构也会发生变化，制造商难以形成有效约束，从而助长了模块商之间的串谋之风。串谋具有隐秘性，通常因异常现象或串谋者为了获取宽大处理交出串谋协议而曝光（Chotibhongs and Arditi，2012），但是有一些舞弊是很明显的，只是由于约束力度不够而未被发现，串谋被发现的几率越小，串谋商之间的收益就越大，相对要承担的风险也就越小，这都助长了串谋的动机。第三，激励机制不完善。在实践中，由于每个人都掌握着某种信息，因此相对其他人就有了信息上的优势。为了能够利用这种信息，就需要二者择一，要么留给掌握这种信息的人来依据这些信息做出决策，要么就得到其积极合作。基于这一认识，制造商要么将经济决策权交给模块商，要么就要得到模块商的积极合作。

　　3. 防串谋机制设计思路

　　前文提到本部分研究将服务性生产商与生产性服务商统称为模块商，这里把服务型制造网络中多个模块商简化成两个模块商，针对一个制造商和两个模块商来建立模型。其中，制造商为 p；模块商为 i（$i=1, 2$）。

本部分研究在张维迎（2012）设定的一个委托人和一个代理人的模型上进行改进，设定这样一种情境：两个模块商为一个制造商工作，设模块商 i（$i=1, 2$）的产出是 $q_i=a_i+\varepsilon_i$，a_i 表示服务商 i 的努力水平（私人信息），ε_i 表示一个随机冲击。ε_i 服从正态分布，均值为 0，协方差矩阵为 $\begin{pmatrix} 1 & \rho \\ \rho & 1 \end{pmatrix}$。模块商 i 的效用函数为 $-\mathrm{e}^{-\eta\left(w_i-\frac{c}{2}a_i^2\right)}$，其中 η 表示绝对风险规避度量，w_i 表示模块商的收入，c 表示努力成本系数。每个模块商的保留工资为 0。制造商风险中性，并且被限制只能使用（对称的）线性激励方案，即对模块商 i 的激励方案为 $w_i=z+vq_i+uq_j$，其中 z 表示固定报酬支付，v、u 表示可变的绩效相关的报酬系数。模块商可以通过签订一份补充合同来实现串谋。

防串谋机制设计主要考虑模块商基于产出结果和基于努力选择两种签订次合同的情况：①基于产出结果，即代理人只能观察到最后的产出结果而不能观察到努力程度。该阶段主要研究模块商发生串谋应满足何种条件以及制造商采取的反击措施，研究基于产出的次合同是否会对制造商造成利益损害；②基于努力选择，即代理人能观察到对方的行为选择。该阶段主要研究模块商取决于努力选择的次合同对制造商的影响，是否会得出不同于其他学者研究结果的新发现。在此之前，先探讨串谋不发生情况下，制造企业的收益状况。

6.2.2　服务型制造项目防串谋机制设计

1. 串谋不可能情况

为了比较模块商串谋与不串谋对制造商的影响，本部分首先研究模块商不串谋情形下，制造商在线性激励方案（v, u）下的期望收益。制造商要解决以下最大化问题：

$$\max_{a_1, a_2, z, v, u} E\pi=(a_1+a_2)(1-u-v)-2z \tag{6.1}$$

约束条件为

$$\begin{aligned} &CE_1 \geqslant 0, \ CE_2 \geqslant 0 \\ &a_1 \in \arg\ \max CE_1 \\ &a_2 \in \arg\ \max CE_2 \end{aligned} \tag{6.2}$$

对于任意给定的 v，用 u 将其风险降至最低，得出

$$u=-\rho v \tag{6.3}$$

从激励相容约束条件可得

$$a_1 = a_2 = \frac{v}{c} \tag{6.4}$$

把式 (6.3) 和式 (6.4) 代入式 (6.1)，可以得到对 v 的一阶条件，从而得出

$$v = \frac{1}{1 + \eta c(1 - \rho^2)}, \qquad u = -\frac{\rho}{1 + \eta c(1 - \rho^2)} \tag{6.5}$$

因此，串谋不可能时，制造商的预期利润为

$$E\pi^{\mathrm{no}} = \frac{1}{[1 + \eta c(1 - \rho^2)]c} \tag{6.6}$$

因此得到结论 6.1：在串谋不可能情况下，由 $a_1 = a_2 = \dfrac{v}{c}$ 可知，在努力成本一定的情况下，模块商的努力水平与激励系数 v 有关，即奖励的力度越大，模块商越努力；由 $u = -\rho v$ 可知，当产出与投入正相关时 ($\rho > 0$)，制造商最优的线性激励合同是基于相对绩效的激励，此时制造商会因为一个模块商好的绩效而惩罚另一个模块商，而制造商对绩效相对落后的模块商惩罚力度越大，即 ρ 越大，模块商自身获得的效益也会越大；由式 (6.6) 可知制造商的收益与其对模块商的奖惩系数无关。

2. 基于产出结果的次合同串谋

1) 模块商最优次合同

假设模块商 1 能够向模块商 2 提供下面的"要么接受要么拒绝"的合同：$s = \phi(q_1 - q_2) + \varphi$，则对于制造商给定的线性激励合同 (v, u) 以及给定的次合同，模块商的确定性等价收益分别为

$$
\begin{aligned}
CE_1 = {} & z + va_1 + ua_2 - \phi(a_1 - a_2) - \phi - \frac{\eta}{2}[(v - \phi)^2 + (u + \phi)^2 \\
& + 2\rho(v - \phi)(u + \phi)] - \frac{c}{2}a_1^2
\end{aligned} \tag{6.7}
$$

$$
\begin{aligned}
CE_2 = {} & z + va_2 + ua_1 + \phi(a_1 - a_2) + \phi - \frac{\eta}{2}[(v - \phi)^2 + (u + \phi)^2 \\
& + 2\rho(v - \phi)(u + \phi)] - \frac{c}{2}a_2^2
\end{aligned} \tag{6.8}
$$

因为 φ 可以作为两个模块商之间用来满足模块商 2 参与约束的转移，因此对模块商 1 的最大化问题也可以写为两个模块商之间的联合最大化问题：

$$\max_{\phi} CE_1 + CE_2 \tag{6.9}$$

约束条件为

$$a_1 \in \arg \max CE_1$$

$$a_2 \in \arg \max CE_2$$

$$CE_2(\phi, \varphi) \geqslant CE_2(\phi=0, \varphi=0) \tag{6.10}$$

根据模块商的一阶条件得出努力水平：

$$a_1 = a_2 = \frac{v - \phi}{c} \tag{6.11}$$

把式（6.11）代入式（6.9）得到一阶条件，简化后可得

$$\phi = \frac{\eta c(1-\rho)(v-u) - u}{1 + 2\eta c(1-\rho)} \tag{6.12}$$

根据参与约束可得

$$\varphi = \frac{\phi(2u+\phi)}{2c} + \eta\phi(1-\rho)(u-v+\phi) \tag{6.13}$$

因此得到结论 6.2：对于制造商给定的任意一个激励方案（v，u），模块商之间的最优补充合同是存在的，即存在 ϕ 和 φ 使得模块商之间串谋收益最大，这为双方达成串谋提供了充分条件。在合谋情况下，当 $\phi > 0$ 时，模块商的努力水平是下降的。

2）制造商最优防串谋合同

当模块商进行串谋时，制造商要对串谋行为采取应对措施，该阶段解决的最大化问题同式（6.1），并在式（6.2）的基础上增加了 $\phi=0$ 这个约束条件，以限制模块商进行串谋。由 $\phi=0$ 可得

$$v = \frac{1 + \eta c(1-\rho)}{\eta c(1-\rho)} u = \tau u \tag{6.14}$$

其中，$\tau = \dfrac{1 + \eta c(1-\rho)}{\eta c(1-\rho)} > 1$，把式（6.14）和式（6.4）代入式（6.1），可以得到对 u 的一阶条件，进一步得到最优防串谋合同：

$$u = \frac{\tau}{\tau^2 + \eta c(\tau^2 + 2\rho\tau + 1)}$$

$$v = \frac{\tau^2}{\tau^2 + \eta c(\tau^2 + 2\rho\tau + 1)} \tag{6.15}$$

制造商的利润如式（6.16）所示。

$$E\pi^{\text{side}} = \frac{\tau}{c} u = \frac{\tau^2}{[\tau^2 + \eta c(\tau^2 + 2\rho\tau + 1)]c} \tag{6.16}$$

显然，可以得到

$$E\pi^{\text{side}} \leqslant E\pi^{\text{no}} \tag{6.17}$$

因此得到结论 6.3：制造商被迫设置 $v = \tau u$（$\tau > 1$），以消除模块商想使用

补充合同来平衡有效激励措施的串谋。但是这严重限制了制造商使用更精确的相对绩效评估方案，从而使线性激励合同无法达到最优的激励效果。所以，如果串谋不可能，制造商将会获得更高的收益。

3. 基于努力选择的次合同串谋

在两个代理人签订次合同的情况下，委托人的最优合同问题就可退化为一个单代理人的合同问题（博尔顿和德瓦特里庞，2008）。因此，如果模块商可以签订一份取决于努力选择的次合同，就可以简化为制造商面临一个单一模块商的问题，此时风险规避系数为 $\eta_J = \eta/2$。

模块商的确定性等价收益为

$$CE_J = z + va_1 + ua_2 - \frac{\eta}{4}(v^2 + u^2 + 2\rho uv) - \frac{c}{2}a_1^2 - \frac{c}{2}a_2^2 \tag{6.18}$$

制造商问题为

$$\max_{a_1, a_2, z, v, u} E\pi = a_1(1-v) + a_2(1-u) - z \tag{6.19}$$

约束条件为

$$CE_J \geqslant 0 \tag{6.20}$$
$$a_1, a_2 \in \arg\max CE_J$$

从服务商得到的一阶条件为

$$a_1 = \frac{v}{c}, \quad a_2 = \frac{u}{c} \tag{6.21}$$

根据一阶条件可得

$$u = v = \frac{2}{2 + \eta c(1+\rho)} \tag{6.22}$$

制造商的预期利润为

$$E\pi^{\text{full}} = \frac{2}{[2 + \eta c(1+\rho)]c} \tag{6.23}$$

如果制造企业在模块商之间签订基于努力选择的次合同时的收益高于无串谋时的收益，当且仅当 $E\pi^{\text{full}} \geqslant E\pi^{\text{no}}$，即 $\rho \leqslant \frac{1}{2} = \bar{\rho}$ 时成立。

因此得到结论 6.4：当且仅当 $\rho \leqslant \frac{1}{2} = \bar{\rho}$ 时，模块商之间完全缔结次合同要优于没有次合同的情况，即如果存在模块商可以观察到而制造商观察不到的行动，那么允许模块商签署一份次合同来协调相互之间的行动，这样可能会带来更好的收益。

6.2.3　结论与建议

通过以上对模块商相对绩效激励机制的分析，并将模块商之间不串谋、基于产出签订次合同串谋和基于努力选择签订次合同串谋三种情形进行比较，可以得到以下结论：①相对绩效的激励机制可提高模块商努力水平。模块商随着制造商设定的奖惩系数的增加，努力水平也相应增加。对于制造商而言，其付出的激励成本并没有提高。在多个模块商的条件下，相对绩效的激励机制可以在不增加制造商激励成本的条件下增加模块商的努力水平。②模块商通过签订基于产出的次合同实现串谋是可能的，这种串谋会损害制造商的效益。在这种情况下，模块商的努力水平与次合同的产出转移系数 ϕ 有关，在 $\phi > 0$ 的情况下，模块商的努力水平降低。为了防止模块商的串谋，制造商被迫设置 $v = \tau u$（$\tau > 1$）的线性激励合同，这严重限制了制造商使用更精确的相对绩效评估方法，从而导致相对绩效激励机制无效。制造商所采取的激励水平偏低，导致模块商的努力水平降低，这使制造商的收益不能达到最优。③模块商之间签订基于努力选择的次合同实现串谋可能会对制造商更有利。当 $\rho \leqslant \frac{1}{2} = \bar{\rho}$ 时，模块商之间缔结基于努力选择的次合同要优于没有次合同的情况，可见如果模块商之间存在的某种行动可以被模块商观察，而不能被制造商观察，那么允许模块商签署一份次合同来协调相互之间的行动，这可能会给制造商带来更好的收益。

因此，提出以下几点建议。

（1）在进行防串谋机制设计时，应充分考虑模块商之间产出的相关性。如果模块商产出的相关性较低，相对绩效激励机制给模块商带来较大的额外风险，增加了模块商之间串谋的可能性，则制造商可以考虑授权模块商 1，让其与模块商 2 缔结基于努力选择的次合同，这样制造商就会从二者签订的次合同中得益，而且所获收益比二者不串谋时收益更多。如果模块商产出相关系数较高，采用相对绩效激励机制能够提高模块商的努力水平，当制造商能判定模块商不会串谋时，采取相对绩效激励机制是最佳选择；而相对绩效激励在模块商串谋时又会失效，当制造商无法判定模块商之间是否串谋时，在建立激励机制时应考虑降低模块商串谋的可能性；而不论模块商之间是否合谋，降低外部环境的不确定性都能间接提高对模块商的激励水平。

（2）在建立相对绩效评价体系实施奖惩时，应根据模块商特点把握奖惩力度。在模块商产出相关系数较高时，虽然在一定范围内提高奖惩系数能够提高模块商的努力水平，但是模块商具有风险规避性，随着奖惩系数的提高，模块商收益的不确定性增加，模块商极有可能拒绝接收契约，反过来对制造商的收益造成冲击。所以，奖惩系数确定之前应对模块商进行充分的实地调查，从各方面考察其风险规避程度，将奖惩对模块商的收入影响控制在一定范围内，从而降低模块商拒绝签订契约的可能性。

（3）在无法判断模块商是否串谋时，要先考虑降低串谋的可能性。当模块商之间签订基于产出的次合同进行串谋时，相对绩效的激励机制是无效的。此时应该采取其他措施减少制造的利益损失。第一，制造商可以单独降低惩罚系数或提高奖励系数降低模块商串谋的可能性（闫森和吴文清，2013）；第二，制造商选择越多的模块商进行合作，越加强业绩评审部门的道德建设、提高业绩评价的客观性和有效性，模块商之间串谋的可能性就越小；第三，制造商应尽量减少模块商之间工作内容的相关性，从源头上限制串谋的可能性；第四，模块商的定期流动可以减少其互相接触的机会，这也在一定程度上降低串谋的风险。

■ 6.3　服务型制造多委托人项目治理机制

服务型制造作为一种新的制造模式和生产组织方式，在制造业价值链的上、中、下游引入了更多的参与者，从而形成了一个包含多个子系统的服务型制造网络（汪应洛，2010）。虽然服务型制造网络整合了分散化的资源，实现了各利益相关者核心竞争力的高度统一，但是服务型制造网络的形成也带来了各种风险（何哲等，2010），如网络成员之间的"搭便车"行为、道德风险、逆向选择等。因此，需要对服务型制造网络进行治理，以促进服务型制造的更好发展。本部分主要基于共同代理理论来研究服务型制造网络的合同治理，为明晰服务型制造项目中的委托代理关系，为服务型制造网络治理机制的设计提供支撑。

国内外学者对合同治理的研究由来已久。尹贻林等（2011）从公共项目治理的角度出发，对公共项目的合同治理和关系治理进行了理论研究，并对其中的关键问题进行了分析。赖丹馨和费方域（2009）从缔约的角度阐述了混合组织关系治理的合同框架及特征。梁永宽和袁静（2009）从建设项目的视角，调查分析了项目管理者，并结合案例研究，得出在目前的项目管理中已经建立了全面的合同管理意识。在共同代理方面，国内学者已经把共同代理分析模型应用到多个领域。王立成（2010）把共同代理理论应用到电力领域，对电力产业中涉及的多个监管者进行研究。田厚平等（2004）分析了分销系统中的委托代理问题，构建了两个制造商和一个零售商之间的委托代理模型。姜大尉（2006）概述了供应链管理中委托代理理论的应用，介绍了共同代理理论，建立了一个一般性的多委托人单代理人模型。谢会芹等（2011）针对多委托人多代理人委托代理问题，建立了多委托人多代理人的不完全信息委托代理模型，分析了各参数对委托人和代理人的努力水平和利润的影响情况。薛耀（2007）对民间环保组织的绩效问题进行了研究，在多委托人情况下分析了制度约束对民间环保组织绩效的影响。

以上文献研究表明，目前对于服务型制造网络成员之间治理机制的研究不多，而对公共项目中的合同治理研究较多，但结合多委托人治理的研究偏少，将共同代理与服务型制造相结合的研究更少。本部分研究以服务型制造网络的合同治理为研究对象，将合同治理理念应用于服务型制造网络，从多委托代理的角度出发，构建治理模型进行分析，并提出治理建议，以期用于指导服务型制造的实践。

6.3.1　服务型制造网络的合同治理问题

服务型制造是基于制造的服务，是服务嵌入的制造。服务型制造将产品和服务相融合，是对传统制造业供应链的一种扩展，形成如图 6.2 所示的服务型制造网络。服务型制造网络是涉及多个主体的复杂系统。在制造业的上游，引入了原材料供应商、零部件供应商和子系统供应商；在制造业的中游，制造商扩展为系统集成商；在制造业的下游，引入渠道分销商、零售商和客户。

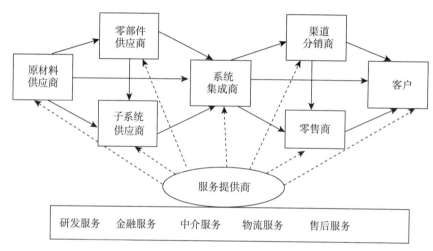

图 6.2　服务型制造网络

服务型制造网络是一个涉及多个子系统的复杂网络系统，网络中各成员之间存在多种合同关系。从服务型制造供应链的角度来看，主要有以下合同关系：①原材料供应商与制造商之间的合同关系。原材料供应商提供原材料给制造商，制造商通过加工原材料制成产品，并支付给供应商原材料的成本。②产品提供商和服务提供商与制造商之间的合同关系。产品提供商和服务提供商分别提供产品和服务给制造商，制造商生产并销售产品，并支付供应商相应的费用。③制造商与零售商之间的合同关系。制造商提供已生产好的产品给零售商，零售商销售产品并支付给制造商购买产品的费用。④零售商与顾客的合同关系。零售商销售产品，顾客支付购买产品的费用。上述合同关系中，从制造业上游的原材料提供商到中游的产品提供商、服务提供商及制造商，再到下游的零售商、顾客，制造业的价值链得以延长。同时各成员之间的合同关系也越来越显著。

在服务型制造网络存在的多种合同关系中，制造商与服务商之间的合同关系是最重要的合同关系之一。如果一个服务商为两个制造商同时提供服务，两个制造商就是委托人，服务商就是代理人，这就形成了典型的多委托人共同代理问题。一般来说，服务型制造项目中的共同代理可能会存在以下问题：①逆向选择问题。制造商和服务提供商在签约之前存在信息不对称或隐蔽信息。交易的一方掌握某些信息，如果另一方无法观察到这些信息，那么具有信息优势的一方可能会故意扭曲事实真相，迷惑他人并浑水摸鱼，以签订有利于自己的合同从而谋取利益（Garciamila and McGuire，1998）。②道德风险问题。服务提供商在签约之后可能会利用信息的不对称或信息优势，减少自己的要素投入，违背合同，钻制度、政策及合同的空子，采取隐蔽行动的方法以达到自身效用最大化。例如，当制造商对服务提供商的信息共享没有做出具体要求时，服务提供商可能降低其努力水平，故意隐瞒其产出，从而获得更大的利润。③基于集体行动的"搭便车"行为（Carson，1998）。服务提供商与多个制造商可看做一个集体。当双方交易时，某个成员某种形式的"偷懒"却获得了与努力的成员相同的报酬。例如，制造商之间共享信息时，其成员出于对自身利益与风险的权衡，会追求自身利润的最大化而损害其他成员利益。针对服务型制造网络中存在的这些问题，需要利用合同进行治理。服务型制造网络中多委托人的合同治理问题，就是指如何选择最优的激励合同，使得服务提供商在给定的自然状态下，选择对制造商最有利的行动，从而避免产生各种机会主义行为。

6.3.2　服务型制造网络多委托人合同分析

1. 问题描述

为便于分析，这里简化成两个制造商（委托人）与一个服务提供商（代理人）之间的合同关系。制造商与服务提供商之间签订合同，合同规定服务提供商向制造商提供服务，制造商支付服务商相应的费用。而制造商之间也存在合作和非合作的博弈。委托人跟代理人都追求自身利益最大化，会导致出现共同代理中的"搭便车"现象。为了描述多委托人合同问题，提出以下两个假设。

假设 6.1：服务提供商的产出为 $q = a + \varepsilon$，$\varepsilon \sim N(0, \sigma^2)$，$q$ 表示产出，a 表示努力水平。服务提供商的产出与制造商的利润水平呈线性关系，制造商 1 和制造商 2 的利润收益分别为 $B_1 q$、$B_2 q$，其中 B_1、B_2 表示收益率。

假设 6.2：制造商 1 和制造商 2 都是风险中性的，服务提供商是厌恶风险的，其不变绝对风险厌恶效用函数为 $-e^{-\eta(\omega - ca^2/2)}$。其中，$\eta$ 表示绝对风险厌恶系数；ω 表示货币报酬；a 表示一维连续努力变量；c 表示努力的成本系数；$c(a) = \frac{1}{2}ca^2$ 表示代理人的努力成本。服务提供商的确定性等价保留收益为 ω_0。考虑线性合同 $\omega(q) = t + sq$，其中 t 表示服务提供商的固定收入，s 表示产出系数。

下面从制造商之间是否合作以及制造商与服务提供商之间的信息是否对称两个方面进行分析。

2. 制造商联合提供合同

假设两个制造商联合向服务提供商提供一个合同 $\omega(q)=t+sq$，使两者共同收益最大化。下面分析信息对称和信息不对称情况下的服务提供商的努力水平。

1) 信息对称情况

信息对称时，制造商可以观察到服务提供商的努力水平。这种情况下，制造商的期望效用等于期望收入为

$$Ev((B_1+B_2)q-\omega(q))=E((B_1+B_2)q-t-sq)=-t+E(B_1+B_2-s)q$$
$$=-t+(B_1+B_2-s)a \tag{6.24}$$

服务提供商的实际收入为

$$\omega=\omega(q)-c(a)=t+sq-\frac{1}{2}ca^2=t+s(a+\varepsilon)-\frac{1}{2}ca^2 \tag{6.25}$$

服务提供商的风险成本为

$$\frac{\eta}{2}\mathrm{var}(\omega(q))=\frac{\eta}{2}\mathrm{var}(t+s(a+\varepsilon))=\frac{\eta}{2}s^2\sigma^2 \tag{6.26}$$

因而，服务提供商的确定性等价收入为

$$CE=E(\omega)-\frac{\eta}{2}s^2\sigma^2=t+sa-\frac{\eta}{2}s^2\sigma^2-\frac{c}{2}a^2 \tag{6.27}$$

所以参与约束为

$$\mathrm{s.t.}\ (\mathrm{IR})\ t+sa-\frac{\eta}{2}s^2\sigma^2-\frac{c}{2}a^2\geqslant\omega_0 \tag{6.28}$$

由于此时服务提供商的努力水平 a 可观测，激励相容约束是多余的，制造商可以强制服务提供商选择任意的努力水平 a，强制合同只需满足参与约束 IR。所以，制造商追求自身利益最大化要解决以下问题：

$$\max_{a,t,s}(B_1+B_2-s)a-t$$
$$\mathrm{s.t.}\ (\mathrm{IR})\ t+sa-\frac{\eta}{2}s^2\sigma^2-\frac{c}{2}a^2\geqslant\omega_0 \tag{6.29}$$

最优化的一阶条件为

$$a^*=\frac{B_1+B_2}{c},\ s=0 \tag{6.30}$$

当 $a=a^*$ 时，通过支付固定工资 t 来执行这个努力。固定工资 t 只满足参与约束：

$$t^*=\omega_0+\frac{(B_1+B_2)^2}{2c} \tag{6.31}$$

这就是帕累托最优合同。由于服务提供商的努力水平 a 能够被制造商观测，所以只要服务提供商选择了 $a < (B_1 + B_2)/c$，制造商就支付服务提供商 $t < \omega_0 < t^*$，那么服务提供商就一定会选择 $a = (B_1 + B_2)/c$。此时，最优风险分担可以实现。

结论 6.5：帕累托最优风险分担在信息对称时，要求服务提供商不承担风险，即 $s = 0$。制造商需要支付给服务提供商的固定收入为服务提供商的保留工资与努力成本之和。制造商可以强制服务提供商选择 a，当服务提供商选择了 $a \geqslant a^*$ 时，制造商就支付 t^*；否则，制造商将支付 t（$t < \omega_0 < t^*$）。

2）信息不对称情况

信息不对称时，即制造商不能观察到服务提供商的努力水平。在这种情况下，制造商的期望效用等于期望收入为

$$Ev((B_1 + B_2)q - \omega(q)) = E((B_1 + B_2)q - t - sq) = -t + E(B_1 + B_2 - s)q$$
$$= -t + (B_1 + B_2 - s)a \tag{6.24}$$

制造商追求双方利益的最大化，要共同解决以下问题：

$$\max_{a, t, s}(B_1 + B_2 - s)a - t \tag{6.32}$$

服务提供商的实际收入为

$$\omega = \omega(q) - c(a) = t + sq - \frac{1}{2}ca^2 = t + s(a + \varepsilon) - \frac{1}{2}ca^2 \tag{6.25}$$

服务提供商的风险成本为

$$\frac{\eta}{2}\text{var}(\omega(q)) = \frac{\eta}{2}\text{var}(t + s(a + \varepsilon)) = \frac{\eta}{2}s^2\sigma^2 \tag{6.26}$$

因而，服务提供商的确定性等价收入为

$$CE = E(\omega) - \frac{\eta}{2}s^2\sigma^2 = t + sa - \frac{\eta}{2}s^2\sigma^2 - \frac{c}{2}a^2 \tag{6.27}$$

所以参与约束为

$$\text{s. t. (IR) } t + sa - \frac{\eta}{2}s^2\sigma^2 - \frac{c}{2}a^2 \geqslant \omega_0 \tag{6.28}$$

由于此时服务提供商的努力水平 a 不可观测，因此给定 s，则激励约束为（张维迎，2012）

$$\text{(IC) } a = \frac{s}{c} \tag{6.33}$$
$$a \in \arg\max CE$$

将参与约束和激励相容约束带入目标函数，上述问题转化为解决以下无约束最大化问题：

$$\max_s (B_1 + B_2)\frac{s}{c} - \frac{\eta}{2}s^2\sigma^2 - \frac{s^2}{2c} \tag{6.34}$$

一阶条件为

$$\frac{B_1 + B_2}{c} - \eta s\sigma^2 - \frac{s}{c} = 0 \tag{6.35}$$

由此，得出的合同为

$$s^J = \frac{B_1 + B_2}{1 + \eta\sigma^2 c} > 0$$

$$t^J = \omega_0 + \frac{(B_1 + B_2)^2(\eta\sigma^2 c - 1)}{2c(1 + \eta\sigma^2 c)^2} \tag{6.36}$$

均衡努力为

$$a^J = \frac{B_1 + B_2}{(1 + \eta\sigma^2 c)c} \tag{6.37}$$

结论 6.6：信息不对称情况下，服务提供商需要承担一定的风险。由于 s 是 η、σ 和 c 的递减函数，所以服务提供商越规避风险，越不努力提供服务。随着 η、σ 或 c 的增大，服务提供商的风险成本也随之增加。当制造商不能观察服务提供商的努力水平 a 时，服务提供商将选择 $a < a^*$ 以改进自己的福利水平。

3. 制造商分别提供合同

假设两制造商分别独立提供合同 $\omega_i(q) = t_i + s_i q$，服务提供商只能选择全部接受或者全部拒绝，即制造商非合作。下面讨论在制造商非合作的情况下服务提供商的努力水平。

由于这个问题对制造商 1 和制造商 2 是对称的，因此这里只分析制造商 1 面临的以下最大化问题：

$$\max_{a, t_1, s_1} (B_1 - s_1)a - t_1 \tag{6.38}$$

服务提供商的实际收入为

$$\omega = \omega(q) - c(a) = (t_1 + s_1 q) + (t_2 + s_2 q) - \frac{1}{2}ca^2$$

$$= t_1 + t_2 + (s_1 + s_2)q - \frac{1}{2}ca^2 \tag{6.39}$$

服务提供商的风险成本为

$$\frac{\eta}{2}\text{var}(\omega(q)) = \frac{\eta}{2}\text{var}(t_1 + t_2 + (s_1 + s_2)(a + \varepsilon)) = \frac{\eta}{2}(s_1 + s_2)^2\sigma^2$$

$$\tag{6.40}$$

则服务提供商的确定性等价收入为

$$CE = E(\omega) - \frac{\eta}{2}(s_1 + s_2)^2\sigma^2 = t_1 + t_2 + (s_1 + s_2)a - \frac{\eta}{2}(s_1 + s_2)^2\sigma^2 - \frac{c}{2}a^2$$

$$(6.41)$$

所以参与约束为

$$\text{s.t.} \ (\text{IR}) \ t_1 + t_2 + (s_1 + s_2)a - \frac{\eta}{2}(s_1 + s_2)^2\sigma^2 - \frac{c}{2}a^2 \geqslant \omega_0 \quad (6.42)$$

激励约束为

$$(\text{IC}) \ a = \frac{(s_1 + s_2)}{c} \tag{6.43}$$

$$a \in \arg\max CE$$

在纳什均衡里每个委托人会选择其他委托人选定的 (t_j, s_j)，使用参与约束，并给定 (t_2, s_2)，则需解决以下无约束最大化问题：

$$\max_{s_1}\left\{(B_1 - s_1)\frac{S_1 + S_2}{c} - \frac{(\eta\sigma^2 c - 1)}{2c}(s_1 + s_2)^2\right\} \tag{6.44}$$

制造商 1 最佳的产出份额为

$$s_1 = \frac{B_1 - \eta\sigma^2 cs_2}{1 + \eta\sigma^2 c} \tag{6.45}$$

同理，制造商 2 的最佳产出份额为

$$s_2 = \frac{B_2 - \eta\sigma^2 cs_1}{1 + \eta\sigma^2 c} \tag{6.46}$$

解方程组，得纳什均衡值为

$$S_1^N = \frac{(1 + \eta\sigma^2 c)B_1 - \eta\sigma^2 cB_2}{1 + 2\eta\sigma^2 c}$$

$$S_2^N = \frac{(1 + \eta\sigma^2 c)B_2 - \eta\sigma^2 cB_1}{1 + 2\eta\sigma^2 c} \tag{6.47}$$

此时，制造商 1 和制造商 2 的合同为纳什均衡水平的总和，即

$$S_1^N + S_2^N = \frac{B_1 + B_2}{1 + 2\eta\sigma^2 c} \tag{6.48}$$

这种情况下，制造商的均衡努力 a^N 为

$$a^N = \frac{B_1 + B_2}{(1 + 2\eta\sigma^2 c)c} \tag{6.49}$$

结论 6.7：当制造商分别提供合同时，制造商双方基于逐利的本性会权衡自身的风险和利益，对信息加以选择，以最大化自身的利益。基于对不同激励合同的选择，从而导致服务提供商选择更低的努力水平 $a < a^*$。

4. 结果分析

1）委托人合作情境

当制造商合作，联合向制造商提供合同 $\omega(q)=t+sq$ 时，比较信息对称和信息不对称情况下制造商的努力水平可知：

$$a^* = \frac{B_1+B_2}{c} > \frac{B_1+B_2}{(1+\eta\rho^2 c)c} = a^J \tag{6.50}$$

由此得出，当制造商联合提供一份合同时，制造商与服务提供商之间的信息对称优于信息不对称。这是因为信息对称时，制造商可以观测到服务提供商的努力水平，可以同时实现最优风险分担和最优努力水平。最优的激励约束为

$$\omega = \begin{cases} \omega^*(q)=t^*, & a \geqslant a^* \\ \omega_0, & a < a^* \end{cases} \tag{6.51}$$

信息对称时，制造商可以强制服务提供商选择 a，当服务提供商选择了 $a \geqslant a^*$ 时，制造商就支付 t^*；否则，制造商将支付 t（$t<\omega_0<t^*$）。当 t 足够小时，服务提供商为了最大化自己的等价性收入，会选择 a^*，从而实现高效的努力水平。

信息不对称时，制造商不能观测到服务提供商的努力水平。服务提供商会选择 $a<a^*$ 以最大化自己的收入。这是因为制造商的利润水平不仅受服务提供商的努力水平的影响，而且受外生随机变量 ε 的影响。服务提供商可以把利润低的原因归结为不利的外生随机变量 ε 的影响（张维迎，2012）。由于制造商不能观测服务提供商的努力水平，也就不能证明是服务提供商没有努力导致了低利润。

2）委托人非合作情境

当制造商 1 和制造商 2 非合作，分别独立向服务提供商提供合同 $\omega_i=t_i+s_iq$，服务提供商选择全部接受或全部拒绝时，比较此种情况与提供商向制造商合作提供合同 $\omega=t+sq$ 时的努力水平。由于

$$S_1^N + S_2^N = \frac{B_1+B_2}{1+2\eta\rho^2 c} < \frac{B_1+B_2}{1+\eta\rho^2 C} = s^J \tag{6.52}$$

所以制造商分别提供合同时服务提供商的均衡努力 a^N 低于制造商提供共同合同时的努力 a^J，即

$$a^N = \frac{B_1+B_2}{(1+2\eta\rho^2 c)c} < \frac{B_1+B_2}{(1+\eta\rho^2 c)c} = a^J \tag{6.53}$$

因为当制造商分别提供合同时，服务提供商的产出份额更小。同时，制造商双方基于逐利的本性也会权衡自身的风险和利益，对信息加以选择，以最大化自身的利益。制造商基于对不同激励合同的选择，试图通过服务提供商提供的服务而搭便车，从而导致服务提供商努力水平的低效率。

6.3.3 结论与启示

1. 结论

综合委托人合作与非合作情况的分析，得出 $a^* > a^J > a^N$，由此可以得出以下结论。

（1）非对称信息情况下服务商努力水平更低。在服务型制造网络中，非对称信息情况下服务提供商的最优努力水平严格小于对称情况下的努力水平。信息对称使得委托人能够观察到代理人的行为，保证代理人的风险，从而可以实现代理人高效的努力水平，使各方的利益增加。以制造商与服务提供商之间的关系为例，当制造商与服务提供商之间的信息对称时，服务提供商的努力水平 a^* 大于信息不对称时制造商的努力水平 a。这是因为制造商是风险中性的，服务提供商是风险规避的，在信息对称条件下，最优风险分担要求代理人不承担风险，从而服务提供商可以实现高效的努力水平。

（2）非对称信息情况下服务商面临的风险更大。信息不对称时，服务提供商将承担比信息对称情况下更大的风险，从而导致服务提供商努力水平的低效率。这是因为制造商的利润水平不仅与服务提供商的努力水平有关，而且受外生随机变量 ε 的影响，服务提供商可以把利润低的原因归结为不利的外生随机变量 ε 的影响。信息不对称时制造商不能观测服务提供商的努力水平，也就不能证明低利润是否是服务提供商不努力导致的结果，这样会导致制造商把不好的结果归因于服务提供商。

（3）制造商之间的合作能够有效避免“搭便车”现象。制造商合作时的努力水平高于非合作时的努力水平，这是因为当制造商之间非合作时，制造商基于逐利的本性会权衡自身的风险和利益，对信息加以选择，以最大化自身的利益。基于对不同激励合同的选择，两个制造商倾向于选择搭便车行为，从而使得服务提供商的努力水平更低。

（4）对服务提供商进行合同治理可以从两处着手。制造商可从服务提供商的产出份额（风险份额）s 和服务提供商的固定收入 t 两方面来对服务提供商进行治理。由于服务提供商是风险规避的，所以降低其风险，可以实现服务提供商努力水平的高效率。同时，服务提供商的固定收入 t 取决于其努力水平 a。依据不同情况调整其服务提供商的固定收入也可以提高其努力水平。

2. 启示

通过分析可以看出，服务提供商在信息对称情况下的努力水平大于信息不对称情况下的努力水平，同时制造商合作时服务商的努力水平也大于制造商非合作时的努力水平。这对服务型制造网络合同治理有重要启示。

（1）制造商应完善激励与监督机制，使服务提供商的合同更合理。制造商追求自身利益的最大化，其利润水平与服务提供商的努力程度相关，制造商应使服务提供商的目标接近其自身目标，实现"共赢"，以减少服务提供商的机会主义行为。完善激励与监督机制在一定程度上能够降低代理关系中的低效率。

（2）要提高信息透明度，降低信息不对称程度。制造商不仅需要了解制造市场信息，还需要了解服务提供商的信息。政府和行业协会可以建立信息传递网络和数据库系统，搜集相关信息。政府也应加大力度进行行政监督，采用行政手段，按期向社会公布企业不良行为档案和不良企业黑名单，形成规范的公示制度。针对服务提供商，建立信用评价制度，使服务提供商专注于提高服务质量和服务水平，从而抑制道德风险保障制造商的利益。

（3）制造商之间应寻求合作，实现共赢。非合作状态下，制造商基于对不同激励合同的选择，都试图搭便车。同时，服务提供商追求自身利益最大化时，会降低其努力水平，从而损害制造商的利益。而制造商之间合作，协商提供合同能够有效增加服务提供商的产出份额，提高其努力水平，实现共赢。

■ 6.4　服务型制造项目中的敲竹杠行为治理

在服务型制造项目的网络结构中，往往存在合作方信息不对称、顾客需求变化、资金投资不确定等问题。由于合作方具有有限理性，因此他们在专用性投资过程中为了获得准租会产生敲竹杠行为。聂辉华（2008a）通过费雪-通用的案例证明了资产专用性会导致敲竹杠行为，并提出纵向一体化是解决敲竹杠行为的有效方式；同时他还证明了契约不完全一定会导致敲竹杠行为，但是由于声誉的作用，在一定条件下敲竹杠并不一定妨碍投资效率（聂辉华，2008b）。于江和尹建华（2009）认为企业网络中敲竹杠行为是一种事后机会主义行为，它产生的诱因是专用性资产安排存在可占用性准租，并认为合约的不完全性和资产专用性是导致事后机会主义行为的关键因素。敲竹杠行为会影响企业合作效率，导致市场失灵（Koase and Eaton，1997），对事后机会主义调控，有利于企业状态稳定，保证企业效益（袁根根和田昆儒，2012）。方世建和魏小燕（2010）以合作研发中的敲竹杠问题为重点，利用成本效益模型对其进行量化分析，概括了资产专用性与敲竹杠之间的关系，通过模型结果得出不同敲竹杠行为发生的概率，并根据不同的结果提出相应的治理方案。符加林（2008）提出纵向一体化治理、长期显性契约治理和隐性契约治理这三种基本方式，但认为这不能完全解决敲竹杠行为，而只能起到抑制作用。刘凤芹和王姚瑶（2013）提出完善的声誉机制以及默认合约能够有效治理敲竹杠行为，其中默认合约是契约履行的重要保障。

国内外对敲竹杠行为的原因与治理方式做了较为全面的理论研究，但是几乎没有学者对服务型制造项目中存在的敲竹杠行为进行分析，更没有为该项目中存在的敲竹杠行为提供应对措施。大力发展服务型制造是制造业转型升级的有效途径，而服务型制造项目中利益相关者的敲竹杠行为势必会影响项目的成功率，进而对制造业的转型升级造成冲击。虽然服务型制造项目中的敲竹杠行为具有广义敲竹杠行为的特征，但是也具有其自身的特性。因此，本部分研究首先从服务型制造网络发展中所产生的问题着手，对可能存在的敲竹杠行为进行概述。其次，基于交易成本理论采用定量的分析方法结合数学模型构建出服务型制造项目发生敲竹杠行为的概率；并基于博弈理论，运用模型假设，结合博弈论方法分析总结出敲竹杠行为所产生的市场效应，分析初始投资成本和资产专用性与敲竹杠行为的相互关系。最后，根据研究结果提出服务型制造项目中敲竹杠行为的治理手段。

6.4.1　敲竹杠行为概述

在经济学中，敲竹杠是指在契约不完全的情况下，交易的某一方侵占另一方由资产专用性投资而产生的准租的过程，是一种事后的机会主义行为（戴菊贵，2011）。完全契约理论是以双方完全理性为前提的，可以将未来遇见的所有情况在契约中清楚地交代，同时可以通过第三方验证保证契约执行，且"再谈判"（renegotiation）等问题在执行阶段不会发生，因而社会最优的投资水平可以实现。但是人具有"有限理性"的特性，这就导致了契约的不完全性，因此在关系专用性投资发生后，各方就会产生机会主义行为，这使得事先约定的不再谈判的承诺被破坏，从而影响当事人关系专用性投资的积极性，致使社会最优投资水平无法实现。不完全契约中包含的矛盾导致了敲竹杠行为。一方面，交易方为了准备交易在之前就做出了"不可契约"（non-contractible）的专用性投资，另一方面，事前在契约中难以用明确的形式规定具体的最优交易，这两方面是相互矛盾的。解决矛盾的方法是，对第一个方面而言，要求不完全契约具有一定的"刚性"，从而使投资方不需要担心事后的再谈判会使自己的收益被掠夺；对第二个方面而言，要求不完全契约具有一定的"灵活性"，这样可以保证在确定的状态下双方都能达到最优的交易方式。

一般敲竹杠具有两种形式：一是减少专用性投资，即契约当事人通过不完全契约中存在的漏洞以及执行监督的困难性来减少专用性投资，这种减少主要表现为在既定的契约收益中降低投入以增加可占用准租的比重。二是再协商契约中的威胁行为，即在再谈判的过程中，以中止达成再谈判相威胁，企图改变契约收益，寻求更多的准租。

敲竹杠行为的治理手段可以分为纵向一体化、长期显性契约和隐性契约三个方面（符加林，2008）：①纵向一体化。通过某一合作方收购或兼并另一方可以将网络治理关系由外部市场转变为内部治理关系，即纵向一体化治理。纵向一体化之后，有利于内部加强对交易合同的直接约束，降低交易双方信息的不对称性，从而可以更直接地观察当事人行为，降低隐藏行动的可能性；此外，合作方处于重复的关系中，由于企业往往没有终止日期，但是契约是有限期的，纵向一体化替代市场契约过程就是重复博弈替代有限次博弈过程，因此敲竹杠行为的可能性得到了鉴定；最后，合作方在稳定的内部环境中，受到企业制度、文化等因素的约束，机会主义行为发生的概率得以降低。②长期显性契约。长期显性契约也是解决敲竹杠这类行为的一种方案，企业网络组织以约定的形式明确长期契约替代纵向一体化，可以解决敲竹杠问题。合作成员通过签订长期的可预防敲竹杠行为的显性契约，规定严格的奖惩机制，降低敲竹杠行为的可能性。通过外部机构加强契约的法律约束，对可预见的机会主义进行限定，可以减少不必要的损失。③隐性契约。隐性契约是一种非正式协议，以重复博弈为基础对敲竹杠行为进行治理。长期显性契约能在一定程度上限制敲竹杠行为动机，但是仍存在契约后机会主义这类潜在风险。因此社会规范、声誉等自我实施的隐性契约对抑制敲竹杠行为具有重要的辅助作用。

对于服务型制造项目而言，敲竹杠行为的机会主义行为增加了项目中的关系风险，会导致项目成员的效率损失（符加林，2008）。具体表现如下：第一，服务型制造项目的合作方潜在敲竹杠行为降低了网络成员专用性投资的积极性，造成专用性投资不足，阻碍了项目成员的产出率。第二，敲竹杠行为会使服务型制造项目成员的谈判难度增加，从而导致交易成本增加。双方在谈判时均能预见未来敲竹杠行为，为了保护自身利益不受损害，双方会在谈判中提出诸多要求，使谈判更加困难。同时，签订契约时，环境的不确定和信息的不对称性会导致双方谈判重启，由此产生的时间成本以及项目延期都会使项目的效益受到损害。第三，服务型制造项目的治理主体受到敲竹杠的影响，会增加投资以改善双方议价地位，如增加备用设备或选择其他合作伙伴，这不仅会使项目付出额外的投资成本，还有可能降低制造商生产设施的利用效率或者服务商的服务效果。第四，服务型制造项目中潜在的敲竹杠行为会降低利益相关者的合作信誉、不利于构建稳定长久的合作关系，这样会降低项目的整体效益。如果某一利益相关者为了获得更多的准租，则其他方为了避免被敲竹杠就会与之产生关系疏远，甚至隔阂和矛盾，从而导致难以建立长期而有效的信任机制。

6.4.2　服务型制造项目中敲竹杠行为治理模型分析

1. 敲竹杠行为治理的交易成本模型分析

1) 敲竹杠行为的交易成本分析

项目中利益相关者在进行敲竹杠行为时会产生一定的交易成本，本部分研究以成本效益分析作为基本方法，同时采用成本利润率量化来分析敲竹杠问题。

当服务型制造项目中的成员面临契约中事先没有预见的问题时，契约的当事人就有可能产生敲竹杠的行为，本部分研究用 H 表示敲竹杠行为会给当事人带来的专用性准租金。但是，敲竹杠行为反过来也会给当事人带来损失，其声誉的受损可能会导致未来收益的减少，这就是敲竹杠行为的成本，用 L 表示。因此，可以用 $\dfrac{H-L}{L}$ 表示敲竹杠行为的交易成本率。只有当 $\dfrac{H-L}{L}$ 达到或超过一个规定的临界值 α，即 $\dfrac{H-L}{L} \geqslant \alpha$ 时，契约当事人才会决定采取敲竹杠行为。因此，用 $P\left\{\dfrac{H-L}{L} \geqslant \alpha\right\}$ 来表示契约当事人采取敲竹杠行为的概率，即合作者或交易方被敲竹杠的概率为 $P\left\{\dfrac{H-L}{L} \geqslant \alpha\right\}$。不同当事人的临界值 α 也不同，其影响因素包括地域、组织文化、组织规模、风险类型等。虽然 $P\left\{\dfrac{H-L}{L} \geqslant \alpha\right\}$ 可以用来定量分析敲竹杠行为发生的概率，但是这种定量分析存在确定性，它并不适用于所有的项目成员。对服务型制造项目而言，如果成员之间的业务合作目标明确，且具有相对较小的不确定性，就可以预先估计成品收益，那么就可以利用 $P\left\{\dfrac{H-L}{L} \geqslant \alpha\right\}$ 来对其进行分析。

2）模型分析

服务型制造项目中网络成员的业务合作主要是企业与专业服务企业（第三方）之间的合作。本部分研究以项目成员之间的合作收益作为研究对象，首先提出以下几点假设。

H_1：甲乙成员合作进行某项产品的生产，双方都是理性人，且风险为中性。

H_2：甲乙在开始时刻 0 签订契约，双方随后进行投资，在时刻 1 外部环境变量确定，双方规定交付时刻为 2。

H_3：i_1、i_2 分别表示甲乙双方的投资水平。

合作成功的收益包括以下两个部分：①企业自生产的部件能够节约企业部分成本，记作 V_0，用 V_{01}、V_{02} 分别表示甲乙双方的这部分收益；②合作产品在市场可能产生的收益为 $V = PQ$，其中单件产品价格为 P，替代产品的市场需求量为 Q。甲乙双方对这部分收益的分配比例分别为 s 和 $1-s$，其中 $0 \leqslant s \leqslant 1$。如果用 $p_s = p_s(i_1, i_2)$ 表示研发成功的概率，Π 为组织的净收益，Π_1、Π_2 分别为甲乙双方的净收益，则有

$$\Pi = p_s V + V_{01} + V_{02} - i_1 - i_2 \tag{6.54}$$

$$\Pi_1 = p_s(sV + V_{01}) - i_1 \tag{6.55}$$

$$\Pi_2 = p_s [(1-s)V + V_{02}] - i_2 \tag{6.56}$$

根据纳什均衡解，可以确定在时刻 0，$s = \arg \max_s \{\Pi_1 - (V_1 - i_1)\} \{\Pi_2 - (V_2 - i_2)\}$，其中 $V_1(i_1, \theta)$、$V_2(i_2, \theta)$ 分别表示甲乙双方投资的次优用途可获得收益，解得

$$s = \frac{1}{2} + \frac{(V_1 - V_2) - p_s(V_{01} - V_{02})}{2V} \tag{6.57}$$

在时刻 1，投资完成以后外部环境变量不变。设 k_1、k_2 为甲乙投资的专用性程度，k_1、k_2 均大于 0；甲乙的专用性资产投资分别为 $k_1 i_1$、$k_2 i_2$；甲乙的投资转换成本为 $T_1(i_1 k_1; \theta)$、$T_2(i_2 k_2; \theta)$，表示甲乙的专用性资产投资函数；甲乙投资替代用途收益为 $\widetilde{V}_1(i_1; \theta)$、$\widetilde{V}_2(i_2; \theta)$。专用性资产投资与转换成本成正比。需要注意的是，若通用性资产专用性为零，则转换成本也为零。由于完全专用性资产无法改变其用途，所以（转换成本）$T_1(i_1 k_1; \theta) = $（次优用途收益）$\widetilde{V}_1(i_1; \theta)$。部分专用性资产中转换成本 $T_1(i_1 k_1; \theta) < \widetilde{V}_1(i_1; \theta)$（因为部分非专用性部分的资产可变兑为现金）。因此，甲方事中退出合作的净收益为 $\overline{\Pi}_1 = \widetilde{V}_1(i_1; \theta) - T_1(i_1 k_1; \theta) - i_1$，同样的，乙方事中退出合作的净收益为 $\overline{\Pi}_2 = \widetilde{V}_2(i_2; \theta) - T_2(i_2 k_2; \theta) - i_2$。

在产品投资完成后成品完成前，若出现其中一方以退出作为手段对另一方进行敲竹杠，则甲乙收益的分配变为

$$\widetilde{s} = \arg \max_s \{\Pi_1 - \overline{\Pi}_1\} \{\Pi_2 - \overline{\Pi}_2\} \tag{6.58}$$

即

$$\widetilde{s} = \frac{1}{2} + \frac{(\widetilde{V}_1 - T_1) - (\widetilde{V}_2 - T_2) - p_s(V_{01} - V_{02})}{2V} \tag{6.59}$$

令 $X = (\widetilde{s} - s)V$，可得

$$X = (\widetilde{s} - s)V = \frac{1}{2} + \frac{(\widetilde{V}_1 - V_1) - (\widetilde{V}_2 - V_2) - (T_1 - T_2)}{2} \tag{6.60}$$

记 $\Delta s = \widetilde{s} - s$，$\Delta V_1 = \widetilde{V}_1 - V_1$，$\Delta V_2 = \widetilde{V}_2 - V_2$，则 $X = \Delta s V = \dfrac{\Delta V_1 - \Delta V_2 - (T_1 - T_2)}{2}$。甲乙双方的敲竹杠收益分别为 $H_1 = X H_2 = -X$。假设已知 $\Delta V_1 \sim N(0, \sigma_1^2) \Delta V_2 \sim N(0, \sigma_2^2)$，则 $X \sim N(0, \sigma_1^2 + \sigma_2^2)$。

甲对乙敲竹杠行为的概率如下：

$$p_1 = p\left\{\frac{H_1 - L_1}{L_1} \geqslant \alpha_1\right\} = p\left\{\frac{X - L_1}{L_1} \geqslant \alpha_1\right\}$$

$$= p\{X \geqslant L_1(1 + \alpha_1)\} = 1 - \Phi\left[\frac{L_1(1 + \alpha_1)}{\sqrt{\sigma_1^2 + \sigma_2^2}}\right] \tag{6.61}$$

乙对甲敲竹杠行为的概率如下：

$$p_2 = p\left\{\frac{H_2 - L_2}{L_2} \geqslant \alpha_2\right\} = p\left\{\frac{-X - L_2}{L_2} \geqslant \alpha_2\right\}$$

$$= p\left\{X \leqslant -L_2(1 + \alpha_2) = 1 - \Phi\right\}\left[\frac{L_1(1 + \alpha_1)}{\sqrt{\sigma_1^2 + \sigma_2^2}}\right] \quad (6.62)$$

其中，H_1、H_2 表示甲乙敲竹杠的收益；L_1、L_2 表示甲乙敲竹杠的成本；α_1、α_2 表示甲乙的临界值。Φ（·）是标准正态分布函数。下面将研究敲竹杠行为对甲乙专用性资产投资的影响。

如果服务型制造项目中网络成员都不采取敲竹杠，同时假设对方不敲竹杠，那么网络成员投资可以忽略敲竹杠行为的影响，则甲乙投资的策略目标是实现自身最大化预期利益。

成员甲的预期净收益是

$$E(\Pi_1) = \int p_s(sV + V_{01})\mathrm{d}\theta - i_1 \quad (6.63)$$

成员乙的预期净收益是

$$E(\Pi_2) = \int p_s[(1 - s)V + V_{02}]\mathrm{d}\theta - i_2 \quad (6.64)$$

根据 $\dfrac{\partial E\Pi_1}{\partial i_1} = 0$ 和 $\dfrac{\partial E\Pi_2}{\partial i_2} = 0$，得到最优投资 i_1^* 和 i_2^*，即

$$i_1^* = \arg \max E(\Pi_1) \quad (6.65)$$

$$i_2^* = \arg \max E(\Pi_2) \quad (6.66)$$

如果甲乙再投资时考虑到敲竹杠因素的存在，则投资策略就会改变。如上，H_1 是成员甲敲竹杠的收益，表示敲竹杠给甲造成的影响。H_2 是成员乙敲竹杠的收益，表示敲竹杠给乙造成的影响。甲、乙方采取敲竹杠行为的概率分别如下：

$$P_1\left\{\frac{H_1 - L_1}{L_1} \geqslant \alpha_1\right\}, \ P_2\left\{\frac{H_2 - L_2}{L_2} \geqslant \alpha_2\right\} \quad (6.67)$$

甲乙成员的敲竹杠收益为 X 与 $-X$。双方都不敲竹杠的概率是 $1 - p_1 - p_2$。由此得出 H_1 和 H_2 的分布率，分别如表 6.3 和表 6.4 所示。

表 6.3 H_1 的分布率

H_1	X	0
p_k	$p_1 + p_2$	$1 - p_1 - p_2$

表 6.4　H_2 的分布率

H_2	$-X$	0
p_k	$p_1 + p_2$	$1 - p_1 - p_2$

甲的敲竹杠预期收益为

$$E(H_1) = \frac{\Delta V_1 - \Delta V_2 - (T_1 - T_2)}{2} \left\{ 2 - \Phi \left[\frac{L_1(1+\alpha_1)}{\sqrt{\alpha_1^2 + \alpha_2^2}} \right] - \left[\frac{L_2(1+\alpha_2)}{\sqrt{\alpha_1^2 + \alpha_2^2}} \right] \right\}$$

$$(6.68)$$

乙的敲竹杠预期收益为

$$E(H_1) = -\frac{\Delta V_1 - \Delta V_2 - (T_1 - T_2)}{2} \left\{ 2 - \Phi \left[\frac{L_1(1+\alpha_1)}{\sqrt{\alpha_1^2 + \alpha_2^2}} \right] - \left[\frac{L_2(1+\alpha_2)}{\sqrt{\alpha_1^2 + \alpha_2^2}} \right] \right\}$$

$$(6.69)$$

甲的预期总净收益为 $E(\Pi_1) + E(H_1)$，因此其投资策略为

$$i_1^{**} = \arg \max_{i_1} \left[E(\Pi_1) + E(H_1) \right] \tag{6.70}$$

同理：

$$i_2^{**} = \arg \max_{i_2} \left[E(\Pi_2) + E(H_2) \right] \tag{6.71}$$

在核心技术的合作生产中，服务型制造项目中各方在进行投资时会将敲竹杠的预期损失当做一种成本，并在决策时加以考虑。

3）结果分析

由式（6.61）和式（6.62）可知：服务型制造项目中网络成员采取敲竹杠行为的概率与敲竹杠成本和临界值 α_i 正相关。所以对社会体系进行完善、增加敲竹杠行为的成本、合作方注重提高自身声誉机制建设，都能够降低敲竹杠风险的概率。同时，设定长远的组织目标、注重道德和企业自身的信誉文化，也能有效降低敲竹杠行为发生概率。

同样由式（6.61）和式（6.62）可知：外部环境变化程度 $\sqrt{\sigma_1^2 + \sigma_2^2}$ 与敲竹杠行为发生的概率也正相关。由于各产业所处的外部环境不同，环境的变化程度也不同，所以不同业务范围的企业被敲竹杠的概率也不同。因此，成长迅速、市场环境变化较快、产品价值变化大的高新技术产业被敲竹杠的概率相对较大。反之，被敲竹杠的概率较低。

由式（6.65）、式（6.70）和式（6.66）、式（6.71）的对比可看出：对于项目中投资个体来说，敲竹杠预期收益越高，其投资积极性越高，因此越有可能导致投资过度。网络成员的敲竹杠预期收益相似时，成员的专用资产投资水平都将近似最优投资水平。

2. 敲竹杠行为治理的市场效应模型分析

1）敲竹杠行为的市场效应分析

为了防止敲竹杠的机会主义行为，服务型制造项目中的合作成员往往会进行不断博弈，其结果是导致专用性资产投入低于最佳资产投入，最终造成市场失灵的现象。本部分研究以服务型制造网络中合作方的交易为例，并用 T 表示该交易，构建博弈模型，来说明因敲竹杠引发的市场失灵问题。假设 A 企业、B 企业因项目需要生产产品 M 而合作，将其合作过程划分为以下阶段（于江和尹建华，2009）。

阶段 1：A 企业、B 企业同时对项目进行专用性投资，投资成本（即初始专用性投资）分别用 I_A、I_B 表示，关系资产专用性投资的总收入为 R，R 值大小明确且大于 0。假设 A 企业、B 企业是风险中性的，当 $R \geqslant I_A + I_B$ 时，A 企业、B 企业可以进行专用性投资活动。

阶段 2：产品 M 的售价为 P，C_A、C_B 分别表示 A 企业、B 企业在交易中进行专用性投资的投机成本。设双方初始投资与其在相关交易中获得的收益是相等的。也就是说，只要 $C_i > 0$（i 为 A、B），那么 A 企业和 B 企业所付出的专用性投资成本不仅可以扩大合作产品的价值，也使得投资本身具有了一定价值。

2）模型分析

当 $C_i = 0$ 时，则 $I_A \geqslant C_A$，$I_B \geqslant C_B$，说明独立的专用性投资不会产生正收益。只有当 $R > C_A + C_B$，即交易 T 的市场准租大于其他交易的市场准租时，双方才可以进行交易。

在事前投资完成的情况下，事后准租就成为完成事后交易的保证。本部分研究用纳什均衡来确定事后准租。用 R_A、R_B 表示 A 企业和 B 企业的事后收益，则

$$R_A = C_A + \frac{1}{2}\theta \tag{6.72}$$

$$R_B = C_B + \frac{1}{2}\theta \tag{6.73}$$

其中，θ 表示事后准租，$\theta = R - C_A - C_B$。式（6.72）说明 A 企业需要投入 C_A 才能完成事后交易，同时还能提取一半的事后准租。同样的，式（6.73）说明 B 企业的事后收益是由事先投入的期权价值和事后准租决定的。

I_A、I_B 是由交易方的真实租金 N_A、N_B 决定的，即

$$N_A = R_A - I_A = C_A + \frac{1}{2}\theta - I_A = C_A + \frac{1}{2}(R - C_A - C_B) - I_A \geqslant 0 \tag{6.74}$$

$$N_B = R_B - I_B = C_B + \frac{1}{2}\theta - I_B = C_B + \frac{1}{2}(R - C_A - C_B) - I_B \geqslant 0$$

$$(6.75)$$

式（6.74）表示 A 企业只有在交易中获取收益 R_A 才能收回初始投资 I_A。同样的，式（6.75）表示 A 企业只有通过完成交易 T 才能收回其投入的成本。但是当 A 企业意识到敲竹杠的可能时，就不会进行事前投资，这就导致了市场失灵。

A 企业、B 企业共同生产产品 M，为了获得预期的事后收益 R，就要有事前的专用性投资。A 企业、B 企业的敲竹杠行为如图 6.3 所示。图 6.3 中，AA 上任何一点都满足 $I_A = C_A + \frac{1}{2}\theta$，BB 上任何一点满足 $I_B = C_B + \frac{1}{2}\theta$。AA 的右侧，$I_A > C_A + \frac{1}{2}\theta$，$I_B > C_B + \frac{1}{2}\theta$，这表示 B 企业拒绝承担事前投资 I_A，即 A 企业被 B 企业敲竹杠。BB 的左侧表示 A 企业拒绝承担事前投资 I_B，即 B 企业被 A 企业敲竹杠。

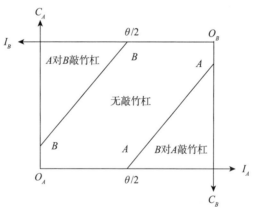

图 6.3　交易双方的敲竹杠行为

因此，AA 的左侧及 BB 的右侧所限定的区域代表了 C_A、C_B 与 I_A、I_B 的组合，在该区域内不会发生敲竹杠行为，A 企业、B 企业可以将初始投资收回。AA 与 BB 这两条线的水平距离用来表示交易产生的租金 $\rho = R - I$。AA 与 BB 将随着 R 的增长分别向右和向左发生移动，这会使无敲竹杠行为的区域增大。同样的，合作专用性投资 I 越少，交易的实际租金 ρ 就越高，无敲竹杠区域就会越大。

6.4.3　结论与启示

服务型制造项目中敲竹杠行为的产生与资产专用性关系紧密。本部分研究通过模型假设，运用定量分析方法研究发现，敲竹杠行为会对服务型制造项目企业间的合作效率产生消极影响，同时容易引发市场失灵，导致企业未来收益减少、信誉机制不完善等问题。本部分研究的结论可以通过以下两个方面来总结：①交易成本模型分析表明，从整体而言，服务型制造项目合作成员的专用性投资越接近转换成本，敲竹杠行为出现的可能性越小，双方的合作效率越高，稳定性越强。如果成员之间的专用性投资差较大，一方的敲竹杠收益大于另一方，则另一方的投资积极性就会降低，项目网络成员合作的稳定性也会下降。准租损失越大，专用性资产投资越低于最优投资。各方敲竹杠的预期收益越接近，服务型制造网络组织就越稳定。②市场效应模型分析表明，服务型制造项目的网络组织特点决定了敲竹杠行为的必然性。交易双方的事后总收益越高，则敲竹杠行为发生的可能性越小，市场失灵情况就越不容易发生；而专用性投资的增加则可能会提高敲竹杠行为发生的概率，容易提高市场失灵的可能性。

文献研究表明，资产专用性投资可能会引起敲竹杠的机会主义行为，但是它并非引起机会主义的唯一因素，逆向选择和道德风险同样会导致机会主义行为的产生。也就是说敲竹杠行为属于机会主义行为的一种。为了提出较为全面的服务型制造项目治理机制，本部分研究对资产专用性和信息不对称导致的机会主义治理分别提出以下启示。

（1）利用专用性资产的锁住效应和抵押作用抑制敲竹杠机会主义行为。专用性资产投资是针对某种特定关系的投资，它们几乎不可能在其他关系中重新部署。它对机会主义的防御作用是对没有被投资锁住的一方而言的。如果交易双方的关系不可持续，那么专用性资产的大部分价值就会受到严重损失。采取机会主义行为的一方会失去这些投资，这种后果会抑制该方采取机会主义倾向。一方面，专用性资产投资可以对锁住效应所导致的机会主义行为产生作用；另一方面，专用性资产投资的抵押作用对信息不对称引起的机会主义行为也能产生作用。同时，对于服务型制造项目来说，根据项目实施的实际情况对专用性资产投资进行适当的控制是降低敲竹杠机会主义行为的有效途径。

（2）利用监督、激励和选择机制降低机会主义发生的概率。第一，监督。如果交易双方的信息是不对称的，那么一方的机会主义行为很有可能不会被发现，而对其行为或行为结果的监督可以解决该问题。监督行为的过程会给想要实行机会主义行为的一方施加社会压力，从而让其依从；同时，监督可以提高项目主体或第三方探查机会主义的能力并以适当的方式奖惩合作伙伴的能力。但是如果缺乏信息的一方缺乏相关的监督知识和技能，则其监督成本会提高，这是监督机制存在的一个局限性。第二，激励。有关自律协议的研究提出这样一种观点，即在关系双方个体利益一致的条件下，如果构建一种激励结构使得关系成员从合作性行为中的长期获利超过从机会主义行为中获取的短期收益，那么机会主义行为就会减少（尚书，2011）。此外，某种形式的负激励也会减少机会主义的发生。例如，特许商要求受许商在专门的设备或培训上做出投资，如果受许商推卸责任实施机会主义行为，特许商就可能不再与其签署契约或者限制其扩大业务，这对受许商来说就是一种负激励，可以抑制其机会主义行为。第三，选择。从某种程度上来说，选择机制是与声誉密切相关的。管理机会主义最直接的方法就是选择以前没有发生过机会主义行为的或者具有良好企业声誉的合作伙伴。一般来说，可以通过各种形式的筛选和资格认证来选择合作伙伴。在选择的过程中对所有潜在合作伙伴的相关技能进行广泛调查是非常重要的，此外，在选择标准的制定上，如果规定违背标准的受到处罚，则能促使成员运用恰当的技能进行自我认证。

■6.5　本章小结

本章从多代理人、多委托人（共同代理）以及敲竹杠行为三个维度对服务型制造项目治理机制进行分析。从不同视角分析服务型制造项目中合作方的博弈关系可以得出不同的结论，这些结论可以为服务型制造项目治理机制的设计提供更多的参考建议，为设计更加完善的项目治理机制提供支撑。

在多代理人的分析中，主要研究了服务型制造项目中各个模块商之间的串谋问题。基于相对绩效方法，建立模块商串谋不可能、基于产出结果签订次合同进行串谋、基于努力选择签订次合同进行串谋三种情况下的委托代理模型。结果表明：相对绩效的激励机制可提高模块商努力水平；模块商通过签订基于产出的次合同实现串谋是可能的，但会损害制造商的效益；模块商产出相关性较低时，签订基于努力选择的次合同实现串谋对制造商反而更有利。因此，在模块商产出相关性较低时，制造商可授权模块商签订基于努力选择的次合同；产出相关性较高时，若能判定模块商不会串谋，采取相对绩效激励机制是最佳选择，若无法判定是否有串谋，则应考虑降低模块商串谋的可能性。

在多委托人的研究中，基于委托代理理论，构建了制造商与服务提供商之间的多委托代理模型，研究了服务型制造项目中制造商如何通过合同对服务提供商进行治理，从而实现其利益最大化，并且避免服务提供商的道德风险和其他机会主义行为。通过分析制造商之间合作与非合作、信息对称与不对称情况下服务提供商的努力水平，得出有利于提高制造商利润的结论。最后根据研究结果提出完善激励与监督机制、提高信息透明度等治理建议。

最后，本章对服务型制造项目治理中存在的敲竹杠机会主义行为进行了较深入的研究。基于交易成本理论、委托代理理论和网络治理理论，建立了交易成本模型和市场效应模型，以专用性投资为重点，对服务型制造项目中的敲竹杠行为进行分析。研究结果表明：服务型制造项目合作成员的专用性投资越接近转换成本，敲竹杠行为出现的可能性越小；成员之间的专用性投资差越大，项目成员合作的稳定性越低；增加交易双方的事后总收益和降低专用性投资都可能会降低敲竹杠行为发生的概率。最后提出利用资产专用性的锁住效应和抵押作用来抑制敲竹杠行为，利用监督、激励和选择机制降低机会主义行为的启示。

　　本章从多个角度对服务型制造项目治理机制进行了较全面的研究，但是总体来看还是局限于理论分析，缺乏真实的案例作为支撑，因此所提出的策略、建议或启示的可靠性和可行性还有待探究。第 7 章将以大型客机为例对服务型制造项目治理进行实证研究，从而使得研究结论更有说服力。

第 7 章

大型客机产业项目治理案例分析

■ 7.1 大型客机产业

7.1.1 大型客机产业概述

大型客机通常是指座位数在 150 个以上、航程在 3 000 千米以上的旅客飞机，是一种高附加值、高技术水平和高投入的产品，这一性质决定了大型客机市场必然是一种寡头竞争市场（李小宁，2009）。虽然大型客机是一种寡头竞争，但是它又不同于一般意义上的寡头竞争。这一方面是由于大型客机市场有着更高的进入壁垒、更多的资金投入、更严重的风险问题和更为激烈的竞争；另一方面则是因为大型客机的生产能力与国家战略和国家安全有着天然的联系，其中国家安全往往是一个国家发展大型客机的更重要的理由。自 20 世纪 50 年代波音 707 拉开大型客机的竞争序幕以来，世界上多个国家先后加入大型客机的竞争中。目前全球大型客机市场基本由美国的波音公司和欧洲的空客公司垄断，潜在的进入者包括中国、俄罗斯、加拿大、巴西、日本等（王科等，2012）。

一架大型客机中包含数百万计的零部件，虽然全世界大型客机的研发和生产高度集中，已经形成寡头垄断局面，但是在全球化的背景下，随着国际合作更加深入和广泛，大型客机形成了以整机制造商（即核心制造商）为核心，以主系统承包商、分系统承包商、部件供应商为主体，在研制时需要众多供应商参与，并在交付运营期间提供相应的售后技术支持或服务保障的服务型制造模式（袁文峰，2013）。大型客机的服务型制造模式涉及众多不同类型的企业，这些企业密切协作，共同完成大型客机的设计、制造和装配等工作，在这种情况下，大型客机逐渐发展成一种产业。在产业经济学中，产业被严格定义为生产具有高度替代性的产品或服务活动的总和。而在一般意义上，产业被认为是生产同类产品和服务的企业群。本章研究所说的"大型客机产业"同现代产业组织经验性研究中的诸多"产业"一样，并不是一个规范意义上的统计学概念，而是出于学术目的自定义的一种产业（史东辉，2008）。因此，所谓的大型客机产业，指的就是设计、制造和装配大型客机并提供相关服务的企业群。具体而言，大型客机产业是一个关系国家经济命脉和安全的高技术产业，集知识密集性与技术密集性于一体，并具有高投入、高附加值和高风险的特点，其设计和制造涉及众多产业，包括机械制造、电子技术、材料工程、自动控制、信息软件等产业和领域（蒋玉洁，2013）。大型客机的研制是一个国家经济实力、工业制造和科技水平的重要标志，对推动整个国家的科技和经济发展乃至国家安全都十分重要，大型客机产业的发展对于推动产业结构升级也具有重要意义。

7.1.2　大型客机产业链分析

1. 产业链理论

产业组织理论揭示了产业链中的厂商通过实施一系列策略，对产业链上的其他厂商实施纵向控制，扩张市场势力，最终实现自身利益最大化的过程。以能力为基础的分工既可以通过企业纵向一体化在一个企业的内部完成，也可以由产业链上分散在各个环节的企业单独完成。但是，在大多数情况下，单个企业的能力和资源不足以完成最终产品的生产，因此为了取得成功，企业必须协调内在能力和外在能力，使二者相互协同，以便能够最大限度满足顾客需要并保证企业盈利。

产业链是产业组织的表现形式，社会分工的细化使得一种产品或服务由多家专业化的企业共同完成成为一种趋势，产业之间的分工与合作也成为保证产业链完整性的必然前提。同样的，一个企业向顾客提供的价值并不仅仅是由自身能力决定的，而是受到自身能力和上下游企业的共同制约。因此，产业链是包括供应商、制造商、分销商和零售商等所有节点企业，强调相关产业或企业之间分工合作关系的一种产业组织形式。企业之间的能力分布、协作的交易成本和企业战略会影响产业链的整合方式，而产业链的整合对这些影响因素也有反作用。具体表现如下：产业链整合可以将外部的知识内部化，获得递增报酬，改变企业之间的能力分布；可以通过增强知识共享和协调分工来降低交易成本；在变化的环境中，产业链整合可以作为更新企业能力的战略工具。产业链整合可以通过资产形式（企业间兼并）和企业行为（企业联盟）表现出来，这两种整合形式的实质都是知识的整合，因此对于不同类型的产业链，其知识共享和知识整合的内容、形式都是具有差异的（彭本红和刘东，2012）。

2. 大型客机的产业链

大型客机产业链从市场的角度可以分为五个环节，即市场研究、设计、制造、营销和售后服务。每个环节又可以进一步细分。例如，市场研究可以分为需求分析和风险评估两个子环节；设计又可分为概念设计、总体设计、项目设计和细节设计四个子环节；制造可以分为从零部件生产到总体集成的四个子环节；营销可以分为适航试验、销售和交付三个环节；最后的售后服务在这里没有进行进一步细分。大型客机产业链如图 7.1 所示。一般来说，市场研究、设计、销售等处于产业链的高端，而制造，特别是零部件的制造，则处于产业链的低端。波音和空客处于大型客机产业链的高端，它们控制飞机的设计、核心技术、标准制定、销售市场和售后服务，在全球范围内选择模块集成商和零件生产商。而其他依附企业处于产业链的技术低端，它们只了解本阶段的工艺和制造技术，处于被支配地位，因而只能获得相对较少的利润。但是依附企业在产业链上的位置不同，其依附程度也不尽相同。一些重要的系统模块供应商，如发动机供应商，相对于飞机制造商而言就具有很强的独立性和讨价还价能力，它们往往接近领导企业的地位。

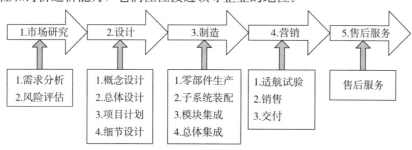

图 7.1　大型客机产业链

资料来源：李小宁（2009）

3. 大型客机的产业组织体系

大型客机产业链中的供应商根据在产业链中的地位可以分为三个层次：向大型客机整机制造商提供部件系统的一级供应商；提供核心部件（如复合材料、复杂机加件、金属合金件）的二级供应商；提供基础部件（如原材料、标准件）的三级供应商，如图 7.2 所示。供应商层级越高，所提供的零部件技术含量越高。

顶层系统集成商是大型客机产业链中的主制造商，具有研制整机的能力，主要负责大型客机的项目计划、总体设计和概念设计，以及关键零部件生产与整体集成，在后期负责适航试验、市场研究及售后服务。它们在大型客机产业链中是领导企业，掌握顶尖的客机技术、工艺、质保体系、市场开拓和客服能力。目前为止，只有波音和空客两家公司能够进入国际大型客机市场，参与大型客机产业链高端设计研发和整机装配环节。

一级供应商是具备大部件、子系统的研制能力的各个模块的集成商。主要负责模块基础设计和关键部分的细节设计，是各模块的集成商，在后期负责模块市

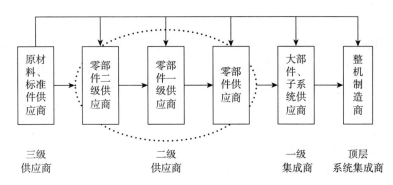

图 7.2 大型客机产业组织体系

资料来源：彭本红和刘东（2012）

场研究与模块的销售，同时也负责相应的售后服务。它们是大型客机产业链中的模块领导企业，与整机建立风险合作关系，在关键子系统方面具有核心竞争力。一级供应商目前主要集中在欧美和日本等发达国家和地区，如美国沃特、斯普利特以及古德里奇公司，欧洲的 BAE 系统公司、空客西班牙公司和阿莱尼来航空公司，日本的富士重工、三菱重工和三井重工等公司。

二级供应商是向一级供应商或系统集成商提供模块化产品的子系统供应商。主要负责细节设计和子系统的生产，提供的模块化产品主要有记忆组合件、机身零部件、舱门等。二级供应商在大型客机产业链中属于依附企业，数量比较多，如国内的中航工业集团公司，以及国外的韩国工业公司、欧洲萨泊公司、以色列航宇公司等。

三级供应商是原材料供应商或标准件供应商。主要负责零部件生产，技术含量相对不高。三级供应商在大型客机产业链中属于依附企业，数量也很多，既有世界航空航天百强公司，也有专业化的公司。

4. 大型客机的分工体系

专业化分工与协作是现代经济运行的基本形式，对于一个具体产业来说，既是一种基本的具体产品的生产方式，也是产业内部生产关系的一个重要组成部分。对于大型客机产业来说，分工与协作同样贯穿了飞机的研发、生产和售前售后服务的全过程。庞大的供应商体系不仅是大型客机产业成长的重要支撑，而且供应商与主制造商（即飞机制造商）之间的交易关系及其变化，对大型客机产业的资源配置效率更是有着极其重要影响。

通常来说，一架大型客机可分为机体、发动机和机载设备三部分。机体是指大型客机中主要用以装载旅客和货物、控制飞机姿态以及在地面支撑飞机的部分，又可进一步分为机身及其部件，机身尾段，尾翼及其部件，机翼及其部件，起落架这四类。发动机按照机型的不同，其配置包括双发、三发和四发的配置。机载设备包括航空电子系统、电源系统、空气管理系统、飞行控制系统、液压能源系统、防火系统、供水/水处理系统以及客舱设备、装饰件等。其中，部分机载设备（如航空电子设备和客舱设备等）通常又可分为两类：一类为特定机型所必须安装的由特定供应商制造的机载设备，并且常常因不同机型而异，如导航与控制、飞行管理等。另一类为由不同制造商提供而可以由航空公司选择的机载设备，如卫星警报系统、通信系统等，以及可安装可不安装的机载设备，如部分客舱设备、机上收视设备等。

大型客机的研发与生产的社会分工体系大致可以分为三个主要层级，如图 7.3 所示。第一层级主要是指飞机制造商，通常从事飞机的设计、总装、试验和部分机体制造业务，也是型号合格证（type certificate，TC）、生产许可证（production certificate，PC）和适航证（aircraft certificate，AC）的持有者。目前，位于第一层级的主要是波音公司和空客公司。第二层级包括发动机制造商、航电设备制造商和系统/主要部件供应商，它们通常直接为飞机制造商提供各种机载设备、系统件和部分主要部件，以及相关服务。目前全球第二层级供应商主要有 20 余家大型企业或集团。从大型客机制造商的角度来说，直接交付飞机制造商的主要部件和设备在习惯上又被称为子系统，因此位于第二层级的供应商也常常被称为子系统供应商。例如，空客公司的 A380 飞机就拥有 39 个子系统供应商，负责生产和交付 59 个子系统。第三层级为其他零部件供应商，主要为第二层级的厂商提供零部件、设备、材料和服务。

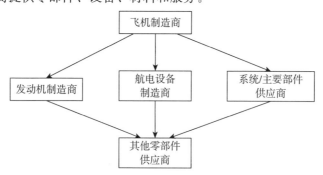

图 7.3　大型客机的"主制造商-供应商"生产体系
资料来源：史东辉（2008）

7.1.3　大型客机价值链分析

1. 价值链及其相关理论

1) 价值链理论

"价值链"概念最早由美国哈佛大学商学院的教授迈克尔·波特于 1985 年提出。竞争战略理论之父波特认为，"价值是客户对企业提供给他们的产品或服务所愿意支付的价格。每一个企业都是设计、生产、销售、交货和对产品起辅助作用的各种活动的集合体，所有这些活动都可以用一个价值链来表示"。波特在分析公司行为和竞争优势的时候，认为公司的价值创造过程主要由基本活动（含生产、营销、运输和售后服务等）和支持性活动（含原材料供应、技术、人力资源和财务等）两部分完成，这些活动在公司价值创造过程中是相互联系的，由此构成公司价值创造的行为链条，这一链条就被称为价值链。同期，Kogut（1985）则认为"价值链基本上就是技术与原料和劳动融合在一起形成各种投入环节，然后通过组装把这些环节结合起来形成最终商品，最后通过市场交易、消费等最终完成价值循环的过程"。Kogut（1985）认为，国际商业战略的设定形式实际上是国家的比较优势和企业的竞争能力之间相互作用的结果。当国家的比较优势决定了整个价值链条各个环节在国家或地区之间如何进行空间配置的时候，企业的竞争能力就决定了企业应该在价值链条上的哪个环节和技术层面上倾其所有，以便确保竞争优势。与波特强调单个企业竞争优势的价值链观点相比，这一观点更能反映价值链的垂直分离和全球空间再配置之间的关系，因而对全球价值链理论的形成至关重要。Hines（1998）把价值链定义为"集成物料价值的运输线"。与传统价值链相比，Hines 所定义的价值链把顾客对产品的需求作为生产过程的终点，把利润作为满足这一目标的副产品，而波特所定义的价值链只停留于把利润作为主要目标并未强调顾客的重要作用。Hines 把原材料和顾客纳入价值链，这意味着任何产品价值链的成员在不同的阶段包含不同的公司，而波特的价值链只包含那些与生产行为直接相关或直接影响生产行为的成员。

价值链理论揭示了企业的发展不只是增加价值的过程，更是重新创造价值的过程。产品的价值是由整条价值链共同创造的，因此产品整条价值链上各个环节的竞争力体现了产品的整体竞争力，也就是企业的竞争力。在全球生产网络下，世界各地不同的经济活动单元，通过协作共同创造价值。所以，不仅单个企业内部存在价值链，相关产业单元的价值链与其他经济单元的价值链也是相连的，任何企业的价值链都存在于一个由很多价值链共同组成的价值体系中，而且该体系中各单元的价值行为之间的联系对企业竞争优势的大小有着至关重要的影响。在全球生产网络的经济活动中，价值链无处不在，行业上下游关联企业的企业之间存在价值链，同时企业内部各业务单元的联系也构成了企业的价值链。价值链上的所有价值活动共同影响着企业最终实现的价值。

2）其他相关理论

全球价值链是指为实现产品或服务的价值而连接设计、研发、生产、销售、售后服务、回收处理等过程的全球性跨企业网络组织，整个过程从原材料采购和运输、产品的生产和销售，直至最终消费者和企业回收处理。全球价值链大致可分为以下四个环节：①技术环节，包括产品的研究设计、技术培训；②生产制造

环节，包括原料采购、产品的生产制造、质量检测与控制等；③营销环节，包括
市场拓展、销售、广告及售后服务等；④品牌运作环节，包括品牌运行与经营维
护等。全球价值链上的主要利润流向价值链的两端，一端是位于价值链上游的研
发和设计，另一端是位于价值链下游的营销和品牌运作。不同的价值增值环节创
造的价值不同，其附加值服从经验上的"微笑曲线"（smiling curve），大型客机
的微笑曲线如图 7.4 所示。

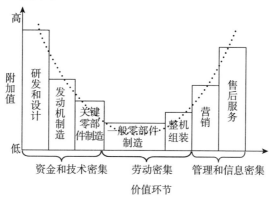

图 7.4　大型客机的微笑曲线

微笑曲线是国内重要科技业者宏基集团创办人施振荣先生在 1992 年为了
"再造宏基"时提出的著名理论。微笑曲线实际上是附加值曲线的一个特例，以
价值环节为横坐标、以附加值为纵坐标。微笑曲线是一条开口向上的抛物线，中
间是制造；左边是研发和设计，胜败关键决定于技术、制造和规模；右边是营销
与售后服务，胜败关键是营销与品牌运作能力。微笑曲线表明在研发—制造—营
销的产业链上，利润向两端集中，而中间制造商利润却不断减少。据相关数据显
示，在高技术领域，处于两端的研发设计和销售服务各占利润的 20%～25%，
中间加工环节利润只有 5%。这说明，技术和品牌对提升附加值具有极其重要的
意义（吕乃基和兰霞，2010）。因此未来产业应该向微笑曲线两端发展，即在左
边加强研发设计工作，右边加强以市场为导向的营销服务以及品牌建设。

为了向微笑曲线两端移动，获得更高的附加值，全球经济体系内众多高附加
值的产业中发生了大量兼并和收购。公司通过同时购并核心业务和剥离非核心业
务而进行的整合过程正在高速向整个产业价值链扩展。系统集成者在价值链活动
中承担了越来越多的计划和协调职能，同时在众多的供应商中积极物色优秀的合
作伙伴，从而出现了"瀑布效应"（cascade effect），即在系统集成过程中所产生
的对价值链各个层面的巨大集约压力，具体表现如下：一级供应商受到来自系统
集成者的巨大压力，进行并购，以发展其在全球价值链中的领先地位。同时，这
些一级供应商和次级系统集成者通过同样的系统集成过程将这种巨大的压力传递

给各自的供应商网络。瀑布效应使得全球范围内，给系统集成者供应商品和服务的诸多产业都出现了高速集中。有时候，系统集成者也会越过一级供应商，与二级或其他级的供应商直接联系，这种运作方式通常被称为"逆流"。集成者直接从低层供应商那里购买产品或服务，可以对一些重要原材料的来源和质量进行有效控制，也可以透明化中间产品的产品结构。在这种情况下，低层供应商的压力则直接来源于系统集成者（诺兰等，2007）。

2. 大型客机价值链分析

1）大型客机价值链的构成

大型客机价值链一般分为研发设计、部件制造、整机组装、销售和售后服务五个环节：①研发设计是一个技术含量高而且非常复杂的系统工程，是大型客机价值链的核心环节。大型客机的开发需要几亿美元甚至几十亿美元的投资，开发周期也比较长。目前具有研发设计能力的企业包括波音公司、空中客车公司以及庞巴迪宇航集团等大型飞机制造商。②部件制造是指大型客机各个部件的生产，包括推进系统、操纵系统、机体、起落装置和机载设备等方面。按照技术含量来划分，可以分为发动机制造、关键部件制造和一般部件制造。③整机组装一般由系统集成商来完成，具体是指大型客机制造商根据客户需求和研发设计成果，优选出各种技术和产品，将机身、发动机、机翼和尾翼、飞行仪表、通信、领航等子系统连接成一个安全可靠的有效整体，使各个子系统能够彼此协调工作，发挥整体优势，达到整体性能最优，并最终完成测试和试飞等检测环节。④销售指的是飞机制造商将飞机卖给客户的过程，满足客户以运输为主的需求。客户大部分是航空运输企业，而小部分是其他企业或个人。⑤售后服务指的是为保证产品的安全性、经济性、环保性和舒适性，在销售之后为客户提供的服务。售后服务的维护诊断技术和管理对提高飞机的可靠性、安全性和运营效率具有重要意义，因而在大飞机的销售中占有重要地位。另外从航空制造业延伸出来的服务还包括金融、咨询和培训等，通过这些服务可以满足客户的个性化及其他特殊需要。

2）大型客机的价值链升级分析

在全球航空制造业产业链中，基于微笑曲线，大型客机中高附加值部分和低附加值部分表现得非常明显（图7.4）。微笑曲线左端是大型客机的研发与设计、发动机等核心零部件生产，是高附加值部分。我国航空产业长期处于全球价值链的中低端，主要原因就是核心技术的缺失，关键技术过度依赖国外。为摆脱国外垄断巨头的技术封锁，增强研发与设计的自主性，我国一方面需要加大研发投入，不断增强自主创新能力，充分利用现有的研究机构、大学与企业的科研力量，提高科研效率。在坚持自主创新的基础上对国际先进技术实施消化创新、合作创新的战略。另一方面，需要加强高素质人才的培养，同时大力实施国外人才引进计划。充分发挥科研精英的积极性和主动性、创新性，不断完善人才管理机构对我国发展大型客机产业具有积极的促进作用。微笑曲线右端是大型客机的营销和售后服务，也是具有较高附加值的部分。波音和空客两大垄断巨头都具有先进的供应链管理方式及很强的跨国经营管理能力，并且拥有强大的营销和售后服务的网络渠道。我国大型客机项目仍然处于起步时期，必须重视营销和售后服务，以实现大型客机价值链升级。从微笑曲线可以看出，大型客机项目中"核心技术"与"营销服务"处于价值链的高端，这正是我国大型客机价值链升级的方向。

基于上述分析，我国大型客机价值链升级机理可以归结如下：第一，坚持自主创新，构建我国大型客机核心竞争力，特别是在核心技术上，不能一直依赖国际合作获得，必须依靠长期的自主创新进行积累。第二，重视营销与售后服务，培育我国自有的大型客机品牌。通过市场化运营，采用先进的市场营销策略，同时重视客户体验及反馈，不断培育和打造我国大型客机品牌的国际影响力。此外，大型客机产业关系到国家安全，这使政府的参与成为必然，而政府的政策支持也是发展大型客机产业不可缺少的动力。在全球生产网络下，大型客机价值链上各个环节相互联系，相互作用，共同促进了大型客机项目价值链的升级，图 7.5 是我国大型客机项目价值链升级模型。

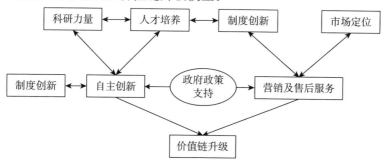

图 7.5　我国大型客机项目价值链升级模型

3）大型客机的价值链"瀑布效应"

大型客机的制造极其复杂，只有有一定能力和资源的集成者才能通过整合价值链上的各个环节形成最终产品，这种集成能力是一种巨大的竞争优势。在全球生产网络的背景下，航空工业的系统集成者已经不再将主要精力放在零部件的生产制造上，而是更注重对供应链的组织和协调。目前，航空工业的系统集成企业对信息技术进行大量投入，将供应网络紧紧地整合在自己周围，以便进行即时、详细的信息交流。例如，波音与空客在飞机主要系统零部件部门，各自根据其严格的技术和商业标准选择少量的优质供应商。这两家系统集成者在激烈的竞争中积极改造各自的供应链结构，以减少供应商的数量，并培植大型的次级系统集成者。系统集成者深层次地渗透到整个供应链中，通过组织协调，全方位改善其供应商群体，并深入供应商内部，近距离监督其业绩表现。围绕集成者的供应商形成了一个名副其实的"外延公司"。

为了达到集成者的要求，主要零部件供应商自身必须对研发进行大量的投资，扩大自身企业规模，并通过规模效益和范围经济达到降低成本的目的。这种目的使得一股强大的并购浪潮在一级供应商之间展开，而作为各个供应商的集成者不可避免会受到影响。就一级供应商的地位之于次一级供应商来说，类似于集成者之于一级供应商的地位。因此，一级供应商在并购扩展的同时又会对次一级供应商进行组织协调，并挑选其中的优质者作为合作伙伴，这又会使得次一级的供应商进行变革，通过兼并和收购提升自身能力，这种上一级供应商对次一级供应商的"优化"不断传递下去，使得次级系统集成者和关键零部件供应商层面的产业集中度迅速提高，从而建立和强化了它们在一个或多个航空子系统内的竞争优势地位。因此，大型客机制造计划背后的数百家供应商构成了未来几十年内世界航空工业的核心。这意味着一旦飞机制造计划选定了固定的供应商，已选定的供应商就很难被新来者取代。因为这些供应商根据系统集成者特需的技术对研发进行大量的投入，它们已经对航空制造的相关技术有了深刻的理解，同时积累了丰富的经验，也与系统集成者及相关客户建立了长期的、相互信任的伙伴关系。所以"瀑布效应"不仅促进了产业的高度集中，也会造成航空制造业价值链中强大的锁定效应，从而使得来自发展中国家的本土企业进入世界领先系统集成商的供应链极端困难。

全球民用航空市场长期以来被美国波音和欧洲空客垄断着，它们能力相当，不分伯仲，是全球最大的两家客机制造商。它们从创立之初至今，经历了政治风暴、经济危机以及产业变革等巨大的历史事件而依然屹立不倒，甚至越挫越勇，这与它们科学严谨而又灵活高效的治理方式是分不开的。波音与空客积累起来的项目治理经验无疑是一部成功的项目治理宝典，因此本章将以波音和空客为例，从多维度对它们的项目治理方式进行分析，以期为我国大型客机产业的发展提供借鉴。

■7.2　波音公司项目治理

波音公司的前身是太平洋航空产品公司，由威廉·波音于 1916 年 7 月 15 日成立，1917 年 5 月 9 日，威廉·波音将太平洋航空产品公司更名为波音飞机公司。波音公司的总部位于芝加哥，它作为美国国家航空航天局的主要服务供应商，不仅运营着航天飞机和国际空间站，还提供众多军用和民用航线支持服务，其客户分布在全球 90 多个国家。就销售额而言，波音公司是美国最大的出口商之一。此外，波音公司还在全球范围内建立了研发合作伙伴，其研发合作伙伴包

括来自 35 个国家致力于不同领域（包括生物燃料、制造工艺、机器人）研究的
企业。波音公司从 1916 年成立至今，其百年发展之路并非一帆风顺，这期间有
许多荆棘坎坷和起起伏伏，但是波音在每一次的危机面前从未低头，它迎难而
上，与时俱进，不断进行创新与自我提升，这才成就了今日的航空航天巨头。波
音公司的发展历程如图 7.6 所示。

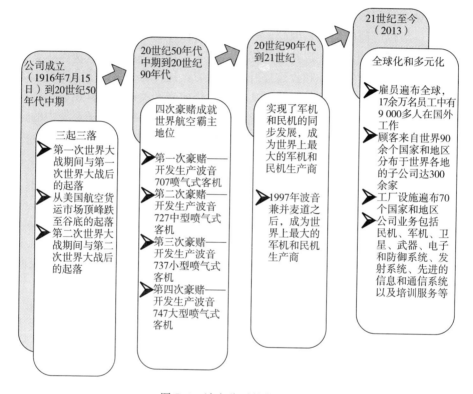

图 7.6　波音公司的发展历程

资料来源：彭剑锋（2013）

作为一家百年航空航天工业企业，波音的成功之道可以总体概括为六大关键
成功实践和三大基础成功实践（彭剑锋，2013）。基础成功实践包括"内外结合、
刚柔并进"的公司治理，客户满意的经营理念，内部力量为主、收购为辅的增长
方式；关键成功实践包括引领、拓荒、敢于冒险的战略品质，行业霸主地位第
一、短期利润第二的投资观，员工参与、变革和赞誉的企业文化，全球、多层次
集成的生产模式，"精益＋"持续提高生产率的法宝，技术系统性开发与升级能
力。这些成功实践充分践行了波音的核心价值观——领先、诚信、品质、客户满
意、携手合作、多元化且积极参与的员工队伍、好的企业法人以及提高股东价
值。在全球制造业转型升级的浪潮下，波音公司秉承创新的传统，是航空航天领

域实施服务型制造模式的典型代表。而本部分研究就是从服务型制造项目治理的角度出发，对波音公司大型客机项目的成功治理方式进行深入研究，主要研究内容包括供应商治理、客户关系治理以及质量治理等方面。

7.2.1　供应商治理

在飞机制造业，合格供应商尤其是一级供应商的数量非常有限。这就导致不同的飞机制造商从相同供应商手中购买相应零部件的现象十分普遍。同样的，波音公司拥有的供应商一般也是固定的，波音公司将其内部的一些标准扩展到供应商，在合作过程中，波音公司通过这些标准帮助供应商提高业绩，从而实现共同受益。同时也可避免供应商把精力分散到公司各自的特殊要求和满足顾客特殊需求上，造成标准不统一的情况。在服务型制造模式下，波音公司的各个供应商以模块供应商的角色存在，与波音公司共同构成了服务型制造网络结构。

1. 波音公司供应商构成

波音公司是全球最大的民用和军用飞机制造商，它的服务型制造网络结构是典型的主导企业支配型价值模块集成模式，波音在网络中承担了主导企业的重要角色，既是制造模块的集成商又是服务模块的集成商，即产品供应商和服务供应商共同的集成者（冯良清，2012）。因此，在波音的服务型制造网络中，供应商可以分为生产性服务供应商和服务性生产供应商两种类型。

1）波音的生产性服务供应商

波音的民用飞机业务具有悠久的历史，早在 20 世纪 30 年代就开始投入研制全金属客机，并研发生产了航空史上第一架现代民航客机——B247 型客机；20世纪 50 年代，波音推出了大型喷气式客机 B707，开创了喷气式客机的新时代，从此一跃成为民航市场的霸主；此后，波音公司陆续开发生产了 B717、B727、B737、B747、B757、B767、B777 和 B787 系列飞机（彭剑锋，2013）。波音的民用飞机产品在不断推陈出新的同时，也成功实现了发展战略的转型，由纵向发展转变为横向发展，即由纵向发展不同的产品发展战略转向横向发展一系列不同衍生型或改进型的产品发展战略。这种横向不仅体现在飞机产品的改进和完善上，同时也体现在服务范围的扩张上。

为了更好地提供航空服务，波音公司实施了模块化服务延伸战略，包括金融服务和共用服务等生产性服务模块，主要的服务模块供应商包括波音金融公司、共用服务集团、波音民用航空服务部以及波音飞机贸易公司等。在波音的服务型制造网络中，主要的生产性服务模块节点的模块化服务体系如图 7.7 所示。

波音金融公司是波音的全资子公司，在服务型制造网络中担任金融服务模块供应商的角色，提供综合性的客户融资服务，并重点借助第三方融资，积极管理风险和交付强大的金融服务。该金融公司主要有飞机金融服务部、空间和预防金

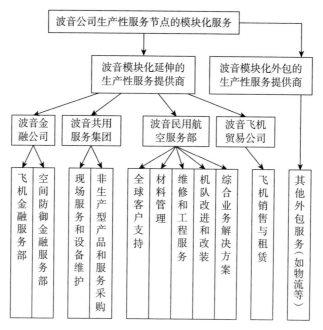

图 7.7　波音公司生产性服务节点的模块化服务体系

资料来源：冯良清（2012）

融服务部两个业务部门。共用服务集团主要为波音公司的其他业务部门，以及波音全球总部提供的创新而有效的公共服务，包括现场服务、设备维护和全部非生产性产品和服务的采购、招聘和培训员工、运输、储备等服务项目。波音民用航空服务部主要为飞机运营商提供综合的产品和服务解决方案，包括客户支持、材料管理、维护与工程服务、机队的改进和改装、飞机运营支持五个方面。波音飞机贸易公司专门为需要迅速扩充机队的运营商，以及目前没有能力购买新飞机的运营商提供服务。主要业务是销售和租赁波音通过交易、租赁回报及其他方式获得的飞机，以及从二手市场上获得的满足波音高标准的飞机。除此之外，波音公司还有模块化外包的生产性服务供应商，主要负责物流等外包服务。

2）波音的服务性生产供应商

在全球化进程不断提速的时代，各大企业都将国际化或全球化作为自己的战略目标。作为全球化大军中的一员，波音公司正将全球化的理念应用于其供应商的网络中。回顾波音的外包历史（彭剑锋，2013），在 20 世纪 60 年代，波音 727 项目仅有 2% 的部分由波音国外供应商完成；到 20 世纪 90 年代波音 777 项目研发之时，国外供应商参与份额急剧上升至 30%；在 787 项目中，波音将其供应商的网络撒向全球，在这一网络中，除了北美航空航天制造商，还有许多来自亚洲、拉丁美洲以及东欧的制造商，在波音 787 项目中，高达 70% 的部分是由波音国外供应商制造的，如图 7.8 所示。从图 7.8 中可以看出，波音 787 项目的大部分子系统在全球几十个国家和地区生产，这些供应商按照各自的模块业务进行集成化合作，不仅要完成所承担部件和系统的生产，还要完成相关部件的综合和系统集成。在波音 787 项目中，波音之所以让一些"非传统"地区（如中国、印度和俄罗斯）的制造商加入供应商网络，主要是因为这些"非传统"地区强劲的经济表现意味着航空公司潜在客户的存在。同样的，将更多的业务外包给亚洲国家也是波音公司的一个重要战略，其目的在于吸引更多的来自这些国家的新客户，尤其是国有的航空公司。综上所述，波音越来越倾向于将更多的业务外包给国外，它正在采取国际化的外包战略，希望通过外包来打开更多新的市场。

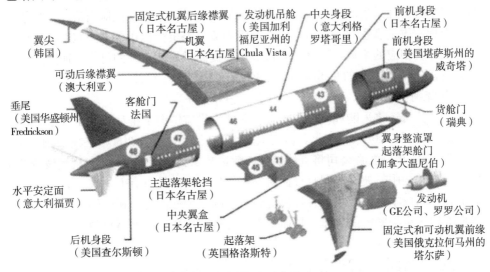

图 7.8　波音 787 全球主要服务性生产模块供应商

资料来源：胡问鸣（2007）

2. 波音公司供应商治理方法

波音公司对降低成本的严格要求以及将开发、生产工作放到供应链的举措意味着波音公司必须在供应商管理方面进行深入的改革（诺兰等，2007）。波音公司及其各个供应商都是大型客机项目的利益相关者，对于一个大型复杂项目而言，在实现项目目标的同时保证利益相关者满意属于项目治理的范畴，而管理并非强调利益相关者满意。因此，本部分基于波音公司的案例分析，从项目治理层面研究波音公司治理供应商的方式方法，并总结出创新型的供应商治理方式。

1）精简供应商

波音公司治理供应商的第一步就是精简供应商。1999 年，波音公司内部的各个项目都与当地众多供应商有着密切合作关系，以至于波音公司的供应商多达

30 000 家。为此，波音公司的"供应商管理流程委员会"建立了"战略性采购团队"，将所有的采购职能集中起来。战略性采购团队使波音公司的各个业务部门都以同一个公司形象面对供应商，无论该供应商参与哪个项目或者具体位置在哪里。公司根据九大产品类型组建了九个战略性采购团队，即航空电子设备、电器/水/机械、重大结构和平台、外部系统的生产/制造、推进系统、航空商品、舱内设备、航空辅助用品和非生产性商品。每个战略性采购团队的上层有一名团队负责人和一名企业综合管理人员，两人共同协作，准备供应基础数据和分析。其他团队成员研究各自团队特定的商品需求，或是专门研究提供该类商品的供应商。各个战略性团队的负责人定期会晤，讨论供应商和商品问题，并共享成功经验。每个战略性采购团队都运用一套详细的衡量系统来跟踪供应商信息，包括成本、交货、质量满意度等标准。供应商管理流程委员会运用各个团队取得的分析资料来开发相应的策略，以达到降低成本和提高供应商业绩的目标。通过这种方法，波音公司供应商的总数从 1999 年的 30 000 家减少到 2002 年的 15 800 家，2003 年降到 11 300 家，而到了 2004 年 5 月仅剩下 10 800 家。

波音公司还将采购和供应商管理的职能沿供应链向下推移，减少直接联系的供应商数量。2000～2004 年，波音公司将直接供应商从 3 600 家减少到 1 345 家。到 2005 年，波音公司将直接供应商数量减少到 1 200 家。在新机型波音 787 的供应链结构中，波音公司直接面对的一级供应商数量只有七八家。面对持续提高的技术和成本控制要求，直接供应商数量的减少使波音公司能够与剩余的直接供应商建立更加紧密的合作，从而实现对飞机制造过程的严格控制。

2）激励供应商

为了激励供应商提升其业绩，波音公司启动了"优选供应商认证"（preferred supplier certification，PSC）的计划，根据供应商在质量、运输、技术进步、成本和支持力度等方面的表现对其进行评价。波音公司具体通过以下三种形式对供应商进行评价：①"质量系统"评估，即对供应商在控制产品质量稳定性、提升质量水平方面的技术及其生产和管理流程进行评价。②"业务流程"评估，即对供应商产品的市场地位、质量、交货、成本、技术和支持服务进行评价。该评估主要通过对供应商人员进行现场采访来进行。评估完成之后，供应商向波音公司提交一份持续改进计划，"以确保其不断进步，成为最具价值的供应商"。③"业绩表现"评估，即衡量供应商在产品交付、质量、费用负担能力和客户满意度方面的表现。供应商需通过以上三个方面的考核，只有最终结果达到或超过预定标准的供应商才会被确认为优选供应商。波音公司的认证分为"铜"、"银"和"金"三个等级。波音公司的优选供应商"享有特殊的优惠，包括优先获得选择，减少检验的次数，以及获得与其他供应商进行业务合作的机会"。除此之外，波音公司还将年度采购支出中的一部分分配给优选供应商，激励供应商不断提升自身的能力，从而为整个项目创造更大的价值。

　　3）挑选供应商

　　一级供应商是与系统集成者直接联系的供应商，一级供应商的优秀与否直接影响项目的进程以及成功率。波音公司有一套选择一级供应商的标准流程，这些标准包括研发能力、管理整个供应链的能力、强大的财务支撑。同样以波音 787 项目为例进行分析：①研发能力。因为波音的一级供应商要参与 787 项目的早期开发工作，同时还要承担飞机部件设计和研发的全部责任，因此较强的研发能力是一级供应商的必备条件。波音公司非常重视一级供应商在产品开发阶段的参与能力以及贡献，它希望通过一级供应商的技术能力来实现创新。因此，具备高水平研发能力的供应商在角逐中更容易受到波音公司的青睐。②有能力管理整个供应链。在波音 787 项目中，一级供应商要全权负责自身的供应商网络，包括选择自己的供应商以及协调已选择的供应商等，这就意味着一级供应商也有自己的供应商网络，它必须有能力治理以自身为核心的小网络，并能通过有效的治理形成能满足波音需求的生产或服务体系。此外，为了满足波音对成本、质量以及交货的标准，一级供应商还需进行必要的投资来完善自身的业务流程、提升创新能力，从而强化它们的供应商能力。③强大的财务支撑。波音的一级供应商承担着设计和生产的双重责任，责任越大则所承担的风险越大，因此一级供应商必须具备强大的财务能力以应对突发状况，否则不仅无法完成波音公司交付的任务，还会受到严重的财务损失和声誉损害。

　　4）培训供应商

　　波音公司供应商治理的另一个重要方面是注重培训。波音公司经常开展管理培训课程，让供应商"了解我们是如何工作的，我们看重的是什么"。波音公司还有超过 500 名员工被派驻到供应商企业内部工作，包括 50 名"六西格玛"（six sigma）黑带人员和 300 名蓝带人员。这些外派员工最重要的职能就是帮助供应商学习精益生产的原则。

　　精益供应链管理的关键信条是削减浪费，包括时间、数据垃圾、多余的库存等诸多方面。波音 787 的供应链可以简化为"供应商→波音→客户"的形式，而精益原则在供应链中的运用主要体现在"供应商→波音"这一环节上。波音 787 项目精益供应链的核心思想是加大与供应商的合作，与供应商共担风险、共享收益，通过合理利用各个企业有限的资源创造最大的价值流，实现波音公司与供应商的双赢。波音公司向"精益企业"发展的过程正在全方位改善其供应商群体。通过向供应商传递有效的思想与方法实现信息共享、共同进步，从而培育出高质优秀的供应商。

5）大力引进信息技术

波音 787 项目是一个现代化和数字化的高科技项目，在该项目中，大多数的一级供应商都使用电子数据交换系统（electronic data interchange，EDI）。供应商可以通过该系统与波音交换业务文件和相互传递技术资料。一级供应商和次级供应商或更低级的供应商也可以通过电子数据交换系统进行商业交易。

在 787 项目中，波音采用了最新版本的 V5 产品生命周期管理应用软件组，该软件组是计算机辅助三维交互应用程序、协同创新应用技术、企业精益生产数字化交互应用程序三大应用软件集合的升级版，而且是波音管理国际合作关系整套方法的一部分。波音管理国际合作关系的整个方法被称为全球合作环境。在波音 787 项目中，波音和其供应商可以在这一虚拟的环境中使用 V5 产品生命周期管理应用软件组对项目的各个部分进行设计、制造和测试，还可以在项目开始进行生产之前利用软件进行模拟生产。另外，波音公司还引入可视电话会议软件和三维数字模型，以便工程师与合作伙伴公司的相关人员实现及时的交流。在波音公司的精益供应链管理中还存在电子标签技术（radio frequency identification，RFID），波音通过该技术可以对零件的需求量做出更精确的估计，从而减少库存，降低库存成本。同时，该技术还有监控和追踪零件的功能，波音可以通过这一功能减少解决服务问题或生成检验报告所需的时间，同时减少不合规零件进入供应链的数量。

波音公司借助信息技术以及信息系统，不仅与供应商形成高效互动、实现信息无障碍分享，还能为产品的生产制造提供便利。因此，在大型客机项目中充分引入先进的计算机技术可以达到事半功倍的效果，这也是我国发展大型客机产业值得借鉴的地方。

7.2.2 客户关系治理

信息技术、计算机技术以及互联网的普及使得企业竞争基础和竞争优势发生了深刻的变化。一方面，顾客对产品和服务的需求更加灵活多样，他们能够方便地找到可以满足自身需求的最佳服务商而无须考虑时间和企业的空间限制；另一方面，企业在市场上获得竞争优势所需的条件组合，如土地、资本等可以迅速被竞争对手复制，但是详细、灵活、稳定的客户信息和良好的客户关系则难以被复制（过聚荣和邬适融，2007）。因此，客户关系以及由此产生的管理和治理问题成为理论界和企业界共同关心的研究主题。客户关系管理的首创者高德纳咨询公司（Gartner Group）认为"客户关系管理是代表增进赢利、收入和客户满意度而设计的企业范围的商业战略"。后来学者认为，客户关系管理是建立在信息技术和营销思想基础之上的一种先进的管理理念，是借助各种先进的技术手段和管理理念来研究如何与客户建立关系、提升关系和维护关系的科学，也是企业巩固及进一步发展与客户长期稳定关系的动态过程和策略（苏朝晖，2013）。客户关系管理是一种管理，强调企业对客户关系进行计划、组织、协调和控制，而本部分研究的是客户关系治理，治理的核心属性是合作、协调和相互联系，因此本部分研究的重点在于如何为客户关系管理提供目标、资源和制度环境。

1. 波音公司客户关系概述

波音公司作为大型客机制造商，通常需要面临两个层面的客户：一是航空公司，二是旅客。其中航空公司是直接客户，而旅客则是间接客户。旅客的需求往往通过航空公司的需求来体现，航空公司的需求除了旅客的需求外，还反映了更多的市场需求。同时，在常规情况下，购买飞机的是航空公司而不是旅客，因此飞机制造商真正面临的主要客户是航空公司（侯盼盼等，2010）。航空公司的购买行为不是独自决定的，它们对新飞机的需求还受到全球经济状况、社会以及政治环境、能源的价格等因素的影响。各航空公司对飞机性能以及飞机交付时间的要求有着惊人的相似性。各飞机制造商必须紧抓客户的需求，才能量体裁衣造出客户所需的飞机，从而增加销量。波音公司就因航空公司更偏爱低运营成本并非无限提速的飞机，而被迫于 2001 年取消了其音速巡航项目（the sonic cruiser project），转而开始研发 787 "梦想飞机" 这一速度不及音速巡航却更节能的飞机。由此可见，航空公司的需求直接影响飞机制造商的研发方向，同时也说明波音公司正在深刻践行 "客户满意" 这一经营理念。

为使客户满意，波音会在合同规定的时间内交付满足客户期望且高质量的产品，并为客户提供及时有效的产品支持服务。为了建立良好的客户关系，波音还时刻从客户的角度来考虑问题，理解客户的期望并响应其需求，做到严格信守承诺。波音公司客户满意的经营理念可以用图 7.9 来表示。除此之外，波音公司还为客户提供了满意保证，不论出于何种原因，只要客户对自己所购买的产品不满意，就可以在购买日起 60 天内退货或者换取其他产品。波音公司为了该满意保证还专门制定了退货政策，即如果客户换取的是同一款产品，则不会产生差价问题；如果换取不同的产品，所换取的产品将以当前的价格（波音处理换取业务当天的价格）计算，对于二者的差价波音公司将予以全额负担。但是客户只能换取价格与其之前购买产品相当或更低的产品。如果所换取的产品价格更高，客户必须先退货（波音对货款予以全额退还）再重新下单购买想要换取的产品。

波音一直以客户满意为其经营理念，不仅通过卓越的产品和优质的服务以及良好的客户关系来达到使客户满意的目的，还为客户提供了满意保证。因此，波音公司推出的客机产品都是在充分考虑客户需求的基础上生产出来的，客户满意为产品创下了良好的销售记录，并为波音赢得了丰厚的利润。

2. 波音公司客户关系治理方法

客户关系的治理主要以客户为中心，利用黏致效应，构建客户网络，培养企

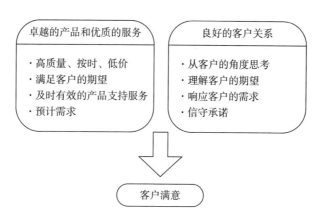

图 7.9　波音公司客户满意经营理念

资料来源：彭剑锋（2013）

业忠诚的消费者，通过消费者的稳定购买，使企业拥有持续的现金流，提升公司非财务指标的吸引力。波音公司通过客户支持服务业务为客户提供突发事故恢复和维修服务、飞机地面支援设备、飞机部件的维修服务、驻场服务代表及网络平台等服务。在为客户提供产品和服务的过程中存在着各种风险，只有通过有效的客户关系治理才能保证产品和服务的顺利交付及使用。要想对客户关系进行有效治理，治理主体必须要意识到客户关系治理的重要性。因此，本部分从波音主体的客户关系治理行为着手，并借鉴客户关系管理的定义，从信息技术和营销思想两个方面对波音的客户关系治理方法进行分析。

1）密切关注客户，提供优质服务

波音民机集团负责国际销售的副总裁道格·格罗斯克鲁斯认为，要想在民用飞机的销售竞争中取胜，波音对客户的了解就必须超过客户对波音的了解（思杭，2003）。同样重要的是，销售部门必须对客户在运营过程中所面临的经济环境和政治环境有基本的了解。波音销售部门正是将以上两种关键因素相结合，才正确地估计了客户的未来需要，并为之做好准备。波音民机集团负责澳大利亚和太平洋岛屿地区销售的副总裁瑞克·韦斯特摩兰认为，"销售部门需要密切关注客户及其经营状况，包括现状及未来发展。如果等到客户来告诉你他们需要什么，往往为时已晚。要参与竞争，就要提前做好准备"。因此，波音公司承诺对客户全天候服务。一周 7 天，一天 24 小时，任何时候只要接到客户请求援助的电话，客服人员马上就出现在他们身边。销售人员主动登门拜访客户，进入每一间办公室，并和每一个人交谈，下至接待员，上至首席执行官。这样才能了解客户，才能同他们更好地合作。波音的销售主任也一直不断地与客户沟通，收集各方面的信息，以判断客户的需求情况，他们会在客户需要时，随时随地为其提供服务，包括从零部件到培训乃至整个机队的解决方案。2002 年年初，总部位于爱尔兰都柏林的低票价航空公司——瑞安航空超乎寻常地订购了 100 架波音 737 飞机，该航空公司的首席执行官透露，与波音公司合作的一个主要原因就是它具有长期而深入的伙伴关系，并说"不但今天是波音的客户，将来也会是波音的客户"。可见，对客户的密切关注不仅给波音带来了丰厚的回报，也为其积累了良好的声誉。

波音公司能获得客户的全面满意，在很大程度上还归因于其完善的服务体系和系统的服务流程。波音公司将服务贯穿大型客机项目的始终，在售前，积极调动客户参与项目以获得隐形需求，并根据客户建议对机型的原设计进行反复修正，极其注重产品的质量；在售中，波音对自己的销售人员进行全面的培训，使销售人员的业务能力和素质保持在同行业的最高水平，使销售人员从细微处着手，从客户角度出发，想客户之所想，极其注重服务的细节；在售后，波音成立了由各级工程师、飞行员、机械专家、零部件管理员等各个领域的专家组成的专门的客户服务部负责售后服务，并保证学识丰厚、技术娴熟的专家可以在最短的时间内赶到现场，为客户及时解决问题，极其注重服务的速度。波音从售前、售中、售后各个环节为客户提供最恰当的服务，从而提高客户的满意度。

2）利用信息技术，实现高效沟通

（1）网络平台——MyBoeingFleet。

2000 年 5 月，波音公司顺应网络时代潮流，并以效率为推动力，建立了一个全公司统一、设有密码保护的 Web 门户网站——MyBoeingFleet.com，作为与客户沟通的渠道。该网站的主要目标就是提高客户的满意度，让客户更加轻松地与波音公司合作，因此在建设门户网站时，MyBoeingFleet 项目团队首先明确了"客户优先"的原则，即必须让客户可以轻松地从网站获取信息。该网站目前仅对购买波音飞机的客户、波音飞机的维修商以及其他第三方开放，客户在获得一个用户名和密码后就能登录该网站获取运营波音飞机所需的关键资料，包括波音飞机的维护文件、工程图纸、飞机运营资料、飞机备件网上订购系统、波音数字档案图纸、飞机工装服务、技术上的媒体跟踪服务、波音飞机产品的标准、波音飞机保修索赔信息等。该网站最重要、最强大的功能之一就是可以根据用户的需求提供个性化的内容，即实现"我的个人资料"应用，在该应用中，航空公司可以指定哪些文档和信息与其员工的职责直接相关，这样，波音公司的客户就可以看到专门为他们制作的独特的、可定制的网页。该网站为波音及其客户带来了巨大的便利，通过互联网加强了与客户的联系，从而获得了最佳的投资回报。该网站除了可以方便波音公司向客户提供信息，还可以帮助波音公司及时获得客户的反馈信息。因此，该网站还是波音及时了解客户需求、为客户提供新服务和工具的重要手段。

（2）客户关系管理软件。

2003 年，波音采用了全球知名的企业管理软件和解决方案供应商——甲骨文公司出品的专注于客户关系管理的 SiebelCRM 软件。波音将这款新发布的 Siebel7 用于强化商业航空服务部管理客户和供应商服务信息的能力。该软件涉及飞机检修与维护、在役飞机修理等多项业务，短时间内就在缩短客服响应时间、提供更周密解决方案、提高全球调度业务中的客户满意度等方面取得了显著进步。Siebel 软件的副总裁也曾说过："虽然波音本身就以优质客服著称，但我们相信 Siebel7 能以集服务、市场营销、网络应用于一体的特色，最大限度帮助波音商业航空服务部实现最好的客户关系管理。"事实也证明，Siebel7 在波音加强与客户互动、稳固合作关系、打造世界级一流服务乃至降低经营成本等方面都发挥了不小的作用。与此同时，波音商业航空服务部的客户呼叫中心也应用了 SiebelCRM 软件，共同编织起一个遍布全球的客服通信系统。这一系统对于商业航空服务部乃至整个波音公司都至关重要，因为它是处理各客户、供应商请求和需要的第一战线，记录着来电中所有重要的数据及信息，担当着从存货备件管理到飞行员培训安排，乃至场外监察和实地考察等重任，波音公司能否快速给予客户解决方案和支持服务完全仰赖于这一系统。

3）打开营销思路，注重品牌推广

（1）关系营销。

在众多 B2B（business to business，商业对商业）企业都在为将广告及宣传重心转向网络媒体而得意时，波音公司另辟蹊径，开发了社会媒体，用公众的影响力来吸引潜在的客户。波音社会媒体推广最重要的展示窗口就是在 2005 年 6 月由兰迪·巴斯勒（时任波音民用飞机集团市场部副总裁）所创建的一个博客——"兰迪日记"，该博客的内容大多与波音的发展及民用航空工业密切相关。兰迪还会连续几年追踪记录一个项目，即使对于最新的波音 787 梦想飞机项目，他也原原本本将整个设计过程乃至最终通过测试进入生产线的过程叙述给读者。除此之外，兰迪也从不避讳将公司每季度收入、订单量和产品财务报告等信息公之于众。显然，兰迪所代表的来自波音的真诚受到了大多数人的认可，博客开张头两年访客即超过 50 万人次，随后两年访问量更接近百万人次。一方面，这个"草根博客"和官方博客一样已成为公众了解波音的一个重要途径。另一方面，已放弃部分控制权并敢于接受尖锐批评的波音也从中获益良多。该博客不仅得到来自美国和欧洲各地的意见和建议，还得到来自澳大利亚、中国、新加坡、阿根廷、新西兰、南非、迪拜、肯尼亚和巴哈马群岛等地的反馈。更值得一提的是，波音 787 梦想飞机的研发也采纳了部分博客访客的意见和建议，而这些恰恰表明公众、客户和波音正展开更具建设意义的对话。

波音针对公众主要采用社会媒体推广的营销方式，而针对大客户则采用政治公关手段。早在 20 世纪 90 年代，波音就曾从关系营销中尝到甜头——时年波音产量猛跌，仅接到两架波音 747 订货合同，为走出困境，波音开展了空前的政治公关，最后在克林顿总统的亲自帮助下赢得了沙特阿拉伯价值 60 亿美元的订货，并把空客挤出了沙特阿拉伯市场，再次昂首飞往世界，一举成为世界上最大的飞机公司。21 世纪初，中国航空市场是一个极具潜力的成长性市场，2000 年波音预测，中国国内的客运量将以 7.9% 的年均速度增长，能否占领中国航空市场将直接决定波音与其竞争对手在全球的力量对比。为了争取中国这个"大客户"，波音在政治公关方面也下足了功夫。波音从重新进入中国市场开始，就选择了一种极富战略眼光的公关策略——邀请首次访美的邓小平同志访问波音总部，这为中国在随后的历史中选择波音作为主要合作伙伴奠定了基础。此后，波音的一系列和中国高层的主动示好和合作态度获得了中国政府的信任，在依然受政府控制的大型客机订货中占据了稳固的地位。为了突出对中国市场的重视，波音还在中国建立了全球级的零配件配送中心，并积极帮助中国培训飞行员。这些都大大增加了波音的政治得分，为长期开展在华业务准备了条件。可以说，波音的政府公关主要采取的是一种高开高走的路线，重点加强和政府的关系，这是波音从自己产品特点出发选择的一条准确有效的路线。

（2）品牌营销。

波音公司采用"一牌多品"的营销策略，即企业生产经营的多种产品共同使用一个牌子来提升其知名度。目前波音公司五大系列的民用喷气机一直沿用"7"字作为商标，分别是 717、737、747、757、767 和 777（原有的著名的 707 和 727 系列现已停产），新产品研发的重点是波音 787 梦想飞机和 747-8。此外，美国总统的专机"空军一号"也由该公司出产的波音 707 以及波音 747 改装而成，利用名人效应也是提高知名度的极为有效的方法。

波音为了使飞机卖得更多更快，通过以奇制胜的广告宣传鼓励人们去坐飞机。1995 年，波音公司推出了以"飞行奇迹"为主题的广告策划。波音邀请各个国家和各个地区航空公司的职员提供他们在空运中的小故事，并将这些小故事精编成生动活泼的广告，而广告的主角就是这些职员。"飞行奇迹"先后以 10 种语言，在 125 个国家和地区的主要报刊的显著位置刊登出来。真实、生动、精练的小故事使人们深切地感受到飞机缩短了国与国的距离，也缩短了人与人的距离，让人们看到了精彩的世界，极具感召力地鼓动人们"坐飞机，旅游去"。当然，飞机推销的关键还是对飞机质量的宣传。在这方面，波音公司也十分积极。例如，1954 年，西雅图举行了一次水上飞机比赛，观众达 30 多万人。波音公司不但派了 3 架飞机参赛，还让当时刚刚面世的波音 707 在赛场上空做飞行表演。707 以每小时 450 英里（1 英里≈1 609.34 千米）的速度飞临现场，在 300 英尺（1 英尺≈0.304 8 米）的低空从观众头顶上掠过，又以 35 度角爬升，接着侧立机身连续玩儿起了 360 度大翻滚，观众无不为 707 的良好性能而惊叹。

7.2.3　质量治理

飞机产业是一项战略性高科技产业，体现着一个国家的综合国力，代表着一个国家的整体工业水平，具有重要的战略意义。大型客机作为飞机产业重要的一个部分，其发展对提升国家大型飞机产业在国民经济中的地位及国际影响力有着举足轻重的作用，而大型客机的质量又是大型客机产业发展的重中之重，为了保证大型客机产品质量，研究大型客机的质量治理具有重要的意义（王琛，2013）。我们认为，质量治理的重点在于利益相关者质量行为的管理。质量行为是行为人对质量方面的行为反映。从企业个人角度看，质量行为是企业员工体现在产品质量、工作质量以及服务质量的实际反映或行动，是员工质量意识和质量情感的外在表现；从企业组织角度看，质量行为是企业对经营环境的变化所做出的对质量工作的规律性反映（冯良清，2012）。在对波音公司的案例分析中，本部分所说的质量行为具体表现如下：在波音的服务型制造网络中，系统集成商或系统供应商对产品或服务水平的提供、改进及控制的相关策略。要想进一步研究波音对供应商质量行为的治理，先要了解波音的质量管理方法。

1. 波音公司质量管理概述

1）波音质量管理的内容和特点

波音公司于 20 世纪 80 年代中期开始实施全面质量管理战略。不断探求全面质量管理方法，并不断改进和整合全面质量管理运作方式，形成了适用于本企业的具有独特管理运作方式的全面质量管理方法。1996 年波音公司编发了旨在减小质量特性波动的生产过程持续质量改进方法——D1-9000A"先进质量体系"（advanced quality system，AQS）。该体系吸收了国际标准 ISO9000 的基本质量要求和统计过程控制方法和手段，并随着质量管理发展以及公司情况变化不断完善。波音公司关于先进质量体系持续改进的内容主要包括持续改进体系、关键特性过程控制的策划、关键特性过程控制和能力要求、关键特性认可、设计中的波动管理和管理评审六个方面。持续改进体系要求建立持续改进有关浪费、缺陷、寿命周期、质量和顾客满意的绩效测量，进行产品和过程分析；关键特性过程控制的策划要求将策划结果形成先进质量体系控制计划，内容包括定义关键特性及关键过程参数、对关键特性进行分析、对关键特性波动进行控制等；在关键特性过程控制和能力要求中要对关键特性进行过程能力分析，用控制图检测过程波动，并对波动采取纠正措施等；关键特性认可是指当过程稳定并符合最低能力要求时，可以适当减少对过程能力的检测，而当过程不受控制时应重新收集样本，找出波动原因，进行改进并使过程恢复统计受控；设计中的波动管理要求在设计阶段要按规定步骤并采取适当方法来降低波动，这意味着即使没有设计职责的供

应商，也应通过参与综合产品组等方式与波音公司一起控制设计中的波动；管理
评审要求管理者掌握持续改进工具并参与到持续改进中，对持续改进提供领导，
对改进活动定期进行管理评审，优化资源配置，关注业绩测量的结果，必要时采
取纠正措施。先进质量体系的持续改进主要是围绕工作项目改进和减少过程波动
来展开的，其持续改进的过程可以用图 7.10 直观地表示。

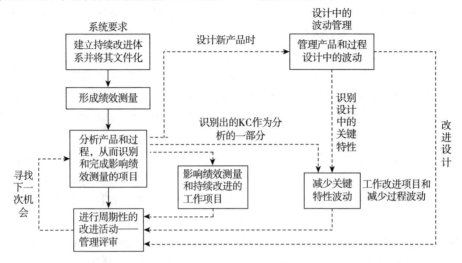

图 7.10　先进质量体系持续改进过程图

资料来源：刘成龙（2011）

波音公司通过先进质量体系可以实现成本、周期、质量、顾客满意度和利润
等方面的可测量改进。先进质量体系具有注重过程的波动性管理、强调持续改
进、以绩效测量作为改进基础以及加强对供应商管理等特点。其中波音对供应商
质量管理的主要思想就是以波音的先进管理体系为基础，统一供应标准，建立供
应商绩效测量体系，体现先进质量体系的严谨性和普适性。为了更好地促进供应
商达到渡音公司的要求，波音公司建立了供应商绩效测量体系，并设立了波音卓
越绩效奖，有效促进了供应商所提供的产品和服务的质量达到卓越水准。

　2）波音质量管理的实践

　（1）利用计算机辅助工具。

　从 1990 年起，波音公司开始组建设计/制造小组，每个小组对机身或飞机系
统的元件负责，而小组成员来自整个飞机研制过程的不同部门。在相同的工位，
小组成员同时作业，彼此间共享知识，而不是按顺序分别发挥其技能，其好处之
一是对结构和系统设计的评价源于多个部门的观点，因此能保障设计综合性、可
靠性和可制造性。而设计/制造过程的本质是数据交换，先进的计算机技术使得
小组与小组间的数据交换成为可能，并且为早日开发一种综合性设计方案并解决

问题提供了一种工具。同样以波音 777 为例，它的零件和系统都可以利用强有力的数字计算机辅助设计技术通过三维实体图像来产生，而不是传统的二维图纸。零件和系统设计用电子方法进行预装配，其实体图像在工作站显示屏上清晰可见。零件间的任何过盈或对准误差都能及时发现，并能在最终设计完成之前加以改正，不仅可以节省建造全尺寸实体模型样机的经费，还可以增强产品的精确性和质量。在设计、研制和鉴定阶段，各种修改方案有助于保证飞机的最高可靠性，从而把更多的精力投入设计校验过程。

（2）供应商质量认证。

波音公司的供应商一般是固定的，波音将内部的一些质量标准扩展到供应商，在挑选供应商时也按照质量标准体系进行谨慎取舍。以波音的中国供应商中航飞机西安飞机分公司为例，该公司是国内最早走出国门、与世界先进航空制造企业开展国际合作项目的企业，1984 年 4 月，中航飞机西安飞机分公司与波音签订了首份波音 737 垂尾转包生产合同，拉开了中航飞机西安飞机分公司与波音合作的序幕。在与波音合作过程中，中航飞机西安飞机分公司的航空制造水平和质量管理水平持续提升，并不断得到波音的认可，这为双方进一步合作打下良好的基础。1994 年 4 月，中航飞机西安飞机分公司与波音签订了新一代波音 737 垂尾转包生产合同，成为波音主力机型大部件的全球供应商之一。中航飞机西安飞机分公司按照波音先进质量理念，对国际合作项目的质量管理体系进行了全面改造和完善，并积极推进精益管理和产品质量的持续改进。在项目研制过程中，中航飞机系、西安飞机分公司先后攻克了数字化制造和数字化检测等多项技术难关，与波音建立了质量沟通机制，并不断优化工艺方案，夯实内部各个环节的管理基础，使质量问题得到彻底整改，质量管理体系的自我诊断和修复能力得到显著提高，持续改进工作得到波音高度评价。2013 年，中航飞机西安飞机分公司成为国内航空制造业唯一一个连续两年获得波音年度优秀供应商银牌奖企业，标志西飞国际合作项目质量管理达到国际先进水平。2015 年，中航飞机西安飞机分公司获波音公司成就奖。可见波音通过对供应商的质量认证可以激励供应商努力提高自身的产品和服务质量，从而提高整个项目的质量水平。

（3）客户内部化。

波音公司对于产品的质量一直采取全面管理、严格把关，不忽视任何微小的环节。公司设有专门的安全检查部门，跟踪检查飞机制造的全过程，全面负责飞机的质量检查和安全控制，不放过任何可能给客户带来不便的问题。为了生产出真正令客户满意的产品，波音公司甚至将客户内部化，共同参与飞机的设计和生产过程，波音将客户视为自己的"合作伙伴"，而非公司的外部因子。例如，波音在研制 777 型飞机时，为了能够提供满足客户个性化需求的产品，特意邀请了一些客户参与飞机的设计和制造，通过这种方式将客户内部化。客户在大型客机项目中处于与系统集成者及其供应商不同的地位，拥有许多市场信息和竞争者的信息，同时客户自身也是信息的携带者，因此客户拥有部分通过市场调查无法获得的信息。通过信息优势，客户代表不仅能指出飞机设计上的一些问题，还能对如何设计机型提出许多宝贵的建议。波音就是在研究了客户建议之后，对原设计进行了 1 000 多处修改，既降低了成本又提高了飞机的质量。

2. 波音公司与供应商的质量行为

波音 787 是一款节能型、提供点对点远程不经停直飞服务的机型。该项目的研发以及生产对波音来说是一场前所未有的革命。与波音之前的飞机研发项目相比，波音在 787 项目上将更多的成本以及风险转嫁给了供应商。波音的供应商要承担它们各自负责部分所有的非经常性费用，但是对于供应商所提供的组件以及系统，波音会给予它们知识产权。此外，与以往相比，波音的供应商要承担更多的产品设计、研发以及生产责任。波音正在采用一种类似于"系统集成"的革命性的商业模式，让与其共担风险的供应商参与飞机主要部件及组件的设计、研发和制造过程。本部分将以波音的中国供应商为例，对波音及其供应商的质量行为变化进行分析。总体来看，波音及其供应商的关系经历了从协作到协调再到协同的三个阶段。

1）适应性质量协作

波音与中国的渊源可以追溯到 90 多年前，波音在创立之初，就聘请了来自中国的工程师——王助，帮助其设计了 C 型双翼机。而自 1972 年起，波音公司与中国各航空公司、航空工业界、民航总局及中国政府建立了持久稳定的合作关系。波音公司在与中国的合作之初，致力于帮助中国发展安全、高效和盈利的航空体系，以此来适应中国经济发展的步伐。波音公司在中国的投资巨大，其中最重要的投资就是对人员的培训，尤其是在航空安全、质量管理、企业管理和高管人员方面的培训及技术支持。波音在北京有波音（中国）投资公司、在中国香港有波音金融办事处，波音公司及与波音业务相关的企业为中国创造了大量的就业机会，这些投资行为为中国的生产性服务模块供应商满足波音顾客要求奠定了良好的基础，也对初期合作的服务质量水平的提升起到了积极的影响。

随着全球化的深入，中国航空工业积极加强国际合作，努力嵌入航空产品的全球价值链中，而波音产品转包生产是中国实现嵌入世界航空价值链的重要途径。波音对转包生产的模块供应商具有严格的质量要求，因此为适应转包生产的国际航空工业质量要求，中国供应商进行了必要的质量优化改进，包括技术标准和质量体系的完善。例如，西飞公司根据波音转包生产的技术要求，编制和改进了公司的技术标准，向国际先进航空技术标准靠拢，适应国际航空工业质量要求。中国的供应商为了能承接波音的转包业务，必须根据波音的质量要求来建立相应的企业技术标准体系与质量管理体系。因此，波音与中国供应商之间的关系就从早期的合作转变为转包生产的适应性质量协作。

2）合约化质量协调

中国航空工业早期的转包生产以简单的来图、来料及来样"三来"加工起步，虽然充分利用了企业的生产加工等基础能力优势，但价值仅限于劳务费用，不利于掌握航空制造的核心技术，于长远发展无益。在787项目中，波音与其供应商采取了风险共担的合作方式，这种风险合作是指在飞机的研制过程中，通过签订合作开发和制造相关部件及设备的合同，规定时间、质量以及收益和损失支付等方面的要求，如转移支付与惩罚，由模块供应商从事相关部件的研制，并确保合同规定的质量要求。基于此，中国航空企业积极争取以风险合作伙伴或战略合作伙伴的形式介入波音公司的项目中。例如，成飞集团成功与波音公司签订合同，取得787项目方向舵的全球独家生产权，这标志着中国航空工业在参与国际先进客机的研发中，已经从原来的转包生产发展到了战略合作层面；2009年12月洪都与波音在江西南昌举行合同签字仪式，签署合作生产波音747-8飞机48段部件合同，该合同的签订不仅体现了洪都在大型客机关键结构制造上的独特优势，也展示了洪都在全球航空中的地位；2005年4月26日哈飞公司与波音签署了787飞机的复合材料翼身整流罩的转包生产协议，该公司作为唯一的供应商，承担2006年至2013年的1300架份整流罩产品的交付任务。

在与波音的国际合作中，中国的模块供应商加强了竞争能力的提升，其质量行为是基于竞争能力优势的合约化质量协调过程，以合同形式实施风险合作或战略合作模式开拓航空产品国际合作的新模式，并为质量提升投入最大努力。

3）模块化质量协同

世界航空工业的发展越来越趋于寡头市场形式，尤其是大型客机的全球寡头市场基本形成，对生产性服务模块供应商提出了更加严峻的挑战。虽然风险合作行为可以充分发挥各个模块供应商的竞争能力优势，但是为了实现项目整体利益最大化，还需要具有核心能力优势的供应商之间的质量合作以及各个模块的自适应能力，从而产生协同效应。因此，供应商集成模式与国际企业联盟模式成为具有核心能力优势的企业的发展方向，在这两种模式下，模块间的质量协同效应更加显著。

在最新研制的新型飞机中，波音对供应商提出了集成效应的新要求，即要求模块供应商不仅提供模块的外包生产，还要进行模块质量的创新改革，提供相关模块的系统集成。模块供应商进行系统集成不仅可以减少风险投资，还可以加强各模块供应商的信息交流与技术传递，提高服务的质量水平。波音公司作为世界航空制造巨头，已经与欧美许多航空制造企业形成了战略联盟关系，当然，只有在联盟各方具有核心能力优势的前提下，联盟才得以形成。为了适应这一形势要求，中国航空工业许多企业都在积极加强自身的核心能力，以期与其他供应商形成联盟，创造协同效应。例如，哈飞公司把发展复合材料部件研发能力、加强和扩大国际合作项目作为未来发展的主要战略之一；西飞公司则注重综合集成能力、数控加工能力和大部件制造能力的优化，并通过实施战略管理、六西格玛管理、6S 管理等有效地提升了自身的综合管理水平。波音与其供应商之间的质量行为关系正在由风险合作向集成联盟转变，并且更加注重模块之间的质量协同效应。

7.3　空客公司项目治理

空客公司的前身是成立于 1970 年的"空中客车工业联合体"（Airbus Industries），其创立的公司来自德国、法国、西班牙与英国，后由欧洲航空防务与航天公司（European Aeronautic Defence and Space Company，EADS）独资拥有。空客作为一个欧洲航空公司的联合企业，其创建初衷是同波音和麦道那样的美国公司竞争。1997 年波音公司兼并麦道公司后，大型客机市场就成为由波音公司和空客公司组成的双寡头市场。2001 年空客公司的体制完成了从一个经济利益联合体集团到一体化的股份公司的转变，空客公司正式成立，从此成为一家彻底的、独立的一体化公司。2003 年空客新机订购量和交付量两个指标首次超过波音公司；2005 年成功首飞的 A380 飞机项目一举打破美国飞机制造商在远程超大型宽体客机领域称霸 30 多年的记录，成为载客量最大的民用客机，创立了航空技术发展史上的又一个里程碑；2008 年欧洲航空安全局向空客颁发单一生产组织批准证书，空客成为一家真正意义上的欧洲一体化航空企业；2013 年空客向全球交付 626 架民用飞机，创造了新的业界记录；2014 年 1 月欧洲宇航防务集团正式更名为"空中客车集团"，并对其所有业务进行整合，此后集团的所有业务都将统一在"空中客车"这个品牌下。至今在全球飞机制造领域，仅有波音公司能与其匹敌。

在以服务为主导的产业供应链运作中，空客作为服务集成商，通过全球资源能力的整合更好地满足客户的诉求，然而究竟它是如何克服重重障碍矗立于航空制造领域并且与波音抗衡的，即如何成功向服务化转型的，它在转型过程中商业模式又是如何变化的，它在大型客机项目的治理中有何高明的手段，这些问题都有待进一步研究。本部分将从商业模式演变及项目治理两个视角对空客进行剖析，以期增加对制造企业服务化转型过程中商业模式演变的认知，并为我国大型客机的发展提供项目治理方法的借鉴。

7.3.1　空客商业模式演进

商业模式是描述企业与顾客、供应商、合作伙伴等创造、传递并获取价值的逻辑框架，客户价值最大化、整合、高效率、系统、盈利、实现形式、核心竞争力和整体解决是成功商业模式的八个要素，其中"系统"不仅指企业内的小系统，也指企业所涉及的整个产业价值链的大系统，其目标是最终成功构建系统性的价值链体系或和谐的生态系统（Osterwalder et al.，2005；李振勇，2006；彭志强，2013）。商业模式涉及企业为顾客提供的服务以及为交付这些服务而开展的一系列活动，其本质在于构造一个完整的产品、服务和信息流体系，从而使企业以适当成本向消费者传递最大价值，而基于战略价值诉求的商业模式可以为企业带来更高的财务绩效（刘林艳和宋华，2014）。Amit和Zott（2010）也指出，商业模式是一个系统，是由结构、内容和治理三个方面共同作用的，其中结构是指企业所实施活动间的关联状态，内容是指企业对于活动的选择及实施过程，治理则是指实施活动的主体及其关联关系。所以商业模式是创造、保持、利用核心资源和能力以创造和传递产品或服务的系统性安排，是公司战略的具体化表现，同时规范着具体商业流程的实施。因此，商业模式是制造企业服务化转型的具体表现形式，对制造企业服务化过程中的商业模式进行研究，不仅能从整体上把握核心制造企业与价值链上其他企业之间组织结构与关系的演变，还能为制造企业制定切实可行的战略提供参考。

1. 文献回顾

随着专业化分工的细化以及市场化水平的提高，20世纪70年代以后，生产性服务业由原先的企业内在化向外在化转变；随着社会分工的进一步加深，制造业与生产性服务业的关系由相对独立向相互依赖、相互作用转变；生产的社会化与专业化程度不断加深，使得制造企业在生产经营过程中各个环节的横向与纵向联系日益紧密（李华旭，2012）。在此期间，垂直一体化的生产方式逐渐被放弃，企业之间为达到利益最大化而开展大量分工合作的网络组织结构。制造企业在产业服务化运行过程中需要合作方和互补者，通过寻找其所在商业生态环境中从核心到外围的关键资源，形成以企业主体为中心，联合外围相互关联的企业、大学、研究机构、政府、金融机构等价值网络相关者的组织模式；在制造和服务不断融合趋势下，构建基于价值模块的服务制造网络成为企业实现价值创造活动转移的新组织方式，网络节点间是价值模块协作关系，由各个价值模块节点形成的网络服务组织具有显著的协同效应（冯良清，2012）。根据纵向链状分工、横向平行分工和网络状模块化分工的演进形式（余东华，2008），本部分研究将制造企业服务化转型中的组织结构分为链状、网状和群状。

制造企业开发"产品服务包"同时需要来自技术、顾客和市场等更广泛的知识，顾客需求越复杂，服务解决方案越复杂，越需要特定层面的技术能力来甄选、整合来自企业内部、外部多种不同技术成分，因此制造企业实施服务创新战略提供整体服务方案必须基于硬件领域的技术能力（Davies and Brady，2000；Allmendinger and Lombreglia，2005）；Windahl和Lakemond（2006）在以大型设备制造企业 Alpha 为样本的案例研究中发现，在缺乏服务经验的情况下，凭借以往硬件制造的技术能力取得客户的信任是 Alpha 服务创新战略得以进行的关键。制造企业在竞争日益激烈的全球化经济中，以服务创新为核心，实现产品易操作化和易商品化已经成为一种流行的策略（Ivanka and Bart，2013）。但是产品和服务生产的规模化和多样化发展到一定程度以后，出于追求自身利益最大化的需要，制造企业的服务需求和服务企业的服务供给开始出现错位，生产性服务业与制造业之间的协同问题成为阻碍产业和企业发展的主要问题（逄锦荣和苑春荟，2012）；彭本红（2009）对现代物流业与先进制造业的互动关系分析也表明只有两者协同时，系统才是整体稳定的，对整个社会经济的贡献也达到极大；因此制造业的创新与升级不仅要靠自身，还要打破产业界限，与生产性服务业构建协同创新系统，通过协同效应实现创新（刘颖和陈继祥，2009）。因此，本部分研究将制造企业服务化过程中关注的内容分为技术、服务、协作。

王玉玲（2007）指出，在生产性服务业出现之前，消费性服务业构成服务业的全部内容，此时服务业与制造业之间只是简单分工，它们之间关系松散，彼此相对独立，该阶段制造业处于较低发展水平，服务需求较低，企业内部的服务机构基本能够承担。制造业对服务需求层次的提高加速了生产性服务业的发展，核心制造企业往往将自己的非核心业务外包给周围的服务业，与之构筑起互动共生的网络关系；席艳乐和李芊蕾（2013）对长三角地区生产性服务业与制造业间的互动关系进行研究，结果表明生产性服务业与制造业间存在着相互作用、相互影响、共同发展的互动关系，但是这种互动关系目前还比较小；庞博慧（2012）从共生理论视角来研究中国生产服务业与制造业的互动发展，结果表明，生产服务业和制造业都处于成长期，二者之间呈现非对称互惠共生模式。唐强荣等（2009）认为，生产性服务业与制造业之间是一种共生关系，共同发展、共同繁荣。制造企业与服务商之间的关联关系表现为中心管理机构和以外包合同为基础的外部企业组织机构形成的中心型互动共生关系。在二者相互促进、相互引导的发展环境下，生产性服务业与制造业出现相互融合的态势，表现为产业渗透、产业交叉和产业重组；企业间和产业间具有联系紧密，制造企业与服务企业之间具有强联系和相互信任。匡雷达（2012）提出嵌套型互动共生模型来描述制造业与生产性服务业的关系，这种模型建立在中心型互动关系的基础上，以战略联盟伙伴外包的几个主体企业为核心，吸附大量的中小型企业，这些外部主体企业本身也具有独立的互动共生型组织。因此，本部分研究将制造业服务化中制造企业与服务企业的关系分为相对独立、互动网络关系、生态网络关系。

2. 研究方法

文献回顾表明，制造企业服务化转型过程中，其组织结构、关注活动的重点以及组织关系是多样的，然而现有研究尚未解释清楚商业模式在这三个方面之间的关系，以及制造企业是如何通过商业模式的转变来实现服务化转型的。另外，目前仍然是以横截面的描述性或规范性研究为主，较少从时间纵轴上对制造企业服务化过程进行多维度研究。为了从多维度说明制造企业服务化转型的路径以及整体模式的变化，本部分研究采用单案例嵌入式研究法，即通过选取行业中典型的单一样本企业，从多角度对其进行考察，从中确立理论架构。尽管在案例研究中，很多学者提出多案例研究要比单案例研究更为可靠，但是对于独特的或者比较特殊的案例，能够挑战和扩展理论的单案例研究仍然很有意义。本部分研究以空客公司服务化转型过程为例进行实证研究，主要原因如下：①空客在40多年的发展中从无到有、从弱到强，正走在服务化成功的道路上；②空客自成立以来经过多次重大发展阶段，具备构建演化模型的要求；③关于空客的研究资料比较丰富，有利于数据采集、分析和验证，提高研究信度和效度。而本部分研究的目的在于，通过对空客服务型制造模式演变的分析，借鉴其转型的成功经验，为中国的大型客机产业发展乃至制造业的转型升级提供借鉴。

对空客的案例研究主要通过空客自成立以来具有重大意义的事件和具有竞争优势的价值活动来采集数据。因为每一次重大事件背后都暗藏着企业变革或转型的原因，都潜伏着促进企业发展的契机以及商业模式的转变，而关键价值活动又是商业模式的具体表现。本案例研究的数据主要来源于2003～2013年的二手资料。首先，在中国知网以"空客"为关键字进行期刊搜索，经过筛选，获得相关学术期刊及报纸37篇；其次，在百度和360搜索引擎上进行搜索，以"空客 服务化"和"空客 转型"等关键字进行搜索，经筛选，获得相关度较高的网络新闻以及访谈32篇；再次，通过浏览空客的微博、关注相关专家学者的微博了解其最新动态；最后，搜集空客相关书籍，主要借鉴《空中客车：一个真实的故事》和《豪赌三万英尺：空中客车挑战波音霸权》两本书，对空客的发展历程进行梳理。本部分研究通过以上类型的二手资料整理出空客服务化转型的过程草稿，并与相关专家学者进行探讨，验证二手资料并补充相关资料，在形成案例报告草稿后再将其反馈给专家学者，征求修改意见。由于数据来源较多，在研究中就不一一列举，只对一些具体数据及重要内容进行引用标注。

3. 案例分析

本部分研究先针对空客发展中的每一阶段从多维度对其商业模式进行横向分析，再纵观发展过程从时间角度对不同商业模式之间的关系进行纵向分析。空客从1970年成立到现在，发展过程可以大致分为经济联合体阶段、一体化初级阶段、一体化深入阶段。

经济联合体阶段。这个阶段主要是指空客从1970年成立到2001年资产重置完成。1970年12月英、法和德三方公司联合成立空中客车工业组织——The Airbus Industrie GIE；1971年西班牙宇航加入经济联合体（阿里斯，2008）。集团中的每个成员公司都有自己合法的公司实体，而且每个公司都有各自承担的指派任务。这种工作分配安排是由罗歇·贝泰耶开创的并成为空客工业集团的核心理念，它将飞机的主要部分分到千里之外的不同国家，在完全不同的工厂各自独立完成，而且每一部件段必须尽可能地达到完整，要装上所需的所有设备、操纵系统和电缆，这些部件段被称为"空中客车插件"，只需最后一刻在总装线将它们"插"在一起。这一革命性的工作分配体制不仅大大提高了空客的制造能力而且促进了其技术能力的提升。从 1974 年交付第一架飞机以来，在"先民后客、不断采用新技术、挖尽型号潜力"的技术思路指导下，空客不断在机身的长短、机翼的大小、发动机的双发和四发等方面下功夫。空中客车公司在研制的每一种型号上都会引入一些创新的设计，确立新的行业标准。截至 2004 年，空客已研发并交付了 A300、A310、A319、A320、A321、A330、A340 等多种型号的飞机。"经济联合体"阶段的治理结构及组织架构虽说是一体化的产业平台，但更像一个基于公司股权治理结构的、松散的经营性项目管理公司。四个控股子公司，连同其他事业伙伴根据自身分工需要，划拨相应资产"附带"参与项目业务，各个成员不仅有相互独立的研究战略，而且空客在做出一些重大决策时还要受到各国政府的约束。空客的工作分配体制虽然具有革命性，但存在路径选择问题、投资问题，且在技术基础、发展战略等方面差异巨大，这使得分工争论、决策延迟、效率低下等情况难以避免。

该阶段，在分工上把每一部件段当做插件进行组装未免太过单一，就像人的骨骼框架，缺少类似血肉的附加增值服务。而且这种工作分配也多数限于集团的内部成员公司，按照每一部件段进行分工，其本质仍然是纵向链状分工，过于强调制造以及技术能力而较少关注服务。

因此，本部分得出结论 7.1：空客在经济联合体阶段处于服务化的起点，其主要采取纵向链状分工，组织结构呈现链状，关注技术创新活动以提高制造能力，与服务商的关系相对独立；其商业模式属于技术管理模式。

一体化初级阶段。这个阶段是指从 2001 年 7 月空客体制一体化到 2008 年欧洲航空安全局向空客颁发"单一生产组织批准"证书。2001 年，空客公司的体制完成从一个经济利益联合体集团到一体化的股份公司的转变；2006 年，BAE 系统公司与欧洲宇航防务集团达成股权转让协议，EADS 独资拥有空客。在一体化的新空客中，经济利益联合体的职能被上市股份制公司职能取代，各个成员所采取的是联合的技术战略，新的股份公司通过进一步的整合，消除不必要的重复，形成统一的决策机构汇报体制。但是改制后的空客的生产依然按照以前的分工在欧洲各地进行。例如，于 2000 年开始研发的超大型远程宽体客机 A380，其整个生产过程是在德、法、英、西（班牙）四国流水进行的，由于项目庞大而复杂，A380 横向整合困难，空客三次宣布延迟交货，不仅使空客名誉受损还给空客的财政带来巨大冲击。与横向战略考虑不周形成鲜明对比的是，空客一直力求在客户服务方面有良好表现，自 2002 年起，空客开始实施"提供最好的客户服务计划"，目标是在进一步改善客户服务的同时，根据最新市场趋势开发创新的服务项目。空客通过专用的飞机故障跟踪分析工具、当前世界上最先进的维修和使用控制中心、空客模块式零备件服务工具、射频识别技术、电子目录服务、AirN@v 工具、创建"供应链支持管理"流程等一系列方式，努力实现服务创新，追求为客户提供最好的服务。

在该阶段，空客对客户服务尤为重视，一直在为创建卓越服务的新方法和技术而不懈努力。同时，在"A380"事件之后，空客也意识到横向战略和横向管控的重要性，并努力寻求和构筑一个强有力的横向管控体系来推动自身尽快摆脱整合难题的困扰。

因此，本部分得出结论 7.2：空客在一体化初级阶段处于服务化的成长阶段，开始重视横向分工，组织结构呈现网状，更加关注客户需求，力图通过服务创新活动来创造差异化服务，与服务商形成互动的网络关系；其商业模式属于服务管理模式。

一体化深入阶段。这个阶段从 2007 年空客母公司宣布"Power 8"改革计划开始至今。为解决由于 A380 飞机推迟交付带来的财政困难，空客母公司 EADS 在 2007 年宣布实施"Power 8"的改革计划，通过集中发展公司核心业务、建立长期的全球合作伙伴网络、整合飞机总装线、组建 4 个跨国专业化优良中心等举措，打造一个更加高度一体化的"新空客"。随后，对管理和领导结构体制进行改革，增加企业的效率、凝聚力，并简化程序。2008 年之前，由于空客生产的每一架民用飞机和相关产品的主要部件分别在四个国家生产，所以产品在得到欧洲航空安全局批准以前，还必须分别得到四国民用航空适航局的批准。而 2008 年欧洲航空安全局向空客颁发"单一生产组织批准"证书替代四个生产组织批准证书，使得空客能够更彻底推行"一个空客"的理念，建立和完善跨国跨部门的统一管理举措，包括统一的标准、统一的供应链管理、统一的系统和程序等，不会再发生软件不兼容引起的 A380 布线问题而导致的进度推迟事件。

随着一体化的深入，空客通过基于欧洲的新全球发展战略和风险共担的方式签订转包合同。例如，在 A350XWB 项目中，空客将约 50% 的飞机结构工作外包给风险共担合作伙伴，从而建立一个强大的风险共担的合作网络。各个成员根据自身资源与能力优势进一步分化，依托模块化企业角色占据价值链有利地位。空客来自全球不同国家的子公司都有各自不同分工，业务与流程在对接过程中出现的协同问题就显得尤其重要。宏观上，空客基于产业集群治理结构进行商务协同，空客总部通过单一生产组织批准垄断最终产品的核心知识和整个体系的规则设计权与制定权，在统一的制度规则下明确分工、虚拟整合；系统集成商通过制定适当的任务结构与"界面规则"确定模块规模和功能，在各个功能模块链接的基础上完成整机组装和网络价值流整合；模块制造商由全球范围内供应商组成，各个模块商必须通过系统集成商的事前事后考核机制才能"入围"竞争；其价值创造平台不仅为生产过程提供开放性服务和支持，还为客户以及内部交易行为提供服务和支持；目标客户群是空客定义价值和明确价值大小并最终实现价值的环节，空客全球客户在地理上是多元和分散的，这对空客的管理和研究能力提出了挑战。为整合并统一业务流程，空客对所有流程进行了重新定义和设计，一级流程包括管理、销售、研发、制造、售后服务、支撑流程，这六类流程形成以客户和市场为导向的业务流程总体框架，实现了公司的整体协同（张新国，2013）。

在该阶段，空客依然把客户服务放在重要地位，同时加强与不同国家合作伙伴的协作与互动。采用风险共担的方式与合作伙伴签订合同不仅可以充分发挥各个模块提供商的竞争优势，而且使各方的利益关系更加紧密。而系统集成商对模块商的考核可以促进模块商的相互竞争、加强各个模块商的信息交流与技术传递，各个模块商为了提高质量与效率在内部寻求更加合理的分工方式，模块商的系统集成过程实际上演变为模块商之间和模块商与系统集成商的协同过程。

因此，本部分得出结论 7.3：空客在一体化深入阶段处于服务化的成熟阶段，在全球实现模块化分工，组织结构呈现群状，关注协同创新活动以实现系统的可持续发展，与服务商群及其他组织机构形成生态网络关系；其商业模式属于协同管理模式。

不同商业模式之间的关系。经过上述案例报告及分析可知，在经济联合体阶段，其目标是形成同期国际先进水平的制造能力。空客在该阶段重视制造分工，根据制造工序以及零部件段跨国实现纵向链状分工；在一体化初级阶段，空客的目标是根据体制的变化对组织结构和全球分工进行变革，尤其在经历 A380 整合困难之后，逐渐加强全球横向整合工作，其本质是对全球横向平行分工的梳理；在一体化深入阶段，空客不再一味追求新机型的研发，而是力图对现有机型进行优化、对长期以来各国的内部差异进行整合，其本质是在全球寻找优质模块商，通过模块化分工实现模块分解与集中。空客在产业链上的分工符合从纵向链状分工到横向平行分工再到模块化分工的演进。根据分工与组织演进的关系，空客与生产性服务商以及其他组织机构基本符合从链状结构到网状结构再到群状结构的演变；企业间关系基本符合从相对独立到互动成长再到生态依存的关系。相应的，在经济联合体阶段，空客追求技术创新，不断研发大量新机型，研发过程中的技术规划、技术购买以及技术攻关和持续改进等活动基本符合注重"技术创新"的主要特征；在一体化初级阶段，空客实施"提供最好的客户服务计划"，积极对客户服务进行创新，并将部分服务进行专业化外包，提高服务质量，基本符合注重"服务创新"的主要特征；在一体化深入阶段，通过集中发展公司核心业务、建立长期的全球合作伙伴网络与模块商形成紧密的利益共生关系，基于产业集群的治理结构和统一业务流程，实现公司内外部的整体协同，基本符合"协同创新"的主要特征。所以，空客的商业模式经历了从技术管理到服务管理再到协同管理的演进。

因此，本部分得出结论 7.4：空客在服务化转型过程中经历的技术管理、服务管理与协同管理三种商业模式是依次渐进的关系。空客服务化转型过程中，组织结构、核心活动以及关联关系的阶段性特变化如图 7.11 所示。

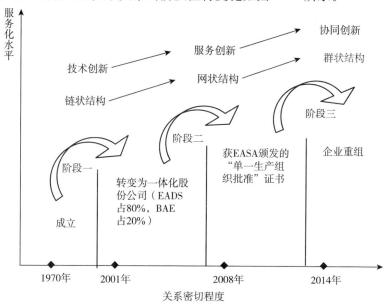

图 7.11　空客服务化转型过程中体制、分工方式及商业模式阶段性变化

制造企业服务化商业模式总结。通过对空客公司服务化转型过程的剖析可知，制造企业在服务化转型过程中，商业模式大致经历三个阶段的演化，其演化特征如图 7.12 所示。

第一阶段：技术管理。传统的制造企业大多重视制造能力和技术提升，仅为客户提供产品。该阶段主要通过按照部件或工序先后顺序将生产过程进行分解来提高制造能力，关注从供应商到客户端及上下游企业的产品集成，通过上下游的合作强化链条整体竞争力，因此制造企业与上下游服务商形成链状结构。该阶段企业简单地通过制造和销售产品获得利润，核心价值活动是通过分工从外部获得技术资源，进行技术消化和吸收，提高制造能力；随着企业发展，为了提高产品的销售，可能会提供相应的"必须要拥有"的服务，如售后服务、送货和安装服务，但是仍然专注于制造产品，重视技术在产品中的应用。技术资源包括先进的设备、专利和版权、技术人才等。在这个阶段服务业主要提供无形服务，制造业

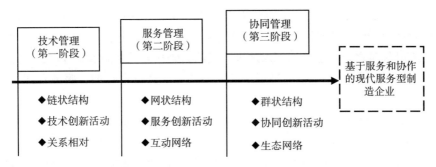

图 7.12 制造企业商业模式三阶段演化模型

主要提供有形产品，且服务业所提供的服务是满足人的基本需求的，与制造业的生产关系较小，制造企业与服务商的关系相对独立。

第二阶段：服务管理。该阶段主要是通过对各个企业拥有的不同要素进行互补来降低生产成本提高盈利能力，制造企业将原来内部进行的生产性服务活动外包给专业化的生产性服务企业，制造企业和各个服务商形成以制造企业为核心的网状分布结构。该阶段企业通过信息技术系统加强上一阶段所描述的"必须要拥有"的服务，进一步降低经营成本，提高生产效率；但是技术进步和竞争的全球化削弱了低价策略在竞争中的作用，差异化战略逐渐成为市场上制造产品竞争的主要手段，而制造产品的差异化特征往往通过制造企业的服务创新获得，因此企业关注的重点从制造产品转向产品与服务并重，通过服务创新更好地满足客户的多样化需求。随着生产性服务经营更加专业化，制造企业的交易成本通过服务外包而不断降低，市场竞争力增强，制造层级得以提升；制造企业的发展反过来又增加对服务的需求，拉动生产性服务业的发展，核心制造企业和服务商形成互动的网络关系。

第三阶段：协同管理。该阶段主要是通过对产业链大系统的分工及各个子系统的再分工实现信息与资源的协同，稳定相互关系，降低交易成本。子系统的再分工使得企业间和产业间的联系更加紧密，出现各种各样的产业集聚模式，典型的是以核心企业为主导，围绕核心企业分布着供应和需求企业群以及相关企业群，制造企业融入现代服务业集聚群中，在现代服务业群之外有配套的院校科研机构，核心制造企业与服务商以及其他机构形成群状结构。考虑到整个系统的稳定性以及经济效益，制造企业与生产性服务商相互协同、作用，通过复杂的非线性相互作用，产生企业自身所无法实现的整体创新效应。整个系统包括生产性服务商子系统、制造企业子系统与系统环境，相互之间形成一种以制造企业为核心的生态网络关系。

4. 结论与启示

本部分研究以空客为案例，基于时间纵向角度从多维度分析了制造企业服务化转型过程中商业模式的演进路径。虽然选取一个企业进行单案例研究存在潜在的"外在效度"较低的局限性，而且不一定适合所有的制造企业，然而，单一案例研究法也有其优越之处，能更加深入地进行案例调研和分析（诸雪峰等，2011）。

（1）制造企业服务化转型过程中商业模式会经过技术管理、服务管理、协同管理的三阶段演化。在技术管理阶段，企业关注的是技术创新活动，组织呈链状结构，制造企业与服务商的关系相对独立；在服务管理阶段，企业关注的是服务创新活动，组织呈网状结构，制造企业与服务商互动发展；在协同管理阶段，企业关注的是系统的协同，组织呈群状结构，制造企业与服务商及其他组织机构形成生态网络关系。提出上述渐进商业模式的重要原因在于：其一，三种商业模式对核心价值活动的要求不同，相对来说，基于协同管理的商业模式要求更密切的关系和更高的信任度、更高的资源和能力水平。协同创新活动可以帮助整个商业生态网络达到效益最大和稳定状态。其二，技术创新能力降低了制造企业服务化转型的阻力，推动服务化从无到有；技术创新和服务创新能力共同促进企业结合内外部资源进行协同创新，促进服务化从有到好。

（2）制造企业服务化转型的成熟表现为组织结构呈现群状、组织关系为生态网络关系，协同创新成为企业的核心价值活动。提出上述成熟商业模式的重要原因在于：其一，无论是群状的组织结构还是生态网络关系，都是制造企业与服务商之间关系更加紧密的体现，也是产业融合的体现。其二，制造业与服务业的融合使得各产业的企业之间竞争合作关系发生变化，系统的稳定需要各方的协同，而协同创新更是系统可持续发展的保证。

因此，制造企业可以通过内部推动和外部拉动实现服务化转型。高层管理者的支持有助于实现企业内部推动：从第一阶段到第二阶段的演化是服务化转型从无到有的过程，也是至关重要的过程。高层管理者的支持是实现服务化转型的首要条件，这给企业传递了一个重要信息，它告诉组织什么是重要的，以及哪些业务拥有优先权。只有当高层管理者通过战略性前瞻，认识到服务业务的价值，并为整个组织展现服务业务的前景时，制造企业才有可能在技术创新的基础上关注服务活动，进而进行服务创新，并根据组织结构的转变推进关系的改变。建立外部关系网络实现企业外部拉动：从第二阶段到第三阶段的演化是服务化转型从有到好的过程，决定企业转型的成功与否。在服务化转型前期，制造企业对服务业务不熟悉，缺乏相关知识，仅仅依靠自身知识和能力无法支撑企业服务业务的发展。因此制造企业可以与先进的服务企业建立关系，通过获取和吸收先进的服务理念和服务知识，提高自身的服务能力，为协同创新活动以及生态网络关系的治理提前做好准备，顺利实现制造企业服务化从有到好的过渡。

7.3.2　空客 A380 项目治理

A380 是欧洲空客公司研制生产的四台发动机、550 座超级大型远程宽体客机，是全球载客量最大的客机，加之其噪声只有其他飞机的一半，因此被誉为"优雅的空中巨人"。自 2007 年首航以来，新航 A380 客机深受乘客欢迎，其服务的每条航线均有较高客座率，A380 的崛起打破了波音 747 在远程超大型宽体客机领域统领 35 年的记录，成为载客量最大的民用客机。A380 从研发之初至正式投入运营期间历经波折，也曾因数次延期交货导致订单客户的不满、巨额索赔甚至取消订单。而 A380 最终还是熬过了这段艰难岁月，走出了巨大的商业泥潭，这很大部分得益于"Power 8"计划的实施。

1. A380 项目危机

早在 1994 年 6 月，空客开始研发自己的超大型飞机，名为 A3XX，2000 年 12 月 19 日，刚刚重整架构的空客管理层表决通过投资 88 亿欧元于 A3XX 计划，并订名为 A380，当时已有 6 家航空公司订购共 55 架 A380。2001 年年初，A380 正式定型；2004 年，该型号的原机型首次亮相；2005 年 1 月 18 日，首架 A380 客机在图卢兹厂房举行出厂典礼，并于 4 月 27 日试飞成功；2007 年 10 月 15 日，客机首先交付给新加坡航空公司，接着在 10 月 25 日 A380 飞机开始了首航"袋鼠航线"——新加坡—悉尼，一扫空客过去一年多的阴霾。

空客 A380 集成了低能耗、高效率、低噪声、高舒适性等优点，给全球民用航空市场的发展带来了革命性的转变。但是 A380 项目的交付过程并非一帆风顺，受技术和市场因素影响，该项目几度遭遇交付推迟。2005 年 6 月，A380 遭遇到第一次"推迟交货"的商业危机。2006 年 6 月，A380 再次"触礁"，宣布推迟交货，同年 7 月 2 日，A380 继两次推迟交货期风波之后，管理层接连曝出"引咎辞职"的消息，然而高层的辞职并未挽救 A380 所面临的商业危机，2006 年 10 月 3 日，空客又一次宣布推迟 A380 的交货期，这在 A380 订户中引起很大反响，纷纷向空客索赔，有的客户还表示要考虑取消订单。大部分早期 A380 客户于 2006 年下半年两度被迫接受交付计划修改，具体情况如表 7.1 所示。

表 7.1　早期 A380 修改的客户交付计划

客户	订单/架	原计划	2006 年 6 月计划	2006 年 10 月计划
新加坡航空	10	2006 年第 2 季度	2006 年 12 月	2007 年 10 月
快达航空	12	2006 年 10 月	2007 年 10 月	2008 年 8 月
阿联酋航空	43	2006 年 11 月	2007 年 10 月	2008 年 10 月
法国航空	10	2007 年 4 月	2008 年年中	2009 年第 2 季度
汉莎航空	15	2007 年下半年	2008 年年中	2009 年第 3 季度

资料来源：刘曲（2013）

　　自从 A380 陷入延迟交付的危机，人们便开始议论纷纷。从表面上看，A380 的三次延期交货均是由设计、技术和生产等方面的原因造成的，但是其根本原因并非如此，更深层次的问题不在技术而在管控。

　　从项目运营方面来看，A380 就面临着巨大的跨国超大型项目的整合管控难题。A380 的整个生产过程是在德、法、英、西（班牙）四国流水进行的。空客在欧洲的制造工厂包括总装工厂和部件装配工厂，这些工厂以近似同步化的方式生产 A380 的各个部件并将之装配在一起。为详细地了解当时 A380 项目在全球的分工情况，下面对各个地区进行现场直播式的描述：①在英国威尔士的布劳顿，组成 A380 飞机 45 米长机翼的各个部件正在几个新工厂中进行组装，其中包括一个斥资 3.5 亿英镑修建的飞机工厂。这座工厂被称为"西厂"，设有 A380 机翼组装线，并可进行其他飞机制造活动。一套 A380 机翼由 32 000 个部件组成。"西厂"的 A380 机翼组装线包括主装配架和一个机翼装配区。在主装配架上将 A380 机翼的各个部件和配件组装到翼盒上，在机翼装配区内完成燃油、充气、液压系统的安装和布线工作并进行测试。组装完毕的机翼将由驳船运往莫斯廷，再从那里经特制的滚装船运往图卢兹。②在德国汉堡，正在将诺登汉姆运来的组件与前机身的后段和后机身进行装配并安装基本飞行系统。在德国施泰德正在装配垂直尾翼。配备有方向舵的垂直尾翼由空中客车公司在西班牙雷亚尔港的工厂运来，装配完毕后将由"大白鲸"超级运输机直接运往图卢兹。这也是 A380 唯一能由空运的主要部件。③在德国汉堡组装的机身部分由滚装船运往威尔士的莫斯廷，在那里装载上一对机翼后，再运往法国的圣南泽尔。在圣南泽尔，工人将前机身的前段组装起来并与来自汉堡的前机身后段装配在一起。此外，工人还将在此组装在法国南特建造的、经陆路运至圣南泽尔的 A380 全复合材料制成的中翼盒以及在西班牙雷亚尔港制造的中机身腹部整流罩。包含有驾驶舱在内的机头的两个部件在法国米劳特制造，并经陆路运至圣南泽尔。组装完毕的机身部分将运往波亚克河的渡口。在西班牙格塔费制造的水平尾翼已经运抵那里。之后，驳船将这些飞机部件沿波亚克河运至朗贡河港，从那里再换装拖车，走完到图卢兹总装厂最后 240 千米旅程。为避开交通高峰，最后的行程将在夜间进行，共需三个夜晚才能抵达图卢兹。④与此同时，A380 的吊架已经在 St Eloi 组装完毕，并经陆路运至 A380 的总装厂。至此，所有的部件集中完毕，在一个单独的装配架上开始组装，之后移至"最终控制台"进行飞行设备和系统的安装和调试工作。⑤经过一系列测试后，A380 将飞往汉堡完成内饰和喷漆工作，之后在汉堡或图卢兹交付给客户。由于 A380 各个部件尺寸庞大，空中客车公司还为此专门设计了一种利用巨型特制海轮、内河驳船和公路拖车进行运输的全新的运输模式。

　　由此我们已经可以大致估算到整个项目的整合难度，按照通常的经验我们知道，即便是在同一国家同一地区的某集团化公司去运作一个项目尚且会遇到许许多多的整合问题，更何况 A380 这个横跨德、法、英、西（班牙）四国的超大型复杂项目的整合之难了，其所包括的内容小到经营管理、资金运作、项目统筹、技术研发、市场开拓等，大到国家政治、经济、金融、安全甚至军事等，任何一项的整合难度都超乎我们的想象。

可见除了技术和市场因素，A380 的整合困难才是导致延迟交付的重要原因。由于 A380 延迟交付等带来的损失，2006 年空客亏损 5.72 亿欧元。为了应对 A380 等带来的危机，空客于 2007 年 2 月底公布了"Power 8"计划的细节。

2. "Power 8"计划及其发展

空客的"Power 8"计划是由空中客车公司母公司 EADS 在 2007 年 2 月 28 日宣布开始实施的一个改革计划。该计划的目的是解决由 A380 飞机推迟交付带来的财政困难，并满足未来其他项目的投资需要，使公司在 2010 年年前重新恢复竞争实力。

空客公司从 2006 年起就开始酝酿"Power 8"计划，原定于 2007 年 2 月 20 日公布计划的具体内容，但是由于空客母公司欧洲航空防务和航天公司股东在裁员和生产任务分配等问题上存在争议，该计划直到 2007 年 2 月 26 日才得到欧洲航空防务和航天公司的批准。该计划拟通过减员，整合资源强化核心业务，改革管理提高生产效率，削减总体成本，减少重复性的设备和机构，应针对当时美元疲软和不断增加的竞争压力等，打造一个更加高度一体化的"新空客"。

"Power 8"计划中的一个重要举措就是必须消除不合理的原有的股东协议，原有的股东协议为了保证法国和德国之间权利的均衡性，使两套生产设备和行政管理班子产生弊端。因此，2007 年 7 月 16 日，法国总统萨科奇宣布，EADS 维系了 7 年之久的法、德两国各出一人的双首席执行官体系将不再继续，前任EADS 德方联席首席执行官被任命为空客公司的首席执行官，而前任 EADS 法方联席首席执行官被任命为 EADS 唯一的首席执行官。这种新的管理和领导结构体系，对提高企业的效率、凝聚力，以及简化程序具有积极的作用。

"Power 8"计划把 A380 机身段的生产从德国汉堡转移至法国图卢兹，以提高公司 20％的生产力；同时大幅削减空客在德国的零部件供应商，以求在 2010 年年前累计节省成本 50 亿欧元，从 2010 年以后每年至少节省 20 亿欧元。在这份计划中，空客公司将在全球范围内大幅裁员，出售 6 家工厂，缩短产品研发周期，建立新的生产架构，整合飞机总装线等，进一步削减成本、提高盈利能力。"Power 8"计划不仅包括空客公司为解决眼前困难而采取的一系列结构调整和生产整合措施，而且还清晰地透露出空客公司未来业务发展的重点，即建立长期的全球合作伙伴网络和整合空客跨国组织架构。"Power 8"计划的其他具体举措包括以下 11 个方面：①更简洁和节省成本的管理。主要通过削减员工人数降低成本，并计划在 4 年内减少 1 万名员工。此次裁员计划实施了"平均主义"，即空客总部和四个发起国家共同承担裁员的重任。②更短的开发周期。目的在于将新飞机的研发周期从 7 年半缩短到 6 年，为了确保缩短研发周期和保证产品投入运营时的成熟性，空客还计划与风险合作伙伴建立一个富有活力的研发流程。除此之外，该措施还有另一个目标，即将公司的产品研发能力提高 15%。③精益制造。为了确保所有工厂实施一致的精益生产原则，空客将会对生产和研发设计工作做进一步的整合。④精明采购。主要通过与一级供应商建立起强大的风险共担合作网络，精简后勤保障中心，以降低供应成本。⑤实现现金最大化。主要通过严格控制公司所有活动的现金流来减少财务营运资本。⑥客户第一。空客公司始终把客户利益作为首要考虑。⑦集中发展公司核心业务。核心业务包括以下内容：整机和客舱建造，系统整合，主要部件和大型复杂部件的设计、总装、组装、设备配置、客户化、新技术部件的生产等。这些核心业务对发展公司核心竞争力以及保证产品的质量都是至关重要的。⑧建立长期的全球合作伙伴网络。空客将与有实力的合作伙伴建立起长期的合作关系，长期稳定的合作关系不仅可以使空客与合作伙伴共同承担研发成本，还可以实现设计研发资源共享。⑨整合飞机总装线，提高总装能力。空客通过整合公司资源，采取一系列措施来提高飞机总装线的生产效率。例如，为了满足快速增长的 A320 系列飞机的生产要求，第三条 A320 系列飞机总装线将在德国汉堡建立；此外，为了使飞机部件的组装在最合理的地点完成，从而缩短整个产品的生产周期，一部分 A320 飞机的上游预制部件和 A380 的客舱内饰工作将从汉堡转移到图卢兹，而客舱安装仍将在德国汉堡进行。A380 飞机仍将在德国汉堡和法国图卢兹交付。⑩组建 4 个跨国专业化优良中心。为了落实"Power 8"计划，建立新的商业模式，空客将引入一种全面整合的跨国公司组织架构。这种新的生产架构主要是用 4 个跨国专业化优良中心取代原有的 8 个位于不同国家的专业化优良中心，目的是通过更明确的分工、更快的决策、更简化的工作界面来节省成本、强化对整个公司的领导，实现流水线生产。⑪与母公司 EADS 共享服务。这也是空客为提高支持流程效率、优化资源和节省开支所采取的措施之一。

　　"Power 8"计划的改革力度是空前的，推行起来也相当有难度。空客公司通过上下一心的艰苦努力，终于在 2007 年 10 月 15 日实现了首架 A380 客机的正式交付。为了保障新加坡航空公司的 A380 正式运营，空客为其专门培训了 20 名机组人员和 48 名地面工程师，并计划派遣 30 名员工分驻新加坡和悉尼两地，协助新加坡航空公司解决与 A380 飞机相关的各种问题。此外，空客与 A380 发动机提供商罗罗公司在各自的全天候运营中心都设有专门人员负责对飞机运营情况进行跟踪记录。可见空客 A380 项目并非止步于产品交付，其售后的一系列运营和维护也应该是发挥其竞争优势的重点。

2008 年 9 月 9 日，空客公司向欧洲工会委员会递交了"Power8＋"计划，该计划是对"Power 8"计划的延续和补充。2008 年 11 月 25 日，空客宣布决定在次月缩减 A380 客机部分配件的产能，以此减少库存压力并节约支出。空客领导层认为，压缩部分配件产能不会影响 A380 按期交付，该举措的主要目的是减少零配件库存并节约开支，这实际上也是对"Power 8"大规模调整计划的响应。为了获得公司的长期竞争力，"Power 8"计划也随着市场的变化不断改进和完善。

3. A380 售后治理

2009 年以前，交付日程安排的一再推迟使其客户倍感失望，甚至失去信心。但是空客最终还是打破了波音 747 对大型飞机市场的垄断，尽管整个过程困难重重，但目前已经实现这一目标。然而，进入 2009 年以后，风云突变。随着严重的金融危机爆发和民航业面临的困难加剧，不少客户反而主动要求推迟交付日期，包括 A380 的大客户阿联酋航空、启动客户新加坡航空，以及快达、法航等航空公司。面对这一尴尬局面，空客认为，此后 A380 的生产和交付计划要基于航空公司的需求和财务状况。随着 A380 面临的市场问题得到有效调控、技术得以日益完善，其项目的交付问题已经基本解决，截至 2013 年 8 月底，全球共有 10 家航空公司运营 108 架 A380 飞机。此后空客 A380 面临的更加重要的问题便是售后维护。

2009 年 11 月，一架法航 A380 客机因巡航系统故障而被迫返回纽约急降。2010 年 4 月，一架澳航 A380 客机在从新加坡飞抵悉尼时轮胎爆裂；同年 11 月，澳航又一架 A380 客机从新加坡起飞后不久一侧引擎发生爆炸，引擎罩脱落。2011 年 7 月，新加坡航空一架 A380 客机起飞后不久一个发动机关闭，随后被迫返航；同年 10 月 23 日，一架空客 A380 客机由于技术故障在印度城市海德拉巴紧急降落。2012 年 3 月 27 日，一架 A380 从北京飞往广州时，因客舱增压系统发生故障返航北京；同一天，新加坡航空运营的一架 A380 从新加坡飞往法兰克福时，也因故障返航；同年 4 月 7 日，一架 A380 客机降落在中国香港国际机场时发生爆胎。"空中巨无霸"故障连连，引起了欧洲联盟航空安全局的重视，早在 2012 年 1 月，欧洲联盟航空安全局就下令"体检"三家航空运营商旗下的总计 20 架空客 A380 大型客机，这次体检不仅仅是因为 A380 频发故障，也因为一些在役 A380 型客机的机翼陆续发现裂纹。空客公司在 2012 年 1 月 25 日证实，设计和制造缺陷导致一些处于运营状态的 A380 型客机机翼部件出现裂纹。空客项目副总裁汤姆·威廉斯在一份声明中说，该裂纹并非金属劳损引发的裂纹，无碍客机适航性，A380 能够安全飞行。他指出空客方面已经找到修复方法，为应对未预见的裂纹问题，空客正在改进制造流程。同年 2 月 13 日，空客公司总裁恩德斯在新加坡航展上表示，公司将尽快修复 A380 机翼内非关键部件上的细微裂纹。同时也强调，此问题对于 A380 飞机的安全运营没有影响。

A380 是拥有先进技术的飞机,先进技术带来运营经济性增长的同时,也改善了飞机的维修性能,它不仅创建了航空业的新标准,也开创了商用飞机可靠性和维修性工程的新纪元(杨宇航和刘钡钡,2012)。空客 A380 设定的关键可靠性目标是在服役两年内达到 99% 的使用可靠性,比空客 A340 系列的使用可靠性高出许多。为了在设计早期就达到技术成熟,系统和部件的可靠性成为非常关键的因素。一般通过两种途径来确保飞机成熟,包括设计的可靠性确认和检验过程以及引入密集、加速的可靠性试验。在嵌入式系统的发展过程中,确认和检验过程能够判断系统是否符合计划书的要求、输出是否正确。空客在 A380 飞机和供应商层面的安全评定过程中都运用了确认和检验过程,该过程定义了飞机层面的功能和相关的故障条件,并分配至各系统,进而对从事系统和设备开发各个层面的供应商提出要求,该过程的结论所显示的结果是所有关键工程决策的基础。空客 A380 使用确认和检验方法从设计早期开始就对项目的安全性和可靠性进行严格控制,从源头保证了飞机的安全性和可靠性。

以上表明,空客在故障频发的情况下依然能够稳住客源,主要是因为 A380 项目在实施的整个生命周期中都具有安全性和可靠性保证,出现毁灭性故障的几率非常小,即使出现故障,也能通过先进的技术追根溯源解决问题。同样重要的是,空客高层管理者对问题的积极回应也对客户起到一定安抚作用,从而挽回公司名誉。

7.4 本章小结

本章以波音公司和空客公司为例,对大型客机项目治理进行分析。

在进行案例分析之前,首先对大型客机产业进行概述,包括大型客机的产业链分析和大型客机的价值链分析。大型客机产业链从市场的角度可以分为五个环节,即市场研究、设计、制造、营销和售后服务。一般来说,研发、设计、市场、销售等处于产业链的高端,而制造则处于产业链的低端。大型客机产业链中的供应商根据在产业链中的地位可以分为三级,庞大的供应商体系是大型客机产业成长的重要支撑,供应商与主制造商之间的交易关系及其变化,对大型客机产业的资源配置效率更是有着极其重要的影响,因此必须对供应商进行有效治理。大型客机的价值链一般分为研发设计、部件制造、整机组装、销售和售后服务五个环节,其中"研发设计"与"销售和服务"处于微笑曲线两端,是价值链的高端环节。在全球生产网络的背景下,为向微笑曲线两端移动,航空工业系统集成者关注的重点转向供应链的组织和协调,大型客机产业中的"瀑布效应"促进了产业的高度集中,同时也造成了航空制造业价值链中强大的"锁定"效应。

对波音公司项目治理的研究分为供应商治理、客户关系治理和质量治理三个方面。波音公司通过精简供应商、激励供应商、挑选供应商、培训供应商和大力引进信息技术的方法对供应商进行治理；通过密切关注客户、利用信息技术、打开营销思路等方式对客户关系进行治理；采用"先进质量体系"进行质量管理，对供应商的治理方式经历了适应性质量协作、合约化质量协调、模块化质量协同三个阶段。波音对供应商、客户关系以及质量的治理方式和方法可以为大型客机项目的发展提供有效的借鉴。

对空客的案例分析主要从其商业模式演进和 A380 项目治理两个方面进行。在空客商业模式演进的研究中，基于国内外制造业服务化转型的相关研究，以时间为主线从多维度对空客服务化转型过程进行描述和分析，并在此基础上构建了制造企业服务化转型的三阶段演化模型，即从技术管理到服务管理再到协同管理，揭示了服务型制造业的商业模式。最后提出通过高层管理者支持推动和建立外部关系网络拉动的服务化转型的启示。在 A380 项目治理的研究中，从 A380 项目的延迟交付危机着手，梳理延迟交付的来龙去脉，并重点分析"Power 8"计划对 A380 项目化解危机的作用，最后对空客近年来发生的故障进行分析，同时提出空客的应对方法。空客的商业模式演进表明了制造业服务化的整体路径，可以从宏观上指导大型客机产业的转型，而 A380 项目的分析可以从微观上为大型客机项目的危机处理提供建议。

据美国《对话》杂志网 2014 年 11 月 17 日报道，全球民用航空市场长期以来被美国波音和欧洲空客垄断着，但是这一格局或将改变，因为中国商用飞机有限责任公司（简称中国商飞）正在加紧推出商用客机。空客和波音都预期中国将在 20 年之内成为世界上最大的飞机制造中心以及世界上增长最快的航空市场，因此中国商飞的订单将大大加强中国商飞在中国市场的吸引力，中国商飞无疑对波音和空客在中国的长远发展构成了威胁。但是中国大型客机产业项目中仍然存在诸多治理问题，如何采取有效的对策解决这些问题是中国跻身全球航空产业前列，并与波音和空客相抗衡的重中之重，这也是我们在第 8 章将要重点探讨的问题。

第 8 章

中国大型客机产业项目治理对策

习近平指出，"大型客机研发和生产制造能力是一个国家航空水平的重要标志，也是一个国家整体实力的重要标志。制造大飞机承载着几代中国人的航空梦。我们的事业刚刚起步，要一以贯之、锲而不舍抓下去，力争早日让我们自主研制的大型客机在蓝天上自由翱翔"。早在 2006 年，我国颁布实施了《国家中长期科学和技术发展规划纲要（2006—2020 年）》，明确了面向 2020 年的发展目标，确定了一批重点领域和优先主题，同时提出了包括大飞机在内的 16 个重大科技专项。为组织实施大型客机重大专项，我国政府专门成立了中国商飞公司，这是我国自主发展民机产业，推进体制改革的重大举措。但是我国大型客机产业面临着技术基础薄弱的事实，这无疑阻碍了大型客机产业的顺利发展。尽管中国在 20 世纪 70 年代曾成功研制过大型客机"运 10"，但是由于没有投入商业运营，于当时的波音、麦道以及空客而言，中国在大型客机市场上仍然是后来者或潜在的进入者。中国的大型客机必然面临激烈的市场竞争，为了使大型客机的发展少走弯路，明智的做法应该是未雨绸缪，早虑而不困，同时还要做到知彼知己，方能自如应战。第 7 章我们已经对世界大型客机市场的两大寡头——波音和空客的项目治理做了较为详细的分析，即对中国大型客机的竞争对手有了基本的了解。本章我们将对中国大型客机的发展历程以及项目治理现状进行分析，并结合第 7 章的研究提出相应的治理对策。

■ 8.1 中国大型客机产业发展历程

中国大型客机的定义与国际航空大型客机的定义略有不同，国际航空把 100 座及以上的民用客机称为"大型客机"，而我国通常把 150 座及以上的民用客机称为"大型客机"。2006 年 1 月 5 日，我国国防科工委副主任、新闻发言人金壮龙在国防科技工业工作会议新闻发布会上表示，中国在"十一五"期间，将"适时启动大飞机的研制"。这是中国在 1985 年"运 10"项目搁置后，时隔 20 多年再一次公开宣布要自主研制大飞机。2007 年 2 月 26 日，温家宝总理主持召开国务院第 170 次常务会议，会议原则批准大型飞机研制重大科技专项正式立项。2008 年 5 月 11 日，肩负着大型客机研制使命的中国商飞在上海挂牌成立（陈伟宁，2013）。2014 年 11 月 17 日，美国《对话》杂志网报道，全球民用航空市场长期被波音和空客垄断的格局或将被中国商飞改变，中国商飞已经成为两大航空霸主不可小觑的威胁。目前，中国大型客机的发展如日中天，要了解中国的大型客机产业是如何历经波折步入正轨的，就要先对中国民机产业发展的历程进行全面客观的回顾。

8.1.1　仿制和测绘设计阶段——运 7

中国民用客机的发展始于运 7 飞机。1965 年，为了弥补大型运输机上的空白，中国政府决定组织大型运输机的研制。作为启动和向真正的大型客机过渡，1966 年首先选择了运 7 飞机。运 7 客机是仿照苏联安－24B 研制的一种涡轮螺旋桨动力的中短程支线客机，载客量 50 人左右，航程 700 千米，在技术上比喷气动力的大型客机要简单得多。1966 年 4 月，西安飞机设计研究所和西飞公司模仿苏联生产的安-24B 进行运 7 飞机的设计，运 7 飞机于 1970 年 12 月 26 日首飞上天。由于当时中苏关系已经破裂，可以获得的技术资料很少，因此从严格意义上来说，运 7 的仿制是通过测绘设计进行的，中国完全依靠自己的力量完成了全部测绘图纸、编写技术文件、进行大量技术实验和制造所需工艺装备的工作。因此，运 7 飞机的仿制中包含很多的模仿创新，甚至在一些性能上还超过了安-24B。

受"文化大革命"的影响，运 7 飞机从测绘设计到最后定型经过了 16 年的时间，即 1982 年才通过设计定型。截至 1988 年年底，陆续生产出厂的运 7 飞机有 56 架，飞行在 55 条国内航线上，往返于 56 个大城市之间，成为当时国内航线上最大的机群，从而结束了我国支线客机完全依赖国外进口的局面。同年，运 7 飞机研制出改进型号——新舟 60。新舟 60 大量采用了国外技术成熟的部件，换装普·惠公司的 PW127 型涡轮螺旋桨发动机，航程增加到 2 450 千米，同时对驾驶舱内的操纵系统、电子设备、警告系统、仪表板和操作台等也进行了全新的配套设计，基本达到国际同类飞机的技术水平。截至 2008 年，其累积确认订单及意向订单已经超过 100 架。

运 7 项目为中国航空工业的发展累积了设计和制造大型客机的经验，尽管最初是仿制，但经过一系列改型，自主研制成分也有所增加。但是由于运 7 主要运行在计划经济时期，所以在该项目中，中国航空工业在客机产业链中的市场研究、营销和售后服务三个环节上并未获得多少经验，而在改革开放后的新舟 60

项目中，这种情况得到了较大的改善。

8.1.2　自行研制阶段——运 10

运 10 飞机是中国首次自行设计、自行制造的大型喷气客机。飞机最大起飞重量 110 吨，最大巡航速度 974 千米/小时，最大实用航程 8 000 千米，客舱按全旅游、混合、全经济三级布置，可分别载客 124 人、149 人、178 人。1971 年，中国启动了运 10 项目，这架大型客机以美国波音 707-320C 型飞机为参考，主要按美国 1970 年版联邦航空条例 FAR25 部进行设计，该飞机的研制得到了中央主要领导的大力支持。1975 年，全机设计工作基本完成，累计设计图纸 143 000 标准页，编写技术条件 211 份，提供技术报告 789 份，开展各类课题研究 171 项，编制并应用计算机程序 138 项，编写各种技术手册约 200 万字。1978 年 11 月，第一架运 10 飞机全机静力试验一次成功。1980 年 9 月，第二架运 10 飞机首次上天，此后，运 10 飞机又进行了 130 架次 170 小时的研制试飞和转场试飞，这些试飞证明了运 10 飞机具有良好的操纵稳定性，基本达到了设计指标。虽然试飞取得了成功，但是由于缺少后续经费，运 10 飞机的进一步研制和生产工作不得不停顿下来，最终于 1985 年 2 月正式停飞。

运 10 项目当时处于"文化大革命"刚刚结束的特殊时期，因此中国政府下马运 10 项目的个中原因很难了解，但是从逻辑上讲应当是，中国政府对运 10 在限定的时间和经费范围内能够承担干线飞行任务，尤其是国际飞行任务缺乏信心（李小宁，2009）。而影响中国政府态度的原因又可分为两个方面，一方面来自中国民用局，中国民航总局认为，运 10 要达到商业运行的标准还有很大距离，而且技术上已经明显落后，因此拒绝接受运 10。同时财政部也认同中国民航局的看法，因此不愿为其筹集资金。另一方面，麦道公司为了打破波音公司在中国民用航空市场的垄断，提出要与中国合作组装先进的 MD-82 大型客机。从今天来看，当时中国政府终止运 10 项目并非没有合理性，因为从运 7 到运 10 无论从技术上还是市场上都有较大的跨度，这种跨度使得时间和资金的投入难以满足大型客机项目发展的需要，从而导致中国发展大型客机产业有心无力，而与国民经济发展水平相适应的逐步升级战略则可以规避跨越式赶超战略存在的风险。

无论如何，运 10 飞机的试飞成功，填补了中国航空工业的一项空白，是一项重大的科技成果。该项目在研制过程中也为中国大型客机的发展留下了如下宝贵经验：抓住第一环节，反复论证飞机的总体设计方案；勇于采用新技术，在研制中采用英美的民用飞机设计规范，采用尖峰式高亚音速翼型，采用新材料等；克服困难，坚持做各种检查和验证试验；狠抓设计工作的质量复查；勇于坚持科学真理等。

8.1.3　国际合作阶段——MD-80/90 和 AE-100

中国在运 10 项目终止后制定了发展大型客机的"三步走"战略。具体而言，第一步，由麦道公司提供技术，通过部分制造和装配 MD-80 和 MD-90 系列客机来提高生产制造能力；第二步，与国外公司合作联合研制 100 座级客机，以提高技术水平；第三步，自主研制和制造 180 座级客机。"三步走"战略原计划在 2010 年实现，但是在 1998 年秋，这些目标全部落空。

1978 年年底，美国麦道为了打开中国市场与波音竞争谋求发展，提出与中国合作生产组装 25 架 MD-82 飞机。此后条款内容遭到反复更改，从部分联合研制退化为单纯的合作生产，并将合同修改为合作生产 20 架，另外中国民航向麦道公司直接购买 20 架飞机。自与麦道合作以来，中国共生产了 30 架 MD-82 飞机、2 架 MD-90 飞机和 5 架 MD-83 飞机。但是 1997 年麦道公司被波音公司兼并，MD 系列客机被陆续停止生产，从而使得中国"三步走"战略的第一步就半途而废。

1996 年，中国与欧洲的空客和新加坡开始联合研制 AE-100 客机是"三步走"战略中的第二步。AE-100 作为 100 座级客机，对中国客机产业的发展具有承上启下的作用，它向上可以向大型客机发展，向下可以向支线客机发展，中国政府特别重视该次合作，为此专门拨款 100 亿元。但是在 1998 年上半年即将签署项目合作合同时，空客公司却以 AE-100 没有足够的市场为由，宣布退出。但是空客退出 AE-100 的真正原因很可能是，当时空客已经决定研制 A318 客机，A318 是 A320 向下发展的一款中小型客机，与 AE-100 处于同一细分市场，是相互竞争机型。因此，"三步走"战略的第二步也以失败告终。

MD-80/90 项目与 AE-100 项目几乎是同时终止的，在此之后，中国也一直没有找到类似的国际合作机会，因此"三步走"战略也终止了。"三步走"战略虽然失败了，但是中国并没有因此而否定大型客机产业走国际合作道路的正确性，问题的关键是如何协调独立自主与国际合作之间的关系，以及如何正确选择国际合作中的策略。"三步走"战略的流产给中国大型客机产业的国际合作提供了前车之鉴，即市场是难以换取关键技术的，特别是关系到国民经济与国家安全的关键技术，世界上没有任何一家大型客机制造商愿意培养出自己的竞争对手，中国的大型客机项目要想成功，就不能过分依赖国际合作，一定要坚持自主创新。

8.1.4　自主研制新阶段——ARJ21

"三步走"战略流产以后，中国又返回来研制支线客机。2002 年 4 月，ARJ21（Advanced Regional Jet for 21st Century，中文名为"翔凤"）支线客机项目正式立项，同年9月，中国成立了中航商飞有限公司以负责运作ARJ21项目。ARJ21是涡轮风扇动力的90座级支线客机，满座航程为2 225～3 700千米，它也可以被看做AE-100向下发展的支线型客机。ARJ21采用了以中国企业作为主生产商，面向全球招募供应商的国际合作模式，这可以看做中国顺应大型客机产业全球化趋势和走向系统集成的第一步。起初，ARJ21机型由中航商飞有限公司工程部总体设计；2003年转至中国一航第一飞机设计研究院负责初步设计和详细设计工作；2003年12月ARJ21-700（ARJ21翔凤客机系列的基本型）分别在成都、沈阳、西安和上海四家工厂同时开工进行零件制造；2007年12月21日，ARJ21-700在上海飞机制造厂总装下线；2008年5月1日，党中央、国务院决定成立大飞机公司——中国商飞，承担研制中国民用大型客机的重任，与此同时，ARJ21新支线民用客机和承担ARJ21项目的中航商飞有限公司划归至新成立的中国商飞所属；中国商飞成立后，以"主-供"管理模式、"两弹一星精神"和"载人航天精神"及技术管理方式，任命了项目的总指挥和总设计师，并采取了一系列有效措施，迅速推动了ARJ21项目的进程；2008年11月28日，首架ARJ21-700飞机在上海飞机制造厂试飞成功；2014年10月29日，ARJ21开始模拟航线试飞；2015年，ARJ27-700取得中国民航局颁发的适航证。

　　ARJ21项目采用国际通行的商业运作模式，具有以下三个重要特征：①以市场需求为导向进行飞机设计、生产和服务。主要表现为ARJ21利用国内市场优势，适应国内支线飞机的市场需求；注重飞机的舒适性，采用较宽阔的机身；充分考虑了运营的经济性，通过采用长寿命结构设计，注重高可靠性和维修性设计，有效降低了维护成本，同时采用低油耗先进涡轮风扇发动机降低了油耗；与150座级的主力干线客机在性能和使用特征上有一定的共通性，从而可以降低航空公司飞行员的换装培训成本，提高飞机调配使用的灵活性；改变了过去"重技术、不重市场"的观念与做法，建立了与产品研制、生产体系三足鼎立的市场研究、市场营销体系和客户服务、产品支援体系；遵循目前国际航空市场的"游戏规则"，完全按照中国民用航空总局和美国联邦航空管理局（Federal Aviation Administration，FAA）的适航条例进行研制。②该项目第一次在全球范围内建立起"主-供"的研制生产模式。它的发动机、主要机载设备和重要的原材料供应商都是发达国家的一流供应商。之所以选择发达国家的供应商，一方面是因为国内厂商缺乏竞争力，另一方面是因为发达国家的这些供应商有美国和欧洲的适航证，有利于ARJ21最终通过美国和欧洲的适航认证。但是这种选择也有不利的一面，即国内厂商没有机会通过ARJ21项目提升自身能力。③项目采用了新的运行机制和管理模式，实行国家和企事业单位共同投资、共担风险的市场运作机制。例如，最初负责ARJ21项目的中航商飞（一航商飞）是由中国第一航空工业集团公司、第一飞机设计院、西安飞机公司、上海飞机公司、沈阳飞机公司、成都飞机公司、中国飞行试验研究院、中国飞机强度研究院等 15 家单位作为股东成立。主要负责 ARJ21 飞机项目的市场销售、市场开发、客户服务以及飞机产品实现过程的整个运行管理，它是 ARJ21 研制的责任主体和经营主体，也是该飞机型号合格证和生产许可证的持有者。

ARJ21 项目在实施过程中逐步建立了适合中国民机发展的民机工业产业体系，使中国成为世界上少数几个能为民用航空运输提供产品和服务的国家。ARJ21 项目在总体技术、气动布局、系统综合等方面攻克解决了一大批关键技术，使中国民用飞机在投入不太多和基础比较薄弱的情况下，掌握了一批核心关键技术。总而言之，ARJ21 是中国第一架按照国际适航条例自行研制的、拥有自主知识产权的喷气式大型支线客机。它标志着中国客机产业的经营理念和管理模式的重大改变，它所带来的国际化经验、研制生产经验和组织管理经验为中国客机产业的后续发展提供了崭新的基础。

8.1.5　跻身世界航空市场阶段——C919

C919 是中国继运 10 后自主设计、研制的第二种国产大型客机，却是第一个市场化的整机全新设计的窄体客机，它是中国拥有自主知识产权的中短程商用干线飞机，属于单通道 150 座级，标配 168 个座位，最多可容纳 190 个座位，其标准航程型设计航程为 4 075 千米，增大航程型设计航程为 5 555 千米，可满足航空公司对不同航线的运营需求。

2006 年，国务院《国家中长期科学与技术发展规划纲要（2006—2020 年）》将大型客机项目确定为 16 个重大科技专项之一，该年也正是 C919 项目研制的开始时间。2007 年 8 月，胡锦涛主持政治局常委会，同意成立大型客机项目筹备组。2008 年 3 月，国务院通过了组建方案，批准组建中国商飞，它由国务院国有资产监督管理委员会、上海国盛（集团）有限公司、中国航空工业集团公司、中国铝业公司、宝钢集团有限公司、中国中化股份有限公司共同出资组建，是由国家控股的有限责任公司。中国商飞和原中国航空工业第一集团公司和第二集团公司合并组建中国航空工业集团公司（中航工业），拉开了调整中国民机产业布局的序幕。按照国务院批复，中国商飞公司是实施国家大型客机重大专项中的大型客机项目的主体，也是统筹干线飞机和支线飞机发展、实现我国民用飞机产业化的主要载体。同年 5 月，中国商飞在上海揭牌成立。随后，以中国商飞公司为实施主体，C919 大型客机项目研制工作全面启动。2009 年 1 月 6 日，中国商飞公司正式发布首个单通道常规布局 150 座级大型客机，机型代号"COMAC919"，简称 C919，同年 9 月 8 日，C919 外形样机在中国香港举行的亚洲国际航空展上正式亮相，这也是国产 C919 客机首次在世人面前亮相。2010 年 11 月 16 日，中国商飞公司与中国国际航空股份有限公司、中国东方航空股份有限公司、中国南方航空股份有限公司、海航集团有限公司、国银金融租赁有限公司、美国 GECAS 公司在珠海签署了 C919 大型客机启动用户协议，中国商飞公司获得了 100 架 C919 大型客机启动订单，这也标志着中国 C919 大型客机已经确认了首批客户和订单，启动用户的确定为 C919 大型客机研制顺利进入工程发展阶段奠定了市场基础。2011 年 6 月 20 日，C919 大型客机 1∶1 展示样机在第 49 届巴黎国际航空航天展览会上参展，这也是 C919 首次走出国门，在海外展出。截至 2014 年 11 月 12 日，C919 大型客机累计获得来自 17 家客户的 430 架订单，其中包括英国航空公司、美国通用电气租赁等国际客户。C919 已于 2015 年 11 月下线。

C919 中的 C 是 China 的首字母，也是中国商飞公司英文缩写 COMAC 的首字母，同时还寓意，中国立志要跻身国际大型客机市场，与 Airbus（空客公司）和 Boeing（波音）一道在国际大型客机制造业中形成 ABC 并立的格局。第一个"9"寓意天长地久，"19"代表中国首型大型客机最大载客量为 190 座。研制中国自己的大飞机，让中国的大飞机早日翱翔蓝天，是"中国梦"的重要组成部分。作为中国自主研发的首款大型客机，C919 项目从研制之初至今，融入太多人的心血，承载太多人的"中国梦"。它的腾飞必将万众瞩目，也必将助力中国商飞跻身世界航空市场。

8.2　中国大型客机"主制造商-供应商"模式治理

"主-供"模式是国际上民用飞机研制的普遍做法。主制造商专注于产品的设计、适航取证、总装集成和全生命周期的服务保障，而把主要的制造工作交给商业伙伴去完成，实际上体现的是一种专注于市场需求和服务客户的价值取向。结合中国航空工业 60 多年的发展经验，借鉴国际上航空工业公司的管理运行体制和商用飞机的发展模式，按照中国特色与国际惯例相结合、产品研制与产业化相结合的原则，中国大型客机的研制也采用"主-供"模式。

8.2.1　"主-供"模式

1. "主-供"模式内涵

20 世纪末以来，在竞争日益加剧的航空市场中，一些世界顶尖级飞机主制造商不断出售旗下的制造生产单元，甚至不再保留这部分能力，形成大部分机体的制造不再是主承制商的工作，而是由一群供应商完成，机体制造也转成类似机载设备的采购配套方式。这种新模式被称为"主-供"模式。

在"主-供"模式中，供应商从客机研制初期就开始参与，既承担客机项目研制风险，也分享其利润，供应商依照与主承制商签订的有关产权、投资、成本和分配等契约规定的分工原则，高端进入、全程合作、资源互济、盈亏共担，双方形成以产品为纽带的、深层次的、联系紧密的、集成式的战略性合作伙伴，而不是像转包生产方式那样从产能低端进入、与主制造商进行单线式的"外补"式合作（汤小平，2009）。主制造商是覆盖全价值链的大型复杂产品制造企业，它通过加重和提升价值链前后两端，如"供应链管理""产品创意""工程设计""产品集成""产品销售、交付和服务"等的工作分量，最大限度地分离出具有通用性质的制造能力及业务，并以某种特定的合作形式"下放"给供应商，从而使主制造商集中资源和精力投入与市场和客户对接的关键环节，增强应对市场变化的实力以及对产品、技术创新的资源保障、支撑能力（刘勇，2011）。主制造商与供应商一起构成产品完整的生产链条，共同完成产品研发、生产和使用全过程。现代大型客机正在向服务型制造转型，因此其"主-供"模式必然具有服务型制造的特点，其中最突出的就是客户全程参与。因此，在大型客机的"主-供"模式中，客户还会及时反馈信息，对大型客机的研发设计提出相应的意见或建议。主制造商通过客户的全程参与，将产品和服务相融合、制造企业相互提供工艺流程级的制造流程服务、服务企业为制造企业提供业务流程级的生产性服务，从而实现分散化的制造与服务资源的整合。

在这种模式下，主制造商在充分利用各方资源的同时，也不可避免地面对项目整体管控的压力和挑战，因为在"主-供"模式下，主制造商不能只专注于其内部的管控，而必须对整个飞机研制进行规划和管控，引导整个飞机制造供应链上的成员单位共同降低成本，如此方能实现主制造商和众多参与方多方利益的实现，从而形成多赢局面。因此，"主-供"模式必定是一种多方协同的研制模式。

2. "主-供"模式对大型客机产业的意义

基于"主-供"模式的合作级别要比转包生产高得多，因为转包生产主要是主制造商将大型客机的一部分以一定价格或其他方式转包给某个供应商生产，而以风险共担和利益共享为特征的"主-供"模式，其风险合作伙伴类型的供应商在负责生产部件的同时，更要从一开始就参与项目投资，承担一定份额的风险，并获得按照一定比例的利润。大型客机产业采取"主-供"模式能够有效解决很多复杂的问题（姚雄华，2010），从而助推我国大型客机产业迅速崛起。"主-供"模式不仅可以降低大型客机的研制风险、发挥供应商技术特长和价格优势，还有利于主制造商实现利益最大化。

"主-供"模式是主制造商降低大型客机研制风险的有效措施。大型客机产业具有明显的高投入、高壁垒和高风险特征。高投入表现如下：大型客机产业是知识和技术密集型产业，需要大量前期的研发资金、长期的流动资金，且成本回收期滞后。例如，A380 飞机研发投入超过 100 亿美元，波音 787 飞机的研发投入达 80 亿美元左右。对于如此大的资金投入，一般的企业是无法承受的。高壁垒表现如下：大型客机产业是垄断行业，后进企业进入该行业必须面对很高的技术、成本和市场壁垒。后进入企业没有学习成长的时间，但所研制的飞机必须符合严格的适航条例，这些后进入企业自诞生之日起就要面对全球市场，参与严酷的国际竞争。目前，全球大型客机市场呈现波音与空客的双寡头垄断局面，为其他国家进入民航制造业建立了较高壁垒。但中国市场的规模和需求之大为中国大型客机的发展提供了客观条件。高风险表现如下：大型客机研发投入成本大，在漫长的研发或试用历程中，出现任何重大的技术问题，都可能导致该飞机的失败，甚至永远退出市场。即使该飞机能成功投放市场，盈亏平衡点也一般都在300架以上，据测算，A380与波音787飞机为420架左右，A300飞机甚至达到750架。进入喷气时代后，各国研制的民机中有75%的飞机未能达到盈亏平衡点就开始被淘汰，从而未能收回投资。

"主-供"模式可以充分发挥供应商技术特长和价格优势。现代大型客机要求越来越高、技术越来越复杂，主制造商不可能在大型客机产业价值链的每个环节都具备一流的人才、技术和设施，尤其是制造环节，不仅涉及不同的材质、型式各样的机体结构，还涉及众多专业的、品种繁多的系统件，由主制造商全部负责一架飞机的研制是不可想象的。而散布在全球各地的一些专业厂家能够提供技术和质量一流的产品，而且价格相对低廉。例如，在碳复合材料机身结构方面，波音并不是技术领先者，因此它将787飞机复合材料机身交给了意大利阿莱尼亚飞机公司和美国南卡罗来纳州飞机公司，因为这两家公司已经在这方面居于领先地位。此外，通过有效的供应商管理、并行工程实施、世界各地资源的借用，能大大缩短一款新大型客机的研制周期，抢占领先市场，从而为保证其商业成功取得先机。

"主-供"模式是主制造商利润最大化的措施之一。大型客机产业价值链中的制造环节具有劳动密集特征，并且环境污染严重，美国和欧洲的人工成本和环境保护成本太高，因此波音和空客将这一环节的大部分工作转移到人工成本相对较低和环境保护要求不太高的地区，从而使得主制造商获得更大的利润。据报道，波音盈利中大约有70%来源于它的转包商。

8.2.2 中国商飞的"主-供"模式分析

中国商飞于2008年5月11日在上海成立，是中国研制大型客机的国有企业。它是实施国家大型飞机重大专项中大型客机项目的主体，也是统筹干线飞机和支线飞机发展、实现中国民用飞机产业化的主要载体，主要从事民用飞机及相关产品的科研、生产、试验试飞，从事民用飞机销售及服务、租赁和运营等相关业务。中国商飞采取"主-供"的发展模式，很大一部分得益于波音和空客的发展经验。但是波音和空客这两家公司由于政治、地缘和文化等因素的不同，"主-

供"模式又各有其特点，中国商飞就是在整合它们"主-供"模式的基础上，摸索出了具有中国特色的"主-供"模式。

1. 波音"主-供"模式

为应对空客的崛起，波音在其"主-供"模式中更加重视系统集成，以降低单位成本、简化装配流程并加快产品的研制进程。在这一模式下，波音在项目中直接控制的是"一头一尾"。飞机的顶层定义与设计由波音给出，一级供应商协同完成详细设计，在出现冲突时，波音担任协调人的角色。在大型客机项目的实施过程中，大量零部件的制造任务由各个主要一级制造商负责，波音担任系统集成者的核心角色，将总装这一关键工作牢牢掌控。通过这种方式，波音成功地将研制风险通过网络扩散给国内外供应商及合作伙伴。

在波音 787 项目中，其"任务下放"比以往任何项目都要彻底。按照其价值计算，波音本身只负责生产约占总工作量 10% 的尾翼和最后组装工作，其余的生产是由与该公司关系密切的遍布全球各地的 40 多个合作伙伴来完成的：飞机机翼在日本生产，碳复合材料机身在意大利和美国其他地方生产，起落架在法国生产，其数以万计的零部件由韩国、墨西哥、南非等国家和地区来完成。值得注意的是，在该项目中，波音首次将整个机翼的设计和制造任务交给了多家日本企业，借助这种广泛的"联姻"，波音得以长期占据日本大型商用飞机市场。此外，在每次与波音的合作中，日本政府都会给予本国相关企业一定补贴。双方形成的良性互动使得波音供应链不断壮大。

从 787 项目开始，波音就对供应商管理进行了重大变革，大大提高了系统一级供应商的系统综合化水平，如汉胜公司将直接负责研制波音 787 飞机的电气系统、环控系统、APU 以及冲压空气涡轮和其他系统。这反映了波音在供应商管理模式上的转变，尽可能减少一级供应商的数量，让一级供应商充分发挥各自的创造力，更多地变成综合系统供应商/设计部门，从而尽可能多地担负起自行研发和制造综合系统的任务。波音 787 飞机的一级供应商数量从波音 777 飞机的数百个减少到近 50 个，而且多数供应商被选定的时间也比其他项目提前了一年半左右，以使它们能在波音 787 飞机的设计决策阶段发挥作用，实时参与各分系统与部件设计、技术沟通与讨论。波音的"主-供"模式组织构架如图 8.1 所示。

2. 空客"主-供"模式

空客目前也采用了风险共担的"主-供"全球合作模式。1976 年空客在世界市场的份额仅为 3%，波音为 97%。经过多年不断创新，时至 2002 年，空客及波音市场占比改写为 56% 对 44%，一举压倒波音。空客由于受 A380 飞机推迟交付等因素的影响，2006 年又被波音重新夺回霸主地位。即使如此，经过 40 多年的发展，空客现在已经成为全球大型客机两大霸主之一，其发展速度之快令人

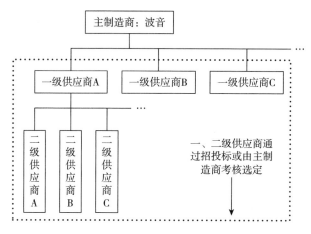

图 8.1 波音的"主-供"模式组织架构

资料来源：姚雄华（2010）

咋舌。

空客的设计机构和工厂属于四个全资子公司，即空客法国公司、空客德国公司、空客西班牙公司和空客英国公司，主要负责空客飞机的设计、制造、总装和测试。20 世纪 90 年代，空客也加快了国际化步伐，关闭了部分在欧洲的零部件生产厂，将多达 60% 的零部件转移到欧洲大陆以外生产。以 A380 项目为例，其主要结构部分是由法国、德国、英国和西班牙的主要承包商制造的，机身部件是由多个国家的工业合作伙伴生产的，包括澳大利亚、奥地利、比利时、加拿大、芬兰、意大利、日本、韩国、马来西亚、荷兰、瑞典、瑞士和美国的企业。该项目最大的 5 个供应商为罗罗、赛峰、美国联合技术公司、通用电气和古德里奇，其总装厂设在法国图卢兹，完成后运往德国汉堡进行交付前的准备工作。在该项目中，空客控制着所有部件的界面定义，供应商平行工作，相互之间进行有限的横向交流。

空客与波音的"主-供"模式有较为明显的差异，因为空客是由法、德、英、西联合组建的一家大型民用飞机公司，目前它的一级供应商也主要是由这几个国家的企业构成的，而波音则将较多的设计和制造任务交给外国企业，并不局限于某几个国家。因此，与波音相比，空客的外购策略显得较为"保守"。尽管在成立之初，空客就将欧洲各国最杰出的生产商收至麾下，但是复杂或关键的机身部件（尤其是较新的飞机型号）仍然在内部生产，外包的主要是生命周期濒临结束的型号。虽然近年来空客逐步提升了外购比例，但它的"主-供"模式仍然没有实质性改变，其"主-供"模式组织构架如图 8.2 所示。

3. 中国商飞"主-供"模式

与西方发达国家相比，中国研制大型客机面临诸多挑战，民机研制经验少，

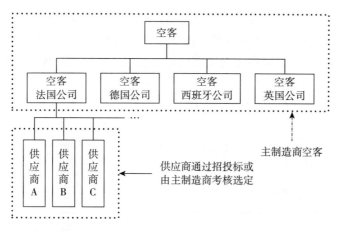

图 8.2　空客的"主-供"模式组织架构

资料来源：姚雄华（2010）

产业链基础较差，甚至连具备民机内饰产品制造资质的企业都没有。因此，C919 只能借鉴波音和空客的发展模式，走集成创新之路，采用"主-供"模式。按照这种运作模式，中国商飞公司作为 C919 主制造商，重点加强设计集成、总装制造、客户服务、适航取证等能力，而发动机、机载设备、材料等主要运用市场化机制，实行全球招标。

1）C919 国内供应商

大型客机组建大致可以划分为机体、标准件、发动机和系统设备四部分。对于机体、标准件等国内具备一定生产能力和研发实力的领域，中国商飞采取了依托国内航空生产企业，面向国内招标的方式。2009 年 3 月 27 日，中国商飞在上海召开了 C919 大型客机国内供应商大会，介绍了 C919 大型客机项目国内供应商招标选择办法以及 C919 大型客机的材料/标准件选用方案，并向包括中航工业、航天科技、中电、宝钢等在内的国有、民营以及中外合资企业共 100 多家国内潜在供应商发放了信息征询书。最终通过招标选择了中航工业集团旗下的成飞、洪都、西飞、沈飞、哈飞和航天特种材料及工艺技术研究所、浙江西子航空工业有限公司等单位负责机体结构的制造，C919 大型客机的机体结构主要包含机头、前机身、中机身-中央翼、外翼、副翼、中后机身、后机身、垂尾、平尾、活动面等部段和相关部件。机体结构的设计主要由中国商飞公司设计研发中心负责，总装则由中国商飞公司总装制造中心负责（张晓鸣，2014）。截至 2014 年 9 月 22 日，国内共有 22 个省市、200 多家企业、36 所高校参与了 C919 大型客机项目，还有宝钢等 16 家材料供应商和 54 家标准件潜在供应商（陈姗姗，2014）。

C919 大型客机项目在国内的主要供应商如图 8.3 所示，其中的 FACC（Future advanced composite components，菲舍尔未来先进复合材料股份公司）原是奥地利最大的波音飞机配件公司，其主要产品包括航空结构件及系统和航空内饰产品及系统两大类，在 2009 年被中航工业西飞收购 91.25% 的股权。因此，中国商飞大型客机项目的国内主要供应商共 9 家，分别为 637 所、成飞、洪都、西飞、昌河、沈飞、哈飞、航天 306 所和西子航空。

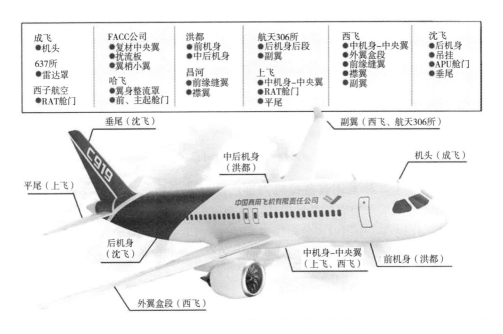

图 8.3　中国商飞大型客机 C919 的主要国内供应商
资料来源：张晓鸣（2014）

2）C919 国外供应商

C919 大型客机项目的发动机以及飞控、航电系统等关键部件主要是向国外招标，因为国内产品暂时无法达到技术要求。2009 年 3 月，中国商飞公司成立了以时任董事长张庆伟为组长，时任总经理、现任董事长金壮龙为常务副组长的招标领导小组，同月，公司成立了由国际合作部牵头，财务部、市场部、科质部、适航部、法律部、上飞院、上飞公司和客服公司共同组成的选型工作组。招标领导小组和招标工作组的成立，为 C919 项目供应商选择工作提供了组织保证。2009 年 12 月 21 日，中国商飞与 CFM 国际公司在北京正式签署 C919 大型客机动力装置战略合作意向书（letter of intent，LOI），中国商飞选定 CFM 国际公司研发的 LEAP-1C 发动机为 C919 大型客机唯一国外启动动力装置。这是第一份 LOI，标志着大型客机项目的国外供应商选择取得了实质性进展，对于加快大型客机项目研制步伐具有重要意义。2010 年 10 月 18 日，中国商飞公司与罗克韦尔·柯林斯公司、中航工业上海航空测控技术研究所签署了 C919 大型客机客舱娱乐系统合作意向书，这是第 34 份 LOI，标志着国际合作部在公司领导班子的亲自指挥及项目行政指挥系统的正确领导下，最终有序、高效地组织总部相关部门及三大中心共同完成了 C919 项目国外系统供应商的选择工作（陶志辉，2013）。

中国商飞择优选择 17 家国际航空制造企业作为 C919 大型客机机载系统供应商，如图 8.4 所示，与国际航空制造企业在多个领域开展合作交流，努力与世界成功航空公司建立更加密切、着眼长远的战略合作关系，共享市场繁荣，为航空运输市场提供可信赖的飞机和优质服务。

图 8.4　中国商飞大型客机 C919 的主要国外供应商

资料来源：陶志辉（2013）

3）中国商飞大型客机的"主-供"模式

中国商飞借鉴国际航空工业发展经验以及现代企业制度的组建和运营，实行"主-供"发展模式，自身作为主制造商，重点加强飞机研发设计、总装制造、市场营销、客户服务、适航取证和供应商管理等能力，在发动机、机载装备、材料等方面主要运用市场化机制，采用招投标方式择优选用供应商。中国商飞有三大中心，即设计研发中心、总装制造中心和客服中心。其中中国商飞上海飞机设计研究所，简称上飞所，是中国商飞的设计研发中心；中国商飞上海飞机制造有限公司（简称上飞公司），是中国商飞的总装制造中心；为给客户提供更好的服务以及向价值链高端附加值靠拢，中国商飞还设立了客服公司，即中国商飞的客户服务中心。中国商飞借鉴波音和空客的"主-供"模式，结合中国国情与国力，形成以中国商飞公司为核心，联合中航工业，辐射全国，面向全球的"主-供"模式，既充分利用了国内航空工业资源，又能吸收世界一流技术。中国商飞大型客机的"主-供"模式组织架构如图 8.5 所示。

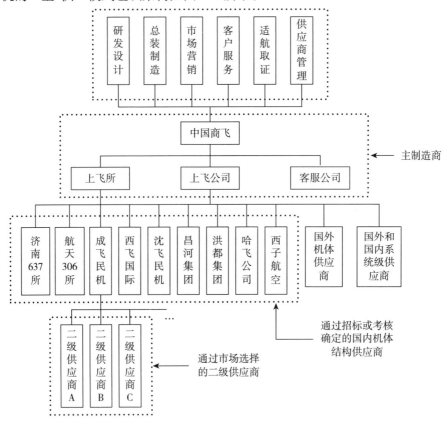

图 8.5　中国商飞大型客机的"主-供"模式组织架构

　　在中国商飞大型客机——C919 项目中，中国商飞公司采用"主-供"模式，着力发挥大型客机项目集成与带动作用，同中外供应商加强沟通、交流与合作，以提高 C919 大型客机市场竞争力，同时培育中国航空工业科研和制造的长期竞争能力与持久创新活力。在全球供应商选择过程中，许多欧美知名企业因为看好中国庞大的民机市场需求，纷纷伸出"橄榄枝"，希望成为 C919 项目的供应商。面对西方供应商的激烈角逐，中国商飞公司定下一个原则，即优先采用与国内企业建立合资公司的供应商。在中国商飞公司的协助下，多家 C919 项目设备供应商（包括世界三大民用发动机提供商之一的 CFM 公司）与国内企业组建了 16

家合资企业，涵盖航电、飞控、电源、燃油和起落架等机载系统，这对提升国内机载系统配套能力起到了积极作用。中国商飞公司冒着合资企业成立时间短、不成熟、供货有可能推迟的风险，要求国外公司与国内企业合资，实际上是从带动国内民机产业的成长出发做出的决策。中国商飞董事长金壮龙指出，"大型客机项目的意义绝不仅仅在于项目本身，重要的是形成中国的民机产业体系，带动航空工业、高新技术产业和基础学科的发展"。

8.2.3　中国发展大型客机的问题及对策

1. 中国发展大型客机面临的问题

中国商飞作为大型客机市场的后来者，在技术和管理上仍然存在许多不完善的地方。

首先，中国商飞发展大型客机的基础十分薄弱，人才队伍还比较匮乏。主要表现如下：公司刚成立时，只有不到 5 000 人，资源和人才都极为匮乏，尤其是技术领军人才稀缺；中国民用航空工业基础相对薄弱，产业布局也并不完全有利于资源的集结和调动；适航取证能力对中国来讲还是一个全新的领域，具有很大的挑战性；市场营销，特别是履行合约的能力还不强；战略执行能力、计划管理能力、组织协调能力、质量管理与控制能力，还存在突出的问题，有些问题是思想层面的，有些问题是管理层面的，有些问题是体制层面的。

其次，我们对有些规律还没有完全了解和掌握。认识规律、把握规律、遵循和运用规律，是求真务实的根本要求。科学技术规律、市场经济规律、航空发展规律是我们从一开始就着力强调的"三大规律"。大型客机产业的发展，在国际上有波音、空客的成功例子，而中国大型客机探索几十年未能成功，说明中国对大型客机产业发展规律的认识还不到位。不遵循大型客机发展规律，却想从研制成功走向商业成功是很难的。中国商飞公司作为一家按照现代企业制度要求建立起来的多元股份公司，既不能回过头去走历史的老路，也没有现成的模式可照搬照套，只能在干中学、在实践中探索，要做到打一仗进一步。

最后，中国大型客机的发展面临着强大的市场竞争压力。优胜劣汰，适者生存。目前，世界干线飞机市场已经被美国和欧洲垄断。俄罗斯、日本也在积极加入民用飞机的市场竞争。我们认为，进入大型客机市场时间的早晚，并不是决定因素，关键在于自主创新、体制机制、人才和文化。我国作为大型客机市场的后来者，必然会面临着市场的竞争、同类机型的竞争、核心技术的封锁，但只要我们有必胜的信心，举全国之力、聚全国之智，就能在激烈的竞争中占有一席之地。

2. 中国商飞（"主-供"模式）发展大型客机的对策

尽管中国商飞进行了体制创新，并采用了国际通行的"主-供"模式，但是作为后来者分羹，甚至挑战波音和空客主导的市场，显然并非易事。中国商飞的"主-供"模式并不成熟，在实施该模式的时候，还有很多值得注意的地方。

第一，增强"主-供"模式的认同感（汤小平，2009），进一步适应供应商角色。中航工业集团下的几大飞机制造公司和济南637所、航天306所在大型客机项目中担当供应商的角色，作为供应商应尽快调整心态，树立"主-供"双方是唇亡齿寒、共赢共损的关系的思想，提高认同感，进一步适应供应商角色，以富有创造性的激情开展工作，积极主动地与主制造商协调。在计划、质量、成本、标准和服务等方面接受主制造商的审核批准，组建一支精干、高效的工作团队，建立快速反应的机制，及时解决主制造商提出的有关问题。此外，工作园区的网络应实现与主制造商无缝对接，创建与主制造商统一的IT平台。

第二，强化"主-供"双方契约关系。契约是"主-供"双方联系的纽带，是开展合作的基础。选择合适的供应商十分重要，供应商不仅要具备必要的能力，而且要认同合作理念。对于主制造商，建议上飞所和上飞公司真正担负起大型客机的主制造商职责，同时加强自身建设，提高主制造商对供应商的管理能力。而对于客服中心，要把"以客户为中心"落到实处。始终坚持为客户服务，以客户为中心，满足客户需求，持续为客户创造价值的企业才能在激烈的竞争中生存、发展和壮大，才能成为百年老店，基业长青；反之，一旦背离了这个原则，不论企业曾经多么强大，都会很快地衰落，被市场淘汰。此外，"主-供"双方应加强诚信，认真遵循合同契约约定，对于失信一方，另一方必要时可运用法律武器追究其责任，要求赔偿损失。

第三，明确定义"主-供"工作界面，落实技术责任。"主-供"工作界定不清、无法落实技术责任，是推诿、争论的根源，而落实"主-供"双方质量责任，健全质量问题追溯机制，可以帮助"主-供"双方明确质量责任，从而有效减少在质量问题上出现推诿争论的现象。同时，建立供应商对自己产品全程负责的理念，对产品交付给主制造商以及用户以后发现的质量问题，供应商应该在主制造商的协助下积极主动地处理，而不能完全推给主制造商。供应商还应做到举一反三，防患于未然，采取必要的措施，避免类似问题再次发生。

第四，结合我国国情，创新"主-供"模式。针对航空工业产业布局和我国企事业单位分类管理的现状可见，在近期内，设计和生产制造单位还不可能完全整合。因此，应结合我国的国情，创新"主-供"模式，加强设计与生产制造单位的协作，如上飞所与上飞公司作为主制造商之间的协作、各制造商与研究所作为供应商之间的协作。通过探索新的机制，建立设计和制造单位之间的某种资本联系，形成利益统一体，逐步提高主制造商和供应商的能力，争取达到世界一流水平。此外，在保证正常商业模式运转的前提下，国家有关部门应加强对主制造商和主要供应商的宏观监控，督促"主-供"双方行使好各自的职责。

　　第五，由实施客体向实施主体转变。大型客机项目"主-供"模式的共同目标是取得商业成功，项目成功不仅仅是主制造商的成功，也是所有供应商的成功。因此，大型客机项目主制造商、供应商都应树立强烈的风险意识，主制造商与供应商、供应商与供应商之间需要积极配合，紧紧围绕大型客机项目取得商业成功的共同目标来开展各项工作。供应商参与大型客机项目时，要真正把自己当成项目的主体，按照项目实施主体"安全性、经济性、舒适性、环保性"和"减重、减排、减阻"的目标要求进行研制和生产，形成项目目标一体化，主动向大型客机项目配套的上下游延伸；按照大型客机项目实施主体的要求不断改进研发制造，通过与主制造商的紧密合作来缩减成本；对有些产品和服务在设计阶段就要与其他供应商进行紧密的合作，通过广泛的沟通积累信息优势；对自身研制和生产的商品要主动进行全寿命、全过程的一体化跟踪服务、保障，从而提升客户满意度，同时与大型客机项目实施主体一起建立快速响应机制，向用户提供一流的服务，共同促进大型客机项目取得研制成功和商业成功。

8.3　中国大型客机产业集群治理

8.3.1　航空产业集群治理概述

1. 产业集群及其治理

　　在向创新型经济转型过程中，集群以其特殊的创新优势受到各界的广泛关注。各国包括其地方政府纷纷实施集群创导战略，以培养创新型产业集群，提高区域竞争优势和创新活力。集群创导（cluster initiative，CI）战略是一种涉及企业、政府、研发机构和中介组织等主体的有组织的长期活动，该战略的关键在于促进企业结网，形成本地化和根植性强的区域创新网络，从而促进特定地区集群发展和创新能力提升（张耀伟，2012），该战略是培养创新型产业集群的主打战略。产业集群概念是由迈克尔·波特正式提出的，他把产业集群定义为某一特定领域内相互联系、在地理位置上集中的公司和机构的集合。同时，他认为产业集群包括一批对竞争起重要作用的、相互联系的实体和其他组织；产业集群还经常向下延伸到销售渠道和客户，并从侧面延伸到辅助性制造商，以及与技能技术或投入相关的产业公司；许多产业集群还包括提供专业化培训、教育、信息研究和技术支持的政府和其他机构。

　　学者对产业集群与企业集群的概念关系有不同的见解，主要有同一论、角度论和差异论三种观点：同一论的支持者认为产业集群与企业集群是同一概念，他们在有关集群的问题研究中对这两个概念并不加以区分；角度论认为产业集群和企业集群是一回事，只是观察分析方法不同，产业集群侧重于观察分析集群中的纵横交织的行业联系，而企业集群侧重于研究企业地理集聚特征；差异论认为这二者是有差异的，企业集群有地理接近的要求，而产业集群既可以是地理接近型的，也可以是地理分散型的，甚至还可以跨越国界。本部分研究认为产业集群与企业集群是有本质区别的，主要表现如下：产业集群更强调企业间的产业联系，对企业在地理空间上的分布情况要求不高，而企业集群更强调企业间的竞合关系以及企业间的承诺，企业在相对较小的地理空间上的分布必须达到一定密度才能称为企业集群；产业集群中的"产业"跨度比较宽广，而企业集群内不同企业经营的产业较为集中，产业跨度比较狭窄；产业集群构成主体是多元化的，既包括企业，也包括公益性的大学、科研机构、非营利性组织，甚至政府，而企业集群内任何组织都是营利性的组织或其派生组织；产业集群并不强调企业数量和规模，而企业集群内的企业大多数是中小企业，并且有数量要求。产业集群中主体的多样性使得集群主体较易产生需求和利益冲突，为了使集群顺利运作，必须采取有效的方式对其进行治理。

一般而言，产业集群治理就是集群治理主体在特定的集群环境下，通过一套包括正式的或非正式的、内部的或外部的制度或机制来协调集群各利益相关者之间的利益关系，通过引导、激励集群中所有相关主体的行动，来保持集群的稳定性和持续创新能力，并最终实现集群绩效水平的提升（Gilsing，2000；Ritter and Gemünden，2003；赵海山，2009）。产业集群治理需要若干高效运作的治理机制，这不仅要求集群内企业层面要有相应的治理机构安排，还要求区域政府层面具备针对集群的制度安排，此外，基于集群的网络属性考虑，还应构建相应的网络治理结构。其中，政府层面的制度安排发挥着特殊的重要作用，也正是由于这个原因，各国政府均积极参与集群治理，试图通过培育创新的环境、实施基于集群的政策、引导相关集群主体参与集群治理、构筑科学的集群治理体系等方式，优化集群创新网络，提升集群自主创新能力和绩效水平。

2. 航空制造产业集群治理

1）航空制造产业集群

航空制造业的高复杂性使得单个企业无法完成飞机的研发制造业务，其生产必须采取转包协作的方式，这就决定了其发展应采取"核心企业＋配套供应商"的集群式发展模式（张耀伟，2012）。由于其具有知识密集和核心企业主导的特征，因此其产业集群属于典型的空间辐射型。

虽然世界航空制造业因其高技术、高投入、长周期、高风险和高附加值的特点而形成了寡头垄断型的市场结构，但是其产业链呈现的是全球化分布态势，即全球化生产、全球化采购、全球化销售。从全球范围看，航空制造产业已形成包括研发转化、整机制造及零部件制造、航空材料、机载系统装备及设备、航空专用装备及设备等完整的产业链，各节点之间相互关联、相互影响和相互制约，形成一个整体。其中，研发是产业发展的核心和前提，掌握核心技术就能在航空制造产业链中处于支配地位，并可获得最高的附加值。全球化和专业化拉长了航空制造业的价值链，核心企业与配套供应商之间形成了典型的产业链联系。为了保证最终产品的质量，核心企业既要对各个价值环节的产品进行严格的质量控制或检测，又要对这些众多的中间产品进行最后的总装集成，从而使得相关企业集聚在价值链周围，形成产业集聚。具体而言，航空制造产业集群是产业集群的一种类型，其在发展中国家的形成与国际产业转移密切相关，具有产业集群的一般性特征。经济全球化使得经济活动出现了地理上的集群趋势，为了获得外部经济如市场、生产要素，以及创新能力等，越来越多的企业被吸引到其他企业集聚的地方。由此，除了具备一般集群特征（如聚集性、根植性等）外，航空产业集群在以下几个方面具有特殊性。

第一，核心企业占据主导地位。由于航空制造业的特殊性，全球航空制造业形成了寡头垄断型市场结构，少数几家公司垄断全球航空市场，尤其是在飞机总装及核心技术研发方面。因此，核心企业产业转移形成的集群，在核心技术和集成能力方面基本上仍依赖于核心企业，即使本地有一定的产业基础和配套设施，也仍处于配套从属地位。同时，这种主导性还体现在跨国企业所控制的价值链环节以及对集群竞争力的决定作用等方面。

第二，本地企业与核心企业紧密互动。在集群形成的初期，核心跨国企业与本地企业就有着密切的联系。核心企业往往会在当地具有一定产业基础的地方形成原发型集群，在带动相关跨国企业共同推动集群发展的同时，吸引当地相关企业或科研机构等融入集群，从事有关的分包生产等价值环节，以降低成本，强化其全球竞争优势。

第三，内嵌于全球价值链。作为典型的全球一体化产业，航空制造产业链的不同价值环节分布在全球不同区域，形成若干各具特色的企业集群，系统集成商与其供应商、客户等的关系越来越密切。在全球价值链背景下，跨国核心企业必然把研发、总装集成、生产、销售和服务等整个过程看做一条价值链，并对整条价值链实施有效的管理，协调价值链各环节的行为。通过对外直接投资将价值链中的部分环节分配到全球最适合的地区进行分包生产，显然有助于获取全球竞争优势、实现公司效率的最大化。可见跨国企业全球价值链的安排在地理上是有分工的。

第四，创新导向。航空制造企业集群是典型的高技术集群，有强烈的创新需求；而集群具有良好的知识转移机制，能加快技术知识传播，集群化能够降低企业学习新技术的成本，更容易实现创新。以企业间密切交流、信任和合作为基础的高速和高效的知识转移是取得集群竞争优势的重要原因之一，其中，知识转移的主体、氛围、内容和媒介为集群企业营造了良好的知识转移机制和转移通道，通过企业之间的专业分工和协作，将知识转移至相关企业，再经由成员企业的互动来提高整个集群的创新能力和竞争力。

在航空制造企业集群中，核心企业专注于核心业务，如技术难度大、附加值高的技术研发以及新产品开发等，而将标准化的、附加值较低的价值链环节分包给其他配套供应商。企业间关系主要表现为价值链上垂直的分工协作，同时，还形成以核心企业为主导的横向分包供应商体系，这种纵横交错的分工方式形成了复杂的创新网络，既强化了集群合作竞争水平，又降低了核心企业更换供应商的转换成本。核心企业一方面会根植于开放的区域网络系统，与集群内的供应商、中介组织和公共机构等保持紧密的关系；另一方面会基于全球视角动态配置价值链，并积极拓展与集群外部组织和机构的联系，以获取全球竞争优势。

2）航空制造产业集群治理的分析框架

航空制造产业集群治理就是集群治理主体在特定的集群环境下，通过一套包括正式的或非正式的、内部的或外部的制度或机制来协调航空制造产业集群各利益相关者之间的利益关系，引导、激励集群中所有相关主体的行动，以保持集群的稳定性和持续创新能力，从而提升航空制造产业集群绩效水平。本部分研究根据航空制造产业集群的特殊性和集群相关理论，参考相关资料，提出航空制造产业集群治理的分析框架，主要分为治理主体、边界，治理结构、机制、环境，治理目标三方面，如图 8.6 所示。下面将对前两个方面进行详细介绍。

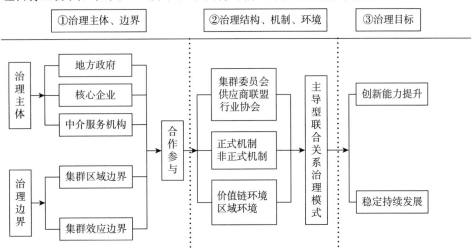

图 8.6　航空制造产业集群治理的分析框架

资料来源：张耀伟（2012）

（1）航空产业集群治理主体、边界。

Gilsing（2000）曾经将集群治理定义为旨在推动集群升级，建立和维护集群竞争优势的有目的的集体行动。从这一定义中可以看出：第一，集群治理行动的目的在于维护集群竞争优势，推动集群升级；第二，集群治理行动是集群治理主体发起的集体行动。因此，我们把航空制造产业集群治理行动定义为旨在建立和维护集群可持续竞争优势的航空制造产业集群治理主体共同参与的集体行动。

根据图 8.6 的分析框架，航空制造产业集群治理行动主体主要有核心企业、中介服务机构和地方政府，相应的，集群治理可以分为核心企业治理、中介服务机构治理和地方政府治理：①核心企业治理。航空制造产业集群是一种轮轴式产业集群，集群内存在主导企业，主导企业掌握着核心技术。航空产业集群治理的目标之一是提高集群创新能力，从而顺利实现效益提高。因此，航空产业集群治理将是盟主式治理，核心企业在治理中居于主导地位，协调整个产业集群在发展中的各种关系，并制定相应的标准，以保障产业集群的健康发展。②中介服务机构治理。中介组织是航空制造产业集群的重要支持性力量，主要分为两类，一是包括行业协会、商会等在内的集群代理机构，它们能够形成合作，并提供集群治理行动所需要组织资源。这类组织一旦形成并发展成熟，就能够为航空制造产业集群治理行动的制度化提供有效的组织基础设施，从而提高集群治理行动的效率。二是以研究开发和服务机构、实验室和大学、人力资源与培训机构、金融机构等公共服务机构，它们经常对集群治理行动提供技术性、金融性以及其他形式的支持。③地方政府治理。发展中国家的地方政府不能仅仅依靠核心企业治理来实现航空制造产业结构升级，还要积极参与集群治理，承担起促进区域经济发展的责任。上述分析已经表明，航空产业集群的治理模式是盟主式治理。从短期看，这种治理模式对领导企业和集群来说也许都是适合的，核心企业的协调也有利于降低有关交易成本。但从长期看，核心企业作为利益主体，为了使自身利益最大化，其治理方式可能也会有失公允，因此，政府参与集群治理至关重要。同时，对发展中国家来说，如果不积极参与航空制造产业集群治理，为集群发展塑造创新型的区域环境，则该国的航空制造业将可能永远居于价值链的底端，创新能力难以提高，更无法实现产业集群的升级。综上所述，政府应该积极参与航空制造产业集群治理。政府参与治理主要体现在以下两个方面：一是与其他治理主体共同参与航空制造产业集群发展规划和协调机制的建设，促进集群成员之间的沟通协作，引导企业集群的健康发展。二是营造创新型的区域发展环境，完善公共服务体系和制度环境，注重利用集群的知识外溢等优势进行技术等核心能力的积淀，最终实现在全球价值链上的升级。

航空产业集群的治理边界可以界定为集群影响的对象和范围，是对构成集群诸要素运作领域的界定，即集群成员的职能、责任及治理活动的范围和程度，表现为集群对各成员产生效应的界限。从发展中国家地方航空产业集群角度出发，其治理边界同样可以界定为集群效应边界，但又具有自身的特殊性：治理边界首先体现在特定区域形成的产业聚集边界，如滨海新区临空产业区；同时还包括全球范围内具有产业联系的配套供应商，全球性使得航空产业集群突破了集群区域的约束。

（2）航空产业集群治理结构、机制、环境。

航空产业集群治理主要关注以下三个层面：第一，集群治理的组织结构，即集群治理结构，这是集群治理的硬件和基础；第二，集群治理的运作机制，即集群治理机制，这是集群治理的软件和核心；第三，集群治理的环境，它会对集群治理的结构和机制产生影响。

航空产业集群治理结构既包括作为治理平台的治理机构的设置，又包括作为集群治理运行基础的相关规章制度、标准与规则等，因此航空产业集群治理结构可以分为治理机构和集群标准与规则两部分。治理机构是集群治理运转的硬件和平台，有效的治理机构要以合理的机构设置（集群委员会、办公室等）、中介组织的完备性和治理主体的公平参与为基础；而集群标准与规则是治理主体（核心企业、政府、中介机构）根据治理需求制定的正式制度，包括正式规则、产品标准和交易规则等，它们制定的这些标准与规则为集群治理提供了一个基本的框架和参照。

航空制造产业集群的治理机制分为非正式治理机制和正式治理机制。航空制造产业集群内非正式治理机制是集群主体间的"黏合剂"，有助于强化航空制造产业集群主体间的互动水平，规避集群交易中可能的机会主义行为，降低交易成本。包括集群互动、非正式交流的氛围、关系强度、知识转移机制、竞争合作机制、组织成员声誉、集群主体间的相互信任度、社区交易规范、俱乐部规范、多边惩罚机制、宏观文化等方面。集群作为一种中间性组织，其健康发展在很大程度上依赖于信任等非正式机制。但同时，正式治理机制仍必不可少。因为非正式治理机制的发挥在某种程度上也依赖于正式治理机制的高效运作，一些领域必须采用正式治理机制，集群结点间的正式联系主要是基于契约的市场关系和基于价值链的合作关系，如组织间技术转让、研发合作、创新联盟、专利许可、人才培养、供应链关系等，这些联系成为知识在网络内流动的重要渠道。航空制造产业集群的正式治理机制主要是指在核心企业和地方政府主导下，以有关机构和制度安排为依托，以协调和互动为基础的一整套制度、文化和行为准则等，是基于法律和制度章程的正式制度安排。

集群治理总是在一定的环境中进行的，航空产业集群作为一种具有生产效率和创新效率的网络组织形式，根植于当地的社会文化关系中，并内嵌于全球价值链，因此航空产业价值链必然会影响集群治理的方式与效果，具体的价值链环境包括区域的社会环境、全球价值链核心企业行为以及不同环节集群间的关系。除此之外，航空产业集群主体聚集在特定区域内，必然会与区域环境进行广泛的物质、信息和能量的交换，区域的商务环境、区域文化（信任）、公共政策环境等都会对集群主体的微观行为产生重要的影响。

8.3.2　国际大型客机产业集群治理经验

1. 美国大型客机产业集群治理分析

1）美国大型客机产业集群现状

美国的波音飞机制造工厂非常集中，主要在华盛顿州和堪萨斯州，且这些地方都靠近内河和海洋，有便利的水上运输条件。波音民用飞机集团主要的生产工厂有华盛顿州西雅图附近的伦顿，是民用飞机集团总部，负责单通道飞机的总装；西雅图附近的埃弗雷特是波音双通道飞机（总装）部；波音前总部西雅图厂，主要负责民用航空服务、全球客户支持、备件和后勤支持部、维护及工程服务等工作；华盛顿州的奥本、弗雷德里克森、埃弗雷特，俄勒冈州的波特兰，犹他州的盐湖城，而加拿大的温尼佩格主要负责波音构造部件应急业务、复杂精密加工、先进金属结构的专业制造、集成的航空结构、电子系统和内饰、零部件等。这种航空制造产业布局集中使得各个企业之间可以很好地互相协作，产生良好的产业集聚效应。

波音前总部西雅图是美国主要的飞机制造中心之一，是美国西北部重要的铁路、公路和航空枢纽，是美国对远东的主要进出口中心。西雅图的基础设施相当完备，它的航空、航天、造船、炼铝、电子、化学等工业相当发达，航空、计算机软件、电子设备、医疗设备、环境工程等先进技术处于领导地位。西雅图城市中有50%以上的人员都在为飞机制造及相关产业服务工作，西雅图具有高质素的技术工人，每年政府和公司都会投入大量的资金对员工进行定期培训，提高人员的素质和能力；同时该市市内设有华盛顿大学、西雅图大学、西雅图太平详大学、西雅图中央社区大学和所社区学院等，以及153个研究中心，这些都为波音的发展提供了强大的人才、智力和科技支撑。

波音现总部芝加哥是美国第三大城市，是五大湖地区的最大工业中心。芝加哥是美国最大的铁路枢纽，城市铁路线总长和年货运量均居世界各大城市之首。公路交通发达，是五大湖地区的重要湖港，市内有3个重要机场，其中城西北的奥黑尔国际机场是美国面积最大、客运最繁忙的机场。芝加哥的工业部门齐全，重工业占优势，是全国最大的钢铁基地，运输机械、化学、石油化工、电机、飞机发动机等也在美国居领先地位。此外，芝加哥还是美国主要文化教育中心之一，市区内有伊利诺伊大学、伊利诺伊理工学院、西北大学等95所高等院校。这些都为波音飞机制造提供了丰厚的物质基础和技术条件。

2）美国大型客机产业集群治理行动

近十年来，作为波音竞争对手的空客公司发展迅速，大有赶超波音，争夺大型客机产业市场龙头的势头。为了继续与空客分庭抗礼，甚至以绝对的优势重新坐上大型客机第一的宝座，波音大型客机产业集群中的各个主体都采取积极的发展对策，具体表现为如下。

第一，政府优厚的补贴政策。一是州政府和地方政府补贴。波音各分部所在的州政府和地方政府（华盛顿州、堪萨斯州、伊利诺伊州）为波音提供税收优惠政策（减税、免税、退税）、债券融资和搬迁补助。二是美国航空航天局补贴。美国航空航天局为波音提供研发项目拨款、研发项目成果和专利的免费使用，或转让科研人员与试验设备和场地共享（风洞、兰利研究中心）、相关数据和商业秘密的访问权、高价政府采购合同、投标方案补偿金等补贴政策。三是美国国防部补贴。美国国防部以国防部资助项目、研发项目成果和专利的免费使用，或转让、相关数据和商业秘密的访问权、研究试验和评估设备的使用权以及高价军购合同多种方式向波音提供补贴。四是美国国家标准与技术研究所（美商务部）补贴。美国商务部通过研发项目成果和专利的免费使用，或转让、相关数据和商业秘密的访问权为波音提供补贴，此外也依据《综合贸易和竞争法》（修订版）和《美国杰出技术法》为所进行的先进技术项目提供补贴。五是美国劳工部补贴。华盛顿州爱德蒙社区学院依据《航空航天工业发展行动计划》为波音公司免费培训劳工。六是联邦税收优惠。美国政府税收系统通过立法来为波音公司避税，如《国内税收法》《境外收入免税法》《美国就业机会创造法》（李雁，2010）。

第二，核心企业采取积极的治理行动。这种策略主要表现为改变与供应商的合作关系。波音曾经是高度纵向一体化的企业，供应商只限于原材料的供应，而主要生产都集中在波音的内部。空客A320的巨大成功使波音在民机市场上的首脑地位受到动摇，为了应对激烈的市场竞争，波音将竞争力重点转向装配、系统组合和系统测试。此外，波音还采取外包的方式，与全球劳动力成本较低的国家开展合作。波音与供应商还进一步建立了风险合作的战略关系，把机件部件研发和制造任务更多转移给了合作伙伴，而自己只作为系统集成的核心。这种战略关系对于波音而言，有助于降低成本、分散风险、缩短生产周期；对于供应商而言，有了长期的合作保障，因此敢于为波音进行生产线改革和研发投入，从而提高产品的质量和适用度；对于集群来说，这是一种合理的分工模式，为大型客机产业集群的长远发展提供了保障，同时降低了合作成本，提高了集群效益。

第三，加强航天研发能力和技术创新能力的培育。由于航天业高风险和高投入的特点，各国都奉行了"多研制、少生产"的战略，并十分重视对航天科研能力的培育，美国也在航空制造产业集群中，建立了国家、大企业集团、小企业以及私营业主等多层次的研发机构。政府在鼓励合同商重组的同时，又通过宏观调控等手段，使承包商既能继续保持生产单一国防产品的生产能力，又不损害技术创新和竞争力。

第四，通过设置壁垒保护本国航空制造产业集群发展。一方面，美国利用民用航空器贸易谈判来限制其他国家政府对本国航空制造企业的补贴，同时压迫其他国家降低乃至取消民用航空产品的进口关税，并限制各国政府对航空公司购买飞机决策的影响力。另一方面，美国利用其国家标准、适航性审查、认证制度来限制外国航空产品进入美国市场。

第五，技术进步为航空制造产业集群提供了源源不断的动力。例如，为了保持美国大型客机技术的领先水平，美国政府通过征收燃油附加税、安全与环境规制等手段来促使航空公司对旧飞机进行更新换代，以促进新型飞机的使用和技术进步。又如，新型飞机的高风险阻碍了航空制造企业对于新技术的研发和运用，于是美国就在1994年出台的《航空振兴法案》中降低了飞机制造商对于产品的责任，这有助于航空制造企业降低关于产品责任的高昂保险费，从而把这些资金投入研发中，这也促进了新型飞机的运用和技术进步。这种加速更新又进一步提高了飞机制造企业的销量和产量，进而使得集群内的企业获得更大的规模经济和学习效应，进一步降低了集群企业的生产成本，提高了本国航空产业集群的竞争优势。

2. 法国大型客机产业集群治理分析

1）法国大型客机产业集群现状

法国主要的航空制造产业集群位于图卢兹，空客全球总部就在该地区。该地区是南比利牛斯大区（Midi-Pyrénées）的首府及上加隆省的省会，是法国西南地区重要的行政、文化和商业中心，是法国第四大城市。图卢兹作为大型客机市场霸主之一——空客的总部，具有得天独厚的地理优势和交通优势，同时还具备教育与培训优势和科研优势。

地理优势表现如下：图卢兹是法国和欧洲航空航天工业的中心，不仅仅是空客的生产基地，还是众多实力雄厚的电子和制造业公司的所在地。图卢兹所属的南比利牛斯大区位于法国西南中心，是法国最为辽阔、生活最为优裕的地区。图卢兹所属的上加隆省的四分之一的工业就业人口在航空航天企业工作，该省的工业、贸易和服务业都主要集中在图卢兹市内及周围地区。据称，法国电脑专家的25%集中在图卢兹，此外，图卢兹在微生物、医学、电子医学、化学、生物医学、生物工艺等领域也处于法国领先地位。因此，图卢兹先天的地理优势为其大型客机产业集聚的发展提供了良好的基础。交通优势表现如下：图卢兹城市面积为118平方千米，海拔为146米，是丘陵之间的平原区。图卢兹对外交通十分发达，每天都有航班飞往法国和欧洲的主要城市。布拉涅克机场是法国第四大国际机场，年平均输送进、出港旅客超过500万人次。教育与培训优势表现如下：图卢兹高等教育发达，是仅次于巴黎的法国第二"大学城"。图卢兹的4所大学、25所高等专业学院及众多科技机构，吸引着来自世界各地的学生。此外，图卢兹还是法国航空航天人才的教育培训基地，法国最重要的三所航空航天大学，即图卢兹国立高等航空航天学院、图卢兹国立民航学院、图卢兹国立高等航空工程师学院均设于此。科研优势表现如下：图卢兹拥有自己的航空试验中心，该试验中心是欧洲军民航空器地面试验、专家鉴定和评估的主要中心。为让客户（法国国防部总装备部规划局、民用订单供应商）满意，该中心围绕技术领域提供一系列完整的重组服务。图卢兹具备的这些优势为大型客机产业集群的发展奠定了雄厚的软件和硬件基础。

也正是由于图卢兹具备的这些条件，空客公司选择其负责大型客机的设计和总装。具体而言，法国图卢兹航空谷负责空客 A300、A310、A320、A330、A340 和 A380 的设计和总装，围绕空中客车的生产与总装，拥有 ATR 公司（40～70 座涡轮螺旋桨飞机的世界领导者）、达索航空（世界公务飞机 Falcon 的领导者，军用飞机制造商）、EADS Socata（欧洲民用和军事轻型飞机领导者）等飞机制造商，图卢兹航空谷聚集了完整的航空产业链，包括发动机制造商、机载系统制造商、材料研制、试验和维修、机身建造和组装等几方面。

2）法国大型客机产业集群治理行动

空客的大型客机产业在图卢兹地区呈现出集群发展的状态，加之教育培训机构和政府的鼎力支持，以及企业、培训部门和政府之间形成的网络协作关系，图卢兹地区大型客机产业形成了良好的集群发展态势，这与集群主体所采取的治理策略是分不开的。

第一，政府多样化的产业支持政策。一是以立法形式确定科技研发政策，保证政策的持续性。面对蓬勃发展的新技术革命，为推动科技进步，带动经济发展，法国国民议会先后制定和颁布了两部科技指导和规划法，以立法形式规定了科技投入占国民经济总产值的比例、国家和企业研究与开发经费的年增长速度、重大科研项目和优先发展领域、促进科技成果转化的一系列方针和政策。二是发展孵化器体系。1999 年法国国民教育、研究和技术部与财政、经济和工业部共同出资两亿法郎，设立孵化器和启动基金。法国的科研机构、高校和私人投资者都可以申请这项资助，项目由科技界、企业界和金融界人士组成的委员会进行评审。三是设立发明援助基金。为分担中小企业开发新产品的风险，法国设立了发明援助基金，任何 2 000 名雇员以下的中小企业在开发新产品时都可向法国发明署申请发明援助金，用于支付实验室科研费、雇员工资、专利申请费、发明产品研制费等，该资助为无息贷款形式，企业在产品投放市场后归还全部借款。每年约有 1 000 个企业享受发明援助金。这种做法旨在激励集群内部中小企业创新，而不是仅仅局限于核心企业的创新，使得集群创新达到更高的层次。四是制订建设计划。为促进法国大型客机产业集群的持续发展，有关方面制定了欧洲航空航天培训与研究大型园区建设计划。该计划设想依靠知识经济和网络支撑的竞争点将设计与制造，产品与服务紧密联系在一起，组成活跃的公私合作体系，促进不同部门的专家一起工作，以这种方法为当地发展带来勃勃生机。

第二，政府对核心企业空客的支持政策。一是"启动援助金"。法国政府向空客公司提供零利息或低于市场利息的长期无抵押贷款，其偿还主要依赖于飞机交付额扣税，并且其中部分债务可以免除。二是政府外汇补贴。为了规避汇率浮动给空客公司带来的收益损失风险，法国政府专门向其提供外汇补贴。三是欧洲投资银行贷款。欧洲投资银行给空客公司提供低息或免息贷款，该贷款需偿还。四是基础设施支持。法国政府为空客公司的基础设施和其他设备的研发、扩建以及翻新提供大量补贴，包括以低于市场价将基础设施租给空客。

第三，相对完善的中介机构。图卢兹航天谷的组建是由一家协会牵头的，这是一个云集了 600 多家与航空航天相关的企业、培训中心、科研机构及专业人士组成的协会，它们中的绝大多数成员都加盟园区。该协会具有中介机构特征，完善的中介机构具有以下三个主要功能：一是价格管理，当集群内出现严重的价格竞争，影响到企业和集群的发展时，价格协调的需求就会出现。通过行业协会进行价格协调可以降低交易成本，因为它减少了企业间反复协商、缔约的成本。二是行业规范，行业协会具备组织集群企业制定行业规范或其他相关投资的功能与优势，而协会在发挥这种功能与优势时，实现了对集群企业竞争秩序的治理。三是作为信息中介，为了防止非会员企业搭便车的行为，该协会提供了会员企业专享的非集体性产品，如信息服务、组织会展、技术培训。这个功能可以提高信息的准确性，进而促进网络治理机制作用的发挥。

8.3.3　中国大型客机产业集群治理分析

1. 中国大型客机产业集群现状

中国大型客机产业集群主要是指 C919 大型客机项目所打造出的产业集群。C919 大型客机项目于 2008 年 11 月正式启动，2009 年 5 月，中国商飞与包括中航工业下属 7 家单位在内的国内 9 家飞机机体供应商签署谅解备忘录，C919 大型客机机体供应商基本确定。截至 2010 年 7 月 13 日，大型客机相关配套产业已经基本形成了涉及上海、陕西、辽宁、黑龙江、天津、山东、江苏、浙江、四川、江西、湖北、湖南 12 个省市的航空工业布局，国产 C919 大型客机项目开始进入密集合作期。仅仅在 2010 年 7 月的上半月，C919 的主制造商中国商飞就在无锡、长沙和上海三地分别签署 4 项研制大型客机系统设备的合作意向书。各个地方政府纷纷在当地规划建设航空产业园，并承诺为大型客机项目提供融资、工业用地、人才培养等方面的支持，以促进大型客机设备生产在当地形成产业集群。发展大型客机已经被写入《国家中长期科学和技术发展规划纲要（2006—2020 年）》，各地政府都有支持大型客机项目发展的义务，但也都为自己的利益考量，因为支持并吸引大型客机项目落户，不仅可以带动地方的产业升级、促进就业，还可以使地方生产总值得到增长。无论出于何种原因，政府在大型客机产业集群中都起到了不可替代的积极作用。例如，早在2007年5月，湖南省政府就与中航工业集团签署了《关于共建长株潭航空城战略合作框架协议》，拟投资35亿元，共建长沙航空工业园，以承接大型客机项目，带动航空工业在湖南的发展。相关资料显示，长沙航空工业园项目占地1 200亩（1亩≈666.7平方米），计划分三期共15年建成。按计划，中航工业飞机起落架公司与德国利勃海尔公司共同组建的合资公司将落户长沙航空工业园。该工业园不仅将成为国内大型客机起落架的生产基地，还将成为中小型飞机起落架系统集成基地以及航空修理基地。

大型客机项目是促进客机进步以及产业升级最好的引擎。近几年来，C919大型客机项目对我国地区航空产业的带动作用愈发明显，上海浦东、湖南长沙以及四川成都等地区航空产业集群的发展如火如荼。作为中国商飞的总部，上海受到C919项目的影响尤为明显，主要体现在上海浦东地区大型客机产业集群的打造。《浦东新区民用航空产业"十二五"及远景规划》显示，经过15～20年的努力，浦东将形成一个产值1 500亿元以上、财政贡献100亿元以上的民用航空产业集群，将民用航空产业打造成上海未来发展的重要支柱产业，从而确定浦东民用航空产业的国内龙头地位，成为我国"大飞机梦"的主战场，进而成为亚洲最大的、世界著名的三大民用航空产业基地。长沙在与中航工业集团建立战略合作关系之后，又主动对接中国商飞的大型客机项目，大型客机起落架、机轮刹车系统、发动机短舱等重大项目都落户长沙。2012年，长沙的博云新材就与美国霍尼韦尔"牵手"在长沙成立合资公司，共同承担C919大型客机机轮、轮胎和刹车系统制造项目。随着长株潭国家航空高技术产业基地和长沙航空工业园等开工建设，美国霍尼韦尔、德国利勃海尔等世界五百强企业纷纷落户长沙，长沙航空航天产业已具备参与国际产业分工的能力。因为航空航天具有技术密集、资金密集、附加值高等特点，因此长沙航空航天产业的发展同时也带动了该地区现代制造、电子信息、自动控制等高技术产业发展。2014年7月31日，我国自主研制的大型客机C919机头部段正式下线，标志着首架C919的总装工作又迈进了一步。除了C919大型客机首架飞机头部段"成都造"之外，作为C919国产大型客机之眼——通信导航系统，同样来自"成都造"。在2014年4月2日，成都的中电科航空电子有限公司联手国际知名航电大鳄美国罗克韦尔柯林斯公司共同组建的中电柯林斯航空电子有限公司，定向主攻C919国产大型客机最为核心的通信导航系统，预计首批"成都造"C919通信导航系统将于2015年实现交付。目前，包括成飞民机在内，成都已经聚集了包括成飞、成发、成都飞机设计研究所、四川纵横航空、西林航空等众多航空与燃机出纳员的企业——从设计、研发、生产制造，到应用、维修维护，再到机上产品应用，作为国家航空航天产业基地，成都已经形成了集飞机研发、设计、制造、测试以及空管自动化、飞机流量管理系统一体化的日臻完善的航空产业链。成都之所以能形成如此良好的航空产业发展态势，与政府的政策是分不开的。当地政府将航空航天产业纳入成都工业"1313"发展战略中加快发展层级的重点产业之一，在该市出台的《成都工业"1313"发展战略（2014—2017年）实施计划》中，明确指出成都将以大型客机的机头大部件、喷气公务机、无人机、航空发动机和航天型号等项目为龙头，培育出特色突出、创新能力强、拥有知名品牌的航空航天产业集群，建成我国航空航天产业的主要基地。

C919大型客机项目带动国内多个地区产业集群的形成，为集群效应的产生以及产业升级提供了良好的基础。但是，目前我国的航空产业集群仍然存在一些问题。首先，我国航空制造业的产业布局呈分散化的以主机为龙头的"小而全"状态，企业数量多、规模偏小、分布地较多，并未形成积聚力量。各集群之间互不协调、相互竞争，有限的资源和投入不能集中使用，导致大量闲置的生产能力转移到不相关的产品生产上，各个企业生产能力的分散进一步加大了企业间协作的难度，从而在很大程度上制约了航空制造业产业集群的形成和发展。其次，我国的产学研联系不紧密。以研发和制造为主的航空基地分散布局，导致制造与研发相分离的空间格局，从而对航空产业集聚的形成造成不利影响。最后，我国的技术薄弱，竞争力不强。由于国内航空制造业主要负责配套产业，而许多核心技术仍要从国外引进，自主创新能力不足，导致我国航空制造企业的竞争力降低。

2. 中国大型客机产业集群治理存在的问题

1）集群企业间信任网络不健全

在我国大型客机产业集群中，信任范围是以家族信任和关系型信任为核心的信任网络，而广义的信任应该是以制度性信任为主、以私人信任为辅的高度信任体系，但这种信任体系往往被忽视（陈勇江和张玉寿，2008）。大型客机产业集群是关系型契约组织，而我国特定的家族文化和关系网络所形成的社会资本会导致大型客机产业集群中的集群企业间信任网络不健全和信任缺失，企业若没有"信任和承诺"的规范，就会毁坏企业自身的信誉，同时破坏双方的合作关系，从而影响合作的稳定发展，这样的产业集群不会长久存在。因此，集群企业间信任机制不健全严重制约了我国大型客机产业集群的健康有序发展。

2）集群内行业协会共同治理失灵

我国大型客机产业集群内行业协会主要是政府推动型。许多地方政府根据本地的经济特色，也相应组建了地方性的集群行业协会，同时把一些政府职能交由行业协会行使。虽然政府将一部分职能交给这些行业协会，但是实际上，这类行业协会往往没有政府的强制力和影响力，行动缺乏自主性和独立性，因此很难为集群企业提供有效服务。而且在集群治理中，这类行业协会的主动性与积极性不高，无法承担集群组织者的角色，而只是单纯执行政府与集群企业间的信息传递。然而航空制造业具有高技术、长周期、高风险的特性，并且需要及时有效的信息共享，以及具有较强执行力的集群治理行动，这就导致行业协会在大型客机产业集群治理中效应不高。

3）地方政府治理缺失

地方政府治理缺失主要表现在以下两个方面。一方面表现为政府的总体规划不合理。20世纪50年代初苏联按照复制厂的模式援建中国航空工业，60年代后期开始按照"山、散、洞"的原则和"母鸡下蛋"的方式大量重复建设，造成了航空制造企业集群的生产和科研力量分散，同类工厂间竞争激烈，相互封锁。由于历史原因，中国大型客机产业发展追求国内配套，形成了"大而全"的产业布局和组织结构，因此由大型客机项目带领起来的产业集群研发力量高度分散，设计部门和生产部门脱节。虽然各地方建设航空制造产业集群都注重自己的特色，发展自身优势航空产业，但仍不能避免产业同构现象。另一方面表现为对产学研合作不够重视。中国发展大型客机产业的方式是跟踪、仿制、合作，许多关键技术仍要从国外引进，这就导致研究基础薄弱、技术储备不足、发动机和机载设备性能水平普遍不高，极大制约了中国大型客机产业集群的发展。目前中国的大型客机产业的产品自主知识产权程度还比较低，核心技术和关键技术缺失，自主创新能力不强，产品竞争力弱、市场份额低。地方政府受到产业集群所需专业知识欠缺，以及治理能力和宏观调控能力薄弱的制约，不能有效地推动产学研的结合，导致大型客机产业集群创新所需的知识、技术和技能更新速度慢，集群内部的知识储备不足。此外，大型客机产业集群外部的研究机构和其他科研机构存在经费的短缺和实践的缺失，因而知识的应用性和实践性不强，从而间接制约了大型客机产业技术能力的提升。

4）管理体制滞后和法律制度不完善

中国航空制造业的管理体制尽管经历了一些变迁，但本质上仍是官僚体系。大型客机的发展过程也是如此，普遍以领导决策为主，技术专家很少参与。所以，长期以来大型客机产业的发展没有实施科学、可行的发展战略。同时，飞机项目全部实行国家分配和国家投资的方式，没有相应的责任机制约束，决策者对项目的成败不承担责任。因此，由于我国地方保护主义严重，信用评价体系不健全，法制打击力度不够等，我国大型客机产业集群治理有一定的局限性。

5）传统文化消极因素的制约

第一，中国传统的"以和为贵""重义轻利"的崇尚道德、贬抑经济的思想，不利于企业风险意识的增强和创新性的发挥，不利于产业集群应对瞬息万变的市场环境，给大型客机产业集群治理带来一定的消极影响。第二，受原有的传统产业格局和农本思想的惯性作用影响，集群企业在经营理念和管理方式上也存在或多或少的封闭思想，合作竞争和协商意识不强。第三，等级观念使市场经济发展的内在动力受到抑制，同时还促使了权钱交易、以权谋私等政治经济领域腐败现象的出现。这些传统文化的消极因素，都在不同程度上影响了中国大型客机产业集群的治理效率和效果。

8.3.4　中国大型客机产业集群治理对策

产业集群治理的目标是提高产业集群的竞争力，这是一般意义上的产业集群治理目标，也是产业集群治理的最终目标。因此，该部分在上述研究的基础上，主要从集群治理主体的角度提出中国大型客机产业集群治理对策，以使集群内部效益最大化。

1. 集群企业治理层面

1）提高互动合作意识

大型客机产业集群内的企业要积极参与企业之间以及与其他组织包括政府部门在内的互动，加强正式和非正式的联系与交流。正式的联系与交流包括联合营销、合作创新、共同培训等，非正式的联系与交流既可以通过各种形式的俱乐部、联谊会，也可以通过传统的血缘关系来实现。同时，还要兼顾大型客机产业链上企业的纵向与横向联系。纵向联系是指大型客机产业链上下游企业之间基于生产经营过程的垂直联系，在集群治理中，大型客机价值链上的核心企业要注意对其配套的其他集群企业给予技术、资金、信息、市场网络等各方面的支持，提高集群内企业的专业化水平和竞争力。横向联系是指位于大型客机产业价值链同一环节的企业之间保持的基于市场、信息等的水平联系，在集群治理中，横向企业之间要保持适度的合作和竞争。此外，集群内企业还应该保持开放性，通过大学、科研机构获得多元化、差异性的知识和信息，提高企业自身竞争力，通过与集群外的企业、组织进行交流，最大限度地获取多方面的资源，激发创新。

2）增加社会资本存量

首先，要提升大型客机产业集群信任水平，减少欺诈行为，特别要提高基于道德规范的信任，形成守法守信的大型客机产业集群文化。其次，要积极构建集群关系网络，如通过与供应商之间、竞争者之间、中介组织之间的商业网络，获得更多的社会资源和外部信息；通过参与展览会、出版物、专业协会、计算机信息网络等信息网络，获得更多的航空制造业前沿信息，提高集群知名度；通过积极参与大学、科研机构等组成的研究网络，获得更多的关于技术创新的信息。最后，要与集群内中介机构、地方政府部门共同制定对集群发展有益的正式规则以弥补非正式规则的不足。

2. 行业协会治理层面

1）完善行业规范

行业规范包括用工制度、产品标准、职业资格准入等方面。中国大型客机产业集群正处在快速发展阶段，行业规范较不完善，缺乏制约力，如果没有政府干预，不可避免会出现无序竞争的现象。在老技术随着集群发展不断扩散，而新的核心技术还没有形成时，大型客机产业集群的进入壁垒会大幅降低，加之高利润的吸引，大量新的航空制造企业纷纷进入，从而使得集群内制造企业竞争加剧，获利空间迅速减少。为了获取更多的利润，有些供应商会生产劣等品来蒙蔽客户，投机的企业在获得额外利润的同时破坏了市场对产品的信任度，从而侵害了生产优质品的航空制造企业的利益。在缺少政府干预的情况下，唯一的办法就是以行业协会的方式联合企业共同推出防治措施，主要的治理手段就是完善航空制造业的行业规范。

行业协会的一个重要职能就是监督和制裁，行业协会可以通过实施集体惩罚，使集群成员能够预期到不合作的代价或机会主义行为的成本。行业协会监督和制裁行为的合理性和合法性还需要政府的授予、确认，这是行业协会对机会主义行为进行有效监督的保证。此外，为了提高行业协会治理的有效性，行业协会还要依照章程开展活动，章程是保障行业协会有序运作的基础和前提，章程中有关协会宗旨、组织机构、业务范围、活动规则、会员权利义务等内容都需要依法确定；要建立健全监督机制，通过设立会员大会和监事会，对理事会、常设工作机构进行监督，形成自我管理、自我发展、自我约束的自律运作机制；要完善代表职能，以及自律、服务和协调等职能。

2）丰富集群的非集体性产品

航空制造业的行业规范属于行业协会为大型客机产业集群发展提供的集体性产品，非集群内企业也能受益。虽然集群内企业是这些集体性产品的主要受益者，但是非集群内企业长期频繁的免费搭便车行为，势必会影响大型客机产业集群的长期发展，甚至导致企业脱离集群。为了增加对集群企业的吸引力，协会必须要提供集群企业专享的非集体性产品，如信息服务、组织会展、技术培训等。协会在某类信息的搜寻方面具有明显的比较优势，因此丰富集群的非集体产品，可以使行业协会充当信息中介，提高信息的准确性，进而促进网络治理机制作用的发挥。

3. 地方政府治理层面

1）建立健全集群中介机构

目前大型客机产业集群的行业协会大都属于政府推动型，有一定的局限性和消极性。因此要建立健全的集群中介机构，给予行业协会更多的职能，同时监督行业协会，避免行业协会无作为的现象，督促和辅助行业协会研究制定促进大型客机产业发展的地方法规，强化依法行政，规范市场秩序，完善竞争规则，为大型客机产业集群发展创造有利的法律环境。广泛地开展技术、学术交流活动，增加集群内的技术联系。为大型客机产业集群提供信息、咨询和培训等多方位的支持和服务。

2）建立健全产业集群治理机制

首先，政府一定要采取有效的措施提升大型客机产业集群中集群企业之间的信任水平。如通过制定相应的奖励和惩罚政策，完善声誉机制，防范集群企业交易中的欺诈行为；通过为集群企业提供沟通帮助，加强信息透明度，提升大型客机产业集群内基于非正式制度的信任水平；规范集群内企业间的合作行为，保证集群内企业合同的有效履约，提高集群内企业基于制度的信任水平。其次，政府要组织、维护大型客机产业集群的各种关系网络。如通过政府出面，举行各种定期或不定期的信息交流活动，为活动提供一定的资金支持和场所支持，促进集群内企业家之间的交流，促进集群商业网络的形成与发展；确立加强科技资源集成和公共研发平台建设，选择具有基础性、开放性特点的研究实验基地和大型科学仪器设备、科技文献信息、产业共性技术服务、科技创业服务、知识产权等重点领域，进一步探索与完善航空科技资源共建共享的新机制。最后，保留一定的正式制度，特别是大型客机产业相关标准、法律、法规，通过建立明确的组织管理制度、收益分配制度、产权制度、激励和惩罚制度、环境保护制度等，弥补非正式机制的不足。

3）通过合适的方式扶持大企业的成长

通过资源配置或制度供给扶持核心企业是地方政府管理航空制造产业集群最常见的行为。但是，政府扶持应该针对集群核心企业的某些能促进核心竞争力的行为，而不是因为其规模实力大而进行扶持，我们可以把这种有针对性的扶持方式形象地称为"行为甄别式扶持政策"。例如，对核心企业的航空制造技术创新提供技改资金支持，对核心企业提升管理流程的行为进行奖励，积极促进核心企业与寡头企业波音、空客的合作等。这种方式的扶持有利于大企业竞争能力的真正提高，而不仅仅是扩大规模，同时也有利于政府规避过度参与资源配置而导致的负面治理风险。如果地方政府的扶持能够引导并协助大企业内在竞争力的提升，那么核心企业在集群中的经济权威性将得到真正意义上的提升，领导企业治理将更加明显，行业协会也会因集群企业显著的异质性而具有较强的执行力。

4）建立多元化的融资体制

由于航空制造业越来越呈现国际化的趋势，因此我国应重点引进国外航空制造企业的先进经验和资金，以加快大型客机产业集群建设的步伐。我国应加强金融体制创新和环境创新，广泛开辟投融资渠道，可以与金融机构通过政银合作，建立以政策性银行和商业银行为主，其他金融中介机构为辅的多层次金融服务体系。

建立一套比较完整的信贷体系，加大对重点制造企业的支持力度，通过买方信贷和卖方信贷等业务创新，在流动资金贷款和项目贷款方面给予政策性金融支持，鼓励重点企业引进先进技术和设备，加大研发和技术改造投入。可以通过建立政府融资平台或航空产业基地融资平台等，在航空产业基地建立风险投资基金，鼓励和支持企业、个人以股份制或有限合伙制形式组建风险投资公司或创业投资公司，鼓励和支持境外资金特别是国际风险投资机构在集群内设立风险投资公司或直接投资航空制造技术产业项目，从而促进我国大型客机产业集群的发展。

吸引民营资本进入大型客机产业。我国民营经济发达，而大型客机这一产业国际化程度高、技术标准规范、市场稳定、利润丰厚，因而对民营企业来说是国内最后一片高技术产业投资的蓝海。并且国内目前正处于大型客机产业大发展的浪潮中，非常需要大量的民营企业加入。因此，省、市各级政府应鼓励民营企业从专业化配套入手，为我国大型客机产业输入新鲜血液。

5）注重科研创新、加强人才引培

大型客机产业是技术、知识密集型产业，良好的科研力量和研发能力是企业能否进入大型客机产业的重要条件。地方政府在提高自主研发能力的同时，应加强在航空科学技术领域的投入，强化与省内外科研单位的战略合作，加强产学研结合，鼓励高等院校、中外科研机构和企业进行合作。鼓励国内外科研机构和企业在产业集群内建立研发机构，积极推动、建设一批与大型客机产业密切相关的国家级航空新材料研发中心、重大装备设计中心、航空关键技术研发中心。依托国家和地方级企业技术中心、重点实验室及航空产业相关研究院所、高等院校，形成通用飞机和直升机的设计、制造、适航性证明的技术能力，以及小型航空发动机关键技术开发能力，提升航空产品竞争力。此外，还要强化人才引进、培养和使用，特别是领军人才。大力实施人才战略，注重高校、企业、研究院所等科研机构人才的培养，为整个大型客机产业链的发展和提升提供有力保障。鼓励航空制造企业与高等院校定向联合培养硕士、博士研究生，支持高等院校、科研机构与企业联合建立博士后流动站和工作站。制定吸引国内外航空科技专家、企业家参与航空领域高技术开发和创业的优惠政策。改善人才环境，优化人才政策，各级政府和航空产业园等还应制定一系列优惠政策来吸引高级人才，如成立人才服务中心来提供专业帮助，建立创业园，鼓励国内科技人员和海外留学生到基地创业。

■ 8.4　中国大型客机产业创新系统治理

8.4.1　大型客机产业创新系统概述

1. 大型客机产业创新主体

产业创新的主体指的是参与创新过程，并在创新活动中发挥主导作用的组织。一般认为，企业是创新活动的主体，而在国家创新系统理论、产业竞争理论以及创新的三重螺旋模型中都强调政府、科研机构、高校等，这些因素在产业创新中起着至关重要的作用。大型客机产业有着其产业的特殊性和复杂性，因此本部分研究结合大型客机产业的特点和产业创新的关键因素，主要介绍以企业为核心，政府、科研机构和高校一体化互动的综合创新主体。在创新过程中，企业是增量创新的主体和基本创新的应用主体，高校和科研机构是基本创新的主体，而高校和中介服务机构则是创新传播的主体。

1）核心企业及其合作企业

在整个大型客机产业创新活动主体中，企业是主体的核心，政府对产业发展的推动、科研机构和高校对产业所需技术的支持、市场对技术以及产品的需求，都需要以企业这个载体作为支撑，才足以实现各自的价值创造。因此，企业一旦失去了其主体作用，外在所提供的一切力量都不能真正使用在有效点上，整个创新环节也就因此中断，从而影响整个产业的创新发展。

企业能够获得突破性和商业化运作主要是因为企业本身有追求利润以及自身发展的需求，这使得创新不只停留在试验阶段，而是贯穿产品的整个生命周期，全程创新行为不仅会产生新产品，还可能会引发新需求，从而开拓更广阔的市场。不仅如此，企业也会因为市场的激烈竞争，而不得不从技术和市场两方面着手进行创新，这也促使科研机构把技术与市场真正地结合起来，以应对市场的需求，从而提高创新活动的针对性，避免创新内容与市场脱节，最终有效地完成整个创新过程。

由于大型客机产业的产业链长，高端技术设计多，仅靠一己之力实现产业创新几乎是不可能的，这在无形中拉近了上下游企业之间的距离，将创新技术真正凝聚起来，以达到共同创新、提高技术水平的目的，只有整个创新产业链相互依赖，形成良性循环，才能够提升产业创新能力。因此，大型客机产业的产业创新主体必须是企业群。

2）政府

大型客机产业发展离不开政府的扶持和干预，在国际大型客机产业上，政府对研制和发展大型客机有着至关重要的作用，主要体现在以下三个方面：第一，大型客机产业是具有国家性质的产业。大型客机产业在政治和军事上的战略地位，使得该产业的需求与国家和政府的需求有着千丝万缕的联系，正因为如此，各国政府给航空企业提供了资金、税收等多方面的资助。当年美国的阿波罗载人飞船登月计划、里根政府的星球大战计划都有政府做强大的后盾，20 世纪 50～60 年代苏联在航空技术上之所以能够与美国较量，也正是因为政府在其产业创新发展中的强力支撑。第二，政府的政策扶持对大型客机产业的发展具有重要的支撑作用。大型客机的产业链长、周期长、风险大，并且与国家安全紧密相连。受这些因素的限制，只有少数大企业才能够涉入这个行业，大多数企业没有能力参与大型客机产业创新系统。但是政府可以通过在政策上进行目的性的倾向和引导，分散企业的产业创新风险，也只有在政府与企业的共同努力下，才能实现产业的创新激励良性循环。众所周知，波音和空客已成为国际大型客机的垄断企业，从历史上看它们自组建以来，在资金资助、税收补贴、国家间政治性贸易、倾向性采购、政府科研投资与科研成果转化、科研支持和国外相关政府资金等方面，都有政府或明或暗的扶持。而当年的麦道就是因为业绩突出，政府认为它不需要资助，才削弱了对它的支持，最终导致麦道被波音兼并。第三，政府的政策规划对大型客机产业的发展具有科学的引导作用。大型客机产业在技术上具有较高的方向性和针对性，一旦选择了一种技术模式，就只能按照既定的技术轨道发展，影响了产业的发展方向，如果选择了不正确的发展模式，就很有可能造成极为严重的损失，只有选择正确的技术创新范式，才可以在产业创新发展道路上顺利行进，在这一方面，政府应该在大型客机产业上起先导作用，正确预测产业发展方向，制定合理产业发展规划，提供良好的创新条件和环境。因此，在大型客机产业创新系统中政府是整个产业链上的重要一环，是大型客机产业的创新主体之一。

3）科研机构

科研机构是大型客机产业进行创新的重要支撑力量。科研机构一般主要承担一些基础性、高风险、高投资、高外部性的研究，同时也履行技术监督、质量检测等政府职能，甚至会涉及对国家利益、国家安全等问题的研究，科研机构已经在国家战略层面具有重要意义。目前，我国相继成立了 37 家航空科研机构研究所，如中国航空综合技术研究所、中国航空精密机械技术研究所等，大部分航空技术方面的前沿研究都是由这些科研机构承担的。科研机构的许多研究项目都来源于生产的实际需要，既避免了科研的盲目性，又便于科技成果的转化。这些科研机构为航空企业提高了生产能力，也提供了技术支持，是我国大型客机产业创新的重要组成部分。

4）高校

高校作为人才培养的重要基地，拥有众多专业性强的高素质人才，这几年高校为我国培育出一大批专业人才，输出了一大批科研成果。高校是我国科研成果最重要的来源之一，并且集聚了在各个领域各个学科有所建树的专家。浓厚的学术氛围为各专家学者的学术研究创造了良好的环境，人才聚集更容易激发新思想。众多的国家和地方实验室为科研人才申请和承接各种项目提供了基础。目前我国比较知名的航空院校都建立了航空航天学院，如清华大学、浙江大学、南京航空航天大学、上海交通大学、北京航空航天大学等。这些学校培育出的专业人才以及研发的科研成果都是大型客机产业创新的重要来源。

2. 大型客机产业创新系统构成要素分析

根据大型客机产业的特征以及其产业创新主体的分析，我们认为大型客机产业创新主要由产业技术创新、产业创新组织、产业创新环境三个要素构成，产业技术创新是核心要素，产业创新组织和产业创新环境是产业技术创新的必要条件和保障。

1）产业技术创新

产业技术创新是大型客机产业创新力的核心。技术创新能够提高产业竞争力，甚至改变原来的产业结构。产业技术创新有三种发展模式，分别是自主创新、引进消化吸收再创新和合作创新。

通过自主创新，企业如果在研发以后实现了技术核心的突破，就会成为所在行业的领头者，从而获得超额回报。但是自主创新也存在研发成本高、时间长、风险大等缺点。在技术创新的方式选择上，技术水平越高的国家越倾向于自主研发，如美国和俄罗斯都强调企业创新的主体地位，日本选择的是自主开发和引进消化吸收再创新两者兼并的技术创新方式，而中国目前主要还是技术引进，自主研发较少。

引进消化吸收是借鉴引进已有的先进技术，并在此基础上进行再创新，从而达到减少研发成本和节省时间的目的。由于自主开发的创新模式具有高成本、长周期等特点，在技术相对落后的情形下，企业更愿意选择引进消化吸收。引进消化吸收模式可以为企业降低成本，但该种模式也有其缺点，即卖方不会将对自己有利的先进技术卖给买方企业以防失去竞争优势地位，所以航空企业往往购买不到大型客机产业最先进的技术。不仅如此，购买技术需要的资金也不在少数。简而言之，买方企业花重金购买到的基本上都是已经被卖方企业淘汰掉的技术。选择这种模式，容易形成技术依赖，很难在技术上有所进步，更不用说提升核心技术创新力。

合作创新是以共同利益为前提，通过资源整合、合作分工等方法，发挥各自所长，共担风险共享收益，以达到实现双方甚至多方共同盈利的目的。这种模式的优势在于稀缺资源得以共享，各方各尽其长，优势互补，不仅加快了技术创新的步伐，也降低了时间和资金成本。当然，由于这一模式涉及利益双方甚至多方，因此各个合作主体的利益分配是一个至关重要的问题，因为一旦组织管理没有做到位，就很有可能合作无法达成，利益受损。

产业自主创新是一个漫长的过程，不能一蹴而就。作为发展中国家的中国，需要结合实际情况，做出最符合国情的决策。

2）产业创新组织

产业的外部环境是不断变化的。为了在满足自身发展需求的同时适应产业环境的变化，产业组织的管理者及相关人员，必须对构成组织的各个部分或与产业组织的外部系统有关联的部分进行有目的的调整，并在调整中进行组织创新。

组织创新要站在一定的高度去思考，不仅仅是简单地解决组织内部问题，还要面对产业组织与产业外部环境之间的许多问题。解决这些问题首先要考虑组织内部之间的资源整合，通过发挥各个组织的优势，各尽其长，实现优势互补，从而为产业组织的健康发展奠定基础。产业组织得到创新，会使其适应产业内外部环境的变化，从而推动产业技术创新，反过来，产业技术创新又有利于提升产业能力，促进产业组织的更新和发展。因此产业技术创新和产业组织创新是相辅相成，互利共生的。

外部总体需求的变化以及市场竞争的压力使得航空企业为提高投入产出比，不得不进行产业组织创新。大型客机产业无论在知识、资本还是技术上都属于典型的密集型产业，产业组织要达到创新的目的，需要丰富的资源和强大的能力。企业是大型客机产业创新的主体，是产业创新的主要组成部分。企业之间可以通过重组或者兼并的方式达到资源整合的目的，形成大型客机企业集团，这样才能与国际上激烈的市场竞争对抗。但是兼并或者重组涉及各个主体的实际利益，需要较高的组织管理水平，因此只有做到清晰产权归属和利益分配，加强知识产权保护，利用先进公平的企业管理制度管理企业集团，维护每一个参与主体的利益，才能最大限度地激发创新主体的创新力。

3）产业创新环境

除了需要产业创新技术作为核心，产业组织作为依托，大型客机产业的发展也离不开社会经济大环境。并不是产业内部协调好、组织之间关系稳定就能发展好一个产业，任何一个产业都处在社会这个环境中，所以大型客机产业创新能力的提高也需要良好的社会创新大环境作为支撑。

大型客机产业最重要的影响因素之一就是资金，大到国际小到行业企业的融资环境都影响着产业的创新能力。航空产业的产业链长、周期长，需要大量的资金支持，一旦资金链断裂，整个产业链也将随之断裂，因此需要政府参与融资引导，促进多层次资本市场的形成，同时引进风险投资，协助企业上市，从而为航空产业创造良好的融资环境，融资环境的改善必定会为大型客机产业的发展带来更大的推动力。此外，大型客机产业还需要设立统一的零部件标准。由于产品的特殊性，一家大型客机的生产需要成千上万种零件，想要选择主体合作这一组织方式就必须统一零件标准，如此才能保证产品的质量和可靠性。无论是资金的支持还是标准的设立，都需要国家干预。作为经济活动的手段，政府是大型客机产业创新环境的主要推动者，产业扶持、税收优惠政策等都为该产业市场的正常运转奠定了基础。

以上分析表明，大型客机相关企业的技术创新能力提升是大型客机产业技术创新能力得到提升的重要依托，企业的技术水平达不到要求，得不到改进，无疑会阻碍整个产业技术创新能力的进步。因此，产业的创新既要从产业角度设立技术、组织和环境的创新方向，又要以这些总体方向为指引，落实到大型客机的各个相关企业，即大型客机产业创新要从宏观和微观两个方面同时着手。

8.4.2　中国大型客机产业创新系统模型

1. 大型客机产业创新机制分析

"机制"的含义有许多种，最主要表现在以下几方面：第一，机制是指在一定规律的作用下，形成一定的结构。第二，机制存在于有机体中，它不仅可以让有机体运动，还能够使这种运动按照既定的目标运行。第三，机制是有机体内部各个系统之间所形成的具有一定功能的联系方式。机制同时也是存在于客观事实中的。

创新机制主要强调的是组织在管理创新整个过程中，创新机制要素如创新主体、创新动力、创新能力、创新行为等之间的相互作用和制约机理，它强调的是一种关系要素。产业创新机制是指与产业创新相关的知识和技术创新的机构、组织构成的网络系统，即产业创新系统。本部分研究根据大型客机产业创新主体和创新系统构成要素的分析，把大型客机产业创新机制看做企业群、科研机构、政府、高校四大主体在一定的产业技术、组织和环境下相互作用的运行机制。同时把大型客机产业创新机制分为三部分，即产业创新动力机制、运行机制和发展机制。其中，产业创新动力机制是整个产业创新机制的核心。产业创新的动力机制主要以需求拉动为主。需求动力源主要来自企业发展战略的需求和产业竞争的需求，以及国家安全的需求和优化经济结构的需求。大型客机产业虽有别于其他产业的特点，但产业创新的动力机制仍可从发展需求、竞争需求、国家安全需求和结构化需求这几点来考虑。产业创新系统的运行机制包括产业创新的源、过程、方式、扩散等，评价机制优劣的关键是创新效率的高低。产业创新系统运行机制主要以市场为需求动力，以政策调控为导向，以良好的国内外环境为保障，以创新性技术供给为核心，以实现产业创新，提高产业竞争力为目标。产业创新系统的发展机制是指产业自身提高和可持续发展的功能。大型客机产业创新系统的发展机制主要体现在自我调节、自我积累功能上，它能使大型客机产业中的相关企业主动适应外部环境变化，不断增强发展后劲。

2. 产业创新系统结构模型

任何一个产业创新过程的第一步都是通过企业内各种类型的技术创新，如增量创新、基本创新、新技术体系和技术经济模式的变革等来满足技术需求。下一个阶段则是产品创新，即将第一步中已经开发出来的技术成果运用到实际产品中，把产品改良和加工成被市场接受的实用的商品。完成这个阶段后就进入最后一步——市场创新。在这一阶段，将前两步获得的新技术和新产品，以不同的方式和途径在市场上扩散。形成生产新产品的产业集群，达到开辟新市场扩大市场的目的，最终形成真正意义上的产业创新。产业创新系统模型如图 8.7 所示。

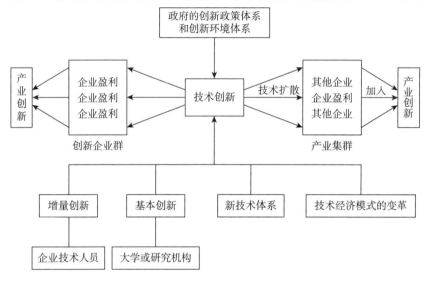

图 8.7　产业创新系统模型
资料来源：李春艳和刘力臻（2007）

图 8.7 中增量创新是指参与生产活动的企业技术人员或者工程师在生产过程中发明创造，或提出对产品生产效率和性能有所提高的建议或意见。基本创新是指高校或者研究机构已成型的产业研究成果。新技术体系是为了达到整个产业创新系统在组织和管理上的创新，在前面两种创新方式的基础上进行的组合创新。同理，技术经济模式的变革是以增量创新、基本创新为基础，通过产业要素即产品、管理、组织等的结合来达到以技术创新为核心的产业创新。

3. 中国大型客机产业创新系统模型构建

1）构建模型的必要条件

继运 10 之后，C919 大型客机翻开了中国大型客机产业的新篇章。让中国的大飞机飞上蓝天一直是全国人民的愿望，更是国家的意志。就是在这样强烈愿望的支撑下，C919 开始了它辉煌的旅程。在第八届珠海航展上，C919 获得了中外 6 家客户共 100 架的订单，这标志着国产 C919 大型客机已经确认了首批客户和订单，国产大飞机已经获得了市场认可。外媒评论指出，作为 C919 大型客机项目的主体，中国商飞将打破波音、空客的垄断。但是，作为大型客机市场上的后来者，中国商飞在构建大型客机产业创新系统的过程中，还缺乏有效的经验，不能仅仅照搬产业创新理论的构建模型，还应考虑到中国大型客机产业独有的产业特点。所以，在构建模型前一定要充分考虑以下几个必要的条件。

（1）发挥政府主导作用，兼顾市场机制。

纵观国际航空发展史，国家长期稳定的支持是大型客机项目成败的关键因素，必须突出政府在大型客机产业创新系统中的主导作用。政府的主导作用表现在不同的方面。第一，研制大型客机是特别重大的国家项目，代表国家的意志，所以政府必须发挥其主导作用，从发展战略、行业立法、产业政策、财政投入等方面给予大型客机产业长期、稳定的支持，提供多方面的服务。第二，大型客机的生产能力与国家战略和国家安全有着紧密的联系，因此政府要在一定的科学基础上借助各方力量，对大型客机产业进行长远的规划，制定长期的发展战略。第三，在管理制度上，政府要结合中国大型客机产业基础薄弱、人力资源有限、技术不够先进等现状，运用现代管理方法和思想，制订符合中国国情的大型客机具体实施计划和产业发展规划。当然，政策倾斜的目的是促进新生的企业在市场中存活、逐步实现良性循环发展，大型客机产业的发展并不能完全依赖政府，而要立足于培育航空工业科技研究和制造的长期竞争能力和持久创新活力，这就需要市场这只"看不见的手"。空客的历史经验值得 C919 借鉴，虽然欧洲各国对空客进行补贴，但是并没有强制成员国的航空公司购买，空客还是靠着 A300 的技术优势找准市场切入点，通过帮助航空公司省油盈利才获得成功。

（2）发展产业创新技术，坚持自主创新。

大型客机产业的竞争归根到底是技术的竞争，谁能够掌握最先进的技术谁就有资本在这个行业或领域发言。所有法律法规的建立、社会资源的提供，都应该以促进产业技术创新为最终目的，坚持自主创新，将是中国研制大型客机必须一以贯之的基本原则。

研制大型客机是 21 世纪建设创新型国家的标志性工程，从研制的指导思想到具体组织实施我国都将坚定不移地贯彻自主创新的方针。知识产权本身就是无形资产，是一笔很大的财富。例如，我国通过转包生产的方式给波音飞机公司制造零部件，对方付给我们的价格一般只是其在美国本土生产价格的三分之一。而作为高一级的风险合作伙伴方式，即零部件的设计也由我国承担，同时提供产品，这样我国拿到的价格可以达到美国价格的三分之二。所以"以我为主，自主创新"不仅仅是一个好听的口号，而且具有实际的经济利益。

中国民航局原副局长郑作棣也强调了自主创新的重要性，"开放给我们带来了开展国际合作、引进先进技术的好机遇。但实践告诉我们，要搞国际合作，必须以自己有一定的基础和条件为前提。100 座级客机几年合作谈判和干线飞机项目的经验教训一再告诉我们，在飞机设计关键技术的输出上，西方国家是对我国严加控制的，不一定用市场就能换来技术，有的技术即使能够转让，要价也太高，我们是买不起的"。中国在 20 世纪 90 年代末和西方谈判进行 AE100 项目合作时，按照中方分工承担的范围，波音公司就开出了我国无法接受的十多亿美元的转让费，并最终导致了合作失败。所以一个国家，尤其是像中国这样的大国，想通过国际合作形成独立的民族航空工业，基本是不可能的。要享有知识产权，就一定要以我为主，既要积极开展国际合作，更要坚持自力更生。航空产业是一个高科技产业，必须要有创新能力，有自己的品牌，这样才能在飞机研制中高人一筹，在激烈的市场竞争中稳操胜券，一个企业的核心竞争力，一个国家的国际竞争力都越来越表现在自主创新能力上。

（3）正视产业能力差距，完善产业机制。

目前 C919 最大的意义就是促进了大型客机产业的竞争，让空客和波音不得不改进自己的产品。空客和波音这几年的精力都投放在 A380、A350 和 B787、B748 上，并不急于对 A320 和 B737NG 进行升级，但 C919 的出现让它们有了紧迫感，可见 C919 对 A320 和 B737NG 是具有竞争力的，但我们也不能为已经取得的一点点小成就而沾沾自喜，虽然外媒认为中国商飞可能会打破波音和空客垄断大型客机产业的格局，但实际上，中国大型客机的研发能力、自主创新能力和市场营销能力等微笑曲线两端所需的能力与波音和空客还存在不小的差距。

对于大型客机产业来说，造出样机只是成功的开端，还要通过不断试飞、不断总结经验和不断改进设计，逐步满足用户的需要，才谈得上产业化。产业化阶段是批量生产的阶段，大型客机的产业化阶段，必然要面向国内外市场多样化的需求，建立完整的大型客机产业组织，建立一流的售后服务体系，从而为大型客机的批量生产提供基础，该阶段的技术和管理的难度、经营风险要比研制阶段更多、更大。

（4）明晰产业创新系统，厘清网络关系。

产业创新系统是指以产业链为基础，以企业为主体，以市场为导向所建立的企业内部、企业之间以及企业和政府、社会的联系网络，网络性是产业创新系统最基础的特性。大型客机产业的产业链很长，关系网非常复杂，涉及的单位众多，直接、间接参与 C919 项目的企业及其他组织在千家以上。不仅如此，单位类型也非常广泛，有国企、民企、外资企业、高校、科研机构等，而且单位之间的关系又是错综复杂的。例如，中国航空工业集团既是中国商飞集团的股东，也与其进行人才交流与科研合作。各单位对企业是如何影响的，影响程度是多少，都必须清楚地进行分析。

2）我国大型客机产业创新系统模型

综合以上因素，以 C919 大型客机项目为例，可以建立如图 8.8 所示的大型客机产业创新系统模型。在结构上，该模型主要分为三个层次。

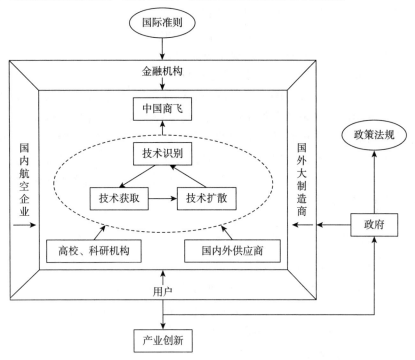

图 8.8　大型客机产业创新系统模型

最外一层是政府以及相关政策法规和国际准则。政府提供供给政策、环境政策、需求政策等；政策法规包括产业政策、进出口政策、创新政策、补贴政策、税收政策、知识产权保护法规、环境法规、强制性标准等；国际准则包括适航标准、环保标准、其他强制性标准、市场规则等；当然，还有其他一些制度，如行业准则、企业内部制度、惯例、风俗习惯、公共道德、自然规律等。产业创新必须在国际国内大环境和制度下进行，不能脱离市场，也不能脱离规则。

最里层是以中国商飞公司为中心的创新结构。高校和科研机构提供最直接的技术支持；国内供应商供应部件，并产生技术互动性，推进技术的交流；由于我国大型客机产业技术还有所欠缺，大部分技术被国外供应商垄断，因此还要花费大量资金从国外供应商那里购买技术，实现技术引进消化吸收，这也是技术创新的主要部分之一。

中间一层把大型客机产业的主要影响因素根据参与者分为四个部分。第一部分是金融机构，提供融资服务。当然，最外层的政府也提供税收优惠等政策，以防止产业链因资金短缺而断裂。第二部分是企业群，即国内航空企业。企业群是构成产业创新系统的主体，国内各个航空企业，如中航工业集团及其下属单位，通过知识共享、技术学习、技术扩散、人才交流、竞争合作等方式为企业提供广阔的技术交流平台，以实现共同促进的目标。第三部分是用户，这是需求动力，包括国内需求和国外需求。第四部分是国外大制造商，如空客公司、波音公司，这是中国商飞的两大竞争对手，形成市场竞争。

图 8.8 是根据产业创新系统建构机理和相关理论，在充分考虑 C919 实际行情和环境的基础上建立起来的大型客机产业创新系统模型。该模型囊括了产业创新的主体——中国商飞及其合作企业、政府、高校和科研机构，同时也可以从模型的结构层次看出产业创新系统构成的三大要素，即产业技术创新、产业创新组织和产业创新环境。本部分以产业技术创新为核心，产业创新组织和产业创新环境为依托，建立了以中国商飞为企业中心，以技术识别、技术获取和技术扩散为核心的产业技术创新系统。

8.4.3　中国大型客机产业创新系统治理问题及对策

1. 中国大型客机产业创新现状

自从大型客机项目被列为国家中长期科技规划 16 个重大专项之一，中国大型客机产业得到了迅速发展，但与世界大型客机产业巨头波音和空客相比，中国的大型客机产业还存在大量亟待解决的创新问题。

1）技术创新能力薄弱

技术是中国在研制大型客机过程中所要面对的最为基础的问题。在整个生产制造过程中有许多关键技术还有待突破，如设计方面包括大型客机总体设计技术，高可靠性长寿命的结构设计技术，试验方面包括大型客机气动噪声预测方法，制造方面涉及工艺计划、零件生产、部件装配以及全机对接总装等过程。此外，中国在适航审定的特殊要求的鉴定技术，以及生产资源、制造工艺技术等方面基础薄弱。目前中国大型客机的技术水平不足，其根本原因还是大型客机产业原始创新能力严重不足，从大型客机产业发展历程来看，"三步走"计划的流产导致中国大型客机产业的发展搁置了十年，这严重制约了大型客机产业相关技术水平的提升。

目前，中国在航空工业上，主要承接国际大航空公司的外包服务。在大型客机的发展方式上以技术引进为主，跟随着先进者的步伐。因此中国大型客机产业在技术上远远落后于发达国家。主要表现如下：中国在航空制造方面所申请的专利相对于整个技术行业所占比例非常小，美国和日本的比例相较中国高出很多；中国自主创新能力已经被欧盟、美国、日本等传统强国和地区超越了很多，研制技术和能力不足，创新能力和创新动力相对较低。为了打破技术跟随的魔咒，中国必须大力发展自主创新，研制属于自己的核心技术。

2）人才和资金不足

大型客机产业的发展需要高端专业人才，而中国目前的人才状况不容乐观，专业人才的缺失，使得研制团队人员紧缺，无法高质量完成大量的设计任务。同时，企业激励机制不完善以及工资制度的不合理也会导致人才流失，造成人才短缺。除了人才的缺失，资金支持不足也是限制中国大型客机产业创新能力提升的重要原因。要想保障一个项目持续平稳地进行，充足的资金是必不可少的。大型客机产业由于其产业的特殊性，所以是一项在资金方面需求极大的产业。在前期研制阶段，由于涉及创新成分，加之中国缺乏相关经验，因此需要花费大量的人力与物力，研制成本相当高；在制造阶段，飞机的制造需要很多原材料，并且在探索阶段，难免会有原材料的浪费，这都需要巨大的经费支撑。没有足够的经费，大型客机产业方面的研究也无法取得实质性的进展。

3）创新体制不完善

一方面，大型客机相关企业具有国有企业的弊端。中国大部分的高科技产业公司都是国有企业，国有企业固有的特性如计划经济体制等还遗留在企业体制中，因此航空企业受到政府的限制较多，难以真正做到自主经营。C919 大型客机项目所属公司中国商飞也同样是国有企业，虽然现在很多国有企业和机构也开始通过改革重组转向企业，但根本上还是没有太大的改变，因此企业在这样的体制下研究新技术开发新产品时，研究者更多的不是考虑企业自身利益而是以"完成任务"的心态去参与研究，创新动力不足使研究者不能以积极的心态专心投入科研，从而导致研究成果不符合市场要求，造成创新效率低下。此外，受国有企业长期的计划经济思想的影响，研究者对知识产权的认识欠缺，保护意识非常淡薄，除了航空产业，国内许多产业也存在着相同的问题。

另一方面，全球化供应链控制及治理水平不足。大型客机产业将要面临一个重大的挑战，即自主创新研制的大型客机产业链是否可以最大限度地利用全球资源，国内国际合作能否随之有效开展。由于中国大型客机产业建立的是"主-供"模式，所以大型客机项目的治理对象不再局限于企业本身，而是拓展到全球供应链。目前我国制造业在全球产业链条中仍然充当"全球制造车间"的角色，虽然已经加紧制造业服务化的转型升级，但由于没有掌握核心技术，依然缺乏控制供应链的能力，无法对供应商进行有效的治理就无法充分整合不同供应商分散的资源和能力，从而制约了供应商之间的合作创新。

2. 中国大型客机产业创新系统治理对策

1）突破技术发展依赖，实现自主创新

在研制大型客机的曲折路途中，政府真正意识到仅靠市场而忽视自主创新是无法获得核心技术的，因此要想使大型客机产业走得长远，就必须走自主创新的道路，坚持自主研发为主、国际合作为辅的原则，通过不同路径实现技术突破。本部分从技术创新角度提出中国大型客机产业创新系统治理对策如下。

（1）集中主要力量进行集成创新和关键技术研发。

大型客机产业是多学科交叉、多门类技术整合的复杂系统工程，在整个价值链中，发动机研制和关键零部件制造是集成创新和关键技术研发最为集中的战略环节。同时，中国大型客机产业也正是在这些环节受到国外大型客机制造企业的技术封锁。所以，无论在资金方面还是在设备和人力资源方面，都必须加大在集成创新和关键技术上的投入。

（2）通过跨价值链的学习，摆脱对单一价值链的技术依赖。

通常情况下，如果企业仅仅在单一的价值链上获得技术，就很容易形成对单一价值链的技术依赖，而跨价值链学习则能打破这种技术依赖。企业通过嵌入多条全球价值链，通过技术分享，把在一条价值链上获取的知识和技术运用到其他价值链中，从而消除对单一价值链的知识和技术流动路径的依赖。我国大型客机企业可以通过嵌入支线飞机产业链中积累产业共性技术、嵌入国际或国内的军用飞机产业链积累相关知识和技术、嵌入高端装备制造产业链积累关联技术这三条路径进行跨价值链学习。

（3）通过绿地投资获取东道国外溢知识。

绿地投资是指在国外研发聚集区域设立企业或研发机构，通过东道国知识外溢渠道提升自身的技术能力。绿地投资为中国企业提供了一条外生知识获取和内生知识生产相结合的整合性渠道，使企业可以利用投资地的创新文化氛围、先进研发设施和高素质技术人才，研发出具有自主知识产权的新技术、新产品和专利。

（4）通过跨国并购获取核心技术。

跨国并购不仅可以让企业获取被并购方的技术知识，还能够获得被并购方的研发平台和研发人才，使得企业原有的技术研发进程可持续化。不仅如此，跨国并购还能够直接击溃上游企业的知识壁垒，从而达到节省获取知识的时间成本。

2）以市场需求为导向，加快大型客机产业化

现阶段中国大型客机产业有以下两个战略目标：一是整合现有技术经济资源，保证大型客机研制的成功，此阶段需要放松成本约束；二是在大型客机研制成功的基础上，降低生产成本，提高安全性和舒适性，从而以市场为导向，实现产业化，在这一阶段，需要收紧成本约束。但是目前中国大型客机产业链的原材料，零部件和售后服务等环节并未系统建立，而且中国大型客机企业与国际零部件供应商的合作很可能会受到双寡头的阻挠，这两点都会对中国大型客机的产业化造成消极影响。因此，要满足中国大型客机产业的产业化，必须结合中国大型

客机产业的特性。本部分从组织创新角度提出中国大型客机产业创新系统治理对策如下。

(1) 零部件供应链以国内自建为主,国际外包为辅。

零部件供应链的选择是中国大型客机产业化面临的首要问题,国内自建和国际外包各有利弊。如果选择国内自建,不仅可以在根本上避免双寡头的纵向约束限制,还可以发挥大型客机产业的辐射带动作用,促进产业创新,引导国内经济和技术进步。但是国内自建并不容易实现,一方面因为我国现有的技术水平有限,不能完全掌握一些原材料以及零部件的全部生产工艺和制造工艺,而且国内技术人员和熟练工人也极其匮乏;另一方面,中国大型客机产业整机生产和零售市场未形成规模,因而零部件制造环节无法产生规模经济,这使得零部件供应链的成本高、效率低。而国际外包并不需要以上两个方面的支撑,但是如果选择国际外包,就要面对其他新的问题。例如,关键零部件的供应受限,即便得到供应也不能保证持续稳定,从而增加了风险,最重要的是不能摆脱双寡头的纵向约束压制。

关于零部件供应的国内自建和国际外包并不是完全对立的,在不同的发展时期选择不同的方式,或者调整二者所占比例,可以达到最佳的效果。在发展初期,我国大型客机产业可以通过抓紧国内自建,辅以国际外包的方式,来达到完成大型客机生产的主要目的;发展到一定的阶段,可以采取关键零部件国内自制,一般零部件通过国内自制或者利用整机生产和零售市场较大规模对国际零部件供应商形成吸引,还可以与国际供应商签订比较优惠的采购合同,采取国际外包策略,从而降低成本、提高效率。总体可以概括为零部件供应链以国内自建为主、国际外包为辅。

(2) 发展初期,采用政府主导"整零集团化"组织策略。

在提到整零集团化之前,首先要了解整零一体化。整零一体化是大型客机产业发展初期的一种组织策略,整机企业不仅要控制核心零部件的生产,如总装、动力和机身等,还要以整机装配为核心,向零部件制造和原材料供应的上游产业链延伸,形成纵向一体化大企业,从而建立各类零部件制造部门,自制其他零部件。整零集团化是大型客机发展到成熟阶段的一种组织策略,整机企业在控制核心零部件生产的同时不需要向零部件制造和原材料供应的上游产业链延伸,二者是分离的,整机企业和核心零部件制造企业组成独立的企业,并且相互组成企业集团。独立企业的主要服务对象是集团内的整机企业,也可以同时向集团外的其他整机企业供应零部件。

根据中国大型客机产业的实际情况,得出初期的这一阶段发展特点。其一,中国不乏独立的飞机零部件制造企业,只需要经过适当改造,即可为大型客机产业供应一部分零部件,与大型客机整机企业形成一体化并不是必要的。其二,中国的确存在零部件专业化程度低、零部件市场和大型客机产业整机生产的总体规模狭小等问题，这时候如果能够发挥政府的主导作用，通过产权投资、政府补贴等方式，建立新零部件制造企业，不但有利于实现零部件制造企业和整机企业二者之间的统一规划和管理，而且能降低组织成本、节约交易成本，从而保证零部件的供应。此外，通过政府的支持还可以消除零部件生产规模不经济导致的生产成本高、零部件制造企业竞争激励不足等弊端。

通过上述分析可知，在发展初期中国可以直接越过国际大型客机产业发展初期所采用的整零一体化策略，采取政府主导的整零集团化的半独立组织策略，政府主导能够发挥政府的积极作用，集中有限的技术经济资源，克服市场机制的长期作用缺陷，并且能够在短期内看到成效。

（3）发展成熟阶段，采用以市场主导的"整零分离"外包组织策略。

"整零分离"一般是大型客机发展到相当成熟的阶段所采用的组织策略，它是指整机企业控制核心零部件的生产，如总装、动力和机身等，但与其他零部件制造企业完全分离，零部件制造企业是独立的企业，不与整机企业存在任何产权联系，整机企业把零部件制造业务全部外包给独立的零部件制造企业，有的甚至还实行全球采购。"整零分离"减少了整机企业与零部件制造企业的依存关系，对于零部件制造企业，它的独立性使得它的灵活性和专业性都有极大的提高，有利于提高批量生产的效率，实现大规模生产。独立零部件制造企业在很多方面都体现出很强的优势，如技术的研发、成本的降低、产品质量的提高以及效率的激励等，独立零部件制造企业告别了原来通过整机企业提供的设计图纸进行加工的模式，独立承担了从产品设计到检验和供货到市场服务的全部内容，从而极大地降低了组织成本。

在成熟阶段，中国大型客机产业应采取以市场为导向的"整零分离"外包组织策略。该阶段，中国大型客机产业的整机生产和零售市场规模都得以扩大，零部件需求量也随之增大，整机企业的专业性增强，国内整机集团内的零部件制造部门和零部件制造企业都能够实现规模经济，零部件制造企业已经具备与整机装配完全分离的条件。在这一阶段，国际零部件供应商也可能会因为国内整机生产和零售市场的规模扩大而突破双寡头的纵向约束，与中国大型客机产业的企业合作，虽有可能会增加交易成本，但却降低了组织和生产成本，同时也可以从零部件制造企业竞争激励加大中获益。此外，整机生产和零售市场的扩大，最终会取代政府主导，政府主导一般都伴随效率低下等不足，而市场机制的活力能很好地消除这一弊端。

3）创造良好政策环境，促进产业可持续发展

产业创新环境在中国大型客机产业发展中有着极其重要的作用，其中产业政策环境又是整个产业创新环境的重中之重。大型客机产业是周期长、投入高、风

险大的产业，政府作为投资主体，在发展中国大型客机产业的政策时可以从这几方面入手。

(1) 制定长期稳定的大型客机产业发展战略规划和法律法规。

可以在全国人大设立"大型客机产业发展委员会"，制定大型客机产业战略发展目标和规划，以及相关的法律法规及措施，以此来支持大型客机产业的长期积累及发展，同时还应安排好产业布局，并建立相关的激励机制。采购大型客机时，鼓励优先采购性能相当的国产大型客机，通过政策支持确保国产大型客机的市场份额。通过实行政府采购，开辟产业早期市场，最大限度地降低产品在早期进入市场的风险，并对未来市场开拓起到引导和示范的作用。

(2) 加强外部环境建设以及基础性研究。

政府可以通过投资建设专业培训机构进行人才培养，为中国大型客机产业的发展输送大量的人才，提供良好的人力资源基础；通过鼓励企业自主研发、促进产学研结合，营造健康的科技创新环境；通过扩建科研院所、引进大量高端设施设备，为中国大型客机产业的发展提供优越的基础设施建设。此外，基础性研究对于整个产业的发展来说至关重要，是应用研究以及商业开发的重要基础，甚至决定产业的发展方向，因此政府可以通过基础性研究的投入来间接支持大型客机产业的发展。

(3) 政府补贴政策与产权政策相结合。

调节技术创新外部性内在化最直接的方式可能就是政府补贴和技术创新产权制度，但这两方面对于激励企业技术创新活动却有着不同的作用。政府补贴是将技术创新的溢出效应内化于创新产品的税收调节中，是对市场失灵的有效补充。但是在现实的税率中，政府对每个创新项目给予准确补贴的可操作性是非常低的，所以在一般情况下，补贴率是一个确定的数。而产权制度相对来说是经济有效的，并能提供持久创新激励。随着产权制度的不断完善，技术创新活动水平也会相应提高。但是产权制度实施起来比较困难。如果将政府补贴与技术创新产权制度相结合，就能够有效消除大型客机技术创新外部性的负效应。

8.5　本章小结

本章研究了中国大型客机项目治理现状，并针对其存在的问题提出了相应的治理对策。在此之前，我们首先对中国民机产业发展历程进行了较为详细的梳理，从而为中国大型客机项目治理的分析提供铺垫。

中国民机产业始于 1965 年，至 2014 年经历了五个阶段：以运 7 项目为代表的仿制和测绘设计阶段、以运 10 为代表的自行研制阶段、以"三步走"计划为代表的国际合作阶段、以 ARJ21 为代表的自主研制新阶段以及以 C919 大型客机为代表的跻身世界航空市场阶段。其中大型客机产业始于运 10 项目，但是运 10 项目由于种种原因在 1985 年终止，1996 年中国试图与空客公司和新加坡联合研制 AE-100 大型客机项目，但最终合作失败，此后中国大型客机项目搁置近十年，直至 2006 年，中国开始 C919 大型客机项目的研制，历经近十年的曲折，C919 大型客机项目的主体——中国商飞已经成长为有望打破波音和空客垄断格局的企业，中国大型客机产业已经跻身世界大型客机市场的前列。

本章从三个维度对中国大型客机的项目治理进行研究，包括中国大型客机的"主-供"模式治理、中国大型客机产业集群治理、中国大型客机产业创新系统治理。

在"主-供"模式治理的研究中，我们首先对"主-供"模式进行介绍，其次分析了中国商飞公司的"主-供"模式，最后研究了中国大型客机产业"主-供"模式存在的问题，并提出相应的治理对策，包括增强"主-供"模式的认同感，进一步适应供应商角色；强化"主-供"双方契约关系；明确定义"主-供"工作界面，落实技术责任；结合我国国情，创新"主-供"模式；由实施客体向实施主体转变。

在产业集群治理的研究中，我们对航空产业集群治理进行了简要叙述，并通过对美国和法国大型客机产业集群现状以及产业集群治理行动的分析为中国大型客机产业集群治理汲取经验。在对中国大型客机产业集群治理现状进行分析后，从企业、行业协会及政府三个层面提出了具体可行的治理对策。

在产业创新系统治理的研究中，我们先对大型客机产业创新系统进行了概念性描述，把产业创新系统要素分为产业技术创新、产业创新组织和产业创新环境。在此基础上，我们构建了大型客机产业创新系统的模型，并对中国大型客机产业创新系统治理现状进行分析，发现中国大型客机产业创新系统存在技术创新能力薄弱、人才和资金不足、创新体制不完善等问题。对此我们从产业技术创新、产业创新组织以及产业创新环境三个方面提出了相应的治理对策。

第 9 章

结论与展望

■ 9.1 主要结论

在市场环境下，服务创造价值的比重在产品服务包中所占比重越来越高，制造企业除了塑造自身核心技术能力外，通过核心技术进行服务衍生是未来企业创新的重要内容，因此，提升制造的投入和产出服务化水平显得尤为重要。而服务型制造作为一种新型的先进制造模式，能够有效增强服务业与制造业的融合，该模式不仅能够向客户提供全生命周期的服务，实现制造业务的延展及在价值链上的攀升，还能够通过整合创新资源，提升产品和服务创新能力，增强以产品为载体的服务，实现企业传统制造能力的提升。尽管服务型制造研究已经成为学术界研究的热点，但是目前国内该领域的研究依然存在几点不足：①在微观层面上，缺乏对服务型制造项目中利益相关者行为的研究；②在中观层面上，缺乏对服务型制造产业形态和生产方式的认识，对该产业的研究较为零碎，未形成系统体系；③在宏观上，缺乏对服务经济发展所引发的社会和政治方面的影响，尤其缺乏大型服务型制造项目对国家影响的实证研究。本书在以上三个领域进行了一些补充和拓展。

首先，微观层面，本书从服务型制造项目治理的基本理论入手，对服务型制造项目治理、服务型制造网络治理、服务型制造项目治理模式和服务型制造项目治理机制进行梳理，发现服务型制造项目治理是建立项目利益相关者（制造企业、服务企业和顾客）对服务型制造项目的治理角色关系的过程，该过程用于降低项目治理角色承担的风险，从而为实现服务型制造项目目标、利益相关者满意提供可靠的治理环境。基于该定义，本书对服务型制造项目治理的影响机理及项目治理风险进行分析，得出以下三点结论。

（1）影响服务型制造项目治理的因素主要来自两个方面，即服务型制造各利益相关者的关系和在项目实施过程中涉及的项目保障因素。影响项目利益相关者关系的因素主要来自三个方面，即利益相容性、信任水平和合作强度。利益相容性体现在利益相关者为了共同的项目使命形成的治理角色相关性，它概括了服务型制造项目中利益相关企业间复杂的关系，并强调整个服务型制造是围绕同一个项目使命而展开的。信任水平和合作强度作为另外两大影响关系治理的因素，说明了信任和合作经验的重要性。而对于项目保障因素，本书研究将其概括为项目所处环境、项目实施因素和项目绩效。项目具有阶段性，服务型制造项目也是按照阶段积累完成的，并非一蹴而就的。在项目实施过程中需要各种保障措施保证其高质量完成，项目所处环境为项目提供良好氛围，项目实施因素保证项目进行顺利，项目绩效则可及时检验和调整项目实施情况。因此，服务型制造项目治理可以通过关系治理和项目保障因素的优化来提高成功率，结合关系治理相关理论，将各利益相关者的互动关系与项目的保障因素和服务平台相结合，形成服务型制造项目治理的协同效应是服务型制造项目治理的最终目的。而搭建公共信息平台、建立合作共赢理念、建立科学预警机制和冲突变动以及建立信用评价体系等是实现服务型制造项目协同治理的有效措施。

（2）服务型制造项目的生命周期可以分为研发设计阶段、生产制造阶段和销售服务阶段，合同治理与关系治理并重是治理利益相关者的有效手段。基于生命周期视角的研究结果表明，在研发设计阶段，合作伙伴参与度和合同订立严密性对缩短研发周期、降低研发成本以及提高研发满意度方面存在显著影响；在生产制造阶段，伙伴信息沟通反馈、项目进度严格控制、有效质量标准以及风险预防措施等因素对增强伙伴合作关系和降低制造成本有显著影响；在销售服务阶段，订立严格的销售服务指标和提高客户需求响应度，对绩效指标完成和增强伙伴利益满足度有显著影响。此外，本书还基于利益相关者理论探讨了核心制造商的不同治理方式与项目绩效的内在联系。结果表明，制造商多采用合同治理和关系治理并重的方式，而合同治理和关系治理并弱的方式较少；制造商对其他利益相关者采用的合同治理程度越高，项目绩效越好；采用关系治理程度越高，项目绩效也越好；而制造商采用合同和关系并重方式进行治理取得的绩效更优于其他治理方式。

（3）服务型制造网络的结构变动以及利益相关者自身的素质和利益相关者之间的关系是服务型制造项目治理主要的风险来源。本书按照项目治理风险演化、项目治理风险分析和项目治理风险评价的路线对服务型制造项目治理风险进行研究，研究结果表明：第一，在服务型制造项目中，如果利益相关者的地位或利益受到较为严重的威胁，则极有可能会毁约退出项目，网络中利益相关者个体行为策略会改变整个网络结构以及利益相关者之间的关系，从而给项目治理带来新的风险。如果利益相关者采取联合策略实施利益绑定、建立严明的契约条款约束利益相关者行为、重视顾客的反馈建议则能很好地规避网络结构变动引起的风险。第二，除了网络结构变动引起的风险，利益相关者的自身因素识别不当、信息沟通不畅、交流频率低等也对服务型制造项目治理有较大的风险影响，而其中利益相关者识别不当又是主导的风险因素。因此，选择拥有较高声誉的利益相关者、采用网络治理手段破除利益相关者沟通不畅、建立激励机制提高利益相关者履约质量可以很好地规避利益相关者个体带来的风险。第三，从利益相关者之间的关系来看，项目合作环境及合作保障不合理、沟通及信任机制不完善也是影响项目治理的主要因素。因此，对于项目相关企业来说，可以通过选择风险回避、风险分散等措施提高项目成功率。在项目的选择上，可以选择低风险的项目实施投资以回避风险，也可以在项目实施过程中改变路径绕过某些风险因素；在项目实施过程中，可以从时间和空间上分散风险，如同时对多个项目进行开发形成项目组合、对通过的项目组合制订多种方案以提高总体的成功率等。

其次，在中观层面，本书以大型客机产业为例从产业层面对服务型制造项目治理进行案例研究，并选取大型客机产业的两寡头——波音和空客，进行具体的案例分析，根据它们的项目治理经验，得出以下两点结论。

（1）服务型制造项目治理包含多个方面，其中供应商治理、客户关系治理以及质量治理是主要的三个方面，对于不同的治理内容应当采取不同的治理手段。对波音公司的案例研究表明，可以通过精简供应商、激励供应商、挑选供应商、培训供应商和大力引进信息技术的方法对供应商进行治理。对于客户关系治理，可以通过密切关注客户为其提供优质服务，利用信息平台实现高效沟通、打开营销思路，运用品牌推广等方式维护和提升客户满意度，从而实现对客户的有效治理。在质量治理方面，利用计算机辅助工具、供应商质量认证和客户内部化等方法和手段对质量进行持续改进，以保证质量体系的先进性；此外，对项目质量治理的重点在于供应商质量行为的治理，根据波音公司质量治理的经验，与适应性质量协作和合约化质量协调相比，基于模块化的质量协同在实现项目整体利益最大化上效果更胜一筹，而供应商集成模式与国际企业联盟模式可以使模块间的质量协同效应更加显著。

（2）传统制造向服务型制造转变过程中，其商业模式呈现阶段性演化，通过先进的技术以及科学的标准保证产品的可靠性和安全性是化解危机的"金钥匙"。在服务化转型过程中，商业模式会经过技术管理、服务管理、协同管理的三阶段演化，相应的，企业关注的价值活动也从技术创新活动转变为服务创新活动再到整个系统的协同。基于协同管理的商业模式呈现群状的组织结构，其组织关系为生态网络关系，核心价值活动为协同创新活动，它要求更密切的关系和更高的信任度，更高的资源和能力水平，该种商业模式是服务化转型的成熟表现。在产业转型升级的过程中，不可避免突发状况，但是只要项目有一个考虑周全的计划、先进技术的支撑和系统的质检体系来对项目的各个环节进行严格的控制，在保证产品的可靠性和安全性的基础上，项目就有更大的可能性跳出危机的泥潭。

最后，在宏观层面，本书以我国（中国）大型客机产业为例，从我国大型客机产业的发展历程的回顾入手，对我国大型客机"主-供"模式、我国大型客机产业集群治理、我国大型客机产业创新系统治理进行分析，并提出相应的治理对策。在前两项分析中，本书将我国大型客机项目的主体——中国商飞的主-供模式和产业集群治理现状与波音和空客进行对比分析，而在产业创新系统治理研究中则主要针对中国商飞的大型客机产业进行较为系统的分析。根据分析的内容，本书得出以下三点结论。

（1）中国大型客机产业在实施"主-供"模式过程中面临基础薄弱、人才匮乏、经验不足和市场竞争压力大等阻碍。波音的"主-供"模式强调尽可能减少一级供应商的数量，让一级供应商充分发挥各自的经验和创造力，让它们尽可能多地担负起自行研发和制造综合系统的任务。空客的"主-供"模式与波音的"主-供"模式有较明显的差异，它的一级供应商主要由法、德、英、西这几个国家的企业构成，而波音则将较多的设计和制造任务交给外国企业，并不局限于某几个国家。因此，与波音相比，空客的外购策略显得较为"保守"，复杂或关键的机身部件（尤其是较新的飞机型号）仍然在内部生产，外包的主要是生命周期濒临结束的型号。中国商飞在其"主-供"模式中，把机体、标准件等国内具备一定生产能力和研发实力的领域委托给国内航空生产企业，而发动机以及飞控、航电系统等关键部件则是向国外招标。由此来看，中国商飞的"主-供"模式是在关键部件和核心技术上选择国外供应商，而波音和空客选择将非核心部件或低附加值环节外包，因此中国的大型客机产业没有掌握关键的核心技术，还是会面临受制于人的困境。为了充分发挥"主-供"模式的优势，本书提出以下几点"主-供"模式的治理对策：供应商应增强"主-供"模式的认同感从而进一步适应供应商角色、并由实施客体向实施主体转变增强行为主动性；治理主体应强化"主-供"双方契约关系、明确定义"主-供"工作界面、落实技术责任并结合我国国情创新"主-供"模式。

（2）中国大型客机产业集群存在信任网络不健全、集群内行业协会共同治理失灵、地方政府治理缺失、管理体制滞后和法律制度不完善、传统文化消极因素制约等问题。美国在大型客机产业集群治理方面采取多方位的治理对策，如政府提供优厚的补贴政策、加强航天研发能力和技术创新能力的培育、通过设置壁垒保护本国航空制造产业集群发展、出台政策促进技术发展，此外，核心企业（波音）也采取积极的治理行动。法国政府也通过立法、发展孵化器、设立发明援助基金、制订建设计划以及给予核心企业大力政策支持等方式支持大型客机产业的发展，相对完善的中介机构也为法国大型客机产业集群治理提供了良好的外部环境。面对中国大型客机产业集群存在的种种问题，本书提出从集群企业、行业协会和地方政府三个层面实施相应的大型客机产业集群治理对策。例如，集群企业应提高互动合作意识和增加社会资本存量，行业协会应完善行业规范和丰富集群的非集体性产品，地方政府应建立健全的集群中介机构、健全的产业集群治理机制、通过合适的方式扶持大企业的成长、建立多元化的融资体制等。

（3）中国大型客机产业创新系统存在技术创新能力薄弱、人才和资金不足、创新体制不完善等缺陷。大型客机产业创新系统主要由产业技术创新、产业创新系统中的组织和创新发展的环境三个要素构成。为了弥补我国大型客机产业创新系统的缺陷，本书依据创新系统的三个构成要素，提出相应的对策。在产业技术创新方面，我国应突破技术发展依赖实现自主创新，具体对策包括集中主要力量进行集成创新和关键技术研发、通过跨价值链的学习摆脱对单一价值链的技术依赖、通过绿地投资获取东道国外溢知识，以及通过跨国并购获取核心技术。在创新组织方面，我国应以市场为导向加快大型客机的产业化，具体对策包括零部件供应链以国内自建为主国际外包为辅、在发展初期采用政府主导"整零集团化"组织策略、在发展成熟阶段采用以市场主导的"整零分离"外包组织策略。在创新环境方面，我国应创造良好的政策环境以促进产业可持续发展，具体对策包括制定长期稳定的大型客机产业发展战略规划和法律法规、加强外部环境建设以及基础性研究、政府补贴政策与产权政策相结合。

9.2　创新及展望

本书的主要创新点归纳为如下三点。

（1）探索了服务型制造项目治理的作用路径。服务型制造项目治理的研究是一个全新的领域，对服务型制造项目治理作用路径的研究极少，本书对服务型制造项目治理作用路径的研究是这一领域的新探索。本书用项目治理绩效来表示服务型制造项目治理的效果，并提出网络结构、治理模式和治理能力这三个影响项目治理绩效的因素，借助结构方程模型研究这三个因素与项目治理绩效之间的因果关系，从而厘清服务型制造项目治理的作用路径。

（2）研究了服务型制造项目治理的动态演化。本书分别从网络结构和利益相关者两个角度对服务型制造项目治理的演化规律进行分析。在网络结构演化的分析中，本书用结构洞理论指标定量描述服务型制造网络节点的信息控制能力和影响力，通过节点的结构洞指标变化显示出网络动态演化的特征与规律。与其他学者的研究相比，把结构洞理论运用到服务型制造网络的演化分析中是一次突破性的尝试。此外，在利益相关者行为演化的分析中，本书首次从演化博弈的视角研究服务型制造项目中利益相关者的博弈焦点，并根据复制动态微分方程利用系统动力学进行利益相关者策略选择的模拟，通过计算机仿真分析服务型制造项目治理中利益相关者行为的动态演化。

（3）设计了服务型制造项目治理机制。本书从多委托人、多代理人和机会主义三个角度对服务型制造项目中利益相关者之间的委托代理关系以及利益关系进行系统分析。运用多代理人理论分析了服务型制造项目中模块商之间的串谋行为，并设计出模块商的防串谋机制；从多委托人角度出发，基于合同治理理论构建制造商联合提供合同和分别提供合同情况下的服务提供商的努力水平，并提出信息对称、信息不对称、制造商合作、制造商不合作情况下的治理对策；基于合作中的机会主义行为，构建服务型制造项目中敲竹杠行为治理的交易成本模型和市场效应模型，并根据分析结果提出抑制机会主义行为的启示。

本书遵循"项目治理的影响机理—项目治理的动态演化—项目治理的机制设计"的整体框架对服务型制造项目治理进行系统研究，并以大型客机产业为例对服务型制造项目治理进行实证研究，将理论与实践相结合，为我国大型客机产业的项目治理提供了理论指导，同时也为制造业的服务化转型提供了参考。但是服务型制造作为经济全球化、客户需求个性化以及服务经济背景下的新商业模式和生产组织方式，正在全球范围内越来越多的企业和行业进行着服务型制造模式的实践，而本书仅仅以大型客机产业为例进行服务型制造项目治理的案例研究，得出的实证结论缺乏服务型制造项目治理的普适性，因此还需要对其他行业的服务型制造项目进行案例研究，从而概括出不同服务型制造行业项目治理经验的共性。此外，服务经济的发展和服务社会的到来势必全方位地改变人类原有的生产生活方式和社会的组织形式，仅仅研究服务型制造并不能全面地反映服务的广泛影响和重要作用，因此目前的研究还远未达到应有的广度的深度，需要更多领域的学者给予关注。

参考文献

阿里斯 S.2008.豪赌三万英尺——空中客车挑战波音霸权［M］.徐德康，吴敏，等译.北京：航空工业出版社.

安筱鹏，李长江.2009-05-25.新型工业化道路就是服务型制造之路［N］.国际商报.

巴特李克 R.2003.项目过程测评与管理［M］.王增东译.北京：电子工业出版社.

白全贵.2008-11-12.服务型制造：经济转型的重要途径——与郭重庆院士、汪应洛院士一席谈［N］.河南日报.

博尔顿 P，德瓦特里庞 M.2008.合同理论［M］.费方域，等译.上海：格致出版社.

曹雯.2011.服务型制造模式的成本优势与形成机理研究——基于江苏省制造业的实证分析［D］.南京财经大学硕士学位论文.

陈鹏，薛恒新，刘明忠.2007.基于项目生命周期的 ERP 绩效评价研究［J］.科学学与科学技术管理，(6)：139-143.

陈姗姗.2014.起底 C919 供应商：中航系揽重任 民企外资分羹［EB/OL］.http：//mil.huanqiu.com/aerospace/2014-09/5146744.html.

陈伟宁.2013.梦想之翼——中国大型客机产业项目成立始末［J］.大飞机，(2)：16-21.

陈学光，徐金发.2007.基于企业网络能力的创新网络研究［J］.技术经济，(3)：42-45.

陈勇江，张玉寿.2008.集群企业社会资本锁定效应与私人信任的关联度研究［J］.商业时代，(9)：41-43.

陈振明.2003.公共管理学——一种不同于传统行政学的研究途径［M］.北京：中国人民大学出版社.

钟文.2014-10-11.培育产业集群 成都航空与燃机产业正"展翅高飞"［EB/OL］.http://scnews.newssc.org/system/20141011/000498829.html.

程东全，顾锋，耿勇.2011.服务型制造中的价值链体系构造及运行机制研究［J］.管理世界，(12)：180-181.

戴菊贵.2011.敲竹杠问题的本质及其解决方法［J］.中南财经政法大学学报，4：10-16.

丁立宏，管锡展.2005.多委托人激励理论：一个综述［J］.产业经济研究，(3)：54-63.

丁荣贵，费振国.2008.项目治理研究的迭代过程模型［J］.东岳论丛，29(3)：67-74.

丁荣贵，刘芳，孙涛，等.2010.基于社会网络分析的项目治理研究［J］.中国软科学，(6)：132-136.

丁荣贵，邹祖烨，刘兴智.2012.政府投资科技项目治理中的关键问题及对策［J］.中国软科学，(1)：90-99.

丁荣贵，高航，张宁.2013.项目治理相关概念辨析［J］.山东大学学报（哲学社会科学版），(2)：132-142.

丁兆国，金青，张忠.2013.服务型制造企业的价值创造研究［J］.中国科技论坛，(5)：91-96.

方世健，魏小燕.2010.合作研发中敲竹杠问题研究［J］.运筹与管理，19(6)：176-180.

冯良清.2012.服务型制造网络节点质量行为研究［D］.南昌大学博士学位论文.

冯泰文，孙林岩，何哲，等 . 2009. 制造与服务的融合：服务型制造［J］. 科学学研究，
　　（6）：837-845.

符加林 . 2007. 企业声誉效应对联盟伙伴机会主义行为约束研究［D］. 浙江大学硕士学位论文 .

符加林 . 2008. 联盟伙伴敲竹杠行为效率损失及其治理［J］. 企业活力，8：16-18.

甘华鸣 . 2002. 项目管理［M］. 北京：中国广播出版社 .

高嵩 . 2009. 非对称战略联盟网络中的机会主义研究［M］. 北京：北京邮电大学 .

顾海 . 2001. 我国产学研实践中制约因素分析及对策［J］. 中国科技产业，（4）：20-23.

过聚荣，邬适融 . 2007. 企业客户关系的特征性分析及其治理机制研究［J］. 南开管理评论，
　　1（10）：50-53.

何哲，孙林岩 . 2012. 服务与制造的历次大讨论剖析和服务型制造的提出［J］. 管理学报，
　　9（10）：1515-1523.

何哲，孙林岩，贺竹馨，等 . 2008. 服务型制造的兴起及其与传统供应链体系的差异［J］. 软
　　科学，（4）：77-81.

何哲，孙林岩，朱春燕 . 2010. 服务型制造的概念、问题和前瞻［J］. 科学学研究，28（1）：
　　53-60.

侯盼盼，林伟，周健 . 2010. 波音公司客户选型初探［J］. 民用飞机设计与研究，（3）：62-63.

胡问鸣 . 2007. 世界民用飞机工业概览［M］. 北京：航空工业出版社 .

扈文秀，张涛，章伟果 . 2011. 不完全信息条件下象征式竞购合谋的均衡策略分析［J］. 系统
　　工程，29（1）：45-50.

黄安仲 . 2008. 委托代理关系中的串谋及其治理［J］. 现代管理科学，（3）：42-44.

黄波，孟卫东，皮星 . 2011. 基于双边道德风险的研发外包激励机制设计［J］. 管理工程学
　　报，25（2）：178-185.

黄孚佑 . 2006. 试论"代建制"与"投资项目治理"［J］. 中国招标，（Z1）：19-23.

江若尘，陈宏军 . 2011. 销售绩效相关影响因素的实证研究［J］. 商业经济与管理，（2）：
　　21-29.

姜大尉 . 2006. 供应链系统中的共同代理问题研究［J］. 物流技术，（1）：62-64.

蒋玉洁 . 2013. 基于共生理论的大型客机产业集聚演化机制研究［D］. 南京航空航天大学硕
　　士学位论文 .

金立印 . 2006. 服务供应链管理、顾客满意与企业绩效［J］. 中国管理科学，14（2）：100-106.

景劲松 . 2004. 复杂产品系统创新项目风险识别、评估、动态模拟与调控研究［D］. 浙江大
　　学博士学位论文 .

匡雷达 . 2012. 生产性服务业与制造业关系研究［D］. 天津商业大学博士学位论文 .

赖丹馨，费方域 . 2009. 混合组织的合同治理机制研究［J］. 珞珈管理评论，（2）：72-79.

李春艳，刘力臻 . 2007. 产业创新系统生成机理与结构模型［J］. 科学学与科学技术管理，
　　（1）：50-55.

李刚，孙林岩，李健 . 2009. 服务型制造的起源、概念和价值创造机理［J］. 科技进步与对
　　策，（13）：68-72.

李刚，孙林岩，高杰 . 2010. 服务型制造模式的体系结构与实施模式研究［J］. 科技进步与对

策，27（7）：45-50.

李华旭．2012.江西省航空制造业服务化的模式与路径研究［D］.南昌大学硕士学位论文.

李维安，周建．2005.网络治理：内涵、结构、机制与价值创造［J］.天津社会科学，（5）：59-63.

李霄鹏，高航，法月萍．2012.基于不完备合约的工程项目治理风险研究［J］.统计与决策，（1）：181-183.

李小宁．2009.大型客机的市场竞争与发展战略［M］.北京：北京航空航天大学出版社.

李雁．2010."海拔最高的战争"——波音空客补贴争端［J］.民用飞机设计与研究，（3）：1-4.

李越川．2013.演化博弈视角下的中国铁路运输企业产权制度变迁［M］.北京：北京理工大学出版社.

李贞，张体勤．2010.企业知识网络能力的理论架构和提升路径［J］.中国工业经济，（10）：107-116.

李振勇．2006.商业模式［M］.北京：新华出版社.

梁莱歆，熊艳．2010.基于研发项目生命周期的成本管理模式研究［J］.科研管理，31（1）：170-176.

梁永宽．2008.项目管理中的合同治理与关系治理［D］.中山大学博士学位论文.

梁永宽，袁静．2009.建设项目合同治理的衡量与现状［J］.建筑经济，（12）：24-27.

林文进，江志斌，李娜．2009.服务型制造理论研究综述［J］.工业工程与管理，14（6）：167-175.

刘炳春．2011.服务型制造网络协调机制研究［D］.天津大学博士学位论文.

刘成龙．2011.走进波音公司的质量管理模式［J］.现代班组，（6）：26-27.

刘凤芹，王姚瑶．2013.声誉机制与默认合约：一个"敲竹杠"治理方案的实证比较［J］.社会科学战线，11：55-59.

刘军．2009.整体网络分析讲义——UCINET软件实用指南［M］.上海：格致出版社，人民出版社.

刘林艳，宋华．2014.服务化商业模式创新架构与要素研究［J］.管理案例研究与评论，7（1）：22-33.

刘曲．2013.空客A380交付推迟的因素及影响［J］.科技信息，（1）：64-65.

刘荣坤，刘兴智，荣梅，等．2011.政府投资项目治理风险评级方法研究［J］.软科学，25（2）：29-35.

刘伟华，刘希龙．2009.服务供应链管理［M］.北京：中国物资出版社.

刘向东．2011.基于利益相关者的土地整理项目共同治理模式研究［D］.中国地质大学博士学位论文.

刘晓红，徐玖平．2008.治理风险管理［M］.北京：经济管理出版社.

刘兴智，丁荣贵．2011.项目治理中的个体网络风险分析［J］.山东社会科学，（4）：145-147.

刘兴智，王彦伟，魏巍．2011.基于SNA的项目治理关系网络分析与相应策略研究［J］.华东经济管理，25（6）：124-125.

刘燕．2006."机会主义行为"内容与表现形式的理论解释［J］.经济问题探索，（5）：122-125.

刘颖，陈继祥 . 2009. 生产性服务业与制造业协同创新的自组织机理分析 [J]. 科技进步与对策，26 (15)：48-50.

刘勇 . 2011. 基于主制造商-供应商模式的大型客机供应商管理研究 [D]. 南京航空航天大学博士学位论文 .

吕力，邹颖，李倩 . 2014. 管理案例研究资料分析技术 [J]. 管理案例研究与评论，7 (1)：34-45.

吕乃基，兰霞 . 2010. 微笑曲线的知识论释义 [J]. 东南大学学报 (哲学社会科学版)，12 (3)：18-22.

罗国亮，谢传胜 . 2002. 企业关系生存论 [J]. 工业技术经济，(3)：25-36.

骆亚卓 . 2011. 合同治理与关系治理及其对建设项目绩效影响的实证研究 [D]. 暨南大学博士学位论文 .

马亮，吴建南，时仲毅 . 2012. 科研项目绩效的影响因素：医学科学基金面上项目的实证分析 [J]. 科学学与科学技术管理，(7)：12-20.

马士华，林勇，陈志祥 . 2000. 供应链管理 [M]. 北京：机械工业出版社 .

马世超 . 2009. 基于利益相关者和生命周期的建设项目动态风险管理研究 [J]. 建筑管理现代化，23 (2)：176-179.

聂辉华 . 2008a. 资产专用性、敲竹杠和纵向一体化——对费雪-通用汽车案例的全面考察 [J]. 经济学家，4：44-49.

聂辉华 . 2008b. 契约不完全一定导致投资无效率吗？一个带有不对称信息的敲竹杠模型 [J]. 经济研究，2：132-143.

诺克 D，杨松 . 2012. 社会网络分析 [M]. 第二版 . 李兰译 . 上海：格致出版社，上海人民出版社 .

诺兰 P，刘春航，张瑾 . 2007. 全球商业革命——产业集中、系统集成与瀑布效应 [M]. 天津：南开大学出版社 .

潘开灵，白烈湖 . 2006. 管理协同理论及其应用 [M]. 北京：经济管理出版社 .

庞博慧 . 2012. 中国生产服务业与制造业共生演化模型实证研究 [J]. 中国管理科学，20 (2)：176-183.

逄锦荣，苑春荟 . 2012. 基于服务模式创新的物流业与制造业协同联动体系研究 [M]. 北京：北京邮电大学出版社 .

彭本红 . 2009. 现代物流业与先进制造业的协同演化研究 [J]. 中国软科学，(S1)：149-153.

彭本红 . 2011a. 模块化生产网络的形成机理与治理机制 [M]. 北京：经济科学出版社 .

彭本红 . 2011b. 模块化生产网络的治理模式选择 [J]. 产业经济研究，(2)：53-59.

彭本红，李守伟 . 2009. 复杂产品模块化外包的最优合同设计 [J]. 经济管理，(2)：139-143.

彭本红，冯良清 . 2011. 模块化生产网络的信任博弈及声誉激励研究 [J]. 科技与管理，13 (1)：29-33.

彭本红，刘东 . 2011. 模块化生产网络的治理：一个分析框架 [J]. 商业经济与管理，(12)：45-50.

彭本红，刘东 . 2012. 大型客机产业的模块化培育分析 [J]. 产经评论，(5)：92-100.

彭本红，沈艳 . 2012. 基于社会资本的服务型制造网络形成机制研究 ［J］. 中国软科学，(12)：196-202.

彭剑锋 . 2013. 波音：全球整合，集成飞翔 ［M］. 北京：机械工业出版社 .

彭正银 . 2002. 网络治理理论探析 ［J］. 中国软科学，(3)：50-54.

彭志强 . 2013. 商业模式的力量 ［M］. 北京：中信出版社 .

青木昌彦，安腾晴彦 . 2003. 模块时代：新产业结构的本质 ［M］. 周国荣译 . 上海：上海远东出版社 .

任明 . 2007. 企业合同风险管理研究 ［M］. 天津：天津大学 .

萨拉尼耶 B. 2008. 合同经济学 ［M］. 费方域，等译 . 上海：上海财经大学出版社 .

尚书 . 2011. 组织间机会主义的治理机制研究 ［M］. 大连：大连理工大学 .

史东辉 . 2008. 大型民用飞机产业的全球市场结构与竞争 ［M］. 武汉：湖北教育出版社 .

思杭 . 2003. 客户关系也是价值——波音公司战胜竞争对手的致胜法宝 ［J］. 企业文化，10：65-66.

宋寒，但斌，张旭梅 . 2010. 服务外包中双边道德风险的关系契约激励机制 ［J］. 系统工程理论与实践，30 (11)：1944-1953.

宋砚秋，戴大双 . 2009. 政府主导型复杂产品系统项目治理概念模型研究 ［J］. 科技管理研究，(7)：440-442.

宋砚秋，贾传亮，高天辉 . 2011. 复杂产品系统合作创新契约模型有效性研究 ［J］. 中国管理科学，(2)：156-160.

苏朝晖 . 2013. 客户关系管理 ［M］. 北京：高等教育出版社 .

孙林岩 . 2009. 服务型制造理论与实践 ［M］. 北京：清华大学出版社 .

孙林岩，李刚，江志斌，等 . 2007. 21 世纪的先进制造模式——服务型制造 ［J］. 中国机械工程，(19)：2307-2312.

孙林岩，杨才君，张颖 . 2011. 服务型制造企业服务转型攻略 ［M］. 北京：清华大学出版社 .

孙笑明，崔文田，董劲威 . 2013. 发明家网络中结构洞填充的影响因素研究 ［J］. 科研管理，(7)：31-44.

孙亚男 . 2012. 基于社会网络结构演化的产学研合作项目治理风险研究 ［D］. 山东大学博士学位论文 .

谭莉莉 . 2006. 网络治理的特征与机制 ［D］. 厦门大学硕士学位论文 .

汤小平 . 2009. 适应"主-供"新模式积极做好机体制造供应商 ［J］. 航空制造技术，(2)：64-65.

唐强荣，徐学军，何自力 . 2009. 生产性服务业与制造业共生发展模型及实证研究 ［J］. 南开管理评论，(3)：20-26.

唐孝云，李业川，杨帆，等 . 2009. 产学研合作影响因素的实证分析及其对策研究 ［J］. 科技管理研究，(5)：101-103.

陶志辉 . 2013. C919 主要国外供应商选择历程回眸 ［J］. 大飞机，(2)：76-79.

田厚平，郭军军，杨耀东 . 2004. 分销系统中多委托人及委托人可能合作的委托代理问题 ［J］. 系统工程理论方法应用，13 (4)：361-366.

汪应洛 . 2008. 中国服务型制造的项目管理 ［J］. 科学中国人，(2)：32-35.

汪应洛 . 2010. 推进服务型制造：优化我国产业结构调整的战略思考［J］. 西安交通大学学报
　　（社会科学版），（2）：26-31.

王爱民 . 2013. 治理风险视角的复杂项目危机评级方法研究［J］. 软科学，25（2）：29-35.

王琛 . 2013. 大型客机协同研制过程的质量管理关键技术研究［D］. 上海大学博士学位论文 .

王恩创 . 2010. 电网建设项目利益相关者治理机制研究［D］. 重庆大学博士学位论文 .

王华，尹贻林 . 2004. 基于委托—代理的工程项目治理结构及其优化［J］. 中国软科学，（11）：
　　93-96.

王家远，邹小伟，张国敏 . 2010. 建设项目生命周期的风险识别［J］. 科技进步与对策，
　　27（19）：56-59.

王科，肖刚，周泓 . 2012. 寡头竞争市场产业链纵向关系治理研究［J］. 科技管理研究，（5）：
　　100-105.

王立成 . 2010. 多委托人框架下的电力产业监管模型研究［J］. 管理世界，（9）：173-174.

王平，朱帮助 . 2011. 企业自主创新项目风险评价模型与实证研究［J］. 科技管理研究，
　　（6）：15-18.

王文宾 . 2009. 演化博弈论研究的现状与展望［J］. 统计与决策，（3）：158-161.

王先甲，全吉，刘伟兵 . 2011. 有限理性下的演化博弈与合作机制研究［J］. 系统工程理论与
　　实践，31（1）：82-93.

王小芳，管锡展 . 2004. 多委托人代理关系——共同代理理论研究及其最新进展［J］. 外国经
　　济与管理，26（10）：10-14.

王昕，徐友全，高妍方 . 2011. 基于贝叶斯网络的大型建设工程项目风险评估［J］. 工程管
　　理学报，25（5）：544-547.

王彦伟，刘兴智，魏巍 . 2009. 项目治理的研究现状与评述［J］. 华东经济管理，23（11）：
　　138-144.

王莹 . 2010. 山东省政府投资公共体育场馆建设项目治理模式研究［D］. 山东大学硕士学位论文 .

王玉玲 . 2007. 服务业与制造业关系研究［J］. 中国特色社会主义研究，（3）：81-85.

王宗合 . 2010. 政府公用房屋建设项目治理风险研究［D］. 山东大学硕士学位论文 .

卫海英 . 2010. SPSS 在商务管理中的应用［M］. 北京：中国统计出版社 .

魏明侠 . 2000. 卓越制造绩效度量方法的探析［J］. 科技进步与对策，17（3）：106-107.

温家宝 . 2008-02-12. 让中国的大飞机翱翔蓝天［N］. 人民日报 .

沃瑟曼 F. 2012. 社会网络分析：方法与应用［M］. 陈禹，孙彩虹译 . 北京：中国人民大学
　　出版社 .

吴明隆 . 2010. 结构方程模型——AMOS 的操作与应用［M］. 第 2 版 . 重庆：重庆大学出版社 .

席艳乐，李芊蕾 . 2013. 长三角地区生产性服务业与制造业互动关系的实证研究［J］. 宏观
　　经济研究，（1）：91-99.

肖洪钧，赵爽，蒋兵 . 2009. 后发企业网络能力演化路径及其机制研究——丰田的案例研究
　　［J］. 科学学与科学技术管理，（3）：156-159.

谢洪涛 . 2013. 项目治理对重大建设项目技术创新绩效的影响——考虑项目创新度和复杂度的
　　调节作用［J］. 技术经济，32（9）：29-33.

谢洪涛，陈帆．2013．契约治理与关系治理对建设项目绩效的影响研究［J］．项目管理技术，10（10）：61-63.

谢会芹，谭德庆，刘军．2011．具有竞争关系的多参与人委托代理问题研究［J］．运筹与管理，20（4）：194-199.

谢文明，江志斌，王康周，等．2012．服务型制造与传统制造的差异及新问题研究［J］．中国科技论坛，（9）：59-65.

谢颖，黄文杰．2008．代建制中委托代理的激励、监督与串谋防范［J］．数学的实践与认识，38（1）：40-45.

邢小强，全允桓．2006．网络能力：概念、结构与影响因素分析［J］．科学学研究，（24）：558-563.

许天戟，宋京豫．2002．建筑伙伴的机理与实践的研究［J］．基建优化，（2）：12-17.

薛薇，陈欢歌．2012．基于 Clementine 的数据挖掘［M］．北京：中国人民大学出版社．

薛耀．2007．民间环保组织在非营利组织视角下的委托代理博弈分析［J］．西安建筑科技大学学报，39（3）：432-436.

闫森，吴文清．2013．考虑经营者合谋的激励机制研究［J］．管理学报，10（4）：524-527.

闫邹先，尚秋芬．2008．防范串谋的激励机制研究综述［J］．石家庄经济学院学报，31（3）：57-61.

严玲．2005．公共项目治理理论与代建制绩效改善研究［D］．天津大学博士学位论文．

严玲，赵黎明．2005．论项目治理理论体系的构建［J］．上海经济研究，（11）：104-110.

严玲，尹贻林，范道津．2004．公共项目治理理论概念模型的建立［J］．中国软科学，（6）：130-135.

杨得前，严广乐，李红．2006．产学研合作中的机会主义及其治理［J］．科学学与科学技术管理，（9）：38-41.

杨飞雪，汪海舰，尹贻林．2004．项目治理结构初探［J］．中国软科学，（3）：80-84.

杨瑞龙，冯健．2003．企业间网络的效率边界：经济组织逻辑的重新审视［J］．中国工业经济，（11）：5-13.

杨宇航，刘钡钡．2012．空客 A380 飞机可靠性工程中的确认和检验方法［J］．航空科学技术，（1）：36-41.

姚树俊，陈菊红，赵益维．2012．服务型制造模式下产品服务模块化演变进程研究［J］．科技进步与对策，29（9）：78-82.

姚雄华．2010．基于"主-供"模式的我国民机产业发展问题分析及对策建议［J］．新视点，（3）：76-81.

尹建华，王玉荣．2005．资源外包网络的进化：一个社会网络的分析方法［J］．战略管理，（8）：75-79.

尹贻林，赵华，严玲，等．2011．公共项目合同治理与关系治理的理论整合研究［J］．科技进步与对策，28（13）：1-4.

尹贻林，董宇，张力英．2012．基于合同治理的承包商与设计单位合谋防范研究［J］．华东交通大学学报，29（1）：54-60.

于菲菲.2009.项目治理中利益相关方动态需求风险分析［D］.山东大学硕士学位论文.

于江,尹建华.2009.企业间网络中敲竹杠行为机理及对策研究［J］.管理科学,22（4）：
　　50-55.

于立宏,管锡展.2005.多委托人激励理论：一个综述［J］.产业经济研究,（3）：54-63.

余东华.2008.分工的演进与模块化分工［J］.财经科学,（12）：81-88.

俞可平.2000.治理与善治［M］.北京：社会科学文献出版社.

喻卫斌.2007.机会主义、纵向一体化和网络组织［J］.中央财经大学学报,（7）：64-68.

袁根根,田昆儒.2012.后契约机会主义与企业治理效率研究［J］.北京工商大学学报,
　　27（3）：48-53.

袁剑波,刘苇,刘伟军.2006.工程建设项目风险应对策略应用［J］.中外公路,26（1）：
　　14-16.

袁静,毛蕴诗.2011.产业链纵向交易的契约治理与关系治理的实证研究［J］.学术研究,
　　（3）：1-2.

袁文峰.2013.大型客机项目供应商管理若干关键问题研究［D］.南京航空航天大学博士学
　　位论文.

张豆.2013.复杂环境下知识对生产单元制造绩效的影响研究［M］.重庆：重庆大学.

张敬伟.2010.扎根理论研究方法在管理学研究中的应用［J］.科技管理研究,（1）：235-237.

张俊光,徐振超.2012.基于贝叶斯网络决策理论的研发项目风险评估方法［J］.工业技术
　　经济,（12）：66-70.

张力方.2013.基于系统动力学的城中村改造的三方演化博弈研究［D］.暨南大学硕士学位论文.

张宁,丁荣贵.2014.基于项目治理统一框架的风险评价研究［J］.科技进步与对策,31（4）：
　　84-88.

张庆伟.2009-04-21.努力推动中国民机产业实现科学发展［EB/OL］.http://ccnews.peo-
　　ple.com.cn/GB/142052/9167122.html.

张维迎.2012.博弈论与信息经济学［M］.上海：格致出版社.

张晓鸣.2014-09-19.C919供应商起底：谁参与了国产大飞机制造［EB/OL］.http://news.
　　carnoc.com/list/294/294510.html.

张新国.2013.新科学管理：面向复杂性的现代管理理论与方法［M］.北京：机械工业出版社.

张秀萍,声风军.2011.产学研作联盟知识转移机制因素分析研究［J］.黑龙江教育,（2）：
　　18-21.

张耀伟.2012.基于集群创导导向的航空产业集群治理评价研究［J］.管理学报,9（2）：
　　244-249.

赵国宇.2011.制度安排缺陷、声誉机制缺失与审计合谋［J］.山西财经大学学报,33（3）：
　　115-124.

赵海山.2009.航空产业发展的模式选择及其治理逻辑［J］.科学学与科学技术管理,
　　30（6）：125-129.

赵琳.2012.基于全生命周期的房地产开发项目风险评价与控制研究［M］.哈尔滨：哈尔滨
　　工程大学.

钟华．2012. 研发项目绩效管理研究［M］．北京：北京邮电大学．

钟永光，贾晓菁，李旭，等．2009. 系统动力学［M］．北京：科学出版社．

周国华，彭波．2009. 基于贝叶斯网络的建设项目质量管理风险因素分析——以京沪高速铁路建设项目为例［J］．中国软科学，(9)：99-106.

周国华，王岩岩．2009. 服务型制造模式研究［J］．技术经济，28 (2)：37-40.

周红．2011. 关系治理、契约治理与民营企业成长［J］．管理论坛，(2)：47-49.

周鹏．2004. DIY：企业组织分析的另一个视角［J］．中国工业经济，(9)：86-93.

周业安，宋紫峰．2011. 社会偏好、信息结构和合同选择——多代理人的委托代理实验研究［J］．经济研究，(11)：130-144.

周茵，庄贵军，彭茜．2013. 关系型治理何时能够抑制渠道投机行为？——企业间关系质量调节作用的实证检验［J］．管理评论，25 (1)：90-100.

朱帮助，李军．2008. 基于主成分分析的区域物流发展水平综合评价［J］．工业技术经济，27 (5)：105-107.

诸雪峰，贺远琼，田志龙．2011. 制造企业向服务商转型的服务延伸过程与核心能力构建——基于陕鼓的案例研究［J］．管理学报，8 (3)：356-364.

OGC 组织．2004. PRICE2——成功的项目管理［M］．薛岩，欧立雄译．北京：机械工业出版社．

Project Management Institute. 2013. 项目管理知识体系指南［M］．第 5 版．许江林，等译．北京：电子工业出版社．

Abdel-Hamid T K, Madnick S E. 1991. Software Project Dynamics: An Integrated Approach ［M］. Englewood Cliffs: Prentice Hall.

Abednego M P, Ogunlana S O. 2006. Good project governance for proper risk allocation in public-private partnerships in Indonesia ［J］. International Journal of Project Management, 24 (7): 622-634.

Allmendinger G, Lombreglia R. 2005. Four strategies for the age of smart services ［J］. Harvard Business Review, 83 (10): 131-136.

Amit R, Zott C. 2010. Business model design: an activity system perspective ［J］. Long Range Planning, 43 (2): 216-226.

Anderson E. 1988. Transaction costs as determinants of opportunism in integrated and independent sales forces ［J］. Journal of Economic Behavior & Organization, 9 (3): 247-264.

Baldwin C Y, Clark K B. 1997. Managing in an age of modularity ［J］. Harvard Business Review, 75 (5): 84-93.

Barney J B, Hansen M H. 1994. Trustworthiness as a source of competitive advantage ［J］. Strategic Management Journal, (15): 175-190.

Batjargal B. 2001. Effects of Social Capital on Entrepreneurial Performance in Russia: A Network Approach ［M］. London: Groom Helm.

Bentler P M. 1990. Comparative fit indexes in structural model ［J］. Psychological Bulletin, (107): 238-246.

Bergemann D, Valimaki J. 2002. Dynamic common agency ［J］. Journal of Economic Theory,

111：23-48.

Berger S, Lester R. 1997. Made by Hong Kong [M]. Oxford：Oxford University Press.

Bernard S D. 2001. Incentives in common agency [J]. CIRANO Scientific Series, 20 (4)：185-190.

Bernheim B, Whinston M. 1985. Common marketing agency as a device for facilitating collusion [J]. The Rand Journal of Economics, 146：85-105.

Bernheim B, Whinston M. 1986. Common agency [J]. Econometrica, 54 (4)：923-942.

Bester H, Guth W. 1998. Is altruism evolutionarily stable [J]. Journal of Economic Behavior and Organization, (34)：285-289.

Branconi C V, Loch C H. 2004. Contracting of major project：eight business levers for top management [J]. International Journal of Project Management, (22)：119-130.

Burt R S. 1992. Structural Holes：The Social Structure of Competition [M]. Boston：Harvard University Press.

Caniels M C J, Gelderman C J. 2010. The safeguarding effect of governance mechanisms in inter-firm exchange：the decisive role of mutual opportunism [J]. British Journal of Management, 21 (1)：239-254.

Carson I. 1998. The world as a single machine [J]. The Economist, 11 (2)：12-23.

Celik G. 2009. Mechanism design with collusive supervision [J]. Journal of Economic Theory, 144 (1)：69-95.

Chenery H B, Taylor L. 1968. Development patterns among countries and over time [J]. The Review of Economics and Statistics, 50 (4)：391- 416.

Chotibhongs R, Arditi D. 2012. Analysis of collusive bidding behavior [J]. Construction Management and Economics, 30 (3)：221-231.

Cohen W M, Levinthal D A. 1990. Absorptive capacity：a new perspective on learning and innovation [J]. Administrative Science Quarterly, 35 (1)：128-152.

Cooper K G. 1980. Naval ship production：a claim settled and a framework built [J]. Interfaces, 10 (6)：20-36.

Das T K, Rahman N. 2010. Determinants of partner opportunism in strategic alliances：a conceptual framework [J]. Journal of Business and Psychology, 25 (1)：55-74.

Davies A, Brady T. 2000. Organizational capabilities and learning in complex product systems：towards repeatable solutions [J]. Research Policy, 29 (7~8)：931-953.

de Wart D, Kremper S. 2004. Five steps to service supply chain excellence [J]. Supply Chain Management Review, (1)：179-204.

Ding J. 2011. A study of construction project conflict management based on evolutionary game theory [A] //Wu D, Zhou Y. Modeling Risk Management in Sustainable Construction [C]. Berlin：Springer Berlin Heidelberg.

Dodgson M. 1993. Learning, trust and technological collaboration [J]. Human Relations, 46 (1)：77-96.

Eisenhardt K M, Graebner M E. 2007. Theory building from cases: opportunities and challenges [J] . Academy of Management Journal, 50 (1): 25-32.

Feng G, Yan C. 2014. Effects of project governance structures on the management of risks in major infrastructure projects: a comparative analysis [J] . International Journal of Project Management, 32 (5): 815-826.

Floricel S, Lampel J. 1998. Innovative contractual structures for inter-organizational systems [J] . International Journal of Technology Management, 16 (1): 193-206.

Floricel S, Miller R. 2001. Strategizing for anticipated risks and turbulence in large scale engineering projects [J] . International Journal of Project Management, (19): 445-455.

Freeman C. 1991. Networks of innovations: a synthesis [J] . Research Policy, (20): 499-514.

Friedman D, Fung K C. 1996. International trade and the international organization of firms: an evolutionary approach [J] . Journal of International Economics, (41): 113-137.

Fry T D, Steele D C. 1994. A service-oriented manufacturing strategy [J] . International Journal of Operations & Production Management, 14 (10): 17-29.

Galati M. 1995. Familiarity breeds trust? The implication of repeated ties on contractual choice in alliances [J] . Academy of Management Journal, 38: 85-112.

Gal-or E. 1991. A common agency with incomplete information [J] . The Rand Journal of Economics, 22 (2): 274-286.

Garciamila T, McGuire T J. 1998. A note on the shift to a service -based economy and the consequences for regional growth [J] . Journal of Regional Science, 12 (1): 23-35.

Geraldi J G, Lee K L, Kutsch E. 2010. The Titanic sunk, so what? Project manager response to unexpected events [J] . International Journal of Project Management, 28 (6): 547-558.

Ghoshali S, Moran P. 1996. Bad for practice: a critique of the transaction cost theory [J] . Academy of Management Review, (21): 13-47.

Gil N, Tether B S. 2012. Project risk management and design flexibility: analyzing a case and conditions of complementarity [J] . Research Policy, 40 (3): 415-428.

Gilsing V. 2000. Cluster Governance: How Clusters can Adapt and Renew Over Time [M] . Copenhagen : Erasmus University.

Granovetter M. 1985. Economic action and social structure: the problem of embeddedness [J] . American Journal of Sociology, 91 (3): 481-510.

Gulati R. 1999. Network location and learning: the influences of network resources and firm capabilities on alliance formation [J] . Strategic Management Journal, (20): 1172-1193.

Hakansson H. 1987. Industrial Technological Development: A Network Approach [M] . London: Croom Helm.

Hawkins T G, Wittmann C M, Beyerlein M M. 2008. Antecedents and consequences of opportunism in buyer-supplier relations: research synthesis and new frontiers [J] . Industrial Marketing Management, 37 (8): 895-909.

Hedley S. 2008. The credibility gap in stakeholder management: ethics and evidence of relationship management [J]. Construction Management and Economics, 26 (6): 633-643.

Hines P. 1998. Value stream management [J]. International Journal of Logistics Management, 9 (1): 25-42.

Hofbauera J, Sandholmb W H. 2007. Evolution in game with randomly disturbed payoffs [J]. Journal of Economic Theory, (132): 285-295.

Holmström B. 1982. Moral hazard in teams [J]. Bell Journal of Economics, 13 (2): 324-340.

Holmström B, Milgrom P. 1990. Regulating trade among agents [J]. Journal of Institution and Theoretical Economics, 13 (2): 324-340.

Ivanka V K, Bart V L. 2013. Servitization: disentangling the impact of service business model innovation on manufacturing firm performance [J]. Journal of Operations Management, 31 (4): 169-180.

Jacobides M G, Hitt L M. 2005. Losing sight of the forest for the trees? Productive capabilities and gains from trade as drivers of vertical scope [J]. Strategic Management Journal, (26): 1209-1227.

Jones C, Hesterly S W, Borgatti P S. 1997. A general theory of network governance: exchange conditions and social mechanisms [J]. Academy of Management Review, 22 (4): 911-945.

Kale P, Dyer J H, Singh H. 2002. Alliance capability, stock market response, and long-term alliance success: the role of the alliance function [J]. Strategic Management Journal, 23 (8): 747-767.

Keller K L. 1998. Strategic Brand Management [M]. Upper Saddle River: Prentice Hall Press.

Klakegg O J, Williams T, Magnussen O M, et al. 2008. Governance frameworks for public project development and estimation [J]. Project Management Journal, (39): 27-42.

Klein B. 1996. Why hold-up occur: the self-enforcing range of contractual relationships [J]. Economic Enquiry, (134): 444-463.

Koase P A, Eaton B C. 1997. Co-specific investment, hold-up and self-enforcing contracts [J]. Journal of Economic Behavior & Organization, 32 (3): 457-470.

Kogut B. 1985. Designing global strategies: comparative and competitive value-added chains [J]. Sloan Management Review, 26 (4): 15-28.

Lambert K. 2003. Project governance [J]. World Project Management Week, (3): 8-9.

Lazear E, Rosen S. 1981. Rank-order tournaments as optimum labor contracts [J]. Journal of Political Economy, 89 (5): 841-864.

Lee J. 1995. Comparative advantage in manufacturing as a determinant of industrialization: the korean Case [J]. World Development, 23 (7): 1195-1214.

Lee S, Choi G. 2012. Governance in a river restoration project in South Korea: the case of Incheon [J]. Water Resource Management, 26 (5): 1165-1182.

Leu S, Chang C. 2013. Bayesian-network-based safety risk assessment for steel construction projects [J]. Accident Analysis & Prevention, (54): 122-133.

Levine D K, Pesendorfer W. 2007. The evolution of cooperation through imitation [J]. Games and Economic Behavior, (58): 293-315.

Liu S S, Wong Y, Liu W. 2009. Asset specificity roles in interfirm cooperation: reducing opportunistic behavior or increasing cooperative behavior? [J]. Journal of Business Research, 62 (11): 1214-1219.

Lorenze. 1988. Neither Friend nor Stranger: Informal Networks of Sub-Contracting in French industry [M]. Oxford: Basil Blackwell.

Luo Y. 2006. Opportunism in inter-firm exchanges in emerging markets [J]. Management and Organization Review, 2 (1): 121-147.

Macneil I R. 1978. Contracts: adjustment of long-term economic relations under classical, neoclassical, and relational contract law [J]. Northwestern University Law Review, 72 (6): 854-905.

Madhok A. 2002. Reassessing the fundaments and beyond: Ronald Coase, the transaction cost and resource-based theories of the firm and the institutional structure of production [J]. Strategy Management Journal, 23 (6): 535-550.

Maury T, Pajuste S. 2005. Multiple large shareholders and firm value [J]. Journal of Banking and Finance, 29 (7): 1813-1834.

Maynard S J. 1973. The theory of games and the evolution of animal conflict [J]. Journal of Theory Biology, (47): 277-283.

Maynard S J, Price G R. 1974. The logic of animal conflicts [J]. Nature, (246): 15-18.

McAfee P, McMillan J. 1986. Bidding for contracts: a principal-agent analysis [J]. Rand Journal of Economics, (3): 326-338.

McKusker J, Crair L. 2006. Establishing project governance—a practical framework to manage risk, provide verification and validation processes, and ensure compliance with Sarbanes Oxley [A] //Black L. Proceedings of the International Conference Practical Software Quality & Testing [C]. New York: New York University Press.

Mezzetti C. 1997. Common agency with horizontally differentiated principal [J]. The Rand Journal of Economics, 28 (2): 323-345.

Miller R, Hobbs B. 2005. Governance regimes for large complex project [J]. Project Management Journal, 36 (3): 42-50.

Moller K K, Halinen A. 1999. Business relationships and networks: network era [J]. Industrial Marketing Management, 28 (5): 413-427.

Muller R. 2009. Project Governance: Fundamentals of Project Management [M]. Surrey: Gower Publishing Company.

Naill R F. 1992a. A system dynamics model for national energy policy planning [J]. System Dynamics Review, 8 (1): 1-19.

Naill R F. 1992b. An analysis of the cost effectiveness of U. S. energy policies to mitigate global warning [J]. System Dynamics Review, 84: 231-259.

Osterwalder A, Pigneur Y, Tucci C L. 2005. Clarifying business models origins, present, and future of the concept [J]. Communications of AIS, 16 (1): 1-43.

Pappas N, Sheehan P. 1998. The New Manufacturing: Linkages between Production and Services Activities, Working for the Future: Technology and Employment in the Global Knowledge Economy [M]. Melbourne: Victoria University Press.

Patel D. 2007. Why executives should care about project governance: what your peers are doing about it [J]. PM World Today, 9 (4): 165-187.

Peng B, Zong Q. 2008. The optimal contract design in modular outsourcing of complex product [R]. International Seminar on Business and Information Management, 289-295 (EI).

Peng B, Zong Q. 2010. The incentive mechanism design of modular manufacture based on the task correlation [R]. International Conference on Computing, Control and Industrial Engineering, 128-135 (EI).

Pittaway L, Robertson M, Munir K, et al. 2004. Networking and innovation: a systematic review of the evidence [J]. International Journal of Management Reviews, 5 (3 ~ 4): 137-168.

Poppo P, Zenger L. 2002. Do formal contracts and relational governance function as substitutes or complements [J]. Strategic Management Journal, (23): 707-725.

Provan M, Keith G, Fish B, et al. 2007. Interorganizational networks at the network level: a review of the empirical literature on whole networks [J]. Journal of Management, 33 (3): 480.

Rapp A, Trainor K J, Agnihotri R. 2010. Performance implications of customer-linking capabilities: examining the complementary role of customer orientation and CRM technology [J]. Journal of Business Research, 63 (11): 1229-1236.

Renz P S. 2007. Project Governance: Implementing Corporate Governance and Business Ethics in Nonprofit Organizations [M]. Heidelberg: Springer Science & Business Media.

Ritter T, Gemünden H G. 2003. Network competence: its impact on innovation success and its antecedents [J]. Journal of Business Research, 56 (9): 745-755.

Robbert M. 2007. Project governance — phases and life cycle [J]. Management & Marketing, 1 (5): 193-198.

Sampson S E. 2000. Customer-supplier duality and bi-directional supply chains in service organizations [J]. International Journal of Service Industry Management, 11 (4): 348-355.

Sappington D E. 1973. Incentive in principal-agent relationship [J]. The Journal of Economic Perspective, (2): 45-66.

Senge P M. 1990. The Fifth Discipline: The Art and Practice of the Learning Organization [M]. New York: Doubleday Currency.

Sobel J. 1993. Informational control in the principal-agent problem [J]. International Economic Review, (2): 259-269.

Stevens J. 1989. Integrating the supply chain [J]. International Journal of Physical Distribution and Material Management, 19 (8): 3-8.

Stinchcombe A L. 1985. Contracts as hierarchical documents [A] //Stinchcombe A L, Heimer C A. Organization Theory and Project Management [C] . Oslo: Norwegian University Press.

Strauss A, Corbin J. 1990. Basics of qualitative research: grounded theory procedures and techniques [J] . New Park, (25): 1120-1125.

Tampieri L. 2013. The governance of synergies and conflicts in project management: the case of IPA project RecoURB [J] . Journal of the Knowledge Economy, 4 (4): 370-386.

Taylor P D, Jonker L B. 1978. Evolutionarily stable strategy and game dynamics [J] . Math Bioscience, (40): 145-156.

Telser L G. 1980. A theory of self-enforcing agreements [J] . Journal of Business, 53 (1): 27-44.

Turner J R. 2004. Communication and co-operation on projects between the project owner as principal and the project manager as agent [J] . European Management Journal, (5): 254-267.

Turner J R. 2005. Communication and cooperation on projects between the project owner as principal and the project manager as agent [J] . European Management Journal, 22 (3): 327-336.

Turner J R. 2006. Towards a theory of project management: the nature of the project governance and project management [J] . International Journal of Project Management, (24): 93-95.

Turner J R, Keegan A E. 2001. Mechanism of governance in the project-based organization: a transaction cost perspective [J] . European Management Journal, 19 (3): 254-267.

Turner J R, Simister S J. 2001. Project contract management and a theory of organization [J] . International Journal of Project Management, (8): 457-464.

Turner J R, Ralf M. 2004. Communication and cooperation on projects between the project owner as principal and the project manager as agent [J] . European Management Journal, 22 (3): 327-336.

Uzzi B. 1997. Social structure and competition in inter firm network: the paradox of embeddedness [J] . Administrative Science Quarterly, 42 (1): 35-67.

Vandermerve S, Rada J. 1988. Servitization of business: adding value by adding services [J] . European Management Journal, 6 (4): 314-324.

Wathne K H, Heide J B. 2000. Opportunism in inter firm relationships: forms, outcomes, and solutions [J] . Journal of Marketing, 64 (4): 36-51.

Weibull W. 1995. Evolutionary Game Theory [M] . Cambridge: MIT Press.

Werder A. 2011. Corporate governance and stakeholder opportunism [J] . Organization Science, 22 (5): 1345-1358.

Williamson O E. 1975. Markets and Hierarchies [M] . New York: Free Press.

Williamson O E. 1985. The Economic Institutions of Capitalism [M] . New York: Free Press.

Williamson O E. 1991. Comparative economic organization: the analysis of discrete structural alternatives [J]. Administrative Science Quarterly, 36: 269-296.

Winch G M. 2001. Governing the project process: a conceptual framework [J]. Construction Management and Economics, 19 (8): 799-808.

Windahl C, Lakemond N. 2006. Developing integrated solutions: the importance of relationships within the network [J]. Industrial Marketing Management, 35 (7): 806-818.

Winoto P, Tang T Y. 2011. Collusion-proof mechanism [J]. Data Mining and Intelligent Information Technology Applications, 3 (1): 274-279.

Yin R K. 2003. Case Study Research: Design and Methods (third edition) [M]. Los Angeles: Sage Publication.

Zaheer A, Mcevily B, Perrone V. 1998. Does trust matter? Exploring the effects of inter organization and inter personnel trust on performance [J]. Organization Science, (9): 1-20.

后　记

　　服务型制造是基于生产的产品经济和基于消费的服务经济的融合，是为了实现制造价值链中各利益相关者的价值增值，通过产品和服务的融合、客户全程参与、企业相互提供生产性服务和服务性生产，实现分散化制造资源的整合和各自核心竞争力的高度协同，达到高效创新的一种制造模式。2014 年 8 月 6 日，国务院在关于加快发展生产性服务业促进产业结构调整升级的指导意见中明确指出，"以产业转型升级需求为导向，进一步加快生产性服务业发展，引导企业进一步打破'大而全''小而全'的格局，分离和外包非核心业务，向价值链高端延伸，促进我国产业逐步由生产制造型向生产服务型转变"。促进制造业服务化转型、发展服务型制造是顺应世界经济趋势的必然选择，也是我国实现以服务业为主导的经济结构的有效途径。

　　本书以服务型制造项目治理为研究对象，根据国家产业转型的需要，结合国内外服务型制造的研究现状和我国服务型制造产业实践而撰写。全书共分为引言、服务型制造项目治理的基本理论、服务型制造项目治理的影响机理、服务型制造项目治理的动态演化、服务型制造项目治理风险分析、服务型制造项目治理机制设计、大型客机产业项目治理案例分析、中国大型客机产业项目治理对策和结束语九章内容。本书具有较强的时代性和针对性，相信可以为我国制造业的转型升级提供一些借鉴。

　　本项目得到了国家自然科学基金项目（71263040）和江苏省哲学社会科学基金项目（13EYB013）的资助，在此表示感谢！

　　孙林岩教授编写（或参与编写）的《服务型制造理论与实践》《中国制造企业服务转型攻略》《中国制造业服务化理论、路径及其社会影响》等书中的思想为本书的编写提供了极大的启发，在此对孙林岩教授深表感谢，并缅怀其严谨治学的精神，他在服务型制造领域的丰厚的研究成果是为后来者点亮的一盏明灯。此外，本书参考了国内外众多学者的研究成果，正是站在这些巨人的肩膀之上，本书才得以产生。同时，参加本书编写的还有在读硕士研究生以及本科生，他们思维活跃、想法新奇，不仅为本书的编写出谋划策还负责部分章节的资料收集、整理和编写任务，在此一并表示感谢。

　　由于学识和能力有限，书中可能存在不足，敬请各位读者批评赐教。